Schawilye
Belegschaftsaktien in der mittelständischen Aktiengesellschaft

GABLER EDITION WISSENSCHAFT

Ramona Schawilye

Belegschaftsaktien in der mittelständischen Aktiengesellschaft

Analyse am Beispiel von Softwareunternehmen

Mit einem Geleitwort
von Prof. Dr. Dres. h.c. Eduard Gaugler

DeutscherUniversitätsVerlag

Die Deutsche Bibliothek - CIP-Einheitsaufnahme

Schawilye, Ramona:
Belegschaftsaktien in der mittelständischen Aktiengesellschaft : Analyse am Beispiel von Softwareunternehmen / Ramona Schawilye. Mit einem Geleitw. von Eduard Gaugler. - Wiesbaden : Dt. Univ.-Verl. ; Wiesbaden : Gabler, 1998
(Gabler Edition Wissenschaft)
Zugl.: Mannheim, Univ., Diss., 1998
ISBN 3-8244-6734-8

Der Deutsche Universitäts-Verlag und der Gabler Verlag sind Unternehmen der Bertelsmann Fachinformation.

http://www.gabler-online.de

Höchste inhaltliche und technische Qualität unserer Produkte ist unser Ziel. Bei der Produktion und Auslieferung unserer Bücher wollen wir die Umwelt schonen: Dieses Buch ist auf säurefreiem und chlorfrei gebleichtem Papier gedruckt.

Lektorat: Ute Wrasmann / Michael Gließner
Druck und Buchbinder: Rosch-Buch, Scheßlitz
Printed in Germany

ISBN 3-8244-6734-8

Geleitwort

Mit dem „Gesetz für kleine Aktiengesellschaften und zur Deregulierung des Aktienrechts“, das seit August 1994 rechtskräftig ist, beabsichtigte der Gesetzgeber, die Rechtsform der Aktiengesellschaft für mittelständische Unternehmen attraktiver zu machen. Dafür sieht das Gesetz Erleichterungen vor, die sich besonders an den Bedingungen personalistisch strukturierter Aktiengesellschaften mit einem überschaubaren Kreis von Anteilseignern orientieren.

In betriebswirtschaftlicher Hinsicht bietet das nunmehr geltende Aktienrecht gerade für mittelständische Unternehmen nicht nur neue Perspektiven für die Beschaffung von Beteiligungskapital an bzw. außerhalb der Börse oder für die Bewältigung des Generationenwechsels. Die Novellierung des Aktienrechts ermöglicht den Firmen der mittelständischen Wirtschaft auch die Beteiligung ihrer Mitarbeiter am Kapital des arbeitgebenden Unternehmens in Form von Belegschaftsaktien, die sich in den letzten Jahrzehnten bei vielen großen Publikumsgesellschaften weit verbreitet hat.

Dieser Aspekt des Gesetzes von 1994 bestimmt die Aufgabe der vorliegenden Studie. Sie soll prüfen, inwieweit die gesetzlichen Erleichterungen die Rechtsform der Aktiengesellschaft für mittelständische Unternehmen zur Ausgabe von Belegschaftsaktien geeignet erscheinen lassen. Insbesondere soll die Untersuchung dabei die typischen Besonderheiten einer Ausgabe von Aktien an Mitarbeiter in mittelständischen, nicht börsennotierten Aktiengesellschaften beachten. Die Studie ist auf die Softwarebranche ausgerichtet, weil dort das Interesse an der Aktiengesellschaft als Rechtsform und an den Möglichkeiten einer Mitarbeiterbeteiligung offenkundig ist.

Die Arbeit besitzt zwei Schwerpunkte. Zum einen erörtert sie die für eine Ausgabe von Belegschaftsaktien in mittelständischen Softwareunternehmen maßgebenden Ziele und prüft, inwieweit diese erreichbar erscheinen. Dabei beachtet sie insbesondere personalpolitische und finanzwirtschaftliche Beteiligungsmotive. Zweitens befaßt sich die Studie mit zentralen Problemfeldern bei der Ausgestaltung eines Beteiligungsmodells hinsichtlich der Wesensmerkmale mittelständischer Aktiengesellschaften. Im Vordergrund dieser Überlegungen stehen die Bemessung der Anteilshöhe der Mitarbeiterbeteiligung am Grundkapital der Aktiengesellschaft, die Auswahl der beteiligungsberechtigten Mitarbeiter sowie die Festlegung von Gattung und Wertpapiercharakter der Belegschaftsaktien.

Die Studie beschäftigt sich mit einem Forschungsgebiet von besonderer Aktualität, das in der betriebswirtschaftlichen Erforschung weithin Neuland darstellt. Ihre Verfasserin leistet dabei nicht nur wissenschaftliche Grundlagenarbeit; es gelingt ihr gleichzeitig, fundierte und in der Unternehmenspraxis anwendbare Handlungsempfehlungen für die Gestaltung betrieblicher Beteiligungsmodelle mit Belegschaftsaktien in der mittelständischen Wirtschaft zu geben. Einschlägig interessierte Wissenschaftler in den themenrelevanten Disziplinen finden ebenso wie Interessenten für die Ausgabe von Belegschaftsaktien in der Unternehmenspraxis viele Hinweise und Anregungen zur Handhabung der untersuchten Gestaltungsfragen. Deshalb wünsche ich der Arbeit eine weite Verbreitung in der Wissenschaft und in der mittelständischen Wirtschaft.

Univ.-Prof. Dr. Dres. h.c. Eduard Gaugler

Vorwort

Die vorliegende Untersuchung wurde im Wintersemester 1997/98 von der Fakultät für Betriebswirtschaftslehre der Universität Mannheim als Dissertation angenommen. Anlaß für diese Arbeit war die Deregulierung des Aktienrechts im Jahr 1994, die mittelständischen Unternehmen unter dem Schlagwort „kleine AG“ den Zugang zur Rechtsform der Aktiengesellschaft erleichtern sollte und ihnen damit auch eine Beteiligung der Mitarbeiter am Kapital in Form von Belegschaftsaktien ermöglicht. Die Studie befaßt sich mit Zielen und Auswirkungen einer Ausgabe von Belegschaftsaktien im Mittelstand und prüft, inwieweit mittelstandstypische Besonderheiten die Gestaltung eines solchen Beteiligungsmodells beeinflussen.

Es ist mir ein besonderes Bedürfnis, meinem sehr verehrten akademischen Lehrer, Herrn Prof. Dr. Dres. h.c. Eduard Gaugler, an dieser Stelle von Herzen zu danken. Er hat mich zur Auseinandersetzung mit dieser Thematik angeregt und die Arbeit in jeder weiteren Phase ihrer Entstehung mit großem Interesse und Einsatz begleitet. Durch zahlreiche Gespräche und Anregungen habe ich wichtige Impulse erhalten, die zum erfolgreichen Abschluß der Dissertation beigetragen haben. Gleichzeitig hat er mir den notwendigen wissenschaftlichen Freiraum zur Entwicklung meiner eigenen Gedanken gelassen. Sehr herzlich möchte ich auch Herrn Prof. Dr. Peter Albrecht danken. Ohne seine freundliche und spontane Bereitschaft zur Übernahme des Korreferats wäre der zügige Abschluß dieser Arbeit nicht möglich gewesen.

Zu großem Dank bin ich Herrn Privatdozenten Dr. Ralph Ganter vom Institut für Mittelstandsforschung der Universität Mannheim verpflichtet. Mit einer Reihe von Ratschlägen und Hinweisen hat er meine Arbeit unterstützt. Herrn Prof. Dr. Dr. h.c. Erwin Dichtl, der vergangenes Jahr unerwartet verstorben ist, habe ich durch meine Tätigkeit an seinem Lehrstuhl und an dem von ihm geleiteten Institut für Empirische Wirtschaftsforschung sehr schätzen gelernt. Für die vielfältige Förderung meiner Promotion möchte ich ihm an dieser Stelle nochmals meinen Dank aussprechen.

Weiterhin danke ich all jenen Unternehmensvertretern, die mir in zahlreichen Interviews bereitwillig Auskunft gaben und mir so den Blick für die Gegebenheiten in der betrieblichen Praxis schärften. Dank gebührt in diesem Zusammenhang ferner Herrn Dipl.-Kfm. Michael Lezius von der Arbeitsgemeinschaft zur Förderung der Partnerschaft in der Wirtschaft e.V. (AGP) und Herrn Prof. Dr. Hans J. Schneider von der Gesellschaft für innerbetriebliche Zusammenarbeit (GIZ) für ihre Gesprächsbereitschaft.

Einen großen Anteil am Gedeihen meines Promotionsprojekts hat das Land Baden-Württemberg. Die finanzielle Unterstützung durch ein Stipendium nach dem Landesgraduiertenförderungsgesetz hat die notwendigen Rahmenbedingungen geschaffen, damit ich mich auf meine Arbeit konzentrieren konnte. Mit einem großzügigen Druckkostenzuschuß wurde außerdem die Veröffentlichung der Dissertation unterstützt. Dafür verbindlichen Dank.

Mein Freund Rainer ist mir in dieser schwierigen Phase verständnisvoll zur Seite gestanden. Für seine Diskussionsbereitschaft, seine kritischen Anregungen und vor allem seine Nachsicht danke ich ihm von Herzen. Meine Eltern haben mir die Durchführung des Dissertationsprojekts in aufopferungsvoller Weise ermöglicht und während dieser Zeit immer wieder für mein Wohlergehen gesorgt. Ihnen zum Dank sei diese Arbeit gewidmet.

Dr. Ramona Schawilye

Inhaltsverzeichnis

Abbildungsverzeichnis

Tabellenverzeichnis

Abkürzungsverzeichnis

Abb.	Abbildung
Abs.	Absatz
AG	Aktiengesellschaft
AGP	Arbeitsgemeinschaft zur Förderung der Partnerschaft in der Wirtschaft e.V.
AktG	Aktiengesetz
Aufl.	Auflage
Bd.	Band
BetrVG	Betriebsverfassungsgesetz
BGB	Bürgerliches Gesetzbuch
bzw.	beziehungsweise
c.p.	ceteris paribus
d.h.	das heißt
Diss.	Dissertation
d.Verf.	der Verfasser
EDV	Elektronische Datenverarbeitung
EStG	Einkommensteuergesetz
etc.	et cetera
evtl.	eventuell
f.	folgende
ff.	fortfolgende
GG	Grundgesetz
ggf.	gegebenenfalls
GmbH	Gesellschaft mit beschränkter Haftung
Hrsg.	Herausgeber
Jg.	Jahrgang
Mio.	Millionen
MitbestG	Gesetz über die Mitbestimmung der Arbeitnehmer (Mitbestimmungsgesetz 1976)
Montan-MitbestG	Gesetz über die Mitbestimmung der Arbeitnehmer in den Aufsichtsräten und Vorständen der Unternehmen des Bergbaus und der Eisen und Stahl erzeugenden Industrie (Montan-Mitbestimmungsgesetz 1951)

Mrd.	Milliarden
Nr.	Nummer
o.Jg.	ohne Jahrgang
o.V.	ohne Verfasserangabe
S.	Seite, Satz
Sp.	Spalte
u.	und
u.a.	unter anderem, und andere
vgl.	vergleiche
z.B.	zum Beispiel
z.T.	zum Teil

Teil 1. Das Gesetz für kleine Aktiengesellschaften und seine Bedeutung für die Aktienbeteiligung der Mitarbeiter

Die Ausgabe von Belegschaftsaktien als Form einer Beteiligung der Mitarbeiter am Kapital des arbeitgebenden Unternehmens besitzt hierzulande eine **lange Tradition**. Bereits in der Zeit zwischen 1867 und 1874 haben fünf Aktiengesellschaften im damaligen Deutschen Reich eine Aktienbeteiligung der Arbeitnehmer eingeführt.[1] Bis zum Jahre 1950 gab es in Deutschland jedoch nur vereinzelt Unternehmen, die ihre Belegschaftsmitglieder am Unternehmenserfolg und -kapital in Aktienform partizipieren ließen.[2] Erst im Zuge des wirtschaftlichen Wiederaufbaus nach dem Zweiten Weltkrieg und der verstärkten Diskussion um Vermögensbildung in Arbeitnehmerhand und betriebliche Partnerschaft fanden solche Modelle nach und nach eine stärkere Verbreitung.[3]

Vorreiter einer Aktienbeteiligung in den Nachkriegsjahren waren die Siemens & Halske AG sowie die Siemens Schuckertwerke AG.[4] Als erste Aktiengesellschaften schütteten sie 1950 zur Anerkennung der besonderen Leistungen der Arbeitnehmer eine einmalige „Wiederaufbauprämie" aus, die nach der Wertpapierbereinigung in Siemens-Aktien umgewandelt wurden; 25.000 Mitarbeiter erhielten auf diesem Wege ein Aktienkapital im Nennwert von 5 Millionen DM. In der Folgezeit schlossen sich mehrere, hauptsächlich große Unternehmen, wie z.B. Bayer AG, BASF AG, Demag AG, Mannesmann AG, Hoechst AG, Allianz AG, diesem Beispiel an.[5]

Auch in jüngerer Zeit ist das Interesse der betrieblichen Praxis an einer Aktienbeteiligung offenkundig gestiegen. So waren es nach einer Bestandsaufnahme von Portfolio Management[6] im Jahre 1970 lediglich 36 Aktiengesellschaften, die ihren Mitarbeitern ein Angebot zum Erwerb von Aktien des arbeitgebenden Unternehmens unterbreitet hatten. Im Vergleich dazu belief sich die Anzahl dieser Unternehmen elf Jahre später auf etwa 90 und ist 1988 auf ungefähr 140 angewachsen. Einer Schätzung der Arbeitsgemeinschaft zur Förderung der betrieblichen Partnerschaft in der Wirtschaft e.V. zufolge werden **Belegschaftsaktienmodelle** derzeit von ca. **350 Unternehmen** praktiziert, in denen etwa 1,45 Millionen Mitarbeiter beteiligt sind und über ein Aktienkapital im Wert von 13,5 Mrd. DM verfügen.[7]

---

[1] Vgl. Gaugler (1992), S. 75.
[2] Vgl. Castan (1975), Sp. 532.
[3] Vgl. Peterssen (1968), S. 6.
[4] Vgl. dazu Peterssen (1968), S. 19; siehe auch Hartman (1958), S. 282.
[5] Vgl. Peterssen (1968), S. 19 f.; vgl. auch Wielens (1970), S. 3 und die dort in Fußnote 4 angeführten Beispiele; auch Hartman (1958), S. 282 ff.
[6] Vgl. Portfolio Management (1988), S. 16.
[7] Vgl. o.V. (1996-g-), S. 64.

In Relation zu anderen Gestaltungsformen einer **Mitarbeiterkapitalbeteiligung** nimmt die Belegschaftsaktie nach dem Mitarbeiterdarlehen und der stillen Beteiligung mit 22 % aller implementierten Modelle den dritten Stellenwert ein.[1] Insgesamt wurden in einer bundesweiten empirischen Bestandsaufnahme von Guski/Schneider im Jahre 1987 1.364 Unternehmen gezählt, in denen die Mitarbeiter am Kapital beteiligt waren.[2] Diese Zahl, die 1976 noch 770 und sieben Jahre später 980 betragen hatte, soll sich nach Schätzung der AGP derzeit auf etwa 2.500 (davon 500 Modelle in den Neuen Bundesländern) belaufen.[3]

Obwohl die betriebliche Beteiligung in Gestalt von Belegschaftsaktien in den letzten Jahren einen beachtlichen Zuwachs verzeichnen konnte, ist die Anzahl jener Unternehmen, die ein solches Modell praktizieren, absolut gesehen und gemessen an der Zahl von ca. 100.000 beteiligungsfähigen Unternehmen, gering. Eine der möglichen Ursachen hierfür bildet nicht zuletzt die Tatsache, daß die Rechtsform der **Aktiengesellschaft** als Voraussetzung für eine Ausgabe von Belegschaftsaktien hierzulande besonders in der zweiten Hälfte dieses Jahrhunderts wenig Verbreitung gefunden hat.

Blickt man auf die **Geschichte** der Akiengesellschaft und ihrer Entwicklung[4] zurück, eröffnet sich ein anderes Bild. In Deutschland hatte die Aktiengesellschaft als Rechtsform im vergangenen Jahrhundert insbesondere durch die Errichtung der Eisenbahngesellschaften und im Zuge der sogenannten Gründerjahre nach 1871 einen nachhaltigen Auftrieb erfahren.[5] Alleine in Preußen wurden in der Zeit zwischen 1871 und 1873 insgesamt 843 Aktiengesellschaften mit einem Grundkapital von 2,5 Mrd. Mark gegründet.[6] Bis zum Beginn des Ersten Weltkriegs nahm die Zahl der Aktiengesellschaften beständig zu und war 1913 auf 5.486 Unternehmen angewachsen.[7] Geprägt durch die tiefgreifenden politischen, wirtschaftlichen (z.B. die galoppierende Inflation) und auch gesellschaftsrechtlichen Veränderungen, die nach Beendigung des Ersten Weltkriegs eintraten, erreichte dieser Wert in einer zweiten Gründungswelle mit etwa 17.000 Gesellschaften im Jahre 1926 einen neuen Rekord.[8] Der größte Teil dieser Unternehmen besaß jedoch nur eine kurze Lebensdauer, so daß der Bestand an Aktiengesellschaften nicht zuletzt als Folge der Weltwirtschaftskrise bis Ende 1938 auf 5.518 geschmolzen war.[9]

---

[1] Vgl. Guski/Schneider (1993-a-), S. 25.
[2] Vgl. Guski/Schneider (1993-a-), S. 10.
[3] Vgl. Schneider (1996), S. 114.
[4] Vgl. dazu eingehend Assmann (1992); auch Eckhardt (1973), Vorbemerkungen, Rdn. 8 ff.
[5] Vgl. Hansen (1996), S. 6.
[6] Vgl. Assmann (1992), Rdn. 90; Hansen (1996), S. 6.
[7] Vgl. Hansen (1996), S. 6.
[8] Vgl. Hansen (1996), S. 7; Hueck (1991), S. 184.
[9] Vgl. Hansen (1996), S. 7.

Auf dem Gebiet der wesentlich kleineren Bundesrepublik Deutschland wurden 1952 insgesamt 2.449 Aktiengesellschaften gezählt.[1] Diese Zahl war bis Anfang der achtziger Jahre bei gleichzeitiger erheblicher Erhöhung des Gesamtnennkapitals[2] kontinuierlich gesunken und hatte 1983 mit 2.118 Unternehmen ihren Tiefstand erreicht.[3] Seit 1984 trifft die Aktiengesellschaft indes wieder auf mehr Interesse in der betrieblichen Praxis.[4] Faktoren wie die Möglichkeit einer Kapitalbeschaffung an der Börse, einer leichteren Handhabung des Generationenwechsels sowie in jüngerer Zeit vor allem die Wiedervereinigung der beiden deutschen Staaten und die dadurch bedingte Anzahl von Neugründungen in den Neuen Bundesländern haben nach Ansicht von Hansen dazu beigetragen, daß der Bestand an Aktiengesellschaften bis Anfang 1993 bundesweit auf 3.300[5] angestiegen ist.[6] Etwa 660 dieser Unternehmen hatten ihre Aktien an der Börse plaziert.[7]

Parallel zur sinkenden Zahl der Aktiengesellschaften hat die Verbreitung der **GmbH** in Deutschland rapide zugenommen. Im Jahr 1960 betrug die Zahl der GmbHs noch 37.901;[8] bis Anfang 1993 ist der Bestand aber auf etwa 550.000 angewachsen.[9] Stellt man die Anzahl der Aktiengesellschaften und der GmbHs, einander gegenüber, wird die zahlenmäßig nach wie vor untergeordnete Bedeutung der Aktiengesellschaft ersichtlich. Diese entgegengesetzte Entwicklung der beiden Kapitalgesellschaftsformen führt man vornehmlich darauf zurück, daß die Aktiengesellschaft insbesondere seit der Aktienrechtsreform von 1965 vom Leitbild der Publikumsgesellschaft geprägt und im Kern auf die Bedürfnisse börsennotierter Großunternehmen mit einer Vielzahl von Anteilseignern zugeschnitten ist.[10] Für eher personalistisch strukturierte mittelständische Unternehmen erschien sie auf Grund ihrer Regelungsdichte und Satzungszwänge als Rechtsform wenig geeignet.[11] Diese besondere Strenge des Aktienrechts hat dazu geführt, daß mittelständische Betriebe die Aktiengesellschaft größtenteils meiden und alternativ hierzu als GmbH firmieren. Damit blieb dem **Mittelstand**, der mit rund 99 % aller Unternehmen[12] und etwa zwei Drittel aller Beschäftigten[13] eine tragende Säule der deutschen Wirtschaft bildet,[14] das Instrument der **Aktienbeteiligung** weitgehend verschlossen.

---

[1] Vgl. Hansen (1996), S. 7.
[2] Vgl. Hueck (1991), S. 184.
[3] Vgl. Hansen (1996), S. 6 f.
[4] Vgl. Claussen (1991), S. 185.
[5] Vgl. Statistisches Bundesamt (1994), S. 138.
[6] Vgl. Hansen (1996), S. 7.
[7] Vgl. Seibert/Köster (1995), S. 24.
[8] Vgl. Hölters/Deilmann (1997), S. 2.
[9] Vgl. Statistisches Bundesamt (1994), S. 138.
[10] Vgl. ähnlich Planck (1994), S. 501; Kindler (1994), S. 3041; Seibert/Köster (1995), S. 24. Nach Lutter (1990), S. 377 ist die zahlenmäßige Verbreitung der GmbH in einer gegebenen Rechtsordnung wesentlich von dem dort geltenden Aktienrecht bestimmt.
[11] Vgl. Blanke (1994), S. 1505.
[12] Vgl. Zeitel (1990), S. 28.
[13] Vgl. Zeitel (1990), S. 35.
[14] Vgl. o.V. (1996-d-), S. 1.

Die Emission von **Belegschaftsaktien** als Möglichkeit einer Mitarbeiterkapitalbeteiligung ist in jüngerer Zeit insbesondere aus zwei Gründen stärker in das Blickfeld mancher Unternehmen gerückt. Zum einen hat die kontroverse Diskussion um das Shareholder Value-Konzept[1] einige börsennotierte Großunternehmen dazu veranlaßt, ihre teilweise schon seit Jahrzehnten praktizierten Belegschaftsaktienmodelle zu überdenken[2] und den veränderten gesellschaftlichen, wirtschaftlichen und sozialpolitischen Rahmenbedingungen anzupassen.[3] Einen entscheidenden Anstoß für eine künftig größere Verbreitung einer Aktienbeteiligung in der mittelständischen Wirtschaft kann andererseits die Novellierung des Aktienrechts durch das Gesetz für kleine Aktiengesellschaften geben.

Das **Gesetz für kleine Aktiengesellschaften und zur Deregulierung des Aktienrechts** ist am 10. August 1994 mit dem Ziel in Kraft getreten, die Rechtsform der Aktiengesellschaft für mittelständische Unternehmen attraktiver zu gestalten.[4] Ankupfungspunkt für diese Maßnahme war die seit Jahren immer wieder beklagte unzureichende Eigenkapitalausstattung deutscher Unternehmen.[5] Diese resultiert nicht zuletzt aus der Wahl der Rechtsform; denn mit Ausnahme der Kommanditgesellschaft auf Aktien kann nur in der Rechtsform der Aktiengesellschaft Eigenkapital an der Börse erschlossen werden.

Durch die Deregulierung des Aktienrechts und Novellierung des Umwandlungsrechts sollte mittelständischen Unternehmen zunächst der Zugang zur Aktiengesellschaft geebnet werden. Intendiert war, daß diese sich im Vorfeld eines möglicherweise geplanten Börsengangs mit der Rechtsform der Aktiengesellschaft, die in einigen Punkten an die für die GmbH geltenden Vorschriften angeglichen wurde, vertraut machen.[6] Der Zwischenschritt der kleinen AG erscheint für den Mittelstand besonders bedeutsam, da viele Unternehmen mit einer gleichzeitigen Umwandlung und Plazierung an der Börse überfordert wären.

Der Gesetzgeber hat mit der kleinen Aktiengesellschaft jedoch **keine neue Rechtsform** geschaffen. Dieser Begriff, der als Bezeichnung des Gesetzes fungiert, sollte vielmehr das Bündel von punktuellen Änderungen des Aktienrechts in plakativer und einprägsamer Form veranschaulichen. Unter einer **kleinen AG** wird nach herrschender Meinung eine Aktiengesellschaft, die nicht an der Börse notiert ist und einen überschaubaren Gesellschafterkreis hat,

---

[1] Vgl. z.B. Rappaport (1994); Schmidt (1993).
[2] Vgl. Gaugler (1997), S. 173.
[3] Siehe dazu z.B. den Aktienoptionsplan der Volkswagen AG.
[4] Vgl. Gesetzesentwurf (1994), S. 134.
[5] Vgl. dazu z.B. Claussen (1991), S. 183 ff. Siehe eingehend beispielsweise die Ausführungen von Albach (1984), Semler (1984) und Reuter (1984) anläßlich des 55. Deutschen Juristentages.
[6] Vgl. Gesetzesentwurf (1994), S. 134; Seibert/Köster (1995), S. 25.

verstanden.[1] Entscheidend für die Abgrenzung sind also nicht die Umsatzhöhe oder Bilanzsumme eines Unternehmens, sondern in erster Linie die Inanspruchnahme des organisierten Eigenkapitalmarktes (Börse). Insofern stellt die kleine Aktiengesellschaft einen Gegenpart zur großen, an der Börse notierten Gesellschaft mit weitgehend anonymem Aktionärskreis und höheren Anforderungen an den Anlegerschutz dar. Lediglich eine Neuerung dieses Gesetzes, und zwar die Beseitigung der Pflicht zur Mitbestimmung der Arbeitnehmer im Aufsichtsrat knüpft an die Anzahl der Mitarbeiter als Abgrenzungskriterium an.

Während die Novellierung des Aktienrechts von zahlreichen Fachvertretern aus der Rechtswissenschaft eingehend diskutiert und gewürdigt wurde, hat man sich von **betriebswirtschaftlicher** Seite mit der neuen Rechtslage bisher wenig auseinandergesetzt. Ein **Forschungsdefizit** ist insoweit zu konstatieren, als die Wahl der Rechtsform einerseits nicht zuletzt einen Entscheidungstatbestand mit betriebswirtschaftlicher Prägung verkörpert. Zum anderen gehen aus der Vereinfachung des Aktienrechts verschiedene betriebswirtschaftliche Fragestellungen hervor, die es im Rahmen wissenschaftlicher Forschungsarbeiten zu analysieren gälte. Beispielsweise kann die veränderte Rechtslage für mittelständische Unternehmen nicht nur bei der Beschaffung von Eigenkapital an oder außerhalb der Börse sowie der Handhabung des Generationenwechsels neue Perspektiven eröffnen.[2] In diesem Zusammenhang stellt sich außerdem die Frage, inwieweit die Aktiengesellschaft als Rechtsform für mittelständische Betriebe im Hinblick auf die Möglichkeit einer Beteiligung der Mitarbeiter in Form von **Belegschaftsaktien** attraktiv erscheint. Diese letztgenannte Fragestellung bildet den Gegenstand der vorliegenden Untersuchung.

Im Mittelpunkt dieser Arbeit stehen **zwei Aspekte** (vgl. zum Aufbau der Arbeit Abb. 1). Zum einen gilt es zu klären, welche **Erwartungen** in mittelständischen Unternehmen an eine Ausgabe von Belegschaftsaktien grundsätzlich geknüpft werden (Teil 3). Zu unterscheiden sind in diesem Zusammenhang die Beweggründe der bisherigen Anteilseigner des beteiligungswilligen Unternehmens von den Zielvorstellungen und der Beteiligungsbereitschaft der begünstigten Mitarbeiter. Darauf aufbauend knüpft die Frage an, ob und in welchem Maße sich ausgewählte personalpolitische und finanzwirtschaftliche Erwartungen des mittelständischen Unternehmens und seiner Eigentümer tendenziell **erreichen** lassen. Um dabei theoretisch fundierte Aussagen entwickeln zu können, die überdies auch für die betriebliche Praxis verwendbar sind, erscheint es geboten, verschiedenen Passagen dieser Arbeit die spezifischen Bedingungen eines Ausschnitts der mittelständischen Wirtschaft zugrunde zu legen. Da man vor

---

[1] Vgl. Gesetzesentwurf (1994), S. 134; weiterhin z.B. Kindler (1994), S. 3041; Planck (1994), S. 501; Lutter (1994), S. 430; Seibert/Köster (1995), S. 22 f.; Priester (1996), S. 335; anderer Ansicht Claussen (1995), S. 168 ff., insb. S. 170.

[2] Vgl. ähnlich auch Gesetzesentwurf (1994), S. 136.

allem jungen, wachstumsstarken High-Tech-Betrieben, speziell der Softwarebranche eine grundsätzliche Aufgeschlossenheit gegenüber Innovationen bescheinigt, sollen **Softwareunternehmen** als solches Segment des Mittelstands im Rahmen der weiteren Ausführungen genauer beleuchtet werden.

An die Prüfung von Motiven und potentiellen Auswirkungen einer Aktienbeteiligung schließt sich der **zweite Schwerpunkt** der Untersuchung an. Im Mittelpunkt stehen dabei zentrale **Problembereiche** einer Emission von Belegschaftsaktien in mittelständischen Aktiengesellschaften (Teil 4). Aus der Fülle der in der Literatur aufgeführten Problemfelder einer Gestaltung von Belegschaftsaktienmodellen[1] wurden drei Aspekte ausgewählt. Diese Fokussierung auf die **Bemessung** der **Anteilshöhe** der Belegschaftsaktionäre am Grundkapital, die **Auswahl** der begünstigten **Mitarbeiter**[2] sowie die **Wahl** von **Aktiengattung** und **-art** erweist sich für die vorliegende Fragestellung aus mehreren Gründen als bedeutsam.

Zum einen ist zu vermuten, daß die genannten Problemfelder angesichts der **Eigenheiten mittelständischer Unternehmen** dort besondere Brisanz in sich bergen. So eröffnet die Klärung der Frage, welche Mitarbeiter welche Mitgliedschaftsrechte in welchem Umfang erhalten sollen, insbesondere vor dem Hintergrund des überschaubaren Gesellschafterkreises und des Strebens vieler mittelständischer Eigentümerunternehmer, ihren Einfluß auf die Unternehmensführung möglichst zu bewahren, spezielle Problembereiche, die in großen, börsennotierten Aktiengesellschaften nicht mit gleicher Tragweite zutage treten dürften. Auf Grund der Tatsache, daß ein beachtlicher Teil der Wegbereiter und Unternehmen, welche eine Aktienbeteiligung in den vergangenen vier Jahrzehnten praktiziert haben, große, an der Börse plazierte Gesellschaften verkörpern, ist die **Literatur** zur Vergabe von **Belegschaftsaktien**, wie auch die Aktiengesellschaft selbst, weitgehend vom **Leitbild** der **Publikumsaktiengesellschaft** geprägt.[3] Die mittelstandsrelevante Facette dieser Fragestellungen wurde in den entsprechenden Forschungsarbeiten bislang vernachlässigt. Diesem Forschungsdefizit entgegenzuwirken, stellt damit sowohl aus theoretischer Sicht als auch aus der Perspektive der betrieblichen Praxis ein zentrales Anliegen dieser Arbeit dar.

---

[1] Vgl z.B. Peterssen (1968), S. 20 ff; Peez (1983), S. 65 ff.

[2] Auch im Schrifttum wird stellenweise auf die hohe Bedeutung einer Bemessung der Anteilshöhe der Mitarbeiter sowie der Auswahl des zu beteiligenden Personenkreises als Determinanten für die Erreichung der angestrebten Ziele und somit den Erfolg einer Aktienbeteiligung hingewiesen. Vgl. z.B. Peterssen (1968), S. 73 ff.; ähnlich Wächter/Koch (1993), S. 297 f.

[3] Vgl. dazu beispielsweise die Forschungsarbeiten von Seidl (1966), Peterssen (1968), Eichele (1971) und Peez (1983), die allesamt, implizit oder explizit, die speziellen Bedingungen großer, zumeist börsennotierter Beteiligungsunternehmen mit einer Vielzahl von Anteilseignern zugrundelegen.

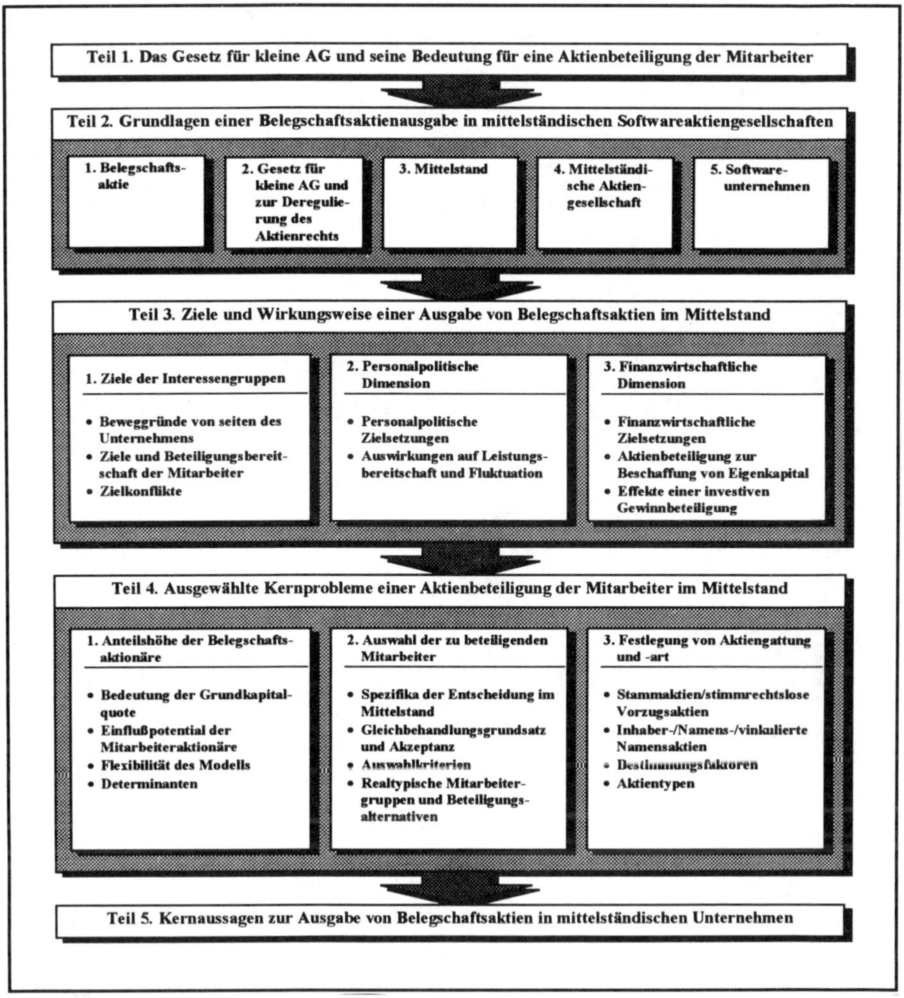

Abb. 1: Aufbau der Arbeit

Quelle: Eigene Darstellung.

Teil 2. Grundlagen einer Belegschaftsaktienausgabe in mittelständischen Softwareaktiengesellschaften

I. Die Belegschaftsaktie als Form der Mitarbeiterkapitalbeteiligung

Unter dem **Terminus Belegschaftsaktie**[1], der etwa Mitte der 50er Jahre geprägt wurde,[2] versteht man eine Form der Kapitalbeteiligung, bei der die Gesamtheit oder zumindest Teile der Mitarbeiterschaft Aktien der arbeitgebenden Unternehmung erwerben und dieser Anteilserwerb von der arbeitgebenden Aktiengesellschaft gefördert wird.[3] Eine solche unternehmensseitige Förderung kann z.B. Unterstützung in finanzieller Form, wie die Gewährung eines Vorzugskurses oder die Übernahme von Kosten der Beschaffung und Verwahrung der Aktien, aber auch Informationsmaßnahmen zum Gegenstand haben.[4] In diesem Sinne verkörpern Belegschaftsaktien also keine eigene Gattung, sondern stellen reguläre Aktien des Unternehmens dar.[5]

Im Hinblick auf eine Aktienbeteiligung in mittelständischen Unternehmen, speziell in der Softwarebranche, ergibt sich die Notwendigkeit, dieses eher traditionell geprägte **Begriffsverständnis weiter auszulegen**. Dementsprechend soll auch ein Aktienerwerb durch freiberuflich tätige Mitarbeiter anläßlich einer unternehmensweiten Aktienbeteiligung in Softwareunternehmen dem Fall einer Belegschaftsaktienausgabe subsumiert werden. Daneben soll hierunter auch jener Sachverhalt einzuordnen sein, bei dem in einer mittelständischen Unternehmung ausschließlich die Gruppe der Führungskräfte beteiligt wird,[6] die in kleineren Unternehmen im Extremfall aus einer einzigen Person bestehen kann. Schließlich handelt es sich im folgenden gleichfalls dann um eine Ausgabe von Belegschaftsaktien, wenn die Mitarbeiter keinerlei finanzielle Unterstützung, wohl aber Förderung immaterieller Art, z.B. durch informationspolitische Maßnahmen, durch die arbeitgebende Unternehmung erhalten.[7]

---

[1] Zum Instrument der Belegschaftsaktie vgl. eingehend z.B. Mickley (1955); Schmitt (1958); Janberg (1960); Seidl (1966); Gaugler (1967); Peterssen (1968); Wielens (1970); Eichele (1971); Guski (1977); Peez (1983); und die dort jeweils angegebene weiterführende Literatur.

[2] Vgl. Steinbrink (1976), Sp. 133.

[3] Vgl. Gaugler (1967), S. 743 f.

[4] Vgl. Gaugler (1967), S. 745 f.; Castan (1975), Sp. 529.

[5] Auch in rechtlicher Hinsicht sind Belegschaftsaktien wie Aktien im Eigentum von Nicht-Arbeitnehmern der Gesellschaft zu behandeln (vgl. o.V. (1989), S. 141). Gleichwohl ergeben sich bei Inanspruchnahme der staatlichen Förderung nach § 19a EStG und nach dem Vermögensbildungsgesetz Besonderheiten, wie etwa die Einhaltung einer Sperrfrist.

[6] Ähnlich auch Wagner (1993), S. 19, der den Inhalt des Begriffs Mitarbeiter in diesem Zusammenhang vom Arbeiter bis zum leitenden Angestellten versteht.

[7] Die hohe Bedeutung der finanziellen Unterstützung durch das arbeitgebende Unternehmen als Wesensmerkmal der Belegschaftsaktie betont z.B. Steinbrink (1976), Sp. 136.

Als zentrales **Wesensmerkmal** einer Emission von Belegschaftsaktien ist der **Eigenkapitalcharakter** einer solchen Beteiligung zu sehen.[1] Durch den Erwerb von Aktien können die Mitarbeiter im Wege einer Kurssteigerung an der wirtschaftlichen Substanz und in Form von Dividendenzahlungen am Ertrag des arbeitgebenden Unternehmens teilhaben. Neben dieser **materiellen** Komponente beinhaltet eine Aktienbeteiligung auf Grund der Möglichkeit einer Mitwirkung der Anteilseigner an der unternehmerischen Willensbildung in der Hauptversammlung gleichzeitig ein **immaterielles** Element (vgl. Abb. 2). Im Aktienrecht werden diese beiden Bestandteile einer Mitarbeiterkapitalbeteiligung im wesentlichen durch die einem Aktionär zustehenden **Mitgliedschaftsrechte**, die sich in Vermögens- und Mitverwaltungsrechte unterteilen lassen, repräsentiert. Weitere Kennzeichen der Belegschaftsaktie sind die Beschränkung der Haftung der Mitarbeitergesellschafter auf die Einlage sowie eine insbesondere im Vergleich zu anderen Formen der Beteiligung am Eigenkapital, z.B. als Kommanditist, stiller oder GmbH-Gesellschafter, höhere Bekanntheit und Fungibilität.[2]

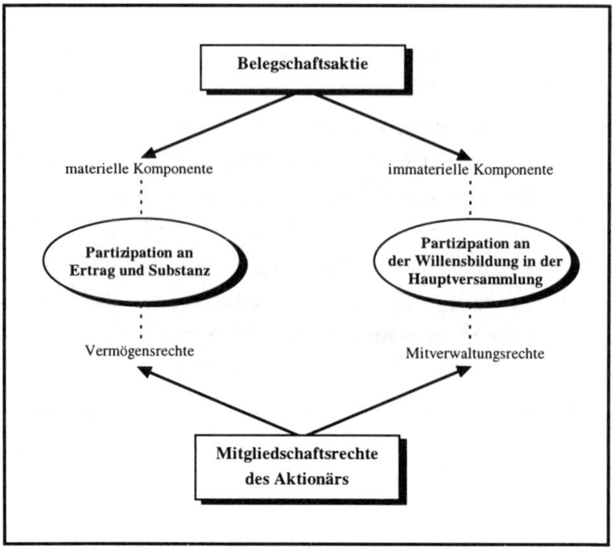

Abb. 2: Materielle und immaterielle Komponente der Belegschaftsaktie
Quelle: Eigene Darstellung.

Vor dem Hintergrund der genannten Wesensmerkmale besteht in der einschlägigen Fachliteratur Einigkeit darüber, daß sich eine Beteiligung der Mitarbeiter am Kapital des arbeitgebenden Unternehmens verfahrenstechnisch und hinsichtlich der rechtlichen Rahmenbedingungen am

[1] Vgl. Schneider/Zander (1990), S. 127 ff.
[2] Vgl. Schneider/Zander (1990), S. 175 ff.

leichtesten in Form von Belegschaftsaktien verwirklichen läßt.[1] Gleichwohl gilt diese Feststellung uneingeschränkt nur für jene Unternehmen, deren Anteile an der Börse gehandelt werden.[2] In kleinen Aktiengesellschaften hingegen gehen mit der fehlenden Börsennotierung verschiedene **Problemfelder** einher, welche die Handhabung dieses Beteiligungsinstruments erschweren.[3] Beispielsweise erreicht die Fungibilität hier nicht das gleiche Ausmaß wie bei Publikumsaktiengesellschaften; die Einrichtung einer innerbetrieblichen Börse vermag diesem Mangel nur bedingt abzuhelfen.[4] Darüber hinaus ist auch die institutionalisierte Bewertung der Unternehmensanteile in Form der Kursbildung an der Börse durch geeignete Bewertungsverfahren zu ersetzen. Ebenso bleibt die in Publikumsaktiengesellschaften häufig genutzte Möglichkeit einer Ausgabe von Belegschaftsaktien im Wege eines Erwerbs eigener Aktien am organisierten Eigenkapitalmarkt[5] nicht börsennotierten mittelständischen Unternehmen verschlossen. Zusammenfassend betrachtet, können die betriebswirtschaftlichen Vorteile einer Aktienbeteiligung im Mittelstand nicht in vollem Umfang genutzt werden. Gleichzeitig eröffnet dieses Beteiligungsinstrument dort, wie noch zu zeigen ist, aber in mehrfacher Hinsicht Chancen, welche die genannten Schwierigkeiten möglicherweise zu kompensieren vermögen.

II. Mittelständische Aktiengesellschaften als Gegenstand der Untersuchung

1. Das Gesetz für kleine Aktiengesellschaften und zur Deregulierung des Aktienrechts

Bei dem Gesetz für kleine Aktiengesellschaften und zur Deregulierung des Aktienrechts handelt es sich um ein Artikelgesetz, das punktuell 22 Änderungen im Aktienrecht und eine weitere im Betriebsverfassungsgesetz von 1952 mit sich gebracht hat. Diese einzelnen Vorschriften lassen sich in zwei Gruppen, nämlich Vereinfachungen für Aktiengesellschaften jeder Art und Sondernormen, die speziell auf die kleine Aktiengesellschaft zugeschnitten sind, einteilen. Im folgenden sollen die wichtigsten dieser Deregulierungsmaßnahmen kurz erläutert und anschließend die Resonanz des Gesetzes in der mittelständischen Wirtschaft beleuchtet werden.

[1] Vgl. Gaugler (1967), S. 742 und die dort angegebene Literatur; Schneider/Zander (1990), S. 177; Drechsler (1993-b-), S. 10; auch Fritsch (1978), S. 73.

[2] Vgl. Drechsler (1993-b-), S. 10; Schneider/Zander (1990), S. 177.

[3] Vgl. Schneider/Zander (1990), S. 178 f.

[4] Vgl. Drechsler (1993-b-), S. 10.

[5] Vgl. Eichele (1971), S. 78.

a) Erleichterungen für die kleine Aktiengesellschaft

Wesentlich vereinfacht wurde das Verfahren zur **Einberufung** der **Hauptversammlung**. Sind die Aktionäre der Gesellschaft namentlich bekannt, kann die Hauptversammlung nach § 121 Abs. 4 AktG mittels eingeschriebenem Brief einberufen werden. Die bisher erforderlich gewesene und zugleich kostspielige Bekanntmachung der Einladung in den Gesellschaftsblättern wird damit überflüssig. In gleicher Weise wie die Einberufung selbst können auch Tagesordnung und Gegenanträge von Minderheitsaktionären publik gemacht werden.

Eine weitere Vereinfachung ergibt sich aus dem **Vollversammlungsprivileg** des § 121 Abs. 6 AktG Danach sind Beschlüsse selbst bei fehlerhafter Einberufung der Hauptversammlung wirksam, wenn alle Aktionäre anwesend oder vertreten sind und keiner der Beschlußfassung widerspricht. Das Zustandekommen spontaner Hauptversammlungen ohne Einhaltung von Einberufungsformalitäten wird damit besonders bei mittelständischen Aktiengesellschaften gefördert.

Ferner sieht das Gesetz **Formerleichterungen** für die Niederschrift über **Hauptversammlungsbeschlüsse** vor. Nach § 130 Abs. 1 Satz 3 AktG wird die notarielle Beurkundungspflicht bei nicht börsennotierten Aktiengesellschaften auf sogenannte Grundlagenbeschlüsse, für die das Gesetz mindestens eine Drei-Viertel-Mehrheit bestimmt, beschränkt. Bei der kleinen Aktiengesellschaft genügt im Regelfall eine vom Vorsitzenden des Aufsichtsrats unterzeichnete Niederschrift.

Mit der Stärkung der **Satzungsautonomie** bei der **Gewinnverwendung** ist der Gesetzgeber dem erhöhten Engagement von Anteilseignern mittelständischer nicht börsennotierter Unternehmen entgegengekommen. Im Unterschied zum alten Recht kann nach § 58 Abs. 2 Satz 2 AktG in der Satzung die Bildung von Gewinnrücklagen durch den Vorstand auch auf einen kleineren Teil als 50 % des Jahresüberschusses begrenzt werden. Damit wird den Aktionären ein erweiterter Entscheidungsspielraum hinsichtlich Ausschüttung und Rücklagenbildung bei der Verwendung des Bilanzgewinns zugestanden.

Einen wichtigen Grund für den Mittelstand, die Aktiengesellschaft zugunsten der GmbH zu meiden, bildete die **Mitbestimmung** der **Arbeitnehmer** im Aufsichtsrat.[1] Nach § 76 Abs. 1

---

[1] Vgl. Albach/Corte/Friedewald/Lutter/Richter (1988), S. 104 ff. stellten in ihrer empirischen Befragung von *Aktiengesellschaften* zwar fest, daß aus deren Sicht die Mitbestimmung der Arbeitnehmer tendenziell kein Hindernis für diese Rechtsform sei. Gleichwohl kann man dieses Ergebnis nur bezogen auf die zugrundeliegende Stichprobe, d.h. Unternehmen, die als Aktiengesellschaft firmierten, sehen. Würde man an deren Stelle GmbHs befragen, die eben nicht in die Aktiengesellschaft übergewechselt sind, wäre oben genannter Befund zu relativieren. In diesem Sinne sahen Albach/Corte/Friedewald/Lutter/Richter eine Benachteiligung von Aktiengesell-

BetrVG 1952 war der Aufsichtsrat einer Aktiengesellschaft, soweit nicht eine weitergehende Mitbestimmungsregelung eingreift, zu einem Drittel mit Vertretern der Arbeitnehmer zu besetzen.[1] Ausgenommen hiervon waren gemäß § 76 Abs. 6 BetrVG 1952 lediglich Familiengesellschaften mit weniger als 500 Beschäftigten. Auch in dieser Frage hat der Gesetzgeber eine Annäherung des Aktienrechts an das GmbH-Recht vollzogen. So sind Aktiengesellschaften nach § 76 Abs. 6 BetrVG 1952 mit weniger als 500 Mitarbeitern, die nach Inkrafttreten des Gesetzes in das Handelsregister eingetragen werden, wie die GmbH mitbestimmungsfrei. Solche dagegen, die vor dem 10.8.1994 eingetragen wurden, unterliegen weiterhin der Drittel-Mitbestimmung nach § 76 Abs. 1 BetrVG oder einer weitergehenden Mitbestimmungsregelung.

Neben diesen Neuerungen für kleine Aktiengesellschaften, sieht die Gesetzesnovelle weitere **Deregulierungsmaßnahmen** für **Aktiengesellschaften jeder Art**, d.h. sowohl Publikums- als auch mittelständische, nicht an der Börse notierte Unternehmen, vor.

b) Deregulierung für Aktiengesellschaften jeder Art

Während bisher zur Gründung einer Aktiengesellschaft mindestens fünf Personen vorgeschrieben waren, ist nunmehr nach § 2 AktG die **Einpersonengründung** zulässig. Nach dem neuen § 10 Abs. 5 AktG kann zudem der Anspruch auf **Einzelverbriefung** der **Aktienurkunden** in der Satzung ausgeschlossen oder beschränkt werden. Diese Erweiterung der Satzungsautonomie gewinnt insbesondere vor dem Hintergrund des 2. Finanzmarktförderungsgesetzes, das die Herabsetzung des Mindestnennwerts einer Aktie von 50 DM auf 5 DM ermöglicht und damit die Stückelung des Grundkapitals erhöht, an Bedeutung. Darüber hinaus wurde die **Berichterstattung** der **Gründungsprüfer** nach § 34 Abs. 3 AktG entbürokratisiert, eine **Sachgründung** gemäß § 31 Abs. 5 AktG erleichtert sowie die Voraussetzungen für einen **Ausschluß** des **Bezugsrechts** bei einer Kapitalerhöhung für börsennotierte Unternehmen in § 186 Abs. 3, S. 4 AktG konkretisiert. Insgesamt gesehen hat der Gesetzgeber mit der Deregulierung des Aktienrechts und der Schaffung von Sondernormen für kleine Aktiengesellschaften eine partielle Annäherung an die Bestimmungen der GmbH vollzogen.

---

schaften, die weniger als 500 Mitarbeiter beschäftigen und keine Familiengesellschaft verkörpern und daher der Mitbestimmung unterliegen, gegenüber solchen Unternehmen, die unter den gleichen Voraussetzungen als GmbH firmieren und mitbestimmungsfrei sind (vgl. Albach/Corte/Friedewald/Lutter/ Richter (1988), S. 106). Aus diesem Grund forderten die Autoren eine Befreiung dieser Aktiengesellschaften von der Mitbestimmung der Arbeitnehmer im Aufsichtsrat, die vom Gesetzgeber schließlich übernommen wurde.

[1] Die paritätische Mitbestimmung nach dem Mitbestimmungsgesetz 1976 findet Anwendung auf solche Aktiengesellschaften, die mehr als 2.000 Arbeitnehmer beschäftigen und nicht dem Montanbereich angehören. Im Montanbereich tätige Aktiengesellschaften unterliegen der paritätischen Mitbestimmung nach dem Montan-MitbestG, sofern sie mehr als 1.000 Arbeitnehmer haben.

In der juristischen **Fachliteratur**, die sich mit dieser neuen Rechtslage auseinandergesetzt hat,[1] wird die Gesetzesnovelle unterschiedlich beurteilt. So spricht beispielsweise Lutter von einer historischen Weichenstellung im Gesellschaftsrecht, während andere Autoren wie z.B. Hoffmann-Becking die Mehrzahl der Neuerungen als unwesentliche Randkorrekturen bezeichnen.[2] Von besonderem Interesse ist in diesem Zusammenhang die Frage, wie die Reform des Aktienrechts von seiten der **mittelständischen Praxis** aufgenommen wurde. Als Indikator hierfür kann, unter gewissen Einschränkungen, die Anzahl der Neueintragungen von Aktiengesellschaften in das Handelsregister dienen.

Einer ersten **Bestandsaufnahme** zufolge wurden im Jahr 1994 224 und ein Jahr später 330 neu in das Handelsregister eingetragene Aktiengesellschaften im Bundesanzeiger veröffentlicht[3]; der entsprechende Wert für 1996 belief sich etwa auf 500. Auf den ersten Blick betrachtet, mögen diese absoluten Zahlen vergleichsweise niedrig erscheinen. In Relation zum bisherigen Bestand an Aktiengesellschaften vermitteln sie jedoch ein anderes Bild. Stellt man demgemäß die Anfang 1993 ca. 3300 vorhandenen Aktiengesellschaften[4] einem Bestand im Jahr 1995 in Höhe von etwa 3800 und Ende 1996 einem solchen von 4043[5] gegenüber, so geht daraus eine beträchtliche Zunahme dieser Rechtsform hervor.[6]

Gleichwohl kann man aus den genannten Zahlenwerten nicht unmittelbar auf die **Resonanz** des Gesetzes in der **mittelständischen Wirtschaft** schließen. Sie vermögen zum einen keine Auskunft darüber zu geben, ob die neue Rechtslage für die Wahl der Rechtsform der Aktiengesellschaft tatsächlich ausschlaggebend oder nur von geringer Bedeutung war.[7] Zum anderen verkörpert jede neu errichtete Aktiengesellschaft, solange sie nicht an der Börse notiert ist, definitionsgemäß eine kleine Aktiengesellschaft. Ob es sich dabei, bezogen auf geeignete quantitative und qualitative Kriterien, um eine mittelständische Unternehmung oder etwa um Großunternehmen oder deren Tochtergesellschaften handelt, läßt sich aus obigen Zahlen ebenfalls nicht direkt entnehmen. Zumindest aber wird man viele der neu errichteten Aktiengesellschaften, die lediglich über ein Grundkapital in Höhe von 100.000 DM verfügen, dem mittelständischen Bereich zuordnen können. Zahlenmäßig betrug diese Gruppe etwa ein Drit-

---

[1] Vgl. z.B. Kindler (1994); Planck (1994); Lutter (1994); Blanke (1994); Hoffmann-Becking (1995); Seibert/Köster (1995); Claussen (1995); Priester (1996); Seibert (1996).
[2] Vgl. Lutter (1994), S. 430; Hoffmann-Becking (1995), S. 10.
[3] Vgl. Seibert (1996), S. 16.
[4] Vgl. Statistisches Bundesamt (1994), S. 138. Darin sind ebenfalls die in den Neuen Bundesländern ansässigen Aktiengesellschaften enthalten.
[5] Vgl. Deutsche Bundesbank (1997), S. 46. Die periodenweise Fortschreibung dieser Bestandsgrößen ergibt sich aus der Anzahl der neueingetragenen Aktiengesellschaften abzüglich der Löschungen.
[6] So auch Seibert (1996), S. 16; Gaugler/Grohmann (1996), S. 40.
[7] Vgl. auch Seibert (1996), S. 16.

tel aller in den Jahren 1994 und 1995 veröffentlichten Neueintragungen von Aktiengesellschaften.[1]

Neben der Anzahl der kleinen Aktiengesellschaften erscheint weiterhin von Interesse, welche **Motive** für die Wahl dieser Rechtsform verantwortlich zeichneten und welcher **Branche** die betreffenden Unternehmen angehören. Hinsichtlich der Beweggründe dieser Entscheidung läßt sich die Gesamtheit der neueingetragenen Aktiengesellschaften dieser beiden Jahrgänge nach Seibert näherungsweise in folgende sechs Gruppen unterteilen:[2]

1. Größere mittelständische, hauptsächlich Familienunternehmen, die mittel- oder längerfristig einen Gang an die Börse anstreben oder zumindest die Voraussetzungen für eine solche Finanzierung am organisierten Eigenkapitalmarkt schaffen möchten.

2. Mittelständische Unternehmen, die keine Börsennotierung beabsichtigen, aber ihren Anteilseignerkreis im Wege einer Beteiligung von Mitarbeitern oder einer Aufnahme von Dritten, wie z.B. Kunden oder Lieferanten, als Gesellschafter außerbörslich erweitern wollen.

3. Mittelständische Familienunternehmen, die vor dem Hintergrund eines bevorstehenden Generationenwechsels eine Trennung von Management und Anteilseignerkreis bezwecken.

4. Kleinere mittelständische Unternehmen, welche die Aktiengesellschaft vornehmlich aus Imagegründen favorisieren.

5. Rechtsform zur Errichtung von Holdinggesellschaften.

6. Rechtsform für Tochtergesellschaften in- und ausländischer Konzerne und solcher Branchen, welche die Aktiengesellschaft traditionell oder auf Grund gesetzlicher Vorschriften bevorzugen.

Für die mittelständische Wirtschaft erscheinen die beiden letztgenannten Motivkategorien bei der Errichtung einer kleinen Aktiengesellschaft eher von untergeordneter Bedeutung. Vielmehr ist nach dieser ersten Bestandsaufnahme davon auszugehen, daß dort primär Finanzierungsaspekte, Imageerwägungen, organisatorische sowie personalpolitische Gründe für die Wahl dieser Rechtsform relevant sind.

---

[1] Vgl. Seibert (1996), S. 16.

[2] Vgl. Seibert (1996), S. 16 ff. Die unternehmensbezogenen Daten, auf denen diese Einordnung basiert, sind mangels fundierter empirischer Erhebungen allerdings hauptsächlich der Veröffentlichung der Handelsregistereintragung im Bundesanzeiger sowie Meldungen in der Wirtschaftspresse entnommen. Insofern können diese Befunde nur einen ersten Anhaltspunkt darstellen. Genauere Angaben hierzu wird eine empirische Untersuchung zur Akzeptanz und Entwicklung der sog. „kleinen AG" des Instituts für Mittelstandsforschung der Universität Mannheim liefern, die im Auftrag des Bundesministeriums für Wirtschaft durchgeführt und voraussichtlich im April 1998 abgeschlossen sein wird.

Im Hinblick auf die **Branchenzugehörigkeit** weisen die kleinen Aktiengesellschaften eine breite Streuung auf. Unternehmen verschiedener Bereiche des produzierenden Gewerbes sind hier ebenso vertreten wie Vermögensverwaltungs- und Immobiliengesellschaften, Kreditinstitute, Versicherungsbetriebe oder Unternehmen anderer Dienstleistungszweige.[1] Eine beachtliche Zahl kleiner Aktiengesellschaften entstammt jedoch den **High-Tech-Bereichen Software**, Multimedia und Telekommunikation, wo diese Rechtsform häufig aus Image- und Finanzierungsgründen gewählt wurde.[2]

Zusammenfassend betrachtet, läßt sich in Bezug auf die vorliegende Themenstellung konstatieren, daß das Gesetz für kleine Aktiengesellschaften und zur Deregulierung des Aktienrechts in der mittelständischen Wirtschaft positive Resonanz gefunden hat.[3] Insbesondere wurde bei der Wahl der Aktiengesellschaft als Rechtsform auch die Möglichkeit einer Ausgabe von Belegschaftsaktien berücksichtigt. Schließlich ist die Aktiengesellschaft gerade bei mittelständischen Softwareunternehmen auf reges Interesse gestoßen.[4]

Um die Wesensmerkmale mittelständischer Aktiengesellschaften ergründen sowie spezielle Problemfelder einer Beteiligung mit Belegschaftsaktien ableiten zu können, muß zunächst das Begriffsverständnis von mittelständischen Unternehmen näher bestimmt werden.

2. Begriffliche Einordnung mittelständischer Unternehmen

Der Terminus Mittelstand umschreibt ein komplexes, mehrdimensionales Gebilde, in dem sich historische, soziologische und ökonomische Begriffsbestandteile mischen, überschneiden und nicht selten widersprechen.[5] Mittelständische Unternehmen sind zudem weder als rechtlich-organisatorische Einheiten noch in ihrem mittelständischen Charakter unmittelbar wahrnehmbar, so daß der alltagssprachlich verwendete Ausdruck Mittelstand in der Regel von Unbestimmtheit und Mehrdeutigkeit geprägt ist. Gleichwohl setzt eine wissenschaftliche Verwendbarkeit dieses Begriffs eine terminologische Einordnung und Abgrenzung voraus.

Zur **Operationalisierung** mittelständischer Unternehmen werden in der Literatur eine Vielzahl von Sach-, Funktions- oder Verhaltensmerkmalen herangezogen.[6] Mit diesen Indikatoren versucht man das Untersuchungsobjekt entweder ausschließlich auf quantitative oder qualita-

[1] Vgl. Seibert (1996), S. 16 ff.
[2] Vgl. Seibert (1996), S. 16 f.
[3] Vgl. auch Gaugler/Grohmann (1996), S. 41.
[4] Vgl. o.V. (1996-a-), S. 64.
[5] Vgl. Kamp (1959), S. 1.
[6] Vgl. z.B. Pfohl/Kellerwessel (1990), S. 16 ff. und die dort angegebene weiterführende Literatur.

tive Weise oder durch eine Kombination der beiden Möglichkeiten zu erfassen.[1] Die Entscheidung darüber, welche dieser Möglichkeiten angewendet wird und auf welche Kriterien sich eine solche Abgrenzung im einzelnen stützt, muß notwendigerweise von dem Aspekt der Zweckmäßigkeit geleitet sein.[2] Sie hängt damit wesentlich vom zugrundeliegenden Forschungsgegenstand ab. Außerdem hat eine wissenschaftlich akzeptable Definition den besonderen Verhältnissen einzelner Branchen zu entsprechen.[3]

Im Kontext einer Ausgabe von Belegschaftsaktien in mittelständischen Aktiengesellschaften erscheint eine **Kombination** quantitativer und qualitativer Gesichtspunkte zur Einordnung des Begriffs Mittelstand aus folgenden Gründen zweckdienlich. Um den vollen Wirkungsbereich des Gesetzes für kleine Aktiengesellschaften erschließen zu können, soll die Obergrenze für eine mittelständische Unternehmung in quantitativer Hinsicht bei einer Beschäftigtenzahl von 500 festgesetzt werden. Damit ist gewährleistet, daß in diesen Unternehmen eine Mitbestimmung der Arbeitnehmer im Aufsichtsrat nach § 76 BetrVG 1952 gemäß der neuen Rechtslage entfällt.

Der besondere Charakter des Mittelstands läßt sich aber mittels quantitativer Maßstäbe, wie der Beschäftigtenzahl, der Umsatzhöhe oder der Bilanzsumme,[4] nicht hinreichend abbilden. Zu diesem Zweck bedarf es ergänzend einer qualitativen Erfassung mittelständischer Wesensmerkmale. In Anlehnung an Ackermann/Blumenstock zeichnen sich mittelständische Unternehmen vor allem durch das Vorhandensein des **personalen Prinzips**, die **Einheit** von **Leitung** und **Eigentum**, **Kapitalrestriktionen** sowie Besonderheiten in der **Organisationsstruktur** aus (vgl. Abb. 3).[5]

[1] Vgl. Ackermann/Blumenstock (1993), S. 6.; zur ausführlichen Darstellung und Diskussion dieser Wertmaßstäbe vgl. Hamer (1987), S. 49 ff.
[2] Vgl. Ackermann/Blumenstock (1993), S. 6.
[3] Vgl. Marwede (1983), S. 35.
[4] Weitere quantitative Größenkriterien führen z.B. Pfohl/Kellerwessel (1990), S. 4 auf.
[5] Vgl. Ackermann/Blumenstock (1993), S. 9.

1. Personales Prinzip

- Unternehmen ausschließlich oder mehrheitlich im Besitz eines oder weniger Unternehmer/s bzw. einer Familie oder weniger Familien/-stämme
- Unternehmen als „Lebenswerk“ bzw. „Lebensaufgabe“ der/des Unternehmer/s
- Zentrale Stellung der/des Unternehmer/s bzw. seiner/ihrer Familie/n im betrieblichen Entscheidungsprozeß; persönliche Präferenzen spielen wichtige Rolle
- Direkter Kontakt der/des Unternehmer/s zu Mitarbeitern, Kunden und Lieferanten
- Überblick der/des Unternehmer/s grundsätzlich über alle technischen, verwaltungsmäßigen und organisatorischen Abläufe im Unternehmen

2. Einheit von Leitung und Eigentum

- Unternehmer und Eigentümer in einer Person (Eigentümerunternehmer)
- Mitarbeit der/des Eigentümerunternehmer/s im Unternehmen
- Oftmals Einbeziehung der Familie der/des Eigentümerunternehmer/s in betriebliche Aufgaben, insbesondere bei der Besetzung von Führungspositionen
- Höhere Selbständigkeit und Unabhängigkeit der/des Eigentümerunternehmer/s gegenüber angestellten Unternehmern
- Ausgeprägtes Streben der/des Eigentümerunternehmer/s nach Erhaltung der Selbständigkeit

3. Kapitalrestriktion

- Beschränkter Zugang zum Kapitalmarkt
- Bereitstellung von Eigenkapital primär durch die/den Unternehmer und ihre/seine Familie/n

4. Organisationsstruktur

- Wenige Hierarchieebenen
- Eingeschränkte Arbeitsteilung und Delegation von Entscheidungsbefungnis und Verantwortung
- Kurze Informations- und Entscheidungswege
- Weitgehend transparente Arbeitsabläufe für die Belegschaft

Abb. 3: Ausgewählte qualitative Kriterien zur Kennzeichnung und Abgrenzung mittelständischer Unternehmen

Quelle: In Anlehnung an Ackermann/Blumenstock (1993), S. 9.

Wie aus Abb. 3 hervorgeht, sind mittelständische Unternehmen in der Regel durch einen personalistischen Charakter gekennzeichnet. Dieser rührt vor allem daher, daß mittelständische Unternehmen typischerweise ausschließlich oder mehrheitlich im Besitz eines oder weniger Unternehmer/s bzw. einer Familie oder mehrerer Familien/-stämme sind. Das personale Prinzip manifestiert sich z.B. darin, daß Unternehmenssituation und -entwicklung in hohem Maße durch die Qualifikation, Ziele und Einstellungen der/des Unternehmer/s und seiner/ihrer Familie/n geprägt werden, der Betrieb eine überschaubare Größe aufweist und ein unmittelbarer Kontakt zwischen Eigentümern und Mitarbeitern vorherrscht.[1] Darüber hinaus befinden sich in mittelständischen Unternehmen Unternehmensleitung und Kapitalbesitz oftmals in einer Hand oder in wenigen Händen.[2] Nicht nur der/die Unternehmer, sondern auch deren Familie/n arbeiten in der Regel im Unternehmen mit. Eigentümerunternehmer, die das unternehmerische Risiko zu tragen haben und gegenüber angestellten Unternehmern selbständiger handeln können, zeigen für gewöhnlich ein ausgeprägtes Streben nach Erhaltung ihrer eigenen Entscheidungsgewalt und der Unabhängigkeit des Unternehmens.[3] Mittelständische Unternehmen unterliegen ferner einem beschränkten Zugang zu finanziellen Ressourcen und sind bei der Beschaffung von Eigenkapital primär auf den/die Unternehmer und deren Familie/n angewiesen.[4] Im Hinblick auf die Organisationstruktur zeichnet sich der Mittelstand tendenziell durch eine geringe Anzahl von Hierarchieebenen sowie kurze Informations- und Entscheidungswege und weitgehend transparente Arbeitsabläufe aus.[5] Gerade in kleineren mittelständischen Unternehmen gibt es nur ein begrenztes Maß an Arbeitsteilung und kaum Delegation von Entscheidungsbefugnis und Verantwortung.

Aufbauend auf diesen Überlegungen wird den weiteren Ausführungen folgendes **Verständnis** von **mittelständischen Unternehmen** zugrundegelegt: Unter der Bezeichnung mittelständisch werden alle Unternehmen erfaßt, die weniger als 500 Mitarbeiter beschäftigen und die genannten vier qualitativen Abgrenzungskriterien vollständig oder zumindest teilweise erfüllen und sich gleichzeitig auf Grund ihrer Tradition und in ihrem Selbstverständnis als mittelständisch verstehen.[6] Dieses allgemeine Begriffsverständnis gilt es im folgenden hinsichtlich der Rechtsform der Aktiengesellschaft und der Besonderheiten der Softwarebranche weiter zu präzisieren.

3. Wesensmerkmale mittelständischer Aktiengesellschaften

Unter der Gesamtheit der vorhandenen **Aktiengesellschaften** läßt sich eine beachtliche Anzahl von Unternehmen finden, die dem gesetzlichen Idealtypus einer Publikumsaktiengesellschaft nicht entsprechen.[7] Anstelle der reinen kapitalmäßigen Beteiligung rückt bei einem Teil dieser Aktiengesellschaften die Person des Anteilseigners in den Vordergrund und verleiht der

---

[1] Vgl. Hamer (1987), S. 51 f.
[2] Vgl. Hamer (1987), S. 51.
[3] Vgl. ähnlich Ackermann/Blumenstock (1993), S. 9.
[4] Vgl. Pfohl/Kellerwessel (1990), S. 20.
[5] Vgl. Hamer (1987), S. 159 f.; Pfohl/Kellerwessel (1990), S. 19.
[6] Vgl. Ackermann/Blumenstock (1993), S. 10.
[7] Vgl. Friedewald (1991), S. 4.

Gesellschaft eine **personalistische** Prägung. Der Eigenkapitalgeber selbst sowie seine Ausbildung, beruflichen Fähigkeiten, Ziele und Einstellungen sind für den Aufbau und die Entwicklung der personalistisch strukturierten Aktiengesellschaft von entscheidender Bedeutung.[1] Die Anzahl der personalistischen Aktiengesellschaften soll nach Einschätzung von Friedewald etwa 10 bis 15 % aller Aktiengesellschaften betragen.[2] Nach Inkrafttreten des Gesetzes für kleine Aktiengesellschaften und zur Deregulierung des Aktienrechts dürfte dieser Anteil infolge der überproportionalen Zunahme personalistischer Gesellschaften inzwischen aber höher liegen.

Bei diesen Aktiengesellschaften handelt es sich häufig gleichfalls, aber nicht notwendigerweise, um mittelständische Unternehmen in der genannten quantitativen und qualitativen Hinsicht. Dagegen weisen **mittelständische Aktiengesellschaften in dem hier verstandenen Sinne** immer eine personalistische Struktur auf und unterscheiden sich damit offenkundig von Publikumsaktiengesellschaften. Im folgenden gilt es, zentrale Wesensmerkmale einer solchen mittelständischen Aktiengesellschaft aufzuzeigen.

Will man den Charakter mittelständischer Aktiengesellschaften ergründen, muß diese spezielle Erscheinungsform einer Aktiengesellschaft in ihre **gesellschaftsrechtliche** und **mittelständische Komponente** zerlegt werden. Auf diesem Wege lassen sich aus den bisher verwendeten quantitativen und qualitativen Kriterien zur Abgrenzung mittelständischer Unternehmen sowie dem Gesetz für kleine Aktiengesellschaften und zur Deregulierung des Aktienrechts **sechs typische Wesensmerkmale** dieser Gesellschaftsform ableiten (vgl. Abb. 4).

Eine konstituierende Eigenschaft einer solchen mittelständischen Aktiengesellschaft bildet die Tatsache, daß deren **Aktien nicht** an der **Börse** zum Handel zugelassen sein dürfen.[3] Diese Forderung resultiert aus der dem Gesetz für kleine Aktiengesellschaften zugrundeliegenden Begriffsauffassung einer kleinen Aktiengesellschaft als nicht börsennotierte Unternehmung mit überschaubarer Anteilseignerzahl.

Eng damit zusammen hängt das zweite Merkmal einer mittelständischen Aktiengesellschaft, nämlich die für die mittelständische Wirtschaft typische **Begrenzung** und **Verbundenheit** des **Aktionärskreises.**[4] Eine solche Gesellschaftsform liegt dann vor, wenn der Kreis der Anteilseigner begrenzt ist und die Aktionäre etwa in beruflicher oder verwandtschaftlicher Hinsicht miteinander persönlich verbunden sind. Der Umstand, daß die Gruppe der Aktionäre ne-

---

[1] Vgl. Friedewald (1991), S. 4; in diesem Sinne Hamer (1990), S. 45 ff.; auch Kellerwessel (1982), S. 148 f.
[2] Vgl. Friedewald (1991), S. 10.
[3] Vgl. auch Friedewald (1991), S. 17 f.; Schneider/Zander (1990), S. 178.
[4] Vgl. Friedewald (1991), S. 15 ff.

ben den bisherigen Eigentümern möglicherweise eine größere Anzahl von Belegschaftsaktionären umfaßt, soll dem mittelständischen Charakter einer Aktiengesellschaft nicht entgegenstehen, solange sie von den Anteilseignern als überschaubar empfunden wird.

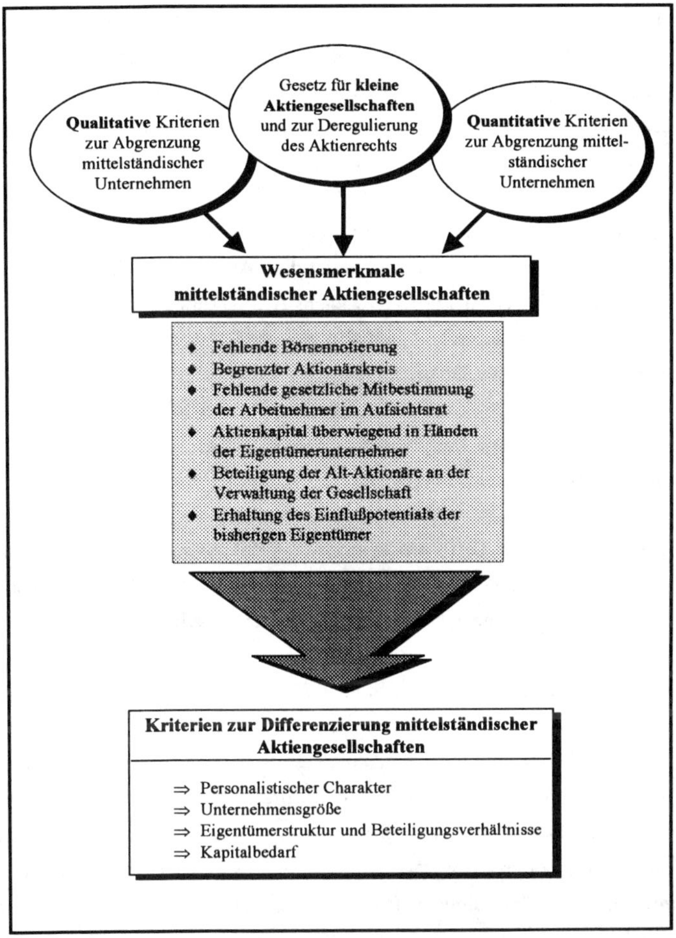

Abb. 4: Ableitung von Wesensmerkmalen mittelständischer Aktiengesellschaften

Quelle: Eigene Darstellung.

Aus der quantitativen Abgrenzung mittelständischer Unternehmen und dem Gesetz für kleine Aktiengesellschaften läßt sich als dritte Eigenschaft die **fehlende** gesetzliche **Mitbestimmung** der Arbeitnehmer im Aufsichtsrat einer mittelständischen Aktiengesellschaft herleiten. Typisch für eine solche Gesellschaftsform ist weiterhin, daß das gesamte **Aktienkapital** oder die

Mehrheit der Aktien sich in Händen der **Unternehmer**(familien) befindet.[1] Im Zuge einer Mitarbeiterkapitalbeteiligung geht lediglich ein Teil des Aktienkapitals auf die Belegschaft über. Darüber hinaus ist in der Regel zumindest ein Teil der bisherigen **Eigentümer** einer mittelständischen Aktiengesellschaft im **Vorstand** oder im **Aufsichtsrat** tätig.[2] Von diesen in der Verwaltung agierenden Aktionären geht abgesehen davon, daß diese auf Grund der Höhe ihrer Beteiligung die Angelegenheiten der Gesellschaft in der Hauptversammlung bestimmen können, ein maßgeblicher Einfluß auf die Geschäftsführung oder deren Überwachung aus.[3] Schließlich ist den bisherigen Eigentümern auch im Zuge einer Aktienbeteiligung regelmäßig daran gelegen, sich dieses unternehmerische **Einflußpotential** zu **bewahren**.[4]

Analog zur Gesamtheit der in der Bundesrepublik Deutschland eingetragenen Aktiengesellschaften weist auch das Segment der mittelständischen Aktiengesellschaften kein homogenes Erscheinungsbild auf. Bei der Analyse von Zielen, Auswirkungen und Kernproblemen einer Ausgabe von Belegschaftsaktien ergibt sich mitunter die Notwendigkeit, den verschiedenartigen Ausprägungsformen dieses Unternehmenstypus durch eine stärker differenzierte Argumentation Rechnung zu tragen. Zu diesem Zweck sollen im folgenden Kriterien entwickelt werden, mit deren Hilfe man die Gattung der mittelständischen Aktiengesellschaften in für die vorliegende Problemstellung relevante Untergruppen unterteilen kann.

Als ein solches bedeutsames **Differenzierungsmerkmal** erweist sich der **personalistische Charakter** der **mittelständischen Aktiengesellschaft**. Darunter soll das Ausmaß verstanden werden, in dem Wert darauf gelegt wird, den Kreis der Gesellschafter geschlossen und die Entscheidungsmacht in Händen der bisherigen Eigentümer zu halten. Das personalistische Element einer mittelständischen Unternehmung kann mehrere Abstufungen annehmen. Im Rahmen der weiteren Ausführungen werden zwei gegensätzliche Ausprägungen dieses Merkmals, nämlich eine mittelständische Aktiengesellschaft mit offenem und eine solche mit privatem Charakter voneinander unterschieden.[5] Eine mittelständische Unternehmung mit **privater** Prägung ist dadurch gekennzeichnet, daß die Begrenzung des Aktionärskreises auf die bisherigen Eigentümer sowie wenige ausgewählte weitere Personen einen hohen Stellenwert einnimmt und eine Aufnahme von Fremden grundsätzlich unterbunden werden soll.[6]

---

[1] Vgl. Schneider/Zander (1990), S. 178.

[2] Vgl. Friedewald (1991), S. 17; analog Hahn (1985), S. 16; Nach Ahrens (1989), S. 257 wird die Geschäftsführung in Familiengesellschaften mittlerweile überwiegend von professionellen Fremdmanagern wahrgenommen. Auf die vergleichsweise junge mittelständische Softwarebranche dürfte diese Aussage jedoch nicht zutreffen.

[3] Vgl. Friedewald (1991), S. 17.

[4] Vgl. Schneider/Zander (1990), S. 178; die hohe Bedeutung der Sicherung des Einflusses des Eigentümerunternehmers betonen auch Hennerkes/Binge (1995), S. 37; vgl. auch Friedewald (1991), S. 20.

[5] Diese Begriffsbildung ist an die Charakterisierung unterschiedlicher Typen von Aktiengesellschaften im Rahmen des Drei-Stufen-Modells zur Deregulierung des Aktienrechts von Albach/Corte/Friedewald/Lutter/Richter (1988), S. 36 ff. angelehnt, wird hier aber in einem anderen Kontext verwendet.

[6] Vgl. Friedewald (1991), S. 4, 15; in diesem Sinne auch Hennerkes/Binge (1995), S. 39.

Darüber hinaus sind die Alt-Gesellschafter dort für gewöhnlich darauf bedacht, die Angelegenheiten der Gesellschaft in der Hauptversammlung möglichst eigenständig zu regeln und außenstehenden Aktionären daher nur ein begrenztes Maß an Einfluß zu gewähren.[1]

In einer mittelständischen Aktiengesellschaft mit **offenem** Charakter hingegen besitzt die Abschottung der Gesellschaft vor Fremdeinfluß eine nicht ähnlich hohe Bedeutung. Hier dürfte eine Aufnahme neuer Anteilseigner, verbunden mit gewissen Machteinbußen der bisherigen Gesellschafter, weniger problembehaftet erscheinen. Überdies streben manche Aktiengesellschaften mit offenem Erscheinungsbild auch einen Gang an die Börse an, während private Gesellschaften einem solchen Schritt grundsätzlich ablehnend gegenüberstehen.

Es wird ersichtlich, daß der personalistische Charakter einer mittelständischen Aktiengesellschaft entscheidend durch die Wesensmerkmale und **Einstellungen** der **Eigentümer-Unternehmer** geprägt ist.[2] So können beispielsweise die Angst der bisherigen Eigentümer vor Fremdeinfluß, Übervorteilung und Entmachtung sowie ein ausgeprägtes Autonomiestreben zu einem privaten Erscheinungsbild der Unternehmung führen. Besitzen die Alt-Aktionäre dagegen eine partizipative Grundhaltung und eine Aufgeschlossenheit gegenüber Neuem, manifestiert sich dies wohl gleichfalls in einem offenen Charakter der Gesellschaft. Der personalistische Charakter der mittelständischen Aktiengesellschaft als Differenzierungskriterium kann vor allen Dingen im Rahmen der Bemessung der den Mitarbeitern zugedachten Anteilshöhe sowie der Festlegung von Gattung und Art der Belegschaftsaktien Bedeutung erlangen.

Ein weiteres Unterscheidungsmerkmal mittelständischer Aktiengesellschaften bildet der **Kapitalbedarf** der Unternehmung. Insbesondere bei der Bestimmung der Aktienanzahl und Aktiengattung der Mitarbeiter erweist sich von Bedeutung, ob das arbeitgebende Unternehmen einen hohen oder geringen Bedarf an Eigenkapital zu decken hat.

Im gleichen Zusammenhang erscheint es geboten, personalistische Aktiengesellschaften hinsichtlich **Eigentümerstruktur** und **Beteiligungsverhältnissen**, d.h. vor allem der Anzahl der bisherigen Anteilseigner zu differenzieren. So ist in der betrieblichen Praxis zu beobachten, daß technologieorientierte Unternehmen, wie z.B. aus dem Softwarebereich, überdurchschnittlich häufig im Team gegründet werden.[3] Daher kann man in den weiteren Ausführungen nicht generell von einer Einpersonenunternehmung ausgehen; der Fall mehrerer Alt-Gesellschafter muß an den betreffenden Stellen berücksichtigt werden. Ob die bisherigen Eigentümer der Aktiengesellschaft durch verwandtschaftliche Beziehungen, wie dies bei sog. Fami-

[1] Vgl. Friedewald (1991), S. 20.
[2] Vgl. in diesem Sinne Hamer (1988), S. 47.
[3] Vgl. Kayser (1990), S. 93; vgl. dazu auch die empirische Untersuchung von Hunsdiek/May-Strobl (1986).

liengesellschaften[1] der Fall ist, oder, wie z.B. bei Softwareunternehmen häufig vorzufinden,[2] lediglich in beruflicher Hinsicht miteinander verbunden sind, soll im Rahmen der weiteren Untersuchung nicht näher aufgeschlüsselt werden. Schließlich kommt man bei der Beurteilung der Auswirkungen einer Emission von Belegschaftsaktien sowie der Auswahl der zu beteiligenden Mitarbeiter in Abhängigkeit von der **Unternehmensgröße** vermutlich zu unterschiedlichen Ergebnissen, weshalb die Anzahl der Beschäftigten als weiteres Differenzierungskriterium dienen soll.

Diese Segmentierungsvariablen werden im Verlauf der Untersuchung vornehmlich eindimensional, d.h. jeweils für sich genommen verwendet. Von einer Definition von Typen[3] mittelständischer Aktiengesellschaften durch die Kombination mehrerer Merkmale wird mangels einer empirischen Fundierung derartiger Kategorisierungen bewußt Abstand genommen.

4. Fokussierung mittlerer Softwareunternehmen

Die mittelständische Wirtschaft setzt sich aus einem breiten Spektrum von Unternehmen sämtlicher Wirtschaftszweige, wie z.B. dem Maschinenbau, der Chemischen Industrie, dem Handwerk, Handel sowie zahlreicher Dienstleistungsbereiche zusammen. Zwischen diesen einzelnen Branchen können zum Teil erhebliche Unterschiede hinsichtlich Wettbewerbssituation, Finanzbedarf, Qualifikation und Bedeutung des Humankapitals sowie Belegschaftsstruktur bestehen. Diese unterschiedlichen Gegebenheiten erlauben es im Kontext einer Analyse der Problematik einer Vergabe von Belegschaftsaktien stellenweise nicht, den Mittelstand als homogenes Gebilde zu interpretieren.

Trotz der verschiedenartigen Erscheinungsbilder mittelständischer Betriebe sollte einer wissenschaftlichen Arbeit die Zielsetzung zugrundeliegen, möglichst allgemeingültige Erkenntnisse zu der zu untersuchenden Fragestellung zu generieren.[4] In diesem **Spannungsfeld** zwischen angestrebter Generalisierung und erforderlicher Differenzierung der Untersuchungser-

---

1 Als Familienunternehmen bezeichnet man in der Literatur solche Gesellschaften, an denen ausschließlich oder mehrheitlich durch Verwandtschaft oder Ehe miteinander verbundene Personen beteiligt sind (vgl. Hennerkes (1995), S. 2). Nach Hennerkes ist darüber hinaus eine subjektive Komponente, d.h. die Familienmitglieder betrachten die familiäre Verbundenheit und die von ihnen aufgestellten Prinzipien als tragendes Element ihrer unternehmerischen Tätigkeit, als zentrales Merkmal von Familienunternehmen begriffsbestimmend (vgl. Hennerkes (1995), S. 2); dazu auch Ahrens (1989), S. 256; Hahn (1985), S. 12; einen Überblick über verschiedene Begriffsdefinitionen gibt Lank (1997), S. 9.

2 Vgl. Kayser (1990), S. 93.

3 Unter der Bezeichnung Typ versteht man eine Gruppe von Eigenschaften, die entweder modellmäßig als zusammengehörig bestimmt (Idealtyp) oder als tatsächlich auftretende Kombination (Realtyp) festgestellt werden (vgl. Ulrich/Hill (1979), S. 183).

4 In diesem Sinne Ulrich/Hill (1979), S. 164.

gebnisse ergibt sich die Notwendigkeit, ein spezielles Segment des Mittelstands auszuwählen, um an den gebotenen Stellen angesichts der dort geltenden Bedingungen differenzierte Aussagen zur Problematik einer Aktienbeteiligung treffen zu können. Im weiteren Verlauf der Arbeit stellen Softwareunternehmen einen solchen Ausschnitt der mittelständischen Wirtschaft dar.

Die Fokussierung mittelständischer Softwareunternehmen läßt sich durch deren Bedeutung für die zugrundeliegende Problemstellung begründen. Eine solche Auswahl ist insbesondere dann zweckmäßig, wenn drei Voraussetzungen vorliegen: Es sollte zum einen gewährleistet sein, daß die ausgewählte Branche, gesamtwirtschaftlich betrachtet, einen nicht unerheblichen Stellenwert genießt und typischerweise ein mittelständisches Erscheinungsbild aufweist. Zum anderen ist erforderlich, daß die Einführung einer Mitarbeiterkapitalbeteiligung dort vorstellbar und drittens die Rechtsform der Aktiengesellschaft grundsätzlich interessant erscheint. Daß Softwareunternehmen über diese Voraussetzungen verfügen, wird im folgenden getrennt nach den drei genannten Aspekten erläutert (vgl. Abb. 5). Zunächst sind jedoch die Bezeichnungen Softwareunternehmen und Software zu definieren.

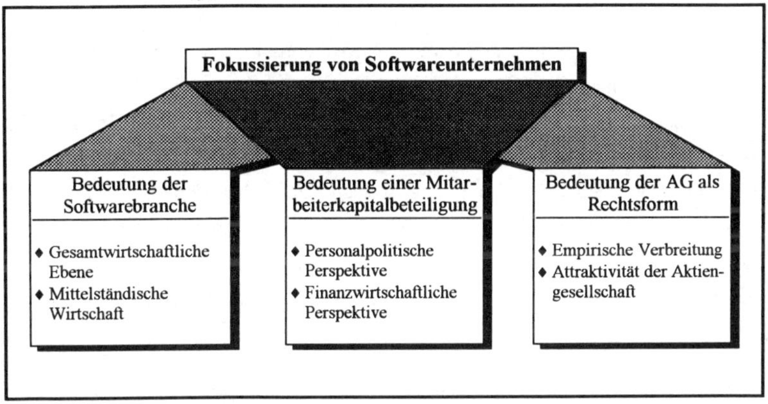

Abb. 5: Zentrale Aspekte einer Fokussierung von Softwareunternehmen
Quelle: Eigene Darstellung.

Als „Softwareunternehmen" wird ein Unternehmen bezeichnet, dessen Tätigkeit überwiegend auf die Erzeugung und den Absatz von Software ausgerichtet ist.[1] Unter Software selbst ver-

[1] Neugebauer (1986), S. 14 (im Original teilweise Sperrschrift). Die Bezeichnung Softwareunternehmen ist in der betrieblichen Praxis im allgemeinen wenig gebräuchlich (vgl. Neugebauer (1986), S. 14). Dort enthalten die Firmenbezeichnungen der fraglichen Unternehmen, wie z.B. Software-Vertriebsgesellschaft, DV-Beratung, Softwarelabor für Systementwicklung und DV-Anwendung oder Multimedia, häufig konkrete Angaben über die spezielle Ausrichtung der Tätigkeit.

steht man im **technischen Sinne** eine Menge von Programmen, die zum Betreiben von Hardware und zur Erfüllung von Informationsverarbeitungsaufgaben dienen.[1]

Gleichwohl genügt dieses enge technische Begriffsverständnis von Software nicht, um das Tätigkeitsfeld von Softwarebetrieben realitätsgerecht abzubilden. Am Markt tätige Softwareunternehmen bieten regelmäßig eine Bandbreite von Leistungen an, die von der Erstellung von Anwendungs-, Systemsoftware oder Software-Werkzeugen über Software-Organisations- und Anwendungsberatung, Softwarewartung und Schulung bis hin zu kompletten Software-Hardware-Anwendungssystemen reicht.[2] Das eigentliche Programm bildet in einem solchen Leistungsbündel nur eine einzige Komponente. Aus diesem Grund soll der Begriff Software hier im betriebswirtschaftlichen, **marktorientierten Verständnis** interpretiert werden. Er umfaßt neben Software im eigentlichen Sinn auch Anwendungssysteme sowie ergänzende Dienstleistungen wie Softwareberatung und Schulung.[3] Durch die Kombination mehrerer Tätigkeitsfelder ist die Grenze zwischen Softwareunternehmen und solchen Anbietern am Markt für Informationstechnologie, deren Schwerpunkt der Unternehmenstätigkeit nicht in der Vermarktung von Software besteht, mitunter fließend.[4]

In gesamtwirtschaftlicher Hinsicht besitzt der Softwarebereich als Bestandteil der Informationstechnologie eine beachtliche **Bedeutung**.[5] Softwareprodukte verkörpern eines der wichtigen industriellen Wachstumsfelder und werden sowohl in privaten Haushalten als auch branchenübergreifend und in nahezu allen Unternehmensbereichen in zunehmendem Maße eingesetzt. Bis in die späten achtziger Jahre hinein konnte die Softwarebranche einen jährlichen Umsatzzuwachs zwischen 20 und 30 % ausweisen.[6] Zwar hat sich diese rasante Marktexpansion inzwischen verringert, doch wurden auch in den neunziger Jahren zweistellige Wachstumsraten erwirtschaftet. So expandierte der Markt für Software im Jahr 1995 weltweit um etwa 15 %; in Deutschland erhöhte sich das Marktvolumen im gleichen Jahr um 10,4 % auf 14,54 Mrd. DM.[7]

---

[1] Vgl. Seibt (1972), S. 23.

[2] Vgl. Neugebauer (1986), S. 11 ff.; zur Angebotspalette von Softwarehäusern vgl. auch Nastansky (1993), Sp. 3852 ff.

[3] Dieses Begriffsverständnis hat z.B. auch Neugebauer (1986), S. 13.

[4] Vgl. Hoppenheit (1993), S. 11. Während sich eine Abgrenzung von Hardwareherstellern zumeist vergleichsweise einfach bewerkstelligen läßt, erscheint eine Trennung beispielsweise von DV-Beratungsunternehmen oder Rechenzentren zum Teil eher problembehaftet (vgl. in diesem Sinne Heilmann (1993), Sp. 723). Hilfsweise stuft z.B. das Institut für Mittelstandsforschung Bonn im Rahmen seiner empirischen Ermittlung der Anzahl und Größenstruktur von Softwareunternehmen nur jene Betriebe als Softwareunternehmen ein, die mindestens die Hälfte ihres Umsatzes mit Software im obigen Sinne erwirtschaften (vgl. Menke/Wimmers/Wolter (1996), S. 203).

[5] Vgl. Jaeschke (1991), S. 968.

[6] Vgl. Hoppenheit (1993), S. 2; Menke/Wimmers/Wolter (1996), S. 172.

[7] Vgl. o.V. (1996-c-), S. 12.

Analysiert man die Anzahl und **Größenstruktur** deutscher Softwareunternehmen, wird ersichtlich, daß diese, gemessen an der Beschäftigtenzahl, überwiegend einen klein- und mittelbetrieblichen Charakter aufweisen.[1] Wie aus einer empirischen Untersuchung des Instituts für Mittelstandsforschung Bonn[2] hervorgeht, existierten in Deutschland 1996 insgesamt 2.786 Softwareunternehmen (vgl. Tab. 1). 1.245 dieser Betriebe, d.h. 44,69 % beschäftigten weniger als 10 Mitarbeiter und stellen gemäß der Definition des oben genannten Forschungsinstituts kleine Unternehmen dar. In der Größenklasse zwischen 10 und 499 Beschäftigten, d.h. im mittelständischen Bereich, waren mit 54,63 % die meisten aller Softwareunternehmen zu finden. Lediglich 19 Großunternehmen, die einen Anteil in Höhe von 0,68 % der Grundgesamtheit bilden, fielen in die Kategorie ab 500 Mitarbeitern.

Im Rahmen der weiteren Ausführungen soll in **quantitativer** Hinsicht die vom Institut für Mittelstandsforschung Bonn verwendete Charakterisierung von **Softwareunternehmen** als **mittelständisch** übernommen werden. Damit umfaßt der **Untersuchungsbereich** jene 1522 Unternehmen, die zwischen 10 und 499 Mitarbeiter beschäftigen (graue Schraffur). Wenngleich diese beiden Grenzen ein breites Spektrum an unterschiedlichen, betriebsgrößenbezogenen Erscheinungsbildern mittelständischer Softwareunternehmen umschließen, erscheinen sie für die vorliegende Problemstellung aus zwei Gründen zweckmäßig.

Zum einen wird aus dem Untersuchungsbereich die Gesamtheit der kleinen Softwareunternehmen ausgeklammert, für die die Aktiengesellschaft als Rechtsform tendenziell nur bedingt geeignet ist. Zum anderen bleiben große Vertreter der Branche mit mehr als 499 Mitarbeitern, bei denen die Befreiung von der gesetzlichen Mitbestimmung der Arbeitnehmer im Aufsichtsrat als ein wichtiges Merkmal kleiner Aktiengesellschaften keine Anwendung finden würde, ebenfalls unberücksichtigt. Um dennoch die unterschiedlichen Gegebenheiten kleinerer und größerer mittelständischer Softwareunternehmen abbilden zu können, wird die Mitarbeiterzahl als Indikator für die Größe des Unternehmens an den erforderlichen Stellen der Arbeit als Differenzierungsmerkmal herangezogen.

---

[1] Vgl. z.B. Buschmann u.a. (1989), S. 80 ff.; Weber (1992), S. 62; Menke/Wimmers/Wolter (1996), S. 203.

[2] Vgl. Menke/Wimmers/Wolter (1996), S. 202 ff. Bei dieser Untersuchung wurden die schätzungsweise 15.000 sog. Garagenunternehmen, d.h. z.B. Hobbyprogrammierer, die ohne Gewerbeanmeldung Programme vertreiben, nicht berücksichtigt (vgl. Menke/Wimmers/Wolter (1996), S. 202).

Beschäftigte von ... bis ...	Anzahl der Unternehmen	Anteil in %	Kumulierter Anteil in %
1	65	2,33	2,33
2 - 3	288	10,34	12,67
4 - 5	405	14,54	27,21
6 - 9	487	17,48	44,69
10 - 14	436	15,65	60,34
15 - 19	227	8,15	68,49
20 - 29	290	10,41	78,89
30 - 49	251	9,01	87,90
50 - 74	127	4,56	92,46
75 - 99	56	2,01	94,47
100 - 149	55	1,97	96,45
150 - 199	34	1,22	97,67
200 - 299	26	0,93	98,60
300 - 399	16	0,57	99,17
400 - 499	4	0,14	99,32
500 - 749	11	0,39	99,71
750 - 999	3	0,11	99,82
1.000 und mehr	5	0,18	100,00
Summe	2.786	100,00	-

Tab. 1: Anzahl und Größenstruktur deutscher Softwareunternehmen

Quelle: Menke/Wimmers/Wolter (1996), S. 204.

Obwohl ein Großteil der Softwareunternehmen in quantitativer, aber auch in qualitativer Hinsicht dem Mittelstand zuzuordnen ist, stellt die Softwarebranche keine typische Vertreterin der mittelständischen Wirtschaft dar.[1] Im Unterschied zum überwiegend von traditionellen Wirtschaftszweigen geprägten Mittelstand haben die speziellen Anforderungen in dieser jungen, dynamischen und innovativen High-Tech-Branche teilweise zu anderen Rahmenbedingungen geführt. Solche **Besonderheiten** der **Softwarebranche** sind z.B. die herausragende Bedeutung des Humankapitals, eine vergleichsweise junge und hoch qualifizierte Belegschaft, die oftmals zu einem wesentlichen Teil aus Akademikern besteht, ein überdurchschnittlich hohes Vergütungsniveau, ein oftmals beträchtliches technisches und finanzielles Risiko bei der Leistungserstellung, ferner Team- und Projektarbeit als Form der Arbeitsorganisation sowie in vielen Fällen eine informationsoffene und partizipative Unternehmenskultur.[2] Vor diesem Hintergrund können auch die meisten Mitarbeiter in Softwareunternehmen nicht als typische Arbeitnehmer bezeichnet werden.[3] Manche der im Rahmen der weiteren Ausführungen gewonnenen Erkenntnisse erscheinen daher nicht uneingeschränkt auf das eher traditionelle Erscheinungsbild der mittelständischen Wirtschaft übertragbar.

---

[1] Vgl. auch Tüschen (1989), S. 11.
[2] Vgl. z.B. Jaeschke (1991), S. 967 ff.; Trautwein-Kalms (1991), S. 215 ff; eingehend auch Boß/Roth (1993).
[3] Vgl. dazu die Ausführungen von Trautwein-Kalms (1991), S. 215 ff.

Im Kontext einer Ausgabe von Belegschaftsaktien im Mittelstand stellt sich bei der Fokussierung von Softwareunternehmen weiterhin die Frage, welchen **Stellenwert** eine **Mitarbeiterkapitalbeteiligung** dort grundsätzlich einzunehmen vermag. Diese Frage läßt sich zum einen aus personalpolitischer und zum anderen aus finanzwirtschaftlicher Perspektive beantworten. Die Tatsache, daß die Mitarbeiter einen zentralen Erfolgsfaktor für Softwareunternehmen darstellen,[1] deutet darauf hin, daß der Sicherung von Leistungsfähigkeit und Leistungsbereitschaft des Humankapitals in der Softwarebranche besondere Beachtung zu widmen ist. In personalpolitischer Hinsicht hat man daher zu prüfen, inwieweit unter anderem das Instrument der Belegschaftsaktie geeignet erscheint, die Integration und Motivation der Mitarbeiter zu verbessern und deren Bindung an das Unternehmen zu erhöhen.[2]

In **finanzwirtschaftlicher** Hinsicht kann eine Mitarbeiterkapitalbeteiligung in Softwareunternehmen als Mittel zur Deckung des Kapitalbedarfs an Bedeutung gewinnen. Ein solcher Bedarf an Eigenkapital ergibt sich oftmals nicht nur zur Finanzierung von Erweiterungsinvestitionen infolge des hohen Branchenwachstums, sondern auch als Konsequenz der zunehmenden Kapitalintensität der Softwareerstellung.[3] Beispielsweise sind die Anschaffung von immer aufwendigeren Softwareentwicklungswerkzeugen sowie die ständige Weiterbildung der Mitarbeiter zum Teil mit erheblichen Investitionen verbunden.[4] Eine unzureichende Eigenkapitalausstattung kleinerer und mittlerer Softwareunternehmen kann vor diesem Hintergrund eine Beeinträchtigung der Wettbewerbsfähigkeit und eine höhere Anfälligkeit dieser Betriebe für Übernahmen seitens anderer Unternehmen nach sich ziehen.[5] So werden im Zuge des fortschreitenden Konzentrationsprozesses einer pessimistischen Einschätzung zufolge lediglich etwa 20 % der deutschen Softwareunternehmen langfristig bestehen bleiben.[6] Angesichts des steigenden Wettbewerbsdrucks müssen mittelständische Softwareunternehmen sich demgemäß entweder ständig neue Nischen erschließen oder zur Erreichung einer wettbewerbsfähigen Größe Wachstum anstreben.[7] Eine Emission von Belegschaftsaktien kann hier neben personalpolitischen Motiven primär dem Anliegen einer Eigenkapitalbeschaffung dienen, um unternehmensinterne Expansionsbestrebungen, aber auch unternehmensexternes Wachstum durch die Übernahme anderer Softwareunternehmen zu finanzieren. Bereits zum gegenwärtigen Zeitpunkt hat die Informationstechnik-Branche nach Einschätzung von Lezius die höchste Quote an Beteiligungsmodellen zu verzeichnen.[8]

---

[1] Vgl. z.B. Neugebauer (1986), S. 186; Jaeschke (1991), S. 970; Hoppenheit (1993), S. 39.

[2] Beispielsweise praktiziert das Softwareunternehmen PSI AG vor dem Hintergrund der herausragenden Bedeutung des Humankapitals seit 1974 ein Mitarbeiterbeteiligungsmodell (vgl. Jaeschke (1991), S. 970 f.). Zum Einfluß des zunehmenden Einsatzes neuer Technologie auf die Entgeltfindung vgl. allgemein Oechsler (1996).

[3] Vgl. Neugebauer (1986), S. 214 f.; Menke/Wimmers/Wolter (1996), S. 213.

[4] Vgl. Menke/Wimmers/Wolter (1996), S. 213.

[5] Vgl. Menke/Wimmers/Wolter (1996), S. 213.

[6] Vgl. Menke/Wimmers/Wolter (1996), S. 213.

[7] Vgl. Menke/Wimmers/Wolter (1996), S. 234.

[8] Vgl. o.V. (1996-g-), S. 63.

Schließlich gilt es im Rahmen der vorliegenden Problemstellung zu untersuchen, inwieweit die **Rechtsform** der **Aktiengesellschaft** als Voraussetzung für eine Ausgabe von Belegschaftsaktien aus der Sicht mittelständischer Softwareunternehmen grundsätzlich attraktiv erscheint. Wie aus einer empirischen Untersuchung des deutschen Software-Marktes hervorgeht, firmierten im Jahr 1989 12 % der Softwareunternehmen ab einer Betriebsgröße von 50 Beschäftigten als Aktiengesellschaft.[1] In Relation zu anderen Wirtschaftszweigen ist die Aktiengesellschaft in der Softwarebranche damit überproportional stark vertreten. Bezogen auf alle erfaßten Softwareunternehmen betrug der Anteil dieser Rechtsform lediglich 3 %; die überwiegende Mehrheit, d.h. 77 % der Betriebe wurde in der Form einer GmbH geführt.

Obwohl die Aktiengesellschaft im Vergleich zur GmbH in der Softwarebranche bislang wenig Verbreitung gefunden hat, kann sie dort insbesondere nach der Novellierung des Aktienrechts aus mehreren Gründen interessant erscheinen. Neben verschiedenen Vorteilen, wie z.B. einer höheren Fungibilität der Anteile, einer klaren Kompetenzverteilung zwischen den drei Organen der Gesellschaft sowie der Möglichkeit einer Emission von Belegschaftsaktien,[2] können Softwareunternehmen speziell von dem herausragenden **Image** dieser Rechtsform profitieren. Gerade mittelständische Softwareunternehmen sind im Umgang mit potentiellen Kunden und Kapitalgebern in besonderem Maße darauf angewiesen, den Eindruck von Seriosität und Größe zu vermitteln. Dies läßt sich zum einen darauf zurückführen, daß mögliche Kunden auf Grund des oftmals hohen Projektrisikos tendenziell etablierte Unternehmen bei der Vergabe von Aufträgen bevorzugen.[3] Ebenso sind Softwareunternehmen infolge des immateriellen Charakters der erstellten Leistung, den häufig fehlenden Sicherheiten für Kredite sowie der hohen Marktintransparenz, -unsicherheit und -dynamik bei der Kapitalbeschaffung in der Regel benachteiligt.[4] Die Rechtsform der Aktiengesellschaft kann vor diesem Hintergrund eine Art Signal aussenden, das möglicherweise dazu beiträgt, bei diesen Marktpartnern eine gewisse Verhandlungs- und Vertrauensbasis aufzubauen. Nicht zuletzt wird der Aktiengesellschaft häufig ein dynamisches, kapitalmarktorientiertes Image zugeschrieben, was, gemäß der empirischen Bestandsaufnahme von Seibert,[5] gerade Unternehmen aus den High-Tech-Bereichen Software, Telekommunikation und Multimedia vermutlich dazu bewogen hat, sich dieser Rechtsform in jüngster Zeit zu bedienen.

Neben dem hohen Ansehen eröffnet die Aktiengesellschaft die Möglichkeit einer vereinfachten **Kapitalbeschaffung** zum einen im Wege einer außerbörslichen Aufnahme von Gesellschaftern, beispielsweise aus dem Kreis der Mitarbeiter, oder zum anderen durch den Gang an

---

[1] Vgl. Buschmann u.a. (1989), S. 84.
[2] Vgl. Grunewald (1995), S. 26 f.
[3] Vgl. in diesem Sinne Menke/Wimmers/Wolter (1996), S. 209 f.
[4] Vgl. Neugebauer (1986), S. 217 ff.
[5] Vgl. Seibert (1996), S. 18.

die Börse. So ist die Aufnahme neuer Gesellschafter infolge der höheren Verkehrsfähigkeit der Anteile[1] auch in der nicht an der Börse gehandelten Aktiengesellschaft leichter zu bewerkstelligen als in Personengesellschaften oder in der GmbH. Darüber hinaus hat die detaillierte aktienrechtliche Regelung der Mitgliedschaftsrechte den Vorteil, daß sie eine gewisse Sicherheit für die Kapitalanlage bietet.[2]

Insbesondere für mittelständische Softwareunternehmen kann eine Plazierung am organisierten Eigenkapitalmarkt künftig eine betriebswirtschaftlich sinnvolle Alternative zur Bewältigung der Finanzierungsproblematik darstellen. So wurde mit der Einführung des sog. **Neuen Marktes** der Deutsche Börse AG am 10. März 1997 ein eigenständiges Handelssegment geschaffen, das speziell jungen, innovativen Unternehmen[3] die Erschließung von Eigenkapital an der Börse ermöglichen soll.[4] Daneben können kleine und mittelständische High-Tech-Unternehmen ihre Kapitalbasis seit Ende 1996 an der europäischen Börse für innovative, wachstumsstarke Unternehmen **EASDAQ** in Brüssel, dem Pendant zur amerikanischen Computerbörse NASDAQ, erweitern.[5] Ziel der Einrichtung dieses Kapitalmarktes war es unter anderem, die in jüngster Zeit vermehrt zu beobachtende Abwanderung europäischer High-Tech-Unternehmen an die NASDAQ in New York[6] zu unterbinden.[7]

Es wird insgesamt ersichtlich, daß die Softwarebranche einen für die vorliegende Problemstellung zweckdienlichen Ausschnitt der mittelständischen Wirtschaft darstellt. Auf der Basis dieser grundlegenden Ausführungen sollen im folgenden Abschnitt Zielsetzungen und mögliche Auswirkungen einer Aktienbeteiligung in mittelständischen Softwareunternehmen untersucht werden.

---

[1] Vgl. Perridon/Steiner (1997), S. 357. Zur Beschränkung der Übertragbarkeit der Aktien vgl. Kapitel 4 III 2.2.
[2] Vgl. Perridon/Steiner (1997), S. 357.
[3] Deren Zahl wird auf ca. 18 000 geschätzt (vgl. Kersting (1997), S. 222).
[4] Vgl. Hansen (1996), S. 26; Kersting (1997), S. 223; zu den Zulassungsvoraussetzungen vgl. im einzelnen Kersting (1997), S. 223 ff.
[5] Vgl. o.V. (1996-b-), S. 1.
[6] Vgl. Rauscheder (1996), S. 114 f.
[7] Vgl. ähnlich Kersting (1997), S. 222.

Teil 3. Ziele und Wirkungsweise einer Ausgabe von Belegschaftsaktien in mittelständischen Softwareunternehmen

Eine Kapitalbeteiligung der Mitarbeiter in Form von Belegschaftsaktien dürfte für die Eigentümer eines mittelständischen Softwareunternehmens nur dann erstrebenswert erscheinen, wenn eine solche Maßnahme verspricht, die mit ihr verfolgten Ziele zumindest partiell zu erreichen. Anliegen des dritten Kapitels dieser Arbeit ist es zum einen, an eine Aktienbeteiligung der Mitarbeiter geknüpfte Motive und Erwartungen des Unternehmens sowie der zu begünstigenden Mitarbeiter zu ergründen sowie mögliche Konfliktbereiche im Zielsystem dieser Interessengruppen zu lokalisieren. Zum anderen widmet sich dieses Kapitel der Frage, ob und in welchem Ausmaß personalpolitische und finanzwirtschaftliche Zielsetzungen einer Aktienbeteiligung in mittelständischen Unternehmen und speziell in der Softwarebranche tendenziell erreicht werden können. Da die Einführung einer Kapitalbeteiligung im Mittelstand eher von seiten des Unternehmens initiiert wird und ihm im wesentlichen die Gestaltung des Modells obliegt,[1] soll im Rahmen der weiteren Ausführungen die Perspektive der Unternehmung bzw. ihrer Eigentümer im Zentrum der Betrachtung stehen.

I. Ziele einer Aktienbeteiligung im Mittelstand

1. Perspektive des Unternehmens und seiner Eigentümer

Die Motive und Erwartungen, welche die Eigentümer eines mittelständischen Unternehmens mit der Einführung einer Aktienbeteiligung der Mitarbeiter verbinden, leiten sich aus dem unternehmenspolitischen Zielsystem ab. Sie werden erstens maßgeblich durch die speziellen Rahmenbedingungen im **Mittelstand** (wie z.B. Finanzierungssituation, Verbundenheit von Mitarbeitern und Unternehmung), zweitens durch die Besonderheiten der jeweiligen **Branche** (beispielsweise Wettbewerbsintensität, Marktwachstum, Mitarbeiterqualifikation) sowie durch die persönlichen Interessen und Einstellungen der **Eigentümer-Unternehmer** (z.B. Streben nach Unabhängigkeit) bestimmt. In Abhängigkeit von den Ausprägungen dieser Faktoren bilden zumeist mehrere Motive mit unterschiedlicher Gewichtung ein Zielbündel. Stellvertretend für diejenigen empirischen Untersuchungen, die sich unter anderem mit den Zielen der Einführung von Beteiligungsmodellen befassen,[2] sollen nachfolgend die Ergebnisse der von Guski/Schneider[3] durchgeführten Studie zur Mitarbeiterkapitalbeteiligung in der Bun-

---

[1] Vgl. Guski/Schneider (1983), S. 137 ff.; Schanz/Riekhof (1984), S. 34 ff.

[2] Vgl. z.B. Kilian (1978), S. 96 ff.; Gaugler/Groos/Weber (1983); Schanz/Riekhof (1984).

[3] Vgl. Guski/Schneider (1983), S. 104 ff.; kritisch dazu Schäfer (1992), S. 124 ff. In einer neueren Bestandsaufnahme aus dem Jahr 1993, die sich allerdings nur auf Niedersachsen bezogen hatte, haben Guski/Schneider die

desrepublik Deutschland vorgestellt werden. Diese ist im vorliegenden Kontext den anderen empirischen Erhebungen in doppelter Hinsicht vorzuziehen. Zum einen analysiert sie die Problematik einer Kapitalbeteiligung inhaltlich und bezogen auf die Zahl der Probanden am umfassendsten. Zum anderen arbeiten die Autoren u.a. bei den einer Beteiligung zugrundeliegenden Zielen die Bewertung mittelständischer Unternehmen heraus.

In ihrer Untersuchung ermittelten **Guski/Schneider** sieben für eine Beteiligung am bedeutendsten erachtete **Motivkategorien**, die durch verschiedene Kriterien konkretisiert wurden.[1] Diesem Zielkatalog zufolge resultiert eine Mitarbeiterkapitalbeteiligung im wesentlichen aus Gesichtspunkten der Motivation, Finanzierung, Personalpolitik, Partnerschaft, Gesellschaftspolitik, Vermögensbildung sowie der Sicherung von Mitarbeiterpotential (vgl. Tab. 2).

Vergleicht man die Bedeutung, die den genannten Motiven von **Groß- und mittelständischen Unternehmen** eingeräumt wurden, lassen sich deutliche Unterschiede erkennen (vgl. Tab. 2). Während in Großunternehmen, korrespondierend zu ihrer teilweise herausragenden wirtschaftlichen Position und Verantwortung, übergeordnete Ziele der Vermögensbildung und Gesellschaftspolitik dominieren, besitzen diese bei mittelständischen Unternehmen eine geringe Bedeutung. Dort sind es hauptsächlich einzelwirtschaftliche, primär ökonomische Interessen, wie z.B. Motivations-, Finanzierungs- und personalpolitische Aspekte, die zu einer Mitarbeiterbeteiligung führen. Dagegen belegen solche Motive bei Großunternehmen lediglich einen mittleren Rang. Guski/Schneider führen diese Rangunterschiede, insbesondere den hohen Stellenwert von Motivations- und Finanzierungsgründen im Mittelstand unter anderem auf die Überschaubarkeit mittelständischer Unternehmen, durch die die Leistung einzelner Mitarbeiter für die Unternehmensleitung eher sichtbar wird, und auf die unzureichenden Kapitalbeschaffungsmöglichkeiten mittelständischer Betriebe zurück.[2]

Ergebnisse ihrer Studie aus dem Jahr 1983 weitgehend bestätigt gefunden (vgl. Guski/Schneider (1993-b-), S. 20).

[1] Vgl. Guski/Schneider (1983), S. 111.

[2] Vgl. Guski/Schneider (1977), S. 33 f.; Guski/Schneider (1983), S. 113 f.

Ziel	Zielinhalt	Mittelgroße bis kleinere Unternehmen		Größt- und Großunternehmen	
		Rang	Prozent	Rang	Prozent
Motivation	Produktivität, Arbeitsleistung, Kostenbewußtsein, Interesse, Einsatz, Identifikation, Mitdenken, wirtschaftliches Verständnis	1	27,0	5	12,2
Personalpolitik	Abrundung des Sozialleistungspakets, materielle Verbesserung, personalpolitische Maßnahme, zusätzliche Altersversorgung	2	15,9	4	12,4
Finanzierung	Erhöhung des Eigenkapitals, Verbesserung der Kapitalstruktur, zusätzliche Liquidität	3	15,0	3	16,1
Partnerschaft	Abbau der Konfrontation zwischen Kapital und Arbeit, verstärkte Mitverantwortung, Mitsprache und Mitwirkung an der Willensbildung, Eigentümer-Mentalität, Verbesserung des Betriebsklimas, Teilhabe am Erfolg, Anspruch auf den Gewinn, leistungsbezogenes Entgelt	4	14,6	6	11,1
Mitarbeiter-potential	Reduzierung der Fluktuation, Bindung an den Betrieb, Betriebstreue, verbesserte Position am Arbeitsmarkt, Fehlzeitenverringerung	5	11,2	7	9,9
Gesellschafts-politik	Beteiligung am Produktivvermögen, Sicherung und Ausbau der Wirtschaftsordnung, Verhinderung gewerkschaftlicher Fonds-Lösungen	6	8,6	2	18,5
Vermögens-bildung	Vermögensverteilung, Ergänzung der Geldvermögensbildung	7	7,7	1	19,8

Tab. 2: Ziele der betrieblichen Vermögensbeteiligung aus der Sicht von Groß- und Mittelunternehmen

Quelle: In Anlehnung an Guski/Schneider (1983), S. 111 ff.

Auch in der Mehrzahl der beteiligungswilligen mittelständischen Softwareunternehmen wird man nicht zu erwarten haben, daß **übergeordnete** gesellschaftspolitische **Zielsetzungen,** wie z.B. die Verhinderung gewerkschaftlicher Fondslösungen oder der Ausbau der Wirtschaftsordnung, und Motive der Vermögensbildung eine tragende Rolle bei der Ausgabe von Belegschaftsaktien spielen. Wie an späterer Stelle näher erläutert wird, dürften hier angesichts der herausragenden Bedeutung des Humankapitals und eingeschränkter Finanzierungsmöglichkeiten statt dessen ähnliche **einzelwirtschaftliche Motive** wie bei der Gesamtheit der von Guski/Schneider befragten mittelständischen Unternehmen für die Einführung einer Aktienbeteiligung maßgeblich sein.[1] Aus diesem Grund ist der Fokus bei der weiteren Analyse auf

[1] Vgl. Kapitel 3 II 1, 3 III 1; siehe dazu auch die Ausführungen von Jaeschke (1991), S. 970 f. zum Beteiligungsmodell des Softwareunternehmens PSI AG.

die fünf einzelwirtschaftlichen Zielkategorien von Guski/Schneider (Motivation, Personalpolitik, Finanzierung, Partnerschaft, Mitarbeiterpotential) gerichtet. Die genannten übergeordneten gesellschafts- und vermögenspolitischen Zielvorstellungen können wegen ihrer geringen Relevanz für eine Aktienbeteiligung in mittelständischen Softwareunternehmen aus dem Kern der Untersuchung ausgeklammert werden.

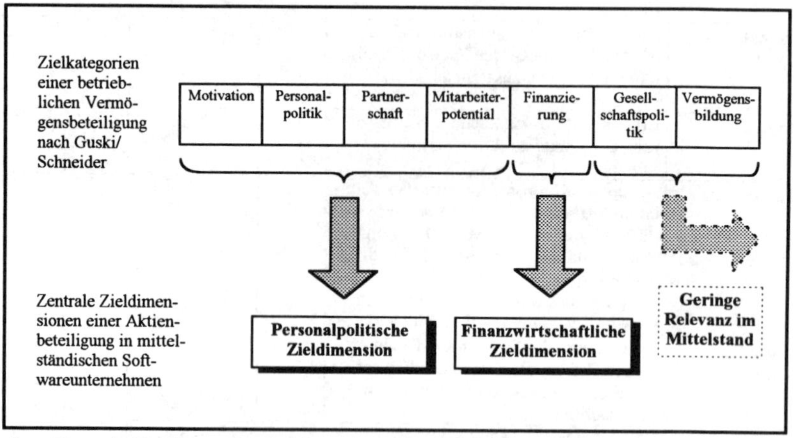

Abb. 6: Zentrale Zieldimensionen einer Ausgabe von Belegschaftsaktien in mittelständischen Softwareunternehmen

Quelle: Eigene Darstellung.

Innerhalb der verbleibenden fünf Motivkategorien kann man zwei **Zieldimensionen**, eine **personalpolitische** und eine **finanzwirtschaftliche**, unterscheiden. Der ersten Dimension lassen sich die von Guski/Schneider mit Motivation, Personalpolitik, Partnerschaft und Mitarbeiterpotential bezeichneten Erwartungen subsumieren, während die zweite ausschließlich finanzwirtschaftliche Erwägungen repräsentiert (vgl. Abb. 6). Bevor im Rahmen der weiteren Ausführungen einzelne Zielvorstellungen des Unternehmens und seiner bisherigen Eigentümer nach diesen Schwerpunkten getrennt näher beschrieben werden, gilt es zunächst, die an eine Ausgabe von Belegschaftsaktien geknüpften Erwartungen der Mitarbeiter darzustellen sowie deren Beteiligungsbereitschaft zu untersuchen.

2. Zielvorstellungen und Beteiligungsbereitschaft der Mitarbeiter

Im Gegensatz zu den Erwartungen, die von seiten des Unternehmens mit einer Mitarbeiterkapitalbeteiligung verbunden werden, sind die Beteiligungsmotive der Mitarbeiter empirisch nicht annähernd gut erforscht. Bei einer Partizipation am Kapital des arbeitgebenden Unternehmens vereint der beteiligte Mitarbeiter die Rolle des Arbeitnehmers sowie jene eines Kapitalgebers und in Grenzen die eines Unternehmers in sich. Schlüsselt man das Phänomen einer Kapitalbeteiligung in diese Komponenten auf, lassen sich auf analytisch-deduktivem Wege zwei Kategorien von Beteiligungszielen der Belegschaftsmitglieder, solche materieller und immaterieller Art, ableiten. In ähnlicher Form traten diese beiden Motivgruppen auch in einer empirischen Untersuchung zur Beurteilung von Produktivkapitalbeteiligungen aus der Sicht der Arbeitnehmer zutage.[1]

Die erste Kategorie umfaßt jene Motive, die den **materiellen** Charakter der Kapitalbeteiligung betreffen und der Mehrung des Einkommens dienen.[2] Hierunter fallen vor allem die Erwartung einer hohen Rendite, verbunden mit einer fungiblen und mit begrenztem Risiko behafteten Kapitalanlage. Dagegen repräsentiert die zweite Gruppe Zielvorstellungen **immaterieller** Art, insbesondere den Wunsch der Mitarbeiter nach mehr Mitwirkung und Bindung an das arbeitgebende Unternehmen.[3] „Hier verbinden sich die Vorstellungen von mehr Mitsprachemöglichkeiten für die Arbeitnehmer und von einer (im positiven Sinne) stärkeren Betriebsbindung mit den Erwartungen, daß Produktivkapitalbeteiligungen die Arbeitnehmer besser gegen Kündigungen absichern und die Arbeitnehmer von einer günstigen wirtschaftlichen Entwicklung ihres Betriebes profitieren."[4] In welcher Kombination und mit welcher Ausprägung und Gewichtung diese Beweggründe im Zielbündel des einzelnen Mitarbeiters schließlich enthalten sind, hängt insbesondere von individuellen Faktoren (wie z.B. Alter, Einkommen, Qualifikationsniveau, persönliche Lebensplanung) sowie betrieblichen Gegebenheiten (beispielsweise wirtschaftliche Lage des Unternehmens und Betriebsklima) ab. Diejenigen Mitarbeiter, bei denen immaterielle Ziele im Motivbündel überwiegen, sollen als partizipationsorientierte Belegschaftsaktionäre bezeichnet werden; im anderen Fall wird im folgenden von materiell interessierten Mitarbeiteraktionären gesprochen.[5]

Von besonderer Bedeutung im Rahmen der Konzeption und Einführung einer Aktienbeteiligung in einem mittelständischen Softwareunternehmen erweist sich die **Beteiligungsbereit-**

---

[1] Vgl. AGP (1990), S. 26.
[2] Vgl. AGP (1990), S. 26; Institut für Demoskopie Allensbach (1990), S. 69; Langhein (1987), S. 170.
[3] Vgl. AGP (1990), S. 26; Institut für Demoskopie Allensbach (1990), S. 68; ähnlich Langhein (1987), S. 170 f.
[4] AGP (1990), S. 26.
[5] So unterscheidet Alof (1963), S. 69 ff. im allgemeinen u.a. Unternehmer- und Kapitalaktionäre. Bezogen auf die Gruppe der Arbeitnehmer als Aktionäre folgt auch Baus (1978), S. 42 ff. dieser Differenzierung.

schaft der Mitarbeiter. Sie verkörpert das Ergebnis eines subjektiven Informationsverarbeitungsprozesses, bei dem individuelle Zielvorstellungen und das vom Unternehmen unterbreitete Angebot zur Kapitalbeteiligung einander gegenübergestellt werden. Sofern beide Bereiche vereinbar erscheinen, dürfte eine prinzipielle Bereitwilligkeit zur Annahme des Beteiligungsangebots vorliegen. Damit stellt die Beteiligungsbereitschaft eine zentrale Voraussetzung dafür dar, daß eine Mitarbeiterbeteiligung überhaupt zustande kommen kann. Fraglich ist nun, welche Resonanz ein Angebot zum Erwerb von Belegschaftsaktien in einem mittelständischen Softwareunternehmen bei den Mitarbeitern voraussichtlich hervorrufen wird.

Zur Beantwortung dieser Frage bietet sich im folgenden eine zweistufige Vorgehensweise an: Um die Gegebenheiten mittelständischer Aktiengesellschaften abzubilden, sollen zunächst empirisch ermittelte Beteiligungsquoten, anhand derer die Beteiligungsbereitschaft näherungsweise operationalisiert werden kann, in Abhängigkeit von der Beteiligungsform und der Unternehmensgröße aufgeschlüsselt werden. In einem zweiten Schritt gilt es dann, das theoretische Konstrukt Beteiligungsbereitschaft in seine Bestimmungsfaktoren zu zerlegen, um diese im Hinblick auf die Besonderheiten der Softwarebranche differenziert zu untersuchen.

Analysiert man die Beteiligungsquoten bei verschiedenen **Formen** der Kapitalbeteiligung, zeigt sich, daß die Belegschaftsaktie in der betrieblichen Praxis auf eine vergleichsweise geringe Resonanz gestoßen ist (vgl. Tab. 3).[1] Während durchschnittlich 93 % aller Beschäftigten zum Erwerb von Aktien berechtigt waren, summierte sich die tatsächliche Beteiligung auf etwa 63 % der bezugsberechtigten Mitarbeiter. Eine mögliche Erklärung für diesen Befund mag zum einen darin liegen, daß die Belegschaftsaktie eine mit Risiken behaftete Form der Vermögensanlage darstellt und neben Gewinnchancen auch die Gefahr eines Wertverlustes in sich birgt. Zum anderen spiegelt sich in der Beteiligungsform der Belegschaftsaktie zumeist auch die Größe des Beteiligungsunternehmens wider.

[1] Vgl. Guski/Schneider (1993-a-),S. 18; zu einem ähnlich schlechten Abschneiden der Belegschaftsaktie kommen auch Schanz/Riekhof (1984), S. 51.

	Berechtigungsquote (in Prozent aller beschäftigten Mitarbeiter)	Beteiligungsquote (in Prozent aller berechtigten Mitarbeiter)
Beteiligungsform		
Darlehen	89,1	73,2
Genußrecht/-schein	84,8	48,0
Stille Beteiligung	77,9	68,0
Belegschaftsaktie	93,0	63,4
GmbH-Beteiligung	58,5	78,6
Kommandit-Beteiligung	18,0	88,9
Belegschaftsfonds	100,0	96,3
Indirekte Beteiligung	77,0	61,6

Tab. 3: Berechtigungs- und Beteiligungsquoten in Abhängigkeit von der Beteiligungsform

Quelle: Guski/Schneider (1993-a-), S. 18 f.

Analysiert man hierzu die Beteiligungsbereitschaft[1] in Abhängigkeit von der **Unternehmensgröße** (vgl. Tab. 4), wird ersichtlich, daß die Partizipationswilligkeit der Mitarbeiter mit fallender Größe des Unternehmens zunimmt.[2] Ausschlaggebend für den positiven Anklang einer Kapitalbeteiligung im Mittelstand dürften in erster Linie die hohe Verbundenheit von Mitarbeitern und Unternehmen, eine besondere Vertrauensbasis sowie die leichtere Überschaubarkeit des Betriebs sein.[3] Vor dem Hintergrund dieser empirischen Befunde kann man somit für eine Aktienbeteiligung in mittelständischen Softwareunternehmen erwarten, daß ein betriebliches Angebot zum Erwerb von Belegschaftsaktien von den anspruchsberechtigten Mitarbeitern nicht grundsätzlich ignoriert wird.[4]

	Berechtigungsquote (in Prozent aller beschäftigten Mitarbeiter)	Beteiligungsquote (in Prozent aller berechtigten Mitarbeiter)
Unternehmensgröße		
bis 50 Mitarbeiter	84,9	84,4
51 bis 1000 Mitarbeiter	78,4	76,5
ab 1000 Mitarbeiter	88,8	57,7

Tab. 4: Berechtigungs- und Beteiligungsquoten in Abhängigkeit von der Unternehmensgröße

Quelle: Guski/Schneider (1993-a-), S. 18 f.

[1] Bezogen auf sämtliche dort untersuchten Formen einer Kapitalbeteiligung.
[2] Vgl. Guski/Schneider (1993-a-), S. 19.
[3] Vgl. Guski/Schneider (1993-a-), S. 19.
[4] Beispielsweise waren im Softwareunternehmen PSI GmbH im Jahre 1991 etwa 220 von insgesamt 430 Mitarbeitern, d.h. 51 % gleichzeitig Gesellschafter (vgl. Jaeschke (1991), S. 979).

Die Beteiligungsbereitschaft der Belegschaftsmitglieder[1] wird von einer Vielzahl von Faktoren determiniert, deren Zusammenwirken bislang weitgehend unerforscht ist. Diese lassen sich im wesentlichen in drei Kernbereiche, nämlich den **Mitarbeiter**, das arbeitgebende **Unternehmen** sowie das **Beteiligungsmodell** betreffende Faktoren unterteilen (vgl. Abb. 7). Im folgenden soll anhand der wichtigsten Bestimmungsfaktoren die Resonanz, auf die ein Partizipationsangebot bei der Belegschaft in mittelständischen Softwareunternehmen trifft, eingeschätzt werden. Ziel der Ausführungen ist es, die Beteiligungsbereitschaft begünstigende und hemmende Einflußgrößen herauszuarbeiten sowie die wichtigsten und empirisch untersuchten Faktoren zu erläutern.

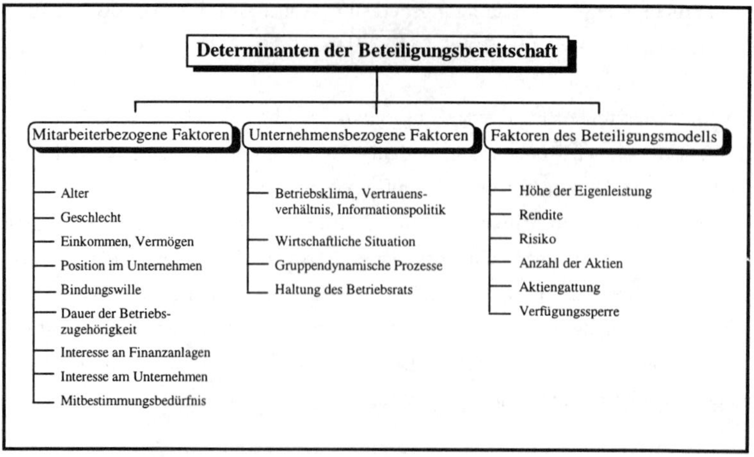

Abb. 7: Determinanten der Beteiligungsbereitschaft
Quelle: Eigene Darstellung.

Ein bedeutender, dem Bereich des **Mitarbeiters** entstammender Einflußfaktor ist das **Lebensalter**. Mit steigendem Alter der Belegschaftsmitglieder nimmt deren Bereitschaft zur Beteiligung am Kapital des arbeitgebenden Unternehmens empirischen Befunden zufolge zu, um dann ab einem bestimmten Alter zu stagnieren.[2] Wie man der Statistik eines großen Beteiligungsunternehmens entnehmen kann, ist das Maximum der Beteiligungsbereitschaft bei einem Lebensalter von circa 50 Jahren erreicht und bleibt dann etwa auf diesem Niveau konstant. Insbesondere die Tatsache, daß die Beteiligungsbereitschaft bis zu einem Alter von 30 Jahren spürbar geringer ausgeprägt war als in höheren Altersstufen,[3] läßt, soweit man diese

---

[1] Baus (1978), S. 19 ff. modelliert dieses theoretische Konstrukt z.B. als ökonomisches und psychologisches Modell des Kaufverhaltens.
[2] Vgl. Guski/Schneider (1983), S. 200.
[3] Vgl. Guski/Schneider (1983), S. 201.

Daten übertragen kann, in solchen Software-Unternehmen, die vorwiegend junge Mitarbeiter, wie z.B. Hochschulabsolventen, beschäftigen, eine geringere Resonanz auf ein diesem Personenkreis unterbreitetes Beteiligungsangebot erwarten.

Wie empirische Untersuchungen belegen, bildet die Höhe des **Einkommens** einen weiteren wichtigen Bestimmungsfaktor der Beteiligungsbereitschaft.[1] So steigt die Partizipationswilligkeit der Mitarbeiter mit der Höhe ihrer Einkünfte.[2] Da Softwareexperten überdurchschnittlich hohe Einkünfte beziehen,[3] dürfte deren Bereitschaft zum Erwerb von Aktien des Unternehmens vor diesem Hintergrund positiv beeinflußt werden. Empirischen Befunden zufolge zeigen sich darüber hinaus solche Mitarbeiter, die eine verantwortungsvolle, gehobene **Position** im Unternehmen bekleiden und ein dementsprechend hohes Qualifikationsniveau besitzen, grundsätzlich eher beteiligungsbereit.[4] Gerade in mittelständischen Softwareunternehmen kann diese Beschreibung auf einen größeren Teil der Mitarbeiter zutreffen, so daß hier demgemäß mit regem Interesse an einer betrieblichen Kapitalbeteiligung zu rechnen ist.

Ein im Softwarebereich zentraler Faktor, der sich vermutlich nachteilig auf die Beteiligungswilligkeit auswirkt, ist in der hohen **Fluktuationsneigung** vieler Softwareexperten zu sehen. Strebt ein Mitarbeiter beispielsweise zur Erweiterung seiner Wissens- und Erfahrungsbasis einen Wechsel des arbeitgebenden Unternehmens an, wird er einem Beteiligungsangebot ceteris paribus eher zurückhaltend gegenüberstehen. Andererseits kann eine hohe Fluktuationsrate zumindest partiell als Ausdruck dafür gesehen werden, daß es in dieser Branche bislang nicht gelungen ist, ein wirksames Instrumentarium zur stärkeren Bindung der DV-Fachkräfte an das Unternehmen zu entwickeln. Damit die Erreichung des Ziels einer Reduzierung der Fluktuationsrate nicht von Anfang an durch eine zu geringe Beteiligungsbereitschaft unterbunden wird, erscheint es im Rahmen der Konzeption des Beteiligungsmodells von besonderer Bedeutung, der hohen beruflichen Mobilität der Mitarbeiter im Softwarebereich durch geeignete Maßnahmen Rechnung zu tragen.

Im Bereich der **unternehmensbezogenen** Bestimmungsfaktoren der Beteiligungsbereitschaft sollen nachfolgend die wirtschaftliche Situation des Unternehmens, das Betriebsklima sowie die Bedeutung gruppendynamischer Prozesse untersucht werden. Ein Angebot zum Erwerb von Aktien werden die Mitarbeiter ceteris paribus bei einer positiven Einschätzung der momentanen und künftigen **Wirtschaftskraft** des Unternehmens anzunehmen bereit sein.[5] Somit ist bei Softwareunternehmen, die eine erfolgsträchtige Entwicklung durchlaufen, eine entspre-

---

[1] Vgl. z.B. Guski/Schneider (1983), S. 197 f.; AGP (1990), S. 35 f.
[2] Vgl. AGP (1990), S. 35.
[3] Vgl. Trautwein-Kalms (1991), S. 220
[4] Vgl. Guski/Schneider (1983), S. 202 f.
[5] Vgl. Institut für Demoskopie Allensbach (1990), S. 70; AGP (1990), S. 34 f.; Guski/Schneider (1983), S. 207 f.

chende Kaufbereitschaft der Mitarbeiter grundsätzlich zu erwarten. Jene Unternehmen hingegen, deren Fortbestand z.B. infolge des verschärften Wettbewerbs am Markt für Informationstechnologie gefährdet erscheint, können ihren Mitarbeitern in der Regel nicht genügend Perspektiven bieten, um diese zu einem Aktienkauf zu motivieren.

Die Bereitschaft der Mitarbeiter zum Erwerb von Aktien des arbeitgebenden Unternehmens ist insbesondere dann vorhanden, wenn die Zusammenarbeit zwischen Belegschaft und Unternehmensleitung bislang von einem **vertrauensvollen Klima** geprägt war.[1] Speziell in einem kooperativen und informationsoffenen Umfeld, wie es in zahlreichen mittelständischen Softwareunternehmen vorzufinden ist, erklären sich die Mitarbeiter voraussichtlich eher zu einer Beteiligung am Kapital des Unternehmens bereit. Diese Bereitschaft kann zusätzlich durch **informationspolitische** Maßnahmen bezüglich Risiken und Chancen einer Aktienbeteiligung gefördert werden.[2]

Nicht zuletzt müssen bei der Planung und Einführung eines Beteiligungsmodells auch **gruppendynamische Prozesse** als organisationale Determinante der Beteiligungsbereitschaft berücksichtigt werden. In mittelständischen Softwareunternehmen können Ansichten und Verhaltensweisen, die innerhalb von betrieblichen Gruppen im sozialpsychologischen Sinne entwickelt wurden, spürbar auf die Entscheidung des einzelnen Mitarbeiters, Belegschaftsaktien zu erwerben, einwirken.[3] Um einer Ablehnung des Beteiligungsangebots durch einen größeren Teil der Belegschaft vorzubeugen, empfiehlt es sich beispielsweise, informelle Gruppenführer als beratende Vertrauenspersonen im Rahmen der Modellkonzeption zu gewinnen.[4]

Neben persönlichen und unternehmensbezogenen Faktoren erweisen sich das **Beteiligungsmodell** betreffende Kriterien, wie z.B. Aktiengattung, Anzahl der erwerbbaren Aktien sowie Höhe der Einlage, der Rendite und des Risikos, von Bedeutung für die Beteiligungsbereitschaft. Beispielsweise kann man grundsätzlich davon ausgehen, daß die Bereitschaft zum Kauf von Belegschaftsaktien umso höher ist, je höher die erwartete Rendite und je geringer das der Beteiligung inhärente Risiko ausgeprägt sind.[5] Ferner erscheint es auf Grund der hohen Fluktuationsneigung der Softwareexperten bedeutsam, die infolge der fehlenden Börsennotierung des Unternehmens ohnehin eingeschränkte Fungibilität der Aktien so weit wie möglich aufrecht zu erhalten. Diese Überlegung ist ebenfalls von Bedeutung, wenn das betei-

---

[1] Vgl. in diesem Sinne Guski/Schneider (1993-a-), S. 19.
[2] Vgl. AGP (1990), S. 23; Guski/Schneider (1983), S. 204 f.; zur Bedeutung der Informationspolitik als betriebliche Führungsaufgabe vgl. eingehend Gaugler (1995), Sp. 1175 ff.
[3] Vgl. analog Peterssen (1968), S. 82 f.; Zur Bedeutung gruppendynamischer Prozesse für das Leistungsverhalten der Mitarbeiter vgl. eingehend Kapitel 3 II 2.2.2.
[4] Vgl. Peterssen (1968), S. 140.
[5] Vgl. in diesem Sinne Institut für Demoskopie Allensbach (1990), S. 69.

ligungswillige Unternehmen beabsichtigt, eine betriebliche Sperrfrist einzuführen, die über die gesetzlich normierte Sperrfrist bei Inanspruchnahme der staatlichen Förderung nach dem Vermögensbildungsgesetz und dem § 19a EStG hinausgeht.

Zusammenfassend betrachtet, deuten die Ergebnisse der einzelnen untersuchten Determinanten der Beteiligungsbereitschaft darauf hin, daß ein Beteiligungsangebot in mittelständischen Softwareaktiengesellschaften grundsätzlich auf eine positive Resonanz bei den Mitarbeitern treffen kann. Diese Beurteilung setzt jedoch voraus, daß den Zielvorstellungen der zu begünstigenden Beschäftigten bei der Konzeption des Beteiligungsmodells in angemessener Form entsprochen wird.

3. Konflikte im Zielsystem der Interessengruppen

Im System der an eine Ausgabe von Belegschaftsaktien geknüpften Erwartungen der bisherigen Eigentümer und begünstigten Mitarbeiter lassen sich verschiedene **Zielbeziehungen** lokalisieren. Grundsätzlich können einzelne Interessen zueinander in einer komplementären, indifferenten oder konfliktären Beziehung stehen.[1] Komplementäre und indifferente Ziele sind dadurch gekennzeichnet, daß sie sich in ihrer Erreichbarkeit gegenseitig unterstützen bzw. nicht berühren.[2] Dagegen geht bei konfliktären Erwartungen die Mehrerfüllung des einen Ziels zu Lasten des anderen. Daher ist bei der Einführung einer Aktienbeteiligung im Mittelstand besonderes Augenmerk auf die Identifikation und Handhabung von Konflikten im Zielsystem der beiden betrachteten Interessengruppen zu richten.[3]

Hinsichtlich der beteiligten Parteien kann man mehrere **Konfliktebenen** voneinander unterscheiden (vgl. Abb. 8). Verfolgt ein Individuum mehrere unvereinbare Interessen, liegt ein intrapersoneller Zielkonflikt vor. Bei einem interpersonellen Interessenkonflikt stehen sich dagegen mindestens zwei Personen mit konkurrierenden Intentionen gegenüber.[4] Betrachtet man im vorliegenden Kontext sowohl die bisherigen Eigentümer als auch die begünstigten Mitarbeiter als aus mehreren Personen bestehende Gruppen, lassen sich bei interpersonellen Zielkonflikten zwei weitere Differenzierungen treffen. So können interpersonelle Interessengegensätze einerseits intragruppal, d.h. innerhalb der Gruppe der Altaktionäre oder zu beteiligenden Belegschaftsmitglieder und andererseits intergruppal, nämlich zwischen bisherigen Eigentümern und Mitarbeitern zutage treten. Welchen Inhalt die genannten Typen von Ziel-

---

[1] Zu den verschiedenen Arten von Zielbeziehungen vgl. z.B. Mag (1977), S. 31 ff.
[2] Vgl. Mag (1977), S. 33.
[3] Auch Baus (1978), S. 12 fokussiert bei der Untersuchung von Belegschaftsaktien konfliktäre Zielbeziehungen zwischen Arbeitnehmern und Unternehmern.
[4] Vgl. ähnlich Berkel (1992), Sp. 1086.

konflikten bei einer Ausgabe von Belegschaftsaktien haben können, sollen im folgenden wenige ausgewählte Beispiele verdeutlichen. Darüber hinaus werden andere Spielarten an den betreffenden Stellen im weiteren Verlauf der Ausführungen aufgeführt.

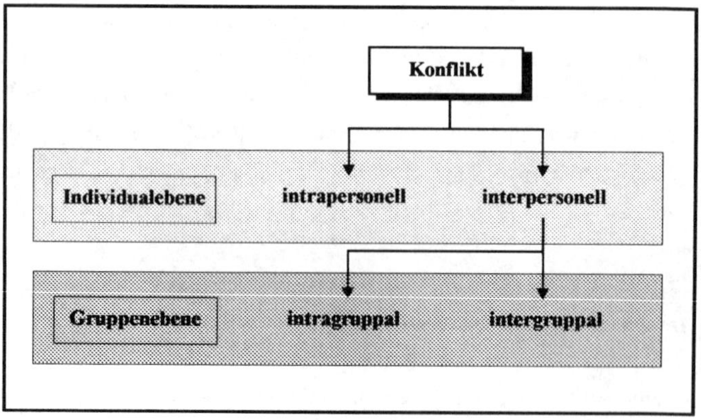

Abb. 8: Konfliktebenen bei einer Mitarbeiterkapitalbeteiligung
Quelle: In Anlehnung an Brose/Corsten (1983), S. 183.

Ein **intrapersoneller** Interessenkonflikt besteht bei einem **Altaktionär** z.B. dann, wenn er die Mitarbeiter, etwa aus Motivationsgründen, im Wege einer Aktienbeteiligung materiell und immateriell stärker am Unternehmensgeschehen partizipieren lassen will, aber er als Eigentümer seinen unternehmerischen Einfluß nicht beeinträchtigt sehen möchte. Ähnlich ist auch jene Konstellation, bei der eine Emission von Belegschaftsaktien angesichts eines hohen Kapitalbedarfs aus finanzwirtschaftlichen Motiven erwogen wird und in Konflikt zu einem ausgeprägten Unabhängigkeitsstreben eines Alt-Kapitalgebers steht.[1] Auf seiten der **Mitarbeiter** bilden beispielsweise der Wunsch nach einer Beteiligung an der Unternehmensentwicklung sowie das Risiko einer häufig durch Eigenleistungen finanzierten Kapitalanlage eine konkurrierende Beziehung.

Intragruppale Zielkonflikte treten im Kreis der **bisherigen Eigentümer** z.B. auf, wenn einzelne Anteilseigner die Einführung einer Mitarbeiterkapitalbeteiligung aus Sorge vor einer unerwünschten Einflußnahme ablehnen, andere hingegen eine solche aus personalpolitischen Gründen befürworten. Innerhalb der Gruppe der zu beteiligenden **Mitarbeiter** lassen sich in der Regel sowohl eher partizipations- als auch primär materiell interessierte Anleger finden, die beispielsweise hinsichtlich der Gattung der Belegschaftsaktien gegensätzliche Interessen verfolgen können.

[1] Auf das Dilemma einer notwendigen Zufuhr von Eigenkapital im Wachstumsprozeß und einer Reserviertheit bei der Aufnahme neuer Gesellschafter weist auch Gutenberg (1980), S. 142 hin.

Intergruppale Interessenkonflikte, d.h. zwischen Altaktionären und begünstigten Belegschaftsmitgliedern können sich auf viele Sachfragen beziehen. Beispielsweise ist denkbar, daß eine Aktienbeteiligung von seiten der bisherigen Eigentümer hauptsächlich dem finanzwirtschaftlichen Ziel einer Kapitalbeschaffung dienen und daher stimmrechtslose Vorzugsaktien emittiert werden sollen, während die Mehrheit der zu beteiligenden Mitarbeiter in erster Linie eine Partizipation an der Beschlußfassung in der Hauptversammlung anstrebt. Weitere Aspeke, die ebenfalls ein solches Konfliktpotential in sich bergen, sind z.B. die Form der Übertragbarkeit der Aktien, die den begünstigten Mitarbeitern zugedachte Anteilshöhe, die Höhe der unternehmensseitigen Zuwendung, die Einführung einer betrieblichen Veräußerungssperre sowie das Verfahren zur Ermittlung des Kurswerts der Belegschaftsaktien.

Zur **Handhabung** von Konflikten im Zielsystem dieser betrieblichen Interessengruppen bieten sich mehrere Strategien an. So können **intrapersonelle** Zielkonflikte beispielsweise durch eine Zielgewichtung entschärft werden.[1] **Interpersonelle** Interessengegensätze bei einer Aktienbeteiligung in mittelständischen Softwareunternehmen lassen sich grundsätzlich auf dreierlei Weise zumindest teilweise bewältigen.[2] Zum einen ist z.B. bei intergruppalen Konflikten denkbar, daß eine Seite, hier die bisherigen Eigentümer, ihre Vorstellung bezüglich der Konzeption des Beteiligungsmodells durchsetzt und die andere Partei, d.h. die begünstigten Mitarbeiter die Lösung der Gegenseite übernimmt. Eine zweite Möglichkeit besteht darin, über die unterschiedlichen Erwartungen zu verhandeln und eine für beide Seiten akzeptable Vereinbarung, d.h. zumeist einen Kompromiß zu finden. Schließlich kann in Gestalt einer Problemlösungsstrategie gemeinsam nach Wegen und Maßnahmen gesucht werden, mit denen beide Interessengruppen ihre Ziele weitgehend erreichen können. Wünschen die begünstigten Mitarbeiter beispielsweise eine deutlich höhere Aktienanzahl als die bisherigen Eigentümer im Hinblick auf die Sicherung ihres Einflusses zu gewähren bereit sind, liegt eine mögliche Problemlösung im Angebot stimmrechtsloser Vorzugsaktien. In der Mehrzahl der beteiligungswilligen mittelständischen Unternehmen, in denen eine Mitarbeiterkapitalbeteiligung einen spürbaren Einschnitt in die Unternehmensverfassung und ein Zugeständnis der Alt-Kapitalgeber an die Mitarbeiter bedeutet, ist aber davon auszugehen, daß die Bedingungen des Beteiligungsmodells von den bisherigen Eigentümern autonom festgelegt werden.

Im folgenden sollen einzelne Beweggründe einer Ausgabe von Belegschaftsaktien aus der Perspektive der Altaktionäre beschrieben sowie die prinzipielle Erreichbarkeit ausgewählter Zielsetzungen in mittelständischen Softwareaktiengesellschaften untersucht werden.

---

[1] Vgl. analog Baus (1978), S. 13.
[2] Vgl. hierzu Berkel (1992), Sp. 1092.

I. Personalpolitische Dimension

1. Einer Mitarbeiterbeteiligung zugrundeliegende personalpolitische Zielsetzungen

1.1. Identifikation und Integration der Mitarbeiter

Ein möglicher Beweggrund für die Einführung einer Aktienbeteiligung kann die Erzielung einer besseren **Identifikation**[1] der Mitarbeiter mit den Werten und Zielen der arbeitgebenden Unternehmung sein. Eng damit zusammen hängt das Motiv einer Integration, d.h. einer verstärkten materiellen und immateriellen **Einbindung** der Mitarbeiter in das Unternehmensgeschehen im Wege einer Partizipation an Erfolg und Kapital einerseits und an der Entscheidungsfindung andererseits. Diese kann, wie im folgenden zu erläutern ist, für sich genommen ein Anliegen einer Aktienbeteiligung bilden, aber insbesondere der Erzeugung einer **partnerschaftlichen Unternehmenskultur** sowie der Handhabung der **Unternehmensnachfolge** dienen. Sowohl Identifikation als auch Integration bilden als Instrumentalziele darüber hinaus die Basis für eine Erhöhung der **Leistungsbereitschaft** der Mitarbeiter (Kapitel 3 II 1.2.) und eine Eindämmung der **Fluktuation** (Kapitel 3 II 1.3.).[2]

Insbesondere die speziellen Bedingungen in der **Softwarebranche** können eine Verbesserung von Identifikation und Integration der Mitarbeiter als Anliegen einer Aktienbeteiligung in Erscheinung treten lassen. Einer empirischen Untersuchung zufolge bilden die Aufgabe und Abteilung, in der die Mitarbeiter tätig sind, vor allem für neue und jüngere Mitarbeiter im allgemeinen - was für Softwareexperten in besonderem Maße gelten dürfte - die stärksten Bezugspunkte der Identifikation.[3] Im Vergleich dazu ist eine Identifikation der Mitarbeiter mit der arbeitgebenden Unternehmung sowie ihren Werten und Zielen deutlich geringer ausgeprägt.[4] Übertragen auf das Beispiel von Softwareunternehmen, dürfte dieser Zusammenhang nicht zuletzt die hohe Fluktuationsneigung von Softwarespezialisten begünstigen. Vor diesem Hintergrund erscheint die Absicht naheliegend, die Identifikation der Mitarbeiter mit der Unternehmung im Wege einer Aktienbeteiligung zu verbessern.

Zum anderen gelten, wie bereits erwähnt, Qualifikation, Kreativität und Leistungsbereitschaft der Softwareexperten als wichtige Bestimmungsfaktoren für die Wettbewerbsposition von Softwareunternehmen.[5] Das Ziel einer stärkeren Beteiligung dieser Belegschaftsmitglieder an

---

[1] Zur Bedeutung der Identifikation, ihren Erscheinungsbildern sowie Möglichkeiten einer Umsetzung betrieblicher Identifikationspolitik vgl. eingehend Wunderer/Mittmann (1995-a-).

[2] Vgl. Wunderer/Mittmann (1995-b-), Sp. 1155.

[3] Vgl. Wunderer/Mittmann (1995-a-), S. 75.

[4] Vgl. Wunderer/Mittmann (1995-a-), S. 74 f.

[5] Vgl. Neugebauer (1986), S. 186.

der unternehmerischen Entscheidungsfindung und am erwirtschafteten Unternehmensergebnis ergibt sich somit in erster Linie aus deren fachlicher Kompetenz und hohen Bedeutung für das Unternehmen.[1] Eine Ausgabe von Belegschaftsaktien in mittelständischen Softwareunternehmen kann in diesem Sinne als Ansatz verstanden werden, Bedingungen solcher Art zu schaffen, unter denen die begünstigten Mitarbeiter ihre eigenen Ziele am besten erreichen, wenn sie sich um den Erfolg des Unternehmens bemühen.[2]

In engem Zusammenhang mit einer stärkeren Identifikation und Einbindung der Mitarbeiter in das Unternehmen steht das Anliegen der Erzeugung einer **partnerschaftlichen Unternehmenskultur**. Im Mittelstand wird diesem Beteiligungsmotiv im Vergleich zu Großunternehmen eine höhere Bedeutung beigemessen.[3] Auch in mittelständischen Softwareunternehmen, in denen vielfach ein partizipativer Führungsstil vorherrscht, vermag erst eine Beteiligung an Kapital und unternehmerischer Entscheidungsfindung die volle Entfaltung der erhofften positiven Wirkungen des Partnerschaftskonzepts zu erreichen.[4] Wie eine empirische Studie von Hübler zeigt, gewinnen gerade jene Beteiligungsziele, welche die Gestaltung einer kooperativen Unternehmenskultur betreffen, in jüngster Zeit an Bedeutung.[5] So belegten das Gebot der Fairneß sowie die Erhöhung des Zusammengehörigkeitsgefühls deutlich vor Produktivitäts- oder steuerlichen Überlegungen die vordersten Plätze der Rangliste von Beweggründen einer Mitarbeiterbeteiligung.

Ein weiteres Motiv für die Einführung eines Beteiligungsmodells in mittelständischen Unternehmen kann das Bemühen sein, den Fortbestand der Unternehmung von den bisherigen Anteilseignern unabhängiger zu gestalten. Dieses Anliegen tritt vor allen Dingen dann zutage, wenn ein Unternehmen mangels eines geeigneten Nachfolgers aus dem Familienkreis im Rahmen der **Nachfolgeregelung** an familienfremde Käufer übertragen werden soll.[6] Ein Beteiligungsmodell bietet hier für die bisherigen Kapitalgeber die Möglichkeit, den Kreis der Gesellschafter um solche Mitarbeiter zu erweitern, die Interesse an einer Übernahme bekunden.[7] Werden diese frühzeitig an das unternehmerische Aufgabenfeld herangeführt, kann die Kapitalbeteiligung für manchen qualifizierten Mitarbeiter nicht nur eine Alternative zur Selbständigkeit darstellen, sondern verspricht gleichzeitig, die Problematik der Nachfolgefrage zu entschärfen. Allerdings ist ein Generationenwechsel gleichen Ausmaßes, wie er bei vielen

---

[1] Vgl. ähnlich Esser/Faltlhauser (1974), S. 214.
[2] Vgl. dazu die Ausführungen von McGregor (1970), S. 59 ff., hier S. 63 zur Theorie Y.
[3] Vgl. Guski/Schneider (1983), S. 113.
[4] Vgl. in diesem Sinne Lezius (1977), S. 27 ff.
[5] Vgl. Hübler (1995), S. 218.
[6] Vgl. Angermann (1990), S. 417, Wagner (1995), S. 7.
[7] Vgl. Wagner (1995), S. 7; vgl. dazu den Fragenkomplex des Management-Buy-Out, z.B. Berger (1993); Fischer/Niesler/Gloede (1991); Forst (1992).

anderen mittelständischen Wirtschaftszweigen in den nächsten Jahren bevorsteht,[1] in der vergleichsweise jungen Softwarebranche nicht zu erwarten. Dennoch erscheint dieses Motiv auch für solche Anteilseigner wichtig, die ihr unternehmerisches Engagement zugunsten qualifizierter Gesellschafter aus dem Kreis der Belegschaft zu reduzieren beabsichtigen.

1.2. Motivation der Belegschaftsmitglieder

Aufbauend auf einer stärkeren Partizipation der Mitarbeiter an der Entscheidungsfindung und wirtschaftlichen Entwicklung des Unternehmens, kann es ein weiteres Beteiligungsziel sein, jene zur Erbringung einer höheren Leistung zu motivieren. Wie neuere empirische Untersuchungen bestätigen, genießt dieses Motiv bei der Einführung von Beteiligungsmodellen nach wie vor eine hohe Bedeutung.[2] Differenziert man die untersuchten Unternehmen hinsichtlich ihrer Größe, zeigt sich, daß gerade bei kleineren und **mittleren** Betrieben das Ziel einer Verbesserung der Mitarbeitermotivation den Katalog möglicher Beteiligungsgründe anführt (vgl. Tab. 2).[3]

In der **Softwarebranche** dürfte ein beachtlicher Teil der Mitarbeiter angesichts des hohen Niveaus an persönlicher Bildung und beruflicher Qualifikation bereits über ein grundlegendes Verständnis von wirtschaftlichen Sachverhalten verfügen. Solchen Mitarbeitern als Basis für eine Verbesserung der Motivation einen ersten Einblick in unternehmerische Abläufe zu vermitteln, wie dies in zahlreichen Beteiligungmodellen verschiedener Industriezweige bezweckt wurde,[4] wird sich vor diesem Hintergrund mitunter als entbehrlich erweisen. Allerdings kann auf der anderen Seite ebenfalls nicht ausgeschlossen werden, daß gerade viele hochqualifizierte Informatiker mit ökonomischen Zusammenhängen nicht vertraut sind. Hier mag eine Aktienbeteiligung durchaus dem Zweck dienen, diesen Experten wirtschaftliche Fragen näher zu bringen. Ein besseres Verständnis von betriebswirtschaftlichen Fragen, ein erhöhtes Interesse am Betriebsgeschehen und vor allem die Tatsache, durch den Erwerb von Aktien Miteigentümer der arbeitgebenden Unternehmung zu werden, können die Grundlage für eine Verbesserung der Motivation der begünstigten Mitarbeiter bilden. Liegen also hinsichtlich der Leistungs- und Einsatzbereitschaft der Mitarbeiter Defizite vor, erscheint es in

---

[1] Einer Schätzung des Instituts für Mittelstandsforschung Bonn zufolge muß die Nachfolgefrage bis zum Jahr 2000 in ca. 300.000 mittelständischen Unternehmen gelöst werden (vgl. o.V. (1996-e-), S. 1).
[2] Vgl. Hübler (1995), S. 218; vgl. auch Guski/Schneider (1993-b-), S. 8.
[3] Vgl. Guski/Schneider (1983), S. 113.
[4] Vgl. z.B. Schanz/Riekhof (1984), S. 38; Guski/Schneider (1983), S. 104 ff.

mittelständischen Softwareunternehmen denkbar, die Motivation der Belegschaftsmitglieder im Wege einer Kapitalbeteiligung steigern zu wollen.[1]

1.3. Bindung der Beschäftigten an das Unternehmen

Verglichen mit anderen Wirtschaftszweigen verzeichnet die **Softwarebranche** überdurchschnittlich hohe Fluktuationsraten.[2] Einer empirischen Studie zufolge, die das Fluktuationsverhalten bei Computerfachleuten untersuchte, beträgt die Dauer der Betriebszugehörigkeit dieser Berufsgruppe im Durchschnitt etwa drei Jahre und 10 Monate.[3] Vor diesem Hintergrund kann eine Zielsetzung der Initiatoren darin bestehen, im Wege einer Aktienbeteiligung Fluktuationsbestrebungen einzudämmen.

In engem Zusammenhang mit einer Verminderung von Fluktuation steht die Erwartung, daß eine Beteiligung in Form von Belegschaftsaktien die **Akquisition** hochqualifizierter Mitarbeiter am Arbeitsmarkt erleichtert. Diese stellt speziell für Softwareunternehmen nach wie vor ein gewichtiges Problem und oftmals einen hemmenden Faktor für die Unternehmensentwicklung dar.[4] Das Anliegen, durch eine Ausgabe von Belegschaftsaktien die Bindung der Mitarbeiter an das Unternehmen zu erhöhen, ist in betriebswirtschaftlicher Hinsicht sowohl unter Kosten- als auch unter Nutzengesichtspunkten zu beleuchten.

Zum einen erscheint diese Zielsetzung insofern notwendig, als mit dem arbeitnehmerseitig initiierten Ausscheiden aus der Unternehmung in der Regel **Kosten**, z.B. für Verwaltungsaktivitäten, der Vakanz sowie des Personalersatzes einhergehen.[5] Die in der Softwarebrache hohe Fluktuationsneigung der Mitarbeiter sowie die allgemeine Schwierigkeit, hochqualifizierte Fachkräfte zu aquirieren,[6] lassen vermuten, daß diese Kosten hier ein beachtliches Ausmaß annehmen. Verliert das Unternehmen darüber hinaus bedeutende Leistungsträger, so

---

[1] Eine andere Ansicht vertreten Esser/Faltlhauser (1974), S. 213 f. Die beiden Autoren argumentieren, daß in sog. Geist-Kapital-Unternehmen eine Beteiligung typischerweise nicht aus Motivationsgründen eingeführt würde. Dieser Auffassung kann, da sie u.a. bestehende Unterschiede zwischen einzelnen Branchen und Unternehmenstypen ignoriert, nicht gefolgt werden.

[2] Vgl. Trautwein-Kalms (1991), S. 220.

[3] Vgl. Baillod/Semmer (1994), S. 154. Bei dieser Studie wurde die Berufsgruppe der Computerfachleute allerdings nicht näher aufgeschlüsselt, so daß die ermittelten Ergebnisse nur begrenzt für Beschäftigte in Softwareunternehmen Geltung besitzen. Darüber hinaus umfaßt die Stichprobe ausschließlich solche Probanden, die bei einem Personalberatungsbüro für Computerfachleute gemeldet waren. Dieser Sachverhalt deutet auf eine höhere berufliche Mobilität und Fluktuationsneigung der Befragten hin.

[4] Vgl. Neugebauer (1986), S. 186 f.; Gürtler (1996), S. 4; Post (1996), S. 9.

[5] Vgl. Kaufhold (1985), S. 45.

[6] Vgl. Neugebauer (1986), S. 186; Gürtler (1996), S. 4; Post (1996), S. 9.

kann dies insbesondere bei kleineren mittelständischen Softwareunternehmen eine spürbare Beeinträchtigung der Wettbewerbsposition zur Folge haben.[1]

Gleichzeitig gilt es in diesem Kontext zu bedenken, daß Fluktuation neben hohen Kosten speziell in der Softwarebranche mit **positiven Auswirkungen** verbunden ist. Einen Nutzen kann sie beispielsweise insofern erbringen, als einer starren Belegschaftsstruktur und Betriebsblindheit vorgebeugt und mehr Spielraum für interne Personalbewegungen geschaffen wird. Angesichts des rasanten technologischen Wandels erscheint es für Softwareunternehmen überdies unabdingbar, durch die Aquisition neuer Mitarbeiter einer Überalterung des Know-hows entgegenzuwirken und permanent innovatives Potential zu erschließen.[2] Im Hinblick auf eine Aktienbeteiligung erweist sich vor diesem Hintergrund die Ermittlung eines betrieblichen Fluktuationsoptimums als zentrale Aufgabe. Darin sind die Notwendigkeit einer Minderung von Personalabgängen und der damit verbundenen Kosten sowie die Gefahr einer unzureichenden Aktualisierung des technologischen Wissens gleichermaßen zu berücksichtigen.

2. Verhaltenswissenschaftliche Auswirkungen einer Belegschaftsaktienbeteiligung

Die Frage, ob und in welcher Weise eine Ausgabe von Belegschaftsaktien das leistungsbezogene Verhalten der Mitarbeiter im **Mittelstand** oder gar in **Softwareunternehmen** zu beeinflussen vermag, ist empirisch bislang nicht untersucht worden. Angesichts der kurzen Zeitspanne seit Inkrafttreten des Gesetzes für kleine Aktiengesellschaften erscheint es ferner wenig sinnvoll, leistungswirtschaftliche Effekte einer Aktienbeteiligung in mittelständischen Unternehmen zum gegenwärtigen Zeitpunkt empirisch erkunden zu wollen. Vor diesem Hintergrund gilt es zu prüfen, zu welchen Ergebnissen die Forschung zur Mitarbeiterkapitalbeteiligung im allgemeinen gelangt ist und inwieweit diese Befunde auf die vorliegende Problemstellung übertragen werden können.

[1] Vgl. analog Wübbenhorst (1982), S. 270.
[2] Vgl. Neugebauer (1986), S. 187.

2.1. Zum Stand der Forschung zu leistungswirtschaftlichen Effekten einer Mitarbeiterkapitalbeteiligung

Der potentielle Zusammenhang zwischen einer Beteiligung der Mitarbeiter am Kapital und am wirtschaftlichen Erfolg des arbeitgebenden Unternehmens ist in verschiedenen empirischen Untersuchungen analysiert worden. Während sich finanzwirtschaftliche Effekte einer Beteiligung mittels Modellrechnungen näherungsweise bestimmen lassen, stellt die Frage nach der Wirkung auf das Mitarbeiterverhalten ein nach wie vor nicht eindeutig geklärtes Problem dar. Um die letztgenannte Feststellung zu untermauern, werden in Tab. 5 ausgewählte Studien vorgestellt, die den Stand der verhaltensorientierten Wirkungsanalyse einer Mitarbeiterbeteiligung im wesentlichen widerspiegeln.[1] Neben diesen umfassenden empirischen Forschungsarbeiten lassen sich mehrere Abhandlungen zur Konzeption und zu den Auswirkungen einzelner Beteiligungsmodelle finden.[2]

Die stark **unterschiedlichen Ergebnisse** der beschriebenen Studien verdeutlichen nicht zuletzt die hohe Komplexität der ihnen zugrundeliegenden Fragestellung. So wird der Erfolg eines Unternehmens von vielerlei Faktoren bestimmt, zu denen auch die Mitarbeiterbeteiligung, die ihrerseits wiederum eine Fülle von Gestaltungsmöglichkeiten bietet, gehören kann.[3] Ob und in welchem Ausmaß eine Beteiligung am Kapital das Mitarbeiterverhalten beeinflußt und auf diese Weise die Wettbewerbsposition des Unternehmens zu verbessern vermag, läßt sich, wie diese Studien zeigen, nicht eindeutig und allgemeingültig konstatieren.

---

[1] Zur kritischen Beurteilung dieser Studien, insb. im Hinblick auf Stichprobenkonstruktion, Stichprobenumfang, Validität sowie Reliabilität siehe Mez (1991), S. 55 ff., Hübler (1995), S. 217 f., ebenso Schäfer (1992), S. 124 ff. mit eigener empirischer Erhebung S. 107 ff. Zu den Erfahrungen im Ausland vgl. insb. die Panelstudie von Kruse (1993); vgl. Bradley/Smith (1991).

[2] Vgl. z.B. die bei Jungblut (1973) oder Esser/Faltlhauser (1974) aufgeführten Beteiligungsmodelle; weiterhin Gebert/Wendler/Friedrich (1985), Andruszko (1987); Jaeschke (1987); Schachtschabel (1992).

[3] Vgl. FitzRoy/Kraft (1985), S. 34.

Autor, Jahr	Art und Umfang der Stichprobe	Methodik	Zentrale Ergebnisse
Kilian (1978)	147 Unternehmen, davon 39 mit Belegschaftsaktienmodell	Deskriptive Auswertung des Datenmaterials	• Es konnte nahezu keine Zunahme der Produktivität festgestellt werden
Held (1982)	44 industrielle Aktiengesellschaften mit und 44 ohne Kapitalbeteiligung	Deskriptive und ökonometrische Auswertung des Datenmaterials	• Beteiligungsunternehmen waren tendenziell produktiver
Guski/Schneider (1983)	159 Unternehmen mit Kapitalbeteiligung	Deskriptive Auswertung der Daten	• Unternehmen mit Kapitalbeteiligung verfügten überwiegend über eine höhere Eigenkapitalquote, höhere Umsatzrenditen und höhere Umsatzerlöse pro Mitarbeiter als andere Unternehmen der jeweiligen Branche • Kleine und mittlere Unternehmen erzielten mit Beteiligungsmodellen bessere Erfolge als Großunternehmen
FitzRoy/Kraft (1985)	65 mittelständische Unternehmen der Metallbranche, von denen etwa die Hälfte eine Mitarbeiterbeteiligung praktizierte	Ökonometrische Auswertung der Daten	• Produktivität wurde durch Mitarbeiterbeteiligung signifikant erhöht • Wechselwirkungen bestehen zwischen Unternehmenserfolg und Mitarbeiterbeteiligung in der Weise, daß Beteiligungsmodelle einerseits zu Leistungssteigerung führen, andererseits erfolgreiche Unternehmen eher dazu neigen, ihre Mitarbeiter zu beteiligen.
Mez (1991)	44 Unternehmen mit und 44 ohne Kapitalbeteiligung	Deskriptive und ökonometrische Auswertung der Daten	• Leistungsstimulierende Effekte einer Kapitalbeteiligung konnten nicht nachgewiesen werden • Zusätzliche Partizipationsmöglichkeiten erhöhen grundsätzlich die Wirksamkeit einer Kapitalbeteiligung
Stiebitz (1992)	160 börsennotierte AG und KGaA sowie 105 börsennotierten Konzernunternehmen mit Mitarbeiterbeteiligung	Ökonometrische Auswertung der Daten	• Produktivitätserhöhende Wirkung einer Mitarbeiterbeteiligung konnte statistisch nicht nachgewiesen werden
Hübler (1995)	351 Unternehmen mit und ohne Mitarbeiterbeteiligung	Ökonometrische Auswertung der Daten	• Von einer Erfolgsbeteiligung ausgehende Produktivitätseffekte konnten aufgezeigt werden

Tab. 5: Ausgewählte empirische Untersuchungen zu leistungswirtschaftlichen Auswirkungen einer Mitarbeiterkapitalbeteiligung

Quelle: Eigene Darstellung.

Eine neben konzeptionellen und methodischen Unterschieden mögliche Erklärung für die teilweise divergierenden Ergebnisse der genannten empirischen Untersuchungen liefert der **theoretische Bezugsrahmen** des **„Strukturprofils“**.[1] Guski/Schneider erfassen und systematisieren im sog. „Strukturprofil“ die Fülle der Faktoren sowie vielschichtigen Verflechtungen zwischen den einzelnen Variablen, welche die Zielsetzungen und Auswirkungen einer

[1] Vgl. Guski/Schneider (1983), S. 57 ff.; vgl. Schneider (1987).

betrieblichen Kapitalbeteiligung determinieren.[1] Den Autoren zufolge wird das Ausmaß der Zielerreichung (Auswirkungsprofil) wesentlich von unternehmensbezogenen Faktoren (Unternehmensprofil), wie z.B. Unternehmensgröße, Mitarbeiterstruktur, Branchenzugehörigkeit und Rechtsform, ferner von modellbezogenen Kriterien (Modellprofil), wie beispielsweise Mittelaufbringung, -verwendung und Verfügbarkeit, sowie von mit der Realisierung des Modells zusammenhängenden Variablen (Realisierungsprofil), z.B. Modelldauer, Beteiligungsquote, bestimmt.[2] Die darin aufgezeigte Vielzahl der relevanten, interkorrellierten Variablen verdeutlicht zum einen die hohe Komplexität des Wirkungsgefüges und läßt gleichzeitig die Schwierigkeit einer korrekten empirischen Erfassung leistungswirtschaftlicher Effekte erkennen.

Über ihren mehrdeutigen Charakter hinaus sind die Ergebnisse dieser empirischen Untersuchungen in einem nur sehr beschränkten Maße auf die vorliegende Problemstellung übertragbar. Wenn es gilt, die Auswirkungen der **Mitarbeiterbeteiligung** auf das Leistungsverhalten zu bestimmen, wird teilweise weder nach reinen Erfolgs- oder Kapitalbeteiligungsmodellen sowie Mischformen dieser beiden, noch bezüglich der verschiedenen Formen einer Kapitalbeteiligung, z.B. der Eigen- oder Fremdkapitalbeteiligung, differenziert. Daher läßt der hohe Abstraktionsgrad der gewonnenen Erkenntnisse keine Aussage darüber zu, inwieweit Produktivitätssteigerungen speziell bei einer Emission von **Belegschaftsaktien** möglich erscheinen. Jene Forschungsergebnisse, die eine Aktienbeteiligung der Mitarbeiter zum Gegenstand haben, sind im wesentlichen von den Bedingungen in großen Publikumsaktiengesellschaften geprägt und besitzen deshalb in mittelständischen Unternehmen nicht gleichermaßen Geltung.

Wird bei diesen Untersuchungen über die spezifischen Verhältnisse im **Mittelstand** geschrieben, dann ist in der Regel davon auszugehen, daß die analysierte Stichprobe nur wenige Unternehmen mit der Rechtsform einer Aktiengesellschaft enthält. Die speziellen Merkmale der Beteiligung in Form von Belegschaftsaktien finden damit in die Befunde nur unzureichend Eingang. Zusammenfassend betrachtet bedeutet dies, daß Erkenntnisse zur Aktienbeteiligung den Besonderheiten in mittelständischen Unternehmen nicht genügend Rechnung tragen und umgekehrt Forschungsergebnisse zur Beteiligung im Mittelstand die Belegschaftsaktienausgabe weitgehend ausklammern.

Hinzu kommt, daß die meisten dieser Untersuchungen die speziellen Gegebenheiten und Erfordernisse der verschiedenen **Branchen** hinsichtlich einer Beteiligung der Mitarbeiter nicht oder nur unzureichend abbilden. So unterscheiden sich die Bedingungen in jungen, dynamischen High-Tech-Branchen, wie z.B. dem Softwarebereich mit überwiegend hoch qualifizier-

---

[1] Vgl. Guski/Schneider (1983), S. 57.
[2] Vgl. Guski/Schneider (1983), S. 60 ff.

ten Mitarbeitern, in erheblichem Maße von jenen in eher traditionell geprägten Wirtschaftssektoren, wie beispielsweise der Chemischen Industrie, Metallverarbeitung oder dem Maschinenbau. Die bisher in überwiegend traditionellen Wirtschaftszweigen gewonnenen Erfahrungen der betrieblichen Beteiligungspraxis erscheinen hier daher nur bedingt übertragbar.

Vor dem Hintergrund dieser Kritikpunkte wird für die vorliegende Untersuchung verhaltensorientierter Auswirkungen einer Aktienbeteiligung in mittelständischen Unternehmen ein **theoretischer Forschungsansatz**[1] gewählt. Dieser Analyse liegt die **Erwartungs-Wert-Theorie** von Long zugrunde.[2] Soweit eine Ergänzung um empirische Befunde sinnvoll und möglich erscheint, werden jene in die Untersuchung eingebracht. Um das vielschichtige Phänomen einer Mitarbeiterbeteiligung hinsichtlich seiner Auswirkungen auf verschiedenen Abstraktionsniveaus zu untersuchen, gilt es zunächst, die grundsätzliche Wirkungsweise der Kapitalbeteiligung sowie einzelne verhaltensrelevante Parameter im Kontext des Erwartungs-Wert-Modells zu beurteilen. Hier hat man zu bedenken, daß einige der aus diesem theoretischen Modell für eine Aktienbeteiligung in mittelständischen Softwareunternehmen abgeleiteten Aussagen keine im **empirischen Sinne** nachgewiesenen Sachverhalte darstellen. In einem zweiten Schritt ist dann auf der Basis empirischer Studien mit speziellem Bezug zur Softwarebranche zu untersuchen, inwieweit die Ziele einer Verbesserung der Leistungsmotivation und Intensivierung der Mitarbeiterbindung in mittelständischen Softwareunternehmen grundsätzlich erreichbar erscheinen.

2.2. Wirkungsweise einer Mitarbeiterkapitalbeteiligung im Kontext der Verhaltenstheorie

Von einer Kapitalbeteiligung verspricht man sich in mittelständischen Unternehmen häufig eine positive Beeinflussung des Leistungsverhaltens der begünstigten Belegschaftsmitglieder.[3] Da solche Effekte durch die Mitarbeiter generiert werden, muß eine Analyse dieser intendierten Wirkungen „... notwendigerweise mit Hilfe verhaltensbezogener, im eigentlichen Sinne motivationstheoretischer Ansätze ...“[4] auf der Ebene des beteiligten Individuums erfolgen.

Zur Erklärung des Individualverhaltens wurden in den Humanwissenschaften eine Reihe von Ansätzen, von denen sich insbesondere motivationstheoretische Konzepte durchgesetzt haben,

---

[1] Eine Beurteilung der Auswirkungen einer Kapitalbeteiligung auf theoretischer Basis befürworten z.B. ebenso Riekhof (1985), S. 194 und Schneider (1973), S. 223 f.

[2] Vgl. Long (1978), S. 31 ff.

[3] Vgl. Guski/Schneider (1983), S. 114.

[4] Antoni/Arnold (1986), S. 212; Siehe auch die Publikationen von Reber, z.B. Reber (1972); Reber (1973); Reber (1975), in denen er für eine verhaltenswissenschaftliche Betriebswirtschaftslehre plädiert.

entwickelt. Die Theorien der Arbeitsmotivation lassen sich im wesentlichen in zwei Gruppen, die Inhalts- und die Prozeßtheorien, einteilen. Das Anliegen der **Inhaltstheorien** besteht darin, Bedürfnisse bzw. Faktoren, die die Motivation des Menschen zur Vornahme bestimmter Handlungen determinieren, zu identifizieren.[1] Eine Analyse der damit verbundenen Prozesse unterbleibt jedoch. Zu den bekanntesten Konzepten dieser Art gehören die Maslowsche Bedürfnispyramide, die ERG-Theorie von Alderfer sowie die Zwei-Faktoren-Theorie von Herzberg.[2] Im Unterschied hierzu beschreiben und erklären die **Prozeßtheorien** den Vorgang der Entstehung, sowie Ausrichtung und Stärke der Motivation individueller Verhaltensweisen.[3] Dieser Gruppe gehören insbesondere die Anreiz-Beitrags- und Gleichheitstheorie sowie die Erwartungstheorie von Vroom und deren Weiterentwicklungen an.[4] In der organisationspsychologischen Anwendung gewinnen die Prozeß- gegenüber den Inhaltstheorien zunehmend an Bedeutung.[5]

Die im deutschen Sprachraum als **Erwartungs-Wert-Modell** bekannte Verhaltenstheorie von Long[6] stellt eine Spielart der Vroomschen Erwartungstheorie dar und zählt somit ebenfalls zu den prozessualen Motivationsansätzen. Sie soll im folgenden dazu dienen, verhaltensbestimmende psychologische Vorgänge, die eine Kapitalbeteiligung bei den begünstigten Mitarbeitern vermutlich auslöst, darzustellen, zentrale Determinanten einer positiven Verhaltensbeeinflussung zu ergründen und damit den Wirkungsmechanismus einer Mitarbeiterbeteiligung aufzudecken. Darüber hinaus läßt sich mit der Erwartungs-Wert-Theorie ein Erklärungsansatz dafür finden, daß Kapitalbeteiligungsmodelle in mittelständischen und in Publikumsaktiengesellschaften unterschiedliche Wirkungsmuster aufweisen. Dieses Vermögen, wesentliche im Rahmen der vorliegenden Problemstellung relevante Aspekte wissenschaftlich fundiert zu analysieren, gibt ihr gegenüber anderen eingangs erwähnten Verhaltenstheorien den Vorzug. Daß die im Kontext des theoretischen Modells getroffenen Aussagen auch für die betriebliche Beteiligungspraxis Geltung besitzen können, belegt die Tatsache, daß die Erwartungs-Wert-Theorie weitgehend als empirisch getestet und bestätigt gilt.[7]

---

[1] Vgl. Staehle (1994), S. 206.
[2] Vgl. zu den genannten Theorien eingehend Staehle (1994), S. 206 ff.
[3] Vgl. Staehle (1994), S. 206.
[4] Vgl. Schneider (1992), S. 203 ff.; vgl. von Rosenstiel (1992), S. 218.
[5] Vgl. von Rosenstiel (1992), S. 368.
[6] Vgl. Long (1978), S. 31 ff.
[7] Vgl. Schanz (1985), S. 95.

2.2.1. Wirkungsmechanismus der Aktienbeteiligung

Als Abwandlung der Vroomschen Erwartungstheorie liegt der Erwartungs-Wert-Theorie von Long die Annahme zugrunde, daß Individuen subjektive Vorstellungen oder Erwartungen bezüglich der Wahrscheinlichkeit des Eintritts zukünftiger Ereignisse besitzen, denen vor dem Hintergrund individueller Bedürfnisse ein bestimmter Wert beigemessen wird.[1] Aus diesen beiden Komponenten, Erwartung und Bewertung (Valenz), resultiert Handlungsbereitschaft (Motivation), welche von persönlichkeitsspezifischen Erfahrungen und Bedürfnissen, aber auch von situativen Gegebenheiten bestimmt wird.[2]

Anliegen der Erwartungs-Wert-Theorie von Long ist es, verhaltensbezogene Auswirkungen einer Mitarbeiterkapitalbeteiligung auf die organisationale Effektivität darzustellen und zu erklären.[3] Der in diesem Zusammenhang postulierte Wirkungsmechanismus weist folgende Struktur auf (vgl. Abb. 9):

Ausgangspunkt und zugleich wichtigstes Element dieses Modells bildet die Überlegung, daß eine Mitarbeiterkapitalbeteiligung zu einer höheren **Identifikation** des einzelnen Begünstigten mit dem arbeitgebenden Unternehmen führt und dessen Einstellung zur Organisation in positiver Richtung beeinflußt.[4] Das Ausmaß der Identifikation hängt ab von der **Bedeutung**, die eine Kapitalbeteiligung für den einzelnen begünstigten Mitarbeiter besitzt. Diese wird neben individuellen Faktoren insbesondere durch die Ausgestaltung des Beteiligungsmodells determiniert. So ist zu vermuten, daß beispielsweise die Höhe des persönlichen Aktienanteils, der Umfang der damit einhergehenden Rechte sowie eine zumindest teilweise Finanzierung über Eigenleistungen den Stellenwert einer Miteigentümerposition und damit die Identifikation mit der Organisation erhöhen können. Für die weitere Analyse spaltet Long das Konstrukt der organisationalen Identifikation in drei interdependente Komponenten, nämlich Integration, Zugehörigkeit und Loyalität, auf.

---

[1] Vgl. zur Erwartungstheorie z.B. Weinert (1992), Sp. 1435 ff.
[2] Vgl. Riekhof (1985), S. 195.
[3] Vgl. Long (1978), S. 31 ff.
[4] Vgl. Long (1978), S. 31; vgl. auch Gaugler (1985), S. 66. Zu den folgenden Ausführungen vgl., soweit nicht anders vermerkt, Long (1978), S. 31 ff.;

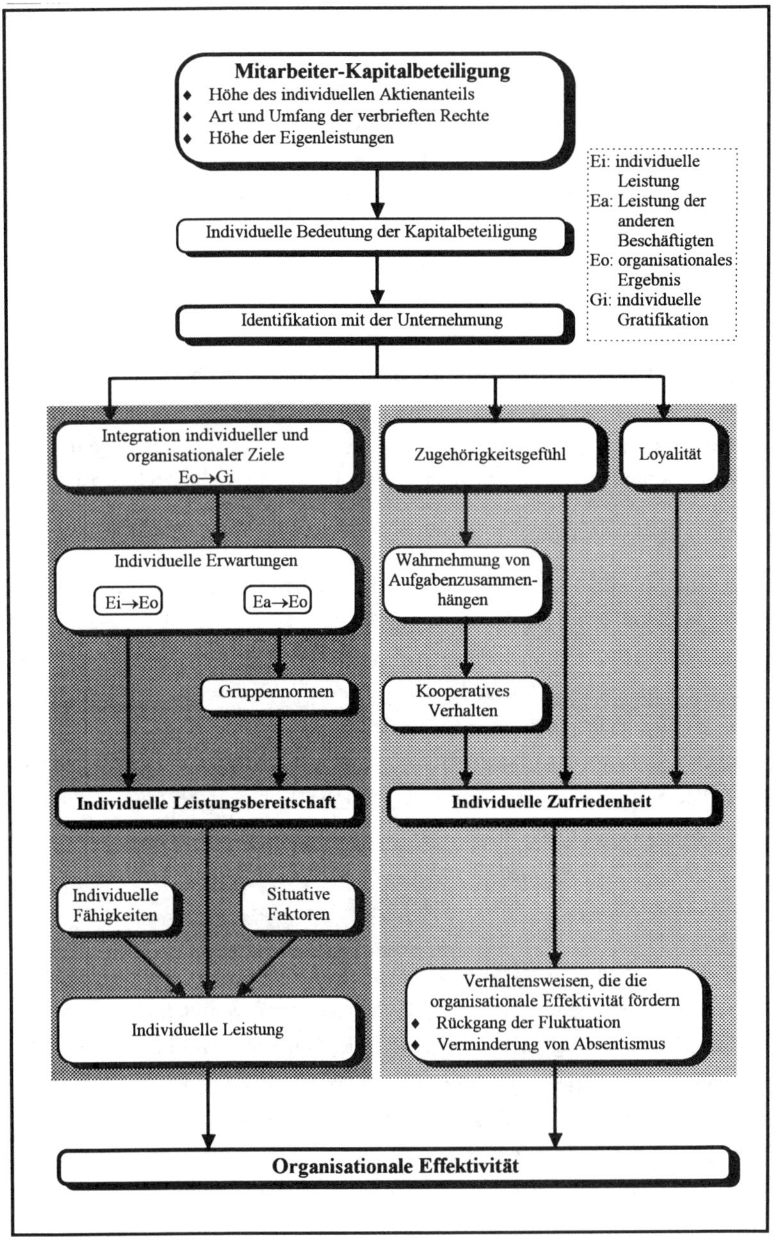

Abb. 9: Wirkungsmechanismus einer Mitarbeiterkapitalbeteiligung.

Quelle: In Anlehnung an Long (1978), S. 31 ff.

Mit dem Begriff **Integration** bezeichnet er das Ausmaß, in dem der einzelne Mitarbeiter erkennt, daß das Erreichen organisationaler Intentionen auch seinen individuellen Zielvorstellungen und Bedürfnissen zuträglich ist.[1] Eine Kapitalbeteiligung vermag die Integration von individuellen und Unternehmenszielen beispielsweise insofern zu erhöhen und Interessengegensätze abzubauen, als ein wesentliches Unternehmensziel darin besteht, Gewinn zu erwirtschaften. Von einer hohen wirtschaftlichen Leistungskraft können die mit Aktien beteiligten Mitarbeiter als Eigentümer und Kapitalgeber gleichzeitig in Form von Dividendenzahlungen und Kurssteigerungen der Aktien profitieren. Im Vergleich zu anderen Beteiligungsformen verspricht das Instrument der Belegschaftsaktie, eine besonders umfassende Integrationswirkung zu erzielen. Hier können die begünstigten Mitarbeiter nicht nur an Erfolg und Kapital, sondern je nach Aktienumfang und Art der verbrieften Rechte auch an der unternehmerischen Entscheidungsfindung partizipieren. Allerdings wird gerade das Ausmaß an erwünschter Souveränität der bisherigen Eigentümer bei der unternehmerischen Einflußnahme die Grenze der Mitarbeiterintegration, soweit sie durch eine Kapitalbeteiligung angestrebt wird, entscheidend determinieren.

Die zweite Komponente des Konstrukts Identifikation beschreibt das Gefühl der **Zugehörigkeit** zur Organisation. Long geht davon aus, daß solche Mitarbeiter, die zugleich Miteigentümer der arbeitgebenden Unternehmung sind, sich stärker als nicht beteiligte Belegschaftsmitglieder dem Unternehmen zugehörig fühlen. Diese Intensivierung der Bindung resultiert beispielsweise auch insofern aus einer verstärkten Mitarbeiterintegration, als eine Konformität von Unternehmens- und individuellen Zielen eine solidarische Haltung zur Unternehmung begünstigt. Die **Loyalität** zur Organisation als dritte Komponente drückt einen ähnlichen Sachverhalt aus. Auch hier geht man davon aus, daß eine Kapitalbeteiligung direkt oder über eine verstärkte Integration und Zugehörigkeit auf indirektem Wege eine loyale Gesinnung der begünstigten Mitarbeiter zum Unternehmen fördert.[2]

Eine hohe Identifikation der Mitarbeiter mit der Unternehmung, ausgedrückt durch die Korrelate Integration, Zugehörigkeit und Loyalität, wirkt sich im Erwartungs-Wert-Modell in **zweierlei Weise** auf die organisationale Effektivität aus. Zum einen wird im Falle einer Verbesserung der individuellen Leistungsbereitschaft das Arbeitsergebnis der Mitarbeiter gesteigert, zum anderen kann eine erhöhte Mitarbeiterzufriedenheit zu solchen Handlungen führen, wie z.B. Verringerung der Fluktuations- oder Absentismusrate, die dem wirtschaftlichen Unternehmensergebnis zuträglich erscheinen. Im folgenden sollen diese beiden Wirkungsketten

[1] Dieses Begriffsverständnis von Long unterscheidet sich damit von der bisher verwendeten Auslegung des Begriffs Integration im Sinne einer materiellen und immateriellen Einbindung der Mitarbeiter in das Unternehmensgeschehen.

[2] Vgl. Long (1978), S. 34.

erläutert und im Hinblick auf eine Aktienbeteiligung in mittelständischen Softwareunternehmen untersucht werden.

2.2.1.1. Leistungsbereitschaft der Mitarbeiter

Ausgangspunkt ist die Überlegung, daß eine Mitarbeiterkapitalbeteiligung zu einer zumindest partiellen Integration von individuellen und Unternehmensinteressen führt. Auf diese Weise hebt diese den Zusammenhang zwischen dem wirtschaftlichen Ergebnis auf organisationaler Ebene, z.B. dem Gewinn, und der individuellen Gratifikation[1], beispielsweise in Form von Dividendenzahlungen, hervor (Eo→Gi). Eine höhere Integration kann die Motivation der beteiligten Mitarbeiter auf **zweierlei Weise** bestimmen. Geht der einzelne Mitarbeiter davon aus, daß er mit einem verbesserten Arbeitsergebnis die wirtschaftliche Leistung des Unternehmens beeinflussen kann und diese ihm in Form von Gratifikationen zumindest partiell wieder zufließt, erwächst daraus ein direkter Anreiz zu einer positiven Verhaltensänderung (Ei→Eo). Besteht jedoch die Vermutung, individuelle Leistung und Unternehmensergebnis stünden in keinem Zusammenhang, so wird von einer Kapitalbeteiligung keine nennenswerte Motivationssteigerung zu erwarten sein.

Letztgenannte Überlegung bietet eine mögliche Erklärung dafür, daß dem Instrument der **Belegschaftsaktie** in der betrieblichen Beteiligungspraxis nur mäßige oder keine produktivitätssteigernde Wirkung[2] zugesprochen wurde. Da eine Aktienbeteiligung in Deutschland bislang überwiegend in großen, zum Teil börsennotierten Aktiengesellschaften durchgeführt wurde, vermag diese Beurteilung vor dem Hintergrund der Erwartungs-Wert-Theorie nicht zu verwundern. In diesen zumeist international tätigen Großunternehmen wird der wirtschaftliche Erfolg von einer Vielzahl von Faktoren bestimmt, so daß „...der kausale Zusammenhang zwischen dem Verhalten der Arbeitnehmer und der Höhe der Dividende bzw. des Substanzwertes der Belegschaftsaktie nicht eng genug ist, um einen wirksamen ökonomischen Anreiz zur Leistungssteigerung ... für die Arbeitnehmer zu schaffen.“[3] Lediglich ein sehr kleiner Mitarbeiterkreis, etwa auf oberster Managementebene, wird realistischerweise erwarten, durch eine Steigerung der persönlichen Leistung das Unternehmensergebnis maßgeblich beeinflussen zu können. Für den Großteil der beteiligten Mitarbeiter hingegen geht der Bezug zwischen individueller Leistung und organisatorischen Resultaten (Ei→Eo) und damit die motivierende Anreizwirkung einer Kapitalbeteiligung für gewöhnlich verloren.[4]

---

[1] In Anlehnung an Riekhof (1985), S. 195 ff. wird hier ebenfalls der Begriff Gratifikation als Übersetzung des im englischen Originaltext gebrauchten Ausdrucks „reward“ verwendet.
[2] Vgl. Guski/Schneider (1983), S. 51.
[3] Peterssen (1968), S. 105.
[4] Vgl. ähnlich auch Wächter/Koch (1993), S. 299.

In kleinen und mittleren ist sehr viel eher als in großen Unternehmen davon auszugehen, daß ein Zusammenhang zwischen individueller Leistung der Mitarbeiter und Unternehmensergebnis besteht[1] oder die Begünstigten einen solchen zumindest wahrnehmen und daraus Motivationspotential erschließen. Erfahrungen von amerikanischen Unternehmen mit Employee Stock Ownership Plans zufolge sind leistungssteigernde Wirkungen einer Ausgabe von Belegschaftsaktien umso eher zu erwarten, je kleiner das Beteiligungsunternehmen ist.[2] Auch Guski und Schneider kamen in ihrer empirischen Untersuchung zu dem Ergebnis, daß kleine und mittlere Unternehmen insgesamt bessere Erfolge mit Beteiligungsmodellen erzielen konnten als Großunternehmen.[3]

Die **Softwarebranche** bietet angesichts der Tatsache, daß Leistungsbereitschaft und Know-how der hochqualifizierten Fachkräfte den Unternehmenserfolg maßgeblich determinieren, in diesem Sinne günstige Rahmenbedingungen. Vor allem in kleinen mittelständischen Softwareaktiengesellschaften, die mit der Durchführung anspruchsvoller Softwareentwicklungs- oder -beratungsprojekte beauftragt sind, erscheint es denkbar, eine Beziehung zwischen der Aufgabenerfüllung einzelner Projektmitglieder und dem erzielten Projekt- sowie schließlich Unternehmensergebnis herzustellen.[4] Findet diese Relation, beispielsweise unterstützt durch gezielte unternehmensseitige Informationsmaßnahmen, Eingang in den subjektiven Wahrnehmungsbereich der beteiligten Mitarbeiter, ist damit zumindest die Grundlage für potentielle Leistungssteigerungen bereitet.

Dem Erwartungs-Wert-Modell zufolge gibt es noch einen zweiten Weg, positive Verhaltensänderung durch Mitarbeiterbeteiligung zu erwirken. Selbst wenn ein Belegschaftsmitglied keine Verbindung zwischen persönlichem Arbeits- und dem Unternehmensresultat zu erzeugen vermag, so erkennt es möglicherweise, daß die gemeinsamen Bemühungen der anderen Organisationsmitglieder die wirtschaftliche Leistungskraft der Unternehmung merklich beeinflussen (Ea→Eo). Diese Erwartung kann dazu führen, gewisse **Gruppennormen** zu etablieren, welche die einzelnen Belegschaftsmitglieder dazu veranlassen, sich in besonderem Maße für die Erreichung der Unternehmensziele einzusetzen. Eine höhere individuelle Leistungsbereitschaft stellt hier das Ergebnis gruppenkonformen Verhaltens dar. Auf Grund seiner hohen Relevanz für mittelständische Softwareunternehmen ist diesem Aspekt ein eigenes Kapitel gewidmet.

---

1 Vgl. ähnlich Wübbenhorst (1982), S. 250.
2 Vgl. Wächter/Koch (1993), S. 299.
3 Vgl. Guski/Schneider (1983), S. 88. Insbesondere bei den Aspekten Kostenbewußtsein, Fluktuation, Zusammenarbeit im Betrieb, Verbesserung der Liquidität und Kapitalstruktur waren kleine und mittlere Unternehmen überlegen.
4 Vgl. analog Wübbenhorst (1982), S. 250.

Ob eine erhöhte Leistungsbereitschaft des einzelnen Belegschaftsaktionärs die organisationale Effektivität zu verbessern vermag, hängt schließlich davon ab, daß **individuelle Fähigkeiten** und **situative Faktoren**, wie z.B. Know-how oder die technologische Kapitalausstattung, der Umsetzung des Motivationspotentials in konkrete Arbeitsergebnisse nicht entgegenstehen.

Nachdem die grundsätzliche Wirkungsweise einer Mitarbeiterkapitalbeteiligung auf die Leistungsbereitschaft im Kontext der Erwartungs-Wert-Theorie erläutert wurde, soll nun differenziert untersucht werden, inwieweit das Anliegen einer Motivationssteigerung in der mittelständischen Softwarebranche tendenziell realisierbar erscheint.

Der im Bereich der Informationstechnologie stetig voranschreitende Prozeß der Standardisierung von Arbeitsmethoden und Produkten hat in den letzten Jahren zu einer **Aufspaltung** der anfallenden Arbeiten in anspruchsvolle und interessante Tätigkeiten auf der einen Seite, wie z.B. das kreative Software-Design, sowie vorwiegend Routinetätigkeiten auf der anderen Seite, wie z.B. die reine Programmierung, geführt.[1] So verzeichnen einige Berufszweige der Datenverarbeitung, wie beispielsweise Operatoren und Systemprogrammierer, erhebliche Einbußen hinsichtlich Kreativitäts- sowie Qualifikationsanforderungen, was einen Identifikationsverlust mit der Arbeit und eine Beeinträchtigung der Motivation nach sich ziehen kann.[2] Ihnen steht eine Gruppe von Mitarbeitern hauptsächlich aus dem Softwareentwicklungsbereich gegenüber, die für ihre komplexen und herausfordernden Aufgaben oftmals ein hohes Ausmaß an Leistungspotential benötigen und entsprechend motiviert sind.[3] Differenziert nach diesen beiden Gruppen von Softwareexperten soll im folgenden untersucht werden, inwieweit eine Kapitalbeteiligung in Softwareunternehmen Motivationspotential erschließen kann.

Das Tätigkeitsspektrum der **Softwareentwicklung** vermag ein hohes Maß an intrinsischer Arbeitsmotivation, d.h. jenem Antrieb, der in der Arbeit selbst begründet ist, zu vermitteln.[4] In diesem Sinne beschreiben die in Softwareentwicklungsprojekten tätigen Mitarbeiter ihre komplexen und immer wieder neuartigen Aufgaben überwiegend als Herausforderung und Möglichkeit zur Selbstverwirklichung, die das Gefühl einer tiefen Befriedigung erzeugen.[5] Vor diesem Hintergrund ergibt sich die Frage, ob die häufig ohnehin hohe Leistungsbereitschaft der in Softwareentwicklungsprojekten tätigen Mitarbeiter durch eine Aktienbeteiligung noch gesteigert werden kann. Hierzu ist es zunächst notwendig zu ergründen, welche Faktoren den Grad der Leistungsmotivation bestimmen, und in einem zweiten Schritt zu prüfen, inwieweit diese mittels einer Kapitalbeteiligung beeinflußt werden können.

---

[1] Vgl. Hartmann (1993), S. 402 ff.; vgl. Roth/Boß (1990), S. 307; Boes/Baukrowitz/Eckhardt (1995), S. 242.
[2] Vgl. analog Hartmann (1993), S. 406 ff.; vgl. Roth/Boß (1990), S. 307.
[3] Vgl. die Befunde einer empirischen Untersuchung von Gail/Frese (1994), S. 87, 91 ff.
[4] Vgl. Gail/Frese (1994), S. 87.
[5] Vgl. Gail/Frese (1994), S. 91.

Die intrinsische Arbeitsmotivation in der Softwareentwicklung hängt entscheidend von den **Arbeitsbedingungen**, insbesondere dem Handlungsspielraum (d.h. vor allem die Reihenfolge und Art und Weise der Aufgabenbearbeitung) und der Arbeitskomplexität ab.[1] Diese Determinanten werden durch die Einführung einer **Mitarbeiterkapitalbeteiligung** nicht spürbar beeinflußt. So konzentriert sich die Mitwirkung der Belegschaftsaktionäre an der unternehmerischen Entscheidungsfindung in der Hauptversammlung in der Regel auf gesellschaftsrechtliche und strategische Fragen, nicht jedoch auf die Gestaltung der operativen Gegebenheiten. Auch die materielle Komponente einer Aktienbeteiligung weist keine direkt erkennbare Verbindung zu den genannten Größen auf. Daher ist wohl kaum damit zu rechnen, daß eine Ausgabe von Belegschaftsaktien die unmittelbar aus dem Arbeitsinhalt resultierenden Leistungsbereitschaft von Softwareentwicklungsspezialisten nachhaltig steigern wird.

Das endgültige Ausmaß der Motivation setzt sich jedoch nicht ausschließlich aus der intrinsischen Komponente, sondern auch aus dem **extrinsischen** Element, das als Ergebnis der Begleitumstände der Arbeitserbringung, wie z.B. Führungsstil, Beziehung zu Kollegen sowie Unternehmenspolitik, zu verstehen ist, zusammen.[2] Wie bereits im Kontext der Erwartungs-Wert-Theorie erörtert, sind die Ansatzpunkte einer verhaltensbeeinflussenden Wirkung einer Kapitalbeteiligung eher in diesem Bereich zu sehen. So können beispielsweise über eine verstärkte Integration individueller und organisationaler Ziele und die Etablierung von Gruppennormen primär solche Leistungsreserven erschlossen werden, die nicht im Inhalt der Arbeit selbst begründet sind.

Allerdings vermag eine Aktienbeteiligung die Leistung von Mitarbeitern im Softwareentwicklungsbereich vor allem aus zwei Gründen nur in begrenztem Umfang zu steigern. Zum einen besitzen die genannten, mittels einer Beteiligung beeinflußbaren Faktoren der extrinsischen Arbeitsmotivation eine geringere Auswirkung auf die Mitarbeiterleistung als die intrinsischen, durch Belegschaftsaktien nicht beeinflußbaren Motivationsfaktoren.[3] Darüber hinaus läßt sich zusätzliches Motivationspotential mittels einer Aktienbeteiligung auf Grund der häufig hohen intrinsischen Motivation der Software-Entwickler nicht ohne weiteres zugänglich machen. Das Instrument der Belegschaftsaktie ist für diese Mitarbeitergruppe deswegen nicht insgesamt bedeutungslos. Weitere Ziele im Motivbündel bei der Einführung einer Mitarbeiterkapitalbeteiligung, wie z.B. die Beschaffung von Eigenkapital oder die Untermauerung einer partnerschaftlichen Unternehmenskultur werden hiervon nicht berührt. Eine hohe Motivation von Softwareexperten kann sogar der Zielsetzung, engagierte und hoch qualifizierte betriebliche

---

[1] Vgl. Gail/Frese (1994), S. 92 ff.
[2] Vgl. v. Rosenstiel (1992), S. 76 f.
[3] Vgl. v. Rosenstiel (1992), S. 76.

Leistungsträger mittels Belegschaftsaktien stärker an das Unternehmen zu binden, eine besondere Dringlichkeit verleihen.

Eine hinsichtlich des Ausmaßes der Motivation andere Beurteilung ergibt sich bei der **zweiten** in diesem Kapitel zu betrachtenden **Gruppe** von **Softwareexperten**. Als Konsequenz der zunehmenden Standardisierung ihrer Tätigkeit dürfte bei manchen dieser Beschäftigten Motivationspotential brachliegen, das mit Hilfe einer Aktienbeteiligung, wie im **Erwartungs-Wert-Modell** erläutert, angeregt werden kann. Insbesondere wenn sich die hochwertigen Entwicklungstätigkeiten für umfangreiche Standardprogramme einerseits sowie die einfacheren Programmierungs-, Entwicklungs- und Wartungsarbeiten andererseits auch künftig auseinanderbewegen,[1] kann eine Mitarbeiterkapitalbeteiligung als Instrument zur Motivation solcher Fachkräfte in Softwareunternehmen an Bedeutung gewinnen.

2.2.1.2. Fluktuation der Belegschaftsmitglieder

Im Kontext des Erwartungs-Wert-Modells kann die Fluktuationsneigung der Mitarbeiter durch die Einführung einer Mitarbeiterkapitalbeteiligung über die individuelle **Arbeitszufriedenheit** beeinflußt werden. Diese Wirkungskette läßt sich wie folgt beschreiben (Vgl. Abb. 9).

Für gewöhnlich bringen die Arbeitnehmer ihre Arbeitskraft als Inputfaktor in den Leistungserstellungsprozeß eines Unternehmens ein und erhalten als Gegenleistung eine materielle Entlohnung. Werden die Mitarbeiter über die Erbringung einer Arbeitsleistung hinaus auch am Kapital beteiligt, dann nimmt deren Einbindung in die arbeitgebende Unternehmung ceteris paribus zu. Eine derartige Intensivierung der Austauschbeziehung mit dem Unternehmen kann dazu führen, daß die Begünstigten sich diesem stärker zugehörig fühlen.[2] Das **Ausmaß** des **subjektiven Zugehörigkeitsgefühls** läßt sich, wie auch der Grad der Integration, über die Gestaltung des Beteiligungsmodells in Grenzen steuern. Es ist zu vermuten, daß die Verbundenheit mit dem arbeitgebenden Unternehmen zumindest bei einer positiven Unternehmens- und Aktienkursentwicklung umso intensiver ist, je mehr Aktienkapital dem einzelnen Mitarbeiter überlassen wird.

Dem Erwartungs-Wert-Modell zufolge vermag ein erhöhtes Zugehörigkeitsgefühl unter anderem individuelle Bedürfnisse nach sozialen Kontakten und sozialer Einbindung zu befriedigen und damit *direkt* die **individuelle Zufriedenheit** zu steigern. Darüber hinaus kann eine stär-

---

[1] Vgl. Hartmann (1993), S. 417.
[2] Vgl. Riekhof (1985), S. 195.

kere Integration in das Unternehmen die Wahrnehmung von Aufgabenzusammenhängen erleichtern und damit kooperative Verhaltensweisen der Unternehmensmitglieder auslösen oder verstärken. Kooperation ermöglicht wiederum soziale Kontakte und erhöht, sofern sie derartige Bedürfnisse der Belegschaftsmitglieder befriedigt, auf *indirektem* Wege die individuelle Zufriedenheit.[1] Diese trägt, wie auch Loyalität als dritte Komponente der Identifikation, über potentiell sinkende Fluktuations-, Absentismus- und Streikneigung zu einer Verbesserung der wirtschaftlichen Leistungskraft des Unternehmens bei. Nicht nur in theoretischer Hinsicht, sondern in der empirischen Forschung ist die im Modell postulierte Verbindung zwischen Zufriedenheit der Mitarbeiter und Fluktuations- oder Absentismusverhalten vielfach belegt.[2]

Vor dem Hintergrund dieser theoretischen Wirkungskette stellt sich nun die Frage, inwieweit eine Aktienbeteiligung in der **mittelständischen Softwarebranche** zu einer Erhöhung der Bindung der Softwareexperten an das Unternehmen beizutragen vermag. Die Beantwortung dieser Frage erfordert zunächst eine Untersuchung jener Faktoren, die einen Stellenwechsel bei Datenverarbeitungsfachkräften hervorrufen, um anschließend beurteilen zu können, ob und in welcher Weise eine Mitarbeiterkapitalbeteiligung auf diese Einflußgrößen einwirkt.

Die **Determinanten der Fluktuation** lassen sich grundsätzlich in drei Klassen einteilen, nämlich dem Individuum, der Organisation und der Umwelt zugehörige Faktoren.[3] Zur erstgenannten Kategorie gehören beispielsweise Geschlecht, Lebensalter, Betriebszugehörigkeitsdauer und Ausbildungsniveau. Die zweite Gruppe umfaßt Variablen, wie z.B. Betriebsgröße, Branchenzugehörigkeit, Betriebs- und Führungsklima, Entgelt- und Sozialleistungspolitik sowie Aufstiegsmöglichkeiten, wogegen beispielsweise die allgemeine Wirtschafts- und Arbeitsmarktlage zur Gattung der umweltbezogenen Einflußgrößen zu zählen ist.[4] Unterzieht man diese Variablen einer näheren Betrachtung, wird ersichtlich, daß eine Mitarbeiterkapitalbeteiligung ihre Wirkung primär bei den organisationalen Bestimmungsgrößen entfaltet. Im folgenden soll an den Beispielen von **Aufstiegsmöglichkeiten**[5] und **„Führungsklima"**, zweier organisationsbezogener Determinanten, untersucht werden, welche Möglichkeiten das Instrument der Belegschaftsaktie bietet, leistungsstarke Mitarbeiter stärker an das Unternehmen zu binden.

[1] Vgl. Riekhof (1985), S. 195.
[2] Vgl. Schanz (1978), S. 240 ff.; vgl. Baillod/Semmer (1994), S. 153.
[3] Vgl. Dincher (1992), Sp. 878; Zur Modellierung und verhaltenswissenschaftlichen Fundierung der Fluktuation vgl. eingehend Jochmann (1989), S. 44 ff.
[4] Vgl. dazu analog die bei Jochmann (1989), S. 93 ff. genannten Faktoren.
[5] So bildet der Faktor Aufstiegsmöglichkeiten eine wichtige Variable im Rahmen eines verhaltenswissenschaftlichen Modells zur Erklärung der Fluktuationsentscheidung von Führungskräften (vgl. Jochmann (1989), S. 94; auch Domsch/Krüger-Basener (1995), Sp. 1568).

a) Aufstiegs- und Entwicklungsmöglichkeiten

Fachkräfte erreichen insbesondere in mittelständischen Unternehmen ähnlich wie Führungskräfte rasch Karriereplafonds, d.h. solche Positionen, die eine Stagnation der beruflichen Laufbahn in sich bergen.[1] Diese Problematik tritt vorwiegend in Unternehmen mit flacher Hierarchie auf,[2] die nur wenige Management- und Fachpositionen offerieren und die gerade für kleinere sowie häufig auch für mittlere Softwareunternehmen charakteristisch sind.[3] Darüber hinaus besteht in diesen Unternehmen aufgrund der geringen Betriebsgröße in der Regel nur wenig Spielraum für eine horizontale Karrierentwicklung.[4]

Mangelnde **Aufstiegs-** und **Weiterentwicklungsperspektiven**[5] können neben abnehmender Leistungsbereitschaft eine steigende Fluktuationsrate zur Folge haben.[6] Gerade in mittelständischen Softwareunternehmen bedeutet ein Abgang hochqualifizierter Mitarbeiter nicht nur einen möglicherweise erheblichen Verlust an Humankapital,[7] sondern kann gleichzeitig zwei weitere Gefahren beinhalten. Sofern diese Spezialisten zu anderen Softwareunternehmen wechseln, steht deren Wissen nun Konkurrenzunternehmen zur Verfügung. Gründen ehemalige Mitarbeiter auf der Basis ihrer gewonnenen Kenntnisse und Erfahrung eigene Unternehmungen, was in der Softwarebranche vergleichsweise häufig vorkommt,[8] erwächst daraus vor allem dann zusätzlicher Wettbewerb, wenn diese in der Lage sind, angestammte Kunden abzuwerben. Vor diesem Hintergrund stellt sich die Frage, ob und in welcher Weise eine **Mitarbeiterkapitalbeteiligung** dazu geeignet erscheint, diese Form der Fluktuation in mittelständischen Softwareaktiengesellschaften einzudämmen.

Grundsätzlich vermag das Instrument der Belegschaftsaktie das Problem mangelnder Aufstiegsmöglichkeiten erwartungsgemäß nicht ursachengerecht, sondern allenfalls in der Weise zu beseitigen, daß den betroffenen Mitarbeitern eine Art Ausgleich in Form von Kapitalanteilen hierfür geboten wird. In welchem Maße eine Kapitalbeteiligung die ausscheidungswilligen Beschäftigten davon abhalten kann, das Unternehmen zu verlassen, dürfte neben organisationsexternen, nicht beeinflußbaren Faktoren, wie z.B. Attraktivität der neuen Position in einem anderen Unternehmen, auch von der Konzeption des Beteiligungsmodells abhängen. Als

---

[1] Vgl. ähnlich Heimerl-Wagner (1994), S. 144. Denkbare Entwicklungsmöglichkeiten von Beschäftigten in der Informationstechnikbranche zeigt Schmidt (1992-a-), S. 56 auf.
[2] Vgl. Heimerl-Wagner (1994), S. 144; Knebel (1992), S. 306.
[3] Vgl. Hoppenheit (1993), S. 41.
[4] Vgl. Heimerl-Wagner (1994), S. 145.
[5] Die tendenziell geringeren Aufstiegschancen von Führungskräften in mittelständischen Unternehmen betont auch Hamer (1987), S. 164.
[6] Vgl. Heimerl-Wagner (1994), S. 144.
[7] Vgl. Wübbenhorst (1982), S. 270.
[8] Einer empirischen Untersuchung zufolge wechselten 13,4% der individuumsinitiierten Personalabgänge von Computerfachleuten in die Selbständigkeit, vgl. Baillod/Semmer (1994), S. 157.

im Hinblick auf eine Steuerung der betrieblichen Fluktuation wichtige Gestaltungsparameter erweisen sich die **Mittelaufbringung**, die Höhe des individuellen **Kapitalanteils** sowie Art und Umfang der **Mitgliedschaftsrechte**.[1]

Gewährt das Softwareunternehmen den begünstigten Mitarbeitern zum Erwerb von Aktien regelmäßige und in Relation zum Einkommen hohe **Zuwendungen**, z.B. in Form einer Gewinnbeteiligung, kann hieraus ceteris paribus dann eine stärkere Bindung an das Unternehmen resultieren, wenn die Mitarbeiter sich durch diese zusätzlichen Zahlungen finanziell besser als in Vergleichsunternehmen stellen.[2] Eine fluktuationsvermindernde Wirkung einer Aktienbeteiligung ist darüber hinaus vornehmlich bei einem aus der Sicht des einzelnen Mitarbeiters angemessen hohen **Kapitalanteil** zu erwarten. So vermag die Überlassung weniger Aktien eine Eigentümermentalität bei den Begünstigten in der Regel nicht heranzubilden und Fluktuationsbestrebungen entgegenzuwirken. Das Bewußtsein, Miteigentümer des arbeitgebenden Unternehmens zu sein, erscheint jedoch gerade dann von besonderer Bedeutung zur Bindung der Mitarbeiter, wenn diese aus dem Unternehmen ausscheiden wollen, um selbst ein Softwareunternehmen zu gründen. Der Verbleib im arbeitgebenden Unternehmen als Alternative zur Selbständigkeit kann sich auch durch die **Gestaltung der Mitgliedschaftsrechte** zumindest ansatzweise insofern fördern lassen, als ein Angebot stimmberechtigter Aktien die Teilnahme an der unternehmerischen Willensbildung in der Hauptversammlung ermöglicht und somit die Entwicklung einer Eigentümermentalität unterstützt.

Nur begrenzte Erfolgsaussichten zur Verminderung der Fluktuation wird eine Kapitalbeteiligung voraussichtlich dann bieten, wenn Mitarbeiter das arbeitgebende Unternehmen auf Grund unzureichender Weiterentwicklungsmöglichkeiten bewußt verlassen, um ihre **Wissens- und Erfahrungsbasis** in anderen Unternehmen zu erweitern. Vor allem das einer äußerst dynamischen Entwicklung unterworfene breite Spektrum der Informationstechnologie ruft einen ständigen Weiterbildungsbedarf hervor[3] und begünstigt außerdem die hohe Bereitschaft der hauptsächlich jüngeren Softwareexperten, ihre berufliche Laufbahn durch einen Wechsel des arbeitgebenden Unternehmens zu verändern[4].

[1] Vgl. ähnlich Guski/Schneider (1983), S. 362.
[2] Vgl. Guski/Schneider (1983), S. 362.
[3] Vgl. Boes/Baukrowitz/Eckhardt (1995), S. 245; Boß/Roth (1993), S. 209.
[4] Vgl. Baillod/Semmer (1994), S. 156.

b) „Führungsklima"

Neben den betrieblichen Aufstiegs- und Weiterentwicklungsmöglichkeiten soll nun als zweite organisationsbezogene Determinante der Fluktuation die Zufriedenheit mit dem „Führungsklima" im Hinblick auf ihre Beeinflußbarkeit mittels einer Mitarbeiterkapitalbeteiligung untersucht werden. Welche Bedeutung dieser Faktor in Softwareunternehmen besitzt, verdeutlicht eine empirische Studie zur Fluktuation bei Computerfachleuten.[1]

Darin erweist sich die allgemeine Arbeitszufriedenheit, wie auch im Erwartungs-Wert-Modell postuliert, als guter Prädiktor der Fluktuation. Spaltet man dieses Konstrukt in einzelne Komponenten, d.h. in die Zufriedenheit mit spezifischen Aspekten der Arbeitssituation auf, zeigt sich, daß insbesondere die **Zufriedenheit** mit dem **„Führungsklima"** als wichtigster Faktor einen besonders deutlichen Einfluß auf die Fluktuationsentscheidung der befragten Computerfachleute ausübt. Dem Begriff „Führungsklima" ordnen Baillod/Semmer einzelne in ihrer Studie untersuchte Variablen, die z.B. das Führungsverhalten (beispielsweise Unterstützung durch Vorgesetzte, Mitsprachemöglichkeiten) und die Unternehmenskultur (z.B. Offenheit, fortschrittliches Denken, klare Linie bei Entscheidungen, langfristige Zielsetzungen) betreffen, zu.[2] Dagegen stehen die Zufriedenheit mit dem Arbeitsinhalt sowie die Zufriedenheit mit dem Verhältnis von Arbeit und Privatleben erst an zweiter und dritter Stelle.

Eine **Aktienbeteiligung** weist zu den das „Führungsklima" beschreibenden Variablen, wie z.B. Mitsprachemöglichkeiten, Offenheit, gewisse Berührungspunkte auf. Sie vermag vor diesem Hintergrund zu einer Erhöhung der Mitarbeiterbindung in der Softwarebranche insoweit in Grenzen beizutragen, als sie, wie bereits im Kontext des Erwartungs-Wert-Modells erläutert, die Identifikation der beteiligten Mitarbeiter mit der Unternehmung intensivieren, deren Einbindung in das wirtschaftliche Unternehmensgeschehen fördern sowie das Gefühl der Zugehörigkeit stärken kann. Auf diese Weise entfaltet eine Aktienbeteiligung ihre Wirkung vornehmlich bei den unternehmensinternen **Rahmenbedingungen** der Leistungserbringung, einem Bereich, der gerade in Datenverarbeitungsbetrieben für Fluktuationbestrebungen der Mitarbeiter oftmals verantwortlich zeichnet.

Da das Ausmaß der Identifikation unter anderem von der Gestaltung des **Beteiligungsmodells** abhängt, scheint es plausibel, daß auch der Grad der potentiellen Erhöhung der Mitarbeiterbindung in Softwareunternehmen hierdurch zumindest teilweise beeinflußt werden kann. Als wichtige Faktoren sind in diesem Zusammenhang die Höhe des Kapitalanteils sowie der Umfang der Partizipationsmöglichkeiten zu nennen. Eine weitere denkbare Möglichkeit besteht in

---

[1] Vgl. Baillod/Semmer (1994), S. 154 ff.
[2] Vgl. Baillod/Semmer (1994), S. 161.

der Errichtung von **Wechselbarrieren**, d.h. solchen Maßnahmen, wie z.B. die Einführung restriktiver Verfügungsbedingungen über das angesammelte Kapital bei Ausscheiden des Mitarbeiters, die einen Stellenwechsel behindern sollen. Angesichts des ausgeprägten Autonomiebedürfnisses der Fachkräfte im Softwarebereich ist aber davon auszugehen, daß dieser Weg nicht zum Ziel einer Verringerung der Fluktuation führen wird. Durch solche Maßnahmen dürften statt dessen eher die Beteiligungsbereitschaft der Mitarbeiter beeinträchtigt und damit das Kapitalbeteiligungsmodell insgesamt in Frage gestellt werden.

2.2.2. Gruppenprozesse als Wirkungsdeterminante in mittelständischen Softwareunternehmen

Als zweiten Weg, eine höhere Leistungsbereitschaft der Mitarbeiter im Wege einer Kapitalbeteiligung zu erwirken, postuliert Long die Verhaltenssteuerung über innerbetriebliche Gruppennormen. Die Analyse solcher Gruppenprozesse erscheint deshalb bedeutsam, weil Gruppen eigenständige soziale „...Kraftfelder [bilden, Anm. d. Verf.], die sich sowohl zielkonform als auch zielwidrig auswirken können."[1] Wie auch empirische Untersuchungen belegen, erweist sich der Einfluß, den die Gruppe auf ihre Mitglieder ausübt, oftmals als deutlich stärker als jener, der von seiten der Unternehmensführung ausgeht.[2] Diese zusätzliche Motivationsquelle ist nicht zuletzt deshalb so bedeutsam, weil sie *alle* Gruppenmitglieder erfaßt, gleichgültig ob jene Gesellschafter sind oder nicht.[3]

Vor diesem Hintergrund stellt sich die Frage, in welchem Ausmaß Gruppennormen die Leistungserbringung in mittleren Softwarebetrieben steuern können und welche Rolle eine Mitarbeiterkapitalbeteiligung hierbei einnimmt. Im folgenden sollen der Gruppeneffekt und die ihn beeinflussenden Determinanten dargestellt sowie hieraus resultierende Unterschiede zwischen einer Beteiligung in großen Aktiengesellschaften und in mittelständischen Unternehmen aufgezeigt werden.

Unter einer **Gruppe** versteht man in der sozialpsychologischen Forschung eine überschaubare Anzahl von Personen, die über einen längeren Zeitraum häufig miteinander in Kontakt treten.[4] Infolge dieser wiederholten Interaktion bilden sich innerhalb der Gruppe bestimmte Einstellungen (z.B. das Wir-Gefühl), Normen (z.B. hinsichtlich der zu erbringenden Leistung) und Strukturen (z.B. Rollenstruktur) heraus, welche die Verhaltensweise der Mitglieder entschei-

---

[1] Richter (1994), S. 113.
[2] Vgl. Long (1978), S. 35 f.
[3] Vgl. Long (1978), S. 36.
[4] Vgl. Schneider (1992), S. 218; vgl. Wiswede (1992), Sp. 736; vgl. Richter (1994), S. 105.

dend prägen können. Im Vergleich zu Großunternehmen dürften sich Gruppenprozesse im **Mittelstand** leichter entwickeln. Gründe dafür sind in erster Linie die geringere Anzahl der Beschäftigten, die damit einhergehende überschaubare Größe und Struktur der Unternehmung sowie die in der Regel stärkere Verbundenheit der Mitarbeiter untereinander und mit dem arbeitgebenden Unternehmen. Die genannten Faktoren erhöhen die Interaktionshäufigkeit und fördern auf diese Weise die Etablierung von Gruppennormen. In der Softwarebranche werden überdies verschiedene Tätigkeiten im Rahmen der Bewältigung von datenverarbeitungsbezogenen Aufgaben, insbesondere der Softwareentwicklung, typischerweise in Projektarbeit erbracht.[1] Die hohe Aufgabeninterdependenz und interdisziplinäre Zusammensetzung der Projektgruppen erfordern ein beachtliches Maß an Kommunikation und Koordination.[2] Daher wird man gerade in mittelständischen **Softwareunternehmen** verstärkt mit gruppendynamischen Prozessen rechnen müssen.

Fragt man insbesondere vor dem Hintergrund einer Kapitalbeteiligung nach den möglichen **Auswirkungen** solcher **Gruppenprozesse** auf das **Leistungsverhalten** der Mitarbeiter, lassen sich grundsätzlich zwei verschiedene **Richtungen** der Beeinflussung feststellen. Wie Abbildung 10 verdeutlicht, kann die Höhe der erbrachten Leistung in Abhängigkeit von der Einstellung der Gruppenmitglieder gegenüber dem arbeitgebenden Unternehmen sowohl positiv als auch negativ verändert werden. Herrscht innerhalb der Gruppe eine positive Meinung über die Unternehmung, dann können hier generierte Verhaltensnormen ceteris paribus eine Steigerung der Arbeitsleistung der Mitarbeiter bewirken. Dagegen kehrt sich dieser Effekt bei einem negativen Meinungsbild in der Regel um. Eine solche durch gruppendynamische Prozesse verursachte Leistungssteigerung beruht unter anderem auf dem Phänomen der positiven Selbstverstärkung. Dieses besagt, daß innerhalb der Gruppe ein Ansporn entsteht, neue, ehrgeizigere Ziele zu setzen, bei deren Erreichung wiederum Antrieb nach verbesserter Leistung erwächst und deren Verfehlung Selbstkritik und Fehlersuche einleitet.[3]

Wie aus Abb. 10 hervorgeht, hängt das **Ausmaß** der Verhaltenssteuerung von der Kohäsion, d.h. dem Zusammenhalt der Gruppe in der Weise ab, daß ein hoher Zusammenhalt die Leistungsveränderung sowohl in positiver als auch in negativer Richtung tendenziell verstärkt. Als zentrale Bestimmungsfaktoren des Gruppeneffekts sollen die **Kohäsion** sowie die **Einstellung** der Gruppe zum Unternehmen im folgenden näher untersucht werden. Von besonderem Interesse erscheint dabei die Klärung der Frage, inwieweit diese Variablen mit dem Ziel, eine Leistungssteigerung der Mitarbeiter zu bewirken, über eine Kapitalbeteiligung beeinflußbar sind.

[1] Vgl. Roth/Boß (1990), S. 309; zum Management von Softwareprojekten vgl. Feyhl/Feyhl (1996).
[2] Vgl. Brodbeck (1994), S. 19 ff.; vgl. Roth/Boß (1990), S. 309.
[3] Vgl. Richter (1994), S. 110 f.

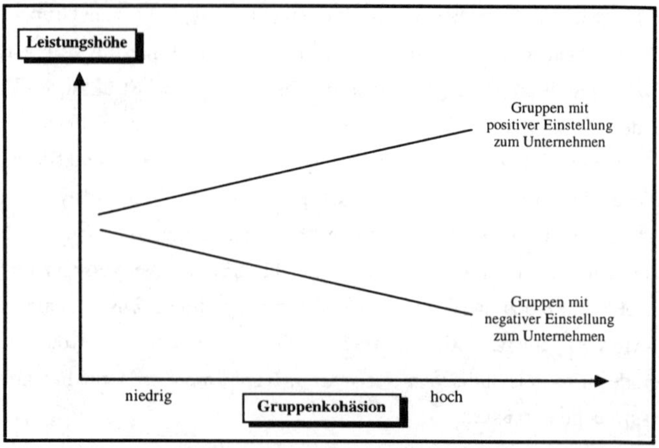

Abb. 10: Auswirkung gruppendynamischer Prozesse auf das Leistungsverhalten
Quelle: In Anlehnung an v. Rosenstiel (1992), S. 271.

Der **Grad** der **Kohäsion** wird insbesondere durch Gruppenhomogenität und -größe sowie auch durch Arbeitsbedingungen und Führungsstil determiniert.[1] Er kann in mittelständischen Softwareunternehmen auf Grund der Ausprägung dieser Faktoren hoch ausgeprägt sein. Wie zahlreiche Untersuchungen belegen, ist der Zusammenhalt einer Gruppe umso größer, je stärker sich die Mitglieder im Hinblick auf Qualifikation, Alter, Schichtzugehörigkeit, Erfahrungen, Einstellungen und Verhaltensmuster ähneln.[2] In der Softwarebranche verfügt ein beachtlicher Teil der Beschäftigten über eine ähnliche akademische Ausbildung, die nicht nur in erheblichem Maße deren Qualifikation, sondern auch ansatzweise Einstellungen, Erfahrungen und Verhaltensmuster anzugleichen vermag. Die Ähnlichkeit vieler Mitarbeiter bezüglich der drei letztgenannten Aspekte wird zusätzlich dadurch, daß diese sich in vielen Unternehmen in der gleichen Altersklasse und damit im gleichen Lebensabschnitt befinden, begünstigt.

Ferner hat man herausgefunden, daß die Kohäsion mit steigender **Gruppengröße** sinkt, da die Dichte der Interaktions- und Kommunikationsbeziehungen abnimmt.[3] Auch in dieser Hinsicht erscheinen die in der Softwarebrache vorzufindenden Rahmenbedingungen dem Gruppenzusammenhalt und damit dem Ausmaß der potentiellen Verhaltensbeeinflussung zuträglich. Die mit der überwiegend klein- und mittelbetrieblichen Struktur der Software-Anbieter[4] einhergehende Interaktionshäufigkeit fördert die Kohäsion der Belegschaftsmitglieder. Selbst in größeren Unternehmen können sich, wie bereits beschrieben, infolge der speziellen **Ar-**

[1] Vgl. Schneider (1992), S. 221 f.; vgl. Richter (1994), S. 105 f.; vgl. Wiswede (1992), Sp. 750 f.
[2] Vgl. Richter (1994), S. 106.; Staehle (1994), S. S. 263 f.
[3] Vgl. Richter (1994), S. 106.
[4] Vgl. Trautwein-Kalms (1991), S 218.

beitsstruktur in Form von Projektarbeit hoch kohäsive Gruppenstrukturen leichter etablieren. Hierzu trägt nicht zuletzt der in vielen Softwareunternehmen vorzufindende **partizipative** Führungsstil bei.

Eine hohe Kohäsion ist, wie Abb. 10 belegt, im Hinblick auf die Leistungserbringung der Mitarbeiter jedoch nur dann von Vorteil, wenn innerhalb der Gruppe bezüglich des Unternehmens ein positives Meinungsbild vorherrscht. Die zweite Determinante des Gruppeneffekts, nämlich die **Einstellung** der **Gruppenmitglieder** zum **Unternehmen**, besitzt in mittelständischen Softwareunternehmen im vorliegenden Kontext zentrale Bedeutung. Denn während die Gruppenkohäsion infolge der beschriebenen Rahmenbedingungen dieser Branche weitgehend vorbestimmt ist, läßt sich das Meinungsbild der Mitarbeiter insbesondere durch die Einführung einer Kapitalbeteiligung zumindest in Grenzen beeinflussen. Gelingt es, den Mitarbeitern eine positivere Einstellung zum Unternehmen zu vermitteln, ist aufgrund der hohen Kohäsion in mittelständischen Softwareunternehmen ceteris paribus eine Verbesserung des Arbeitsergebnisses zu erwarten.[1] Im folgenden sollen ausgewählte Ansatzpunkte aufgezeigt werden, wie eine Mitarbeiterkapitalbeteiligung diesen Effekt herbeiführen kann.

Zur Aktivierung gruppendynamischer Prozesse und damit zur Erschließung dieser zusätzlichen Motivationsquelle bedarf es zunächst einer entsprechenden Anzahl beteiligter Mitarbeiter innerhalb der Gruppe oder einer gezielten Beteiligung informeller Gruppenführer.[2] Darauf ist im Rahmen der Festlegung des zu begünstigenden **Personenkreises** zu achten. Wie bereits im Kontext des Erwartungs-Wert-Modells beschrieben, besteht darüber hinaus eine wichtige Komponente des Wirkungsmechanismus einer **Kapitalbeteiligung** in der Integration von Mitarbeiter- und Unternehmenszielen. Diese läßt sich unter anderem dadurch bewerkstelligen, daß bei der Konzeption des Beteiligungsmodells auf die Belange der Mitarbeiter Rücksicht genommen wird. So kann man beispielsweise durch den Verzicht auf lange Verfügungssperren dem hohen Weiterbildungs- und Autonomiebedürfnis von Softwarespezialisten, die in der teilweise beachtlichen Fluktuationsrate Ausdruck finden, entgegenkommen. Ferner scheint ein geringfügiger individueller Aktienanteil nicht dazu geeignet, ein Eigentümerbewußtsein bei den beteiligten Mitarbeitern herauszubilden sowie eine positive Verhaltensänderung zu bewirken. Nicht zuletzt kommt es in besonderer Weise auch darauf an, den begünstigten Mitarbeitern ein realistisches und vertrauenswürdiges Bild über das Beteiligungsmodell sowie Situation, Entwicklungsperspektiven und Ziele des Unternehmens zu vermitteln.

Eine Verhaltenssteuerung über guppendynamische Prozesse kann jedoch nur dort erfolgen, wo spezifische Rahmenbedingungen die Etablierung solcher Normen erlauben. In kleineren und

---

[1] Vgl. analog Staehle (1994), S. 264 f.

[2] Vgl. Long (1978), S. 36; ähnlich Peterssen (1968), S. 140.

mittelgroßen Unternehmen dürften sich in der Regel nur wenige Gruppen mit oftmals ähnlichen Auffassungen oder im Extremfall eine einzige bilden. Im Falle einer positiven Einstellung der Mitarbeiter zum Unternehmen und einer hohen Gruppenkohäsion kann der Gruppeneffekt die motivierende Wirkung auf der Individualebene hier grundsätzlich verstärken. Gleichwohl ist in diesem Zusammenhang nicht zu vernachlässigen, daß gerade hoch kohäsive Gruppen mit negativem Meinungsbild eine deutliche Verschlechterung der Leistungserbringung verursachen können (vgl. Abb. 10).[1]

Dagegen setzt sich die Belegschaft **großer Unternehmen** aus vielen verschiedenen Gruppen zusammen. Entsprechend stärker mischen und nivellieren sich sowohl positive als auch negative Standpunkte der Mitarbeiter bezüglich der arbeitgebenden Unternehmung. Der von Long postulierte Gruppeneffekt kann demzufolge nicht in der gleichen Intensität wie im Mittelstand zutage treten. Die gesamte leistungsmotivierende Wirkung einer Aktienbeteiligung in Großunternehmen wäre auf Grund der geringeren individuellen Motivationsstimulierung und des schwächeren Multiplikators auf der Gruppenebene insgesamt geringer ausgeprägt als in mittelständischen Unternehmen. Damit bekräftigt auch dieser sozialpsychologische Zusammenhang die Vermutung, daß die geringen leistungswirtschaftlichen Effekte einer Aktienbeteiligung weniger auf das Instrument der Belegschaftsaktie, sondern vielmehr auf die Größe der Beteiligungsunternehmen zurückzuführen seien.[2] Demgegenüber dürfte eine Kapitalbeteiligung in einer mittelständischen Aktiengesellschaft unter den erläuterten Bedingungen das Leistungsverhalten der Mitarbeiter insgesamt in größerem Ausmaß anregen.

Die Ausführungen zur **personalpolitischen Dimension** einer Aktienbeteiligung in der mittelständischen Softwarebranche lassen sich wie folgt **zusammenfassen**. In personalpolitischer Hinsicht erscheinen für ein Angebot von Belegschaftsaktien in mittelständischen Softwareunternehmen vornehmlich die Motive einer Verbesserung der Identifikation und Integration der Mitarbeiter sowie einer Erhöhung der Leistungsbereitschaft und Bindung der Beschäftigten an die Unternehmung relevant. Anhand der Erwartungs-Wert-Theorie von Long läßt sich zeigen, daß das Instrument der Belegschaftsaktie grundsätzlich dazu in der Lage sein kann, die Identifikation der Mitarbeiter mit der Unternehmung zu erhöhen, das Empfinden von Zugehörigkeit zu stärken und eine zumindest partielle Annäherung individueller und organisationaler Ziele zu fördern. Auf dieser Grundlage kann die extrinsische Komponente der Arbeitsmotivation durch eine Aktienbeteiligung angeregt werden.

---

[1] Als weitere Problemfelder des Gruppeneffekts sind die höhere Risikobereitschaft (vgl. eingehend Schneider (1975), S. 228 ff.; vgl. Irle (1971), S. 174 ff.) sowie das im Rahmen von Gruppenentscheidungen in Erscheinung tretende Phänomen des Groupthink (vgl. eingehend Janis (1982)) zu nennen.

[2] Vgl. Guski/Schneider (1983), S. 51

Ferner ist in doppelter Hinsicht zu erwarten, daß sich Motivationseffekte im Mittelstand und speziell in der Softwarebranche tendenziell in höherem Ausmaß als in Großunternehmen einstellen. Erstens dürfte für manche Mitarbeiter gerade bei kleineren mittelständischen Softwarebetrieben ein Zusammenhang zwischen individueller Leistung und Unternehmensergebnis zumindest ansatzweise erkennbar sein. Zweitens wird durch die höhere Interaktionshäufigkeit der Beschäftigten im Mittelstand sowie durch die spezifischen Arbeitsbedingungen und Belegschaftsstruktur in der Softwarebranche die Etablierung gruppendynamischer Prozesse begünstigt. Dieser Effekt auf Gruppenebene läßt sich wie folgt beschreiben: Je höher die Kohäsion solcher Mitarbeitergruppen ist und sofern es gleichzeitig gelingt, die Einstellung der Gruppenmitglieder zum Unternehmen mittels einer Aktienbeteiligung positiv zu beeinflussen, umso stärker wird sich ceteris paribus das Leistungsverhalten der Mitarbeiter verbessern. Von solchen gruppendynamischen Verhaltensnormen werden nicht nur die beteiligten Arbeitnehmer, sondern grundsätzlich auch jene Mitarbeiter, die nicht zum Erwerb von Aktien des arbeitgebenden Unternehmens berechtigt sind, erfaßt.

Neben einer Steigerung der Leistungsbereitschaft scheint eine Ausgabe von Belegschaftsaktien, wie im Erwartungs-Wert-Modell postuliert, in Grenzen dazu geeignet, die organisationsbezogenen Determinanten der Fluktuation zu beeinflussen. Überwiegen im Einzelfall aber individuums- und umweltbezogene Bestimmungsfaktoren oder wird den Belegschaftsaktionären z.B. nur ein verschwindend geringer individueller Kapitalanteil eingeräumt, so ist eine fluktuationssenkende Wirkung in der Regel nicht zu erwarten.

Die **Erwartungs-Wert-Theorie** von Long zeigt dabei ein mögliches Wirkungsmuster einer Kapitalbeteiligung aus erwartungstheoretischer Sicht auf. Die Beschreibung und Systematisierung der einzelnen Bestimmungsfaktoren, welche die Auswirkungen auf das Mitarbeiterverhalten entscheidend bestimmen, vermitteln einen Eindruck über die Komplexität der ablaufenden psychologischen Prozesse. Führt man sich ergänzend den theoretischen Bezugsrahmen des Strukturprofils vor Augen, wird ersichtlich, welche Vielzahl von betrieblich beeinflußbaren und nicht steuerbaren Faktoren das Ausmaß der Verhaltenswirkung determinieren. Die Fülle dieser Einflußfaktoren im Rahmen der vorliegenden Untersuchung zu analysieren, wäre genauso problembehaftet wie unzweckmäßig. Hinsichtlich der Tragweite der Ausführungen gilt es daher zum einen zu bedenken, daß lediglich ein kleiner, aber doch sehr bedeutender Ausschnitt des gesamten im Strukturprofil von Guski/Schneider aufgezeigten Wirkungsgefüges betrachtet wurde. Zum anderen bedürfen die hier vorwiegend auf theoretischer Basis generierten Aussagen zu möglichen Auswirkungen einer Aktienbeteiligung in mittelständischen Softwareunternehmen, um auch im empirischen Sinne als untermauert zu gelten, einer Überprüfung in der betrieblichen Praxis.

III. Finanzwirtschaftliche Dimension

1. Facetten des Ziels einer Verbesserung der Unternehmensfinanzierung in mittelständischen Unternehmen im Wege einer Aktienbeteiligung

In der betrieblichen Praxis spielen finanzwirtschaftliche Überlegungen bei der Einführung einer Beteiligung der Mitarbeiter am Kapital des Unternehmens allgemein eine wichtige Rolle.[1] Nach motivationalen und personalpolitischen Gesichtspunkten stehen jene finanzwirtschaftlicher Art in der Rangliste der mit einer Mitarbeiterbeteiligung verfolgten Ziele bei mittelständischen und kleineren Unternehmen an dritter Stelle (vgl. Tab. 2).[2]

Die potentielle Verbesserung der Unternehmensfinanzierung läßt sich abhängig von der gewählten Form der Mittelaufbringung und Mittelverwendung auf verschiedene intendierte Effekte zurückführen:[3] Beispielsweise kann im Wege einer Kapitalbeteiligung der Mitarbeiter bei entsprechender Modellgestaltung die **Ausstattung** mit **Eigenkapital erhöht** werden. Diese Option der Kapitalbeschaffung erscheint angesichts der überwiegend niedrigen Eigenkapital-Quote und eingeschränkten Finanzierungsmöglichkeiten mittelständischer Unternehmen besonders bedeutsam. Zudem vermag eine hieraus resultierende **Verbesserung** der **Kapitalstruktur**[4] die Kreditwürdigkeit[5] und damit den **Außenfinanzierungsspielraum** des Unternehmens zu **erweitern**. Eine **Erhöhung** der **Liquidität** tritt dann ein, wenn infolge der Mitarbeiterbeteiligung zusätzliche finanzielle Mittel in das Unternehmen fließen oder in ihm verbleiben, die ansonsten an die Arbeitnehmer oder in Form von Steuern an den Staat ausgeschüttet worden wären.[6]

Die mit einer **Kapitalbeteiligung** der Mitarbeiter verfolgten finanzwirtschaftlichen Zielsetzungen werden maßgeblich von der **Unternehmenssituation** (wie z.B. Branchenzugehörigkeit, Betriebsgröße, Kapitalintensität der Leistungserstellung, Kapitalausstattung und Autonomiestreben der Gesellschafter) sowie der **angestrebten Unternehmensentwicklung** (wie beispielsweise Wachstumsbestrebungen) determiniert. Je nach Ausprägung dieser Faktoren kann die finanzwirtschaftliche Zieldimension einer Aktienbeteiligung unterschiedliche Facet-

---

[1] Vgl. Schneider (1973), S. 10.; vgl. Kilian (1978), S. 102 f.; vgl. Prager (1983), S. 58 ff.; vgl. Guski/Schneider (1983), S. 111 ff.

[2] Vgl. Guski/Schneider (1983), S. 113 f.

[3] Vgl. beispielhaft Schneider (1973), S. 268 ff.; Gaugler/Schneider (1977), S. 125 ff.; Kilian (1978), S. 102 f.; Guski/Schneider (1983), S. 289 ff.; Drukarczyk/Schwetzler (1990), S. 1777 ff.; Drechsler (1993-a-), S. 5 ff.; Klötzl (1993-b-), S. 14 ff.

[4] Vgl. dazu auch Drünkler (1982), S. 194.

[5] Vgl. Brunswig (1977).

[6] Vgl. ähnlich Zeller (1972), S. 84.

ten, wie z.B. Zuführung von Eigenkapital, Erhöhung der Liquidität sowie die Inanspruchnahme staatlicher Vergünstigungen, aufweisen.

Im Rahmen der weiteren Ausführungen sollen in diesem Sinne **zwei** bezüglich der Zielsetzung einer Aktienbeteiligung differierende **Konstellationen** in finanzwirtschaftlicher Hinsicht näher untersucht werden (vgl. Abb. 11). Im ersten Fall steht das finanzwirtschaftliche Ziel einer **Kapitalbeschaffung** im Vordergrund (Kapitel 3 III 2).[1] Empirisch läßt sich dies, wie bereits angedeutet, dadurch begründen, daß viele mittelständische Unternehmen und insbesondere jene der Softwarebranche, welche in die Rechtsform der Aktiengesellschaft übergehen, diesen Schritt primär zum Zweck einer vereinfachten Beschaffung von Eigenkapital an oder außerhalb der Börse vollziehen.[2]

Will man dem erhöhten Kapitalbedarf im Wege einer Mitarbeiterkapitalbeteiligung begegnen, muß ein solches Modell zum einen derart gestaltet sein, daß dem Unternehmen tatsächlich finanzielle Mittel zufließen. Zum anderen soll eine Ausgabe von Belegschaftsaktien mit anderen Formen der Beschaffung von Beteiligungskapital verglichen werden. Dazu ist es erforderlich, komparable Bedingungen hinsichtlich der Kapitalaufbringung herzustellen. Im Rahmen der ersten Untersuchungskonstellation sei aus diesen Gründen modellhaft der Fall einer **reinen Kapitalbeteiligung**, bei der die begünstigten Mitarbeiter das zum Aktienerwerb notwendige Kapital in voller Höhe aus eigenen Mitteln aufbringen und in dieser Hinsicht unternehmensexternen Eigenkapitalgebern gleichzusetzen sind,[3] unterstellt. Dies bedeutet, daß die in der betrieblichen Praxis bisher übliche, aber keineswegs zwingend notwendige Verfahrensweise, den Erwerb von Belegschaftsaktien durch unternehmensseitige finanzielle Zuwendungen, z.B. die Einräumung eines vergünstigten Bezugskurses, zu unterstützen, aus Gründen einer besseren Vergleichbarkeit der Finanzierungsalternativen zunächst aus der Untersuchung ausgeklammert wird. Ziel dieser Ausführungen ist es zu untersuchen, ob eine Mitarbeiterkapitalbeteiligung eine ökonomisch sinnvolle Alternative der Beteiligungsfinanzierung in einer kleinen Softwareaktiengesellschaft verkörpert. Im Fokus steht hier der Mitarbeiter in seiner Funktion als Kapitalgeber.

---

[1] Vgl. zur Kapitalbeschaffung als vordringliche Aufgabe des betrieblichen Finanzwesens Drünkler (1982), S. 193.

[2] Vgl. o.V. (1996-a-), S. 64; Seibert (1996), S. 16 f.

[3] Vgl. ähnlich Gaugler (1967), S. 747 f. Zu den unterschiedlichen Finanzierungsformen einer Aktienbeteiligung vgl. Peterssen (1968), S. 143 ff.; analog Schröder (1977).

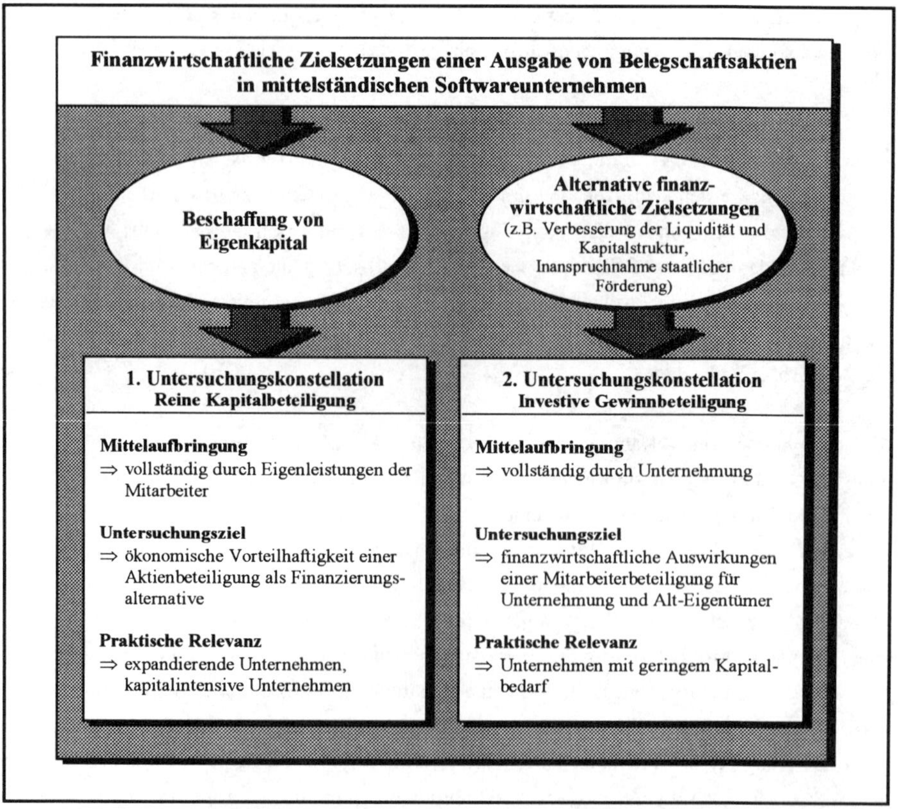

Abb. 11: Modellhafte Untersuchungskonstellationen im Rahmen der finanzwirtschaftlichen Analyse einer Aktienbeteiligung in mittelständischen Softwareunternehmen

Quelle: Eigene Darstellung.

Im Unterschied hierzu wird im **zweiten Untersuchungsfall** (Kapitel 3 III 3.) von einer anderen Konstellation der relevanten unternehmensinternen Faktoren ausgegangen. So ist beispielsweise zu vermuten, daß nicht jedes mittelständische und insbesondere Softwareunternehmen eine hohe Kapitalintensität der Leistungserstellung zu verzeichnen hat oder Wachstum anstrebt und dazu Kapital benötigt. Wenn solche Unternehmen, wie z.B. größere, etablierte Softwareunternehmen oder Software-Beratungsgesellschaften, die Aktiengesellschaft als Rechtsform wählen, geschieht dies oftmals nicht primär zum Zweck einer Beschaffung von Eigenkapital. Vielmehr können hier Imageerwägungen oder organisatorische Überlegungen ausschlaggebend sein.[1] Während also im ersten Fall das Motiv einer Kapitalbeschaffung

---

[1] Vgl. Seibert, S. 16 f.

dominiert, tritt es hier eher in den Hintergrund. Mit der Einführung einer Mitarbeiterkapitalbeteiligung können in diesem Fall vor allem personalpolitische Ziele und finanzwirtschaftliche Motive anderer Art, wie beispielsweise die Verbesserung von Liquidität und Kapitalstruktur sowie die Nutzung steuerlicher Vergünstigungen, verfolgt werden.

Entsprechend der veränderten Zielsetzung einer Mitarbeiterkapitalbeteiligung gestaltet sich die Konzeption des Beteiligungsmodells. Da in diesem Kontext eine unmittelbare Kapitalzuführung nicht zwingend notwendig erscheint, soll hier abweichend von dem ersten Untersuchungsfall modellhaft eine **investive Gewinnbeteiligung** als Form der Mittelaufbringung unterstellt und hinsichtlich ihrer finanzwirtschaftlichen Auswirkungen analysiert werden.

Mit diesen zwei hinsichtlich Kapitalaufbringung und finanzwirtschaftlicher Zielsetzung gegensätzlichen Modellkonstellationen sollen die beiden Extrema einer Finanzierung von Belegschaftsaktien analysiert werden. Dies bedeutet jedoch nicht, daß hiermit zum Ausdruck kommen soll, daß in mittelständischen Softwareunternehmen ausschließlich eine reine Kapitalbeteiligung, d.h. eine vollständige Finanzierung durch die begünstigten Mitarbeiter oder eine investive Gewinnbeteiligung, d.h. eine vollständige Finanzierung durch das Unternehmen relevant sein werden. Vielmehr ist auch bei einer Aktienbeteiligung in der mittelständischen Softwarebranche vielfach eine Kombination aus unternehmens- und mitarbeiterseitiger Finanzierung, etwa in Form eines den Mitarbeitern eingeräumten Kursabschlags, zu erwarten. Je nach Ausprägung verschiedener entscheidungsrelevanter Faktoren, wie z.B. Kapitalbedarf, Finanzierungsalternativen, Zielsetzung einer Aktienbeteiligung und voraussichtlicher Beteiligungsbereitschaft der begünstigten Mitarbeiter, wird man die Relation von Höhe der betrieblichen Zuwendungen und Eigenleistungen der Mitarbeiter zwischen den aufgezeigten Polen unternehmensindividuell festlegen müssen. Mit der ersten Untersuchungskonstellation befaßt sich der folgende Abschnitt.

2. Aktienbeteiligung der Mitarbeiter als Alternative zur Finanzierung von Wachstum in mittelständischen Softwareunternehmen

2.1. Zur Finanzierungssituation mittelständischer Unternehmen

Einem mittelständischen Unternehmen stehen zur Deckung seines Kapitalbedarfs, der sich beispielsweise anläßlich geplanter Erweiterungsinvestitionen im Zuge von Wachstumsbestrebungen ergibt, grundsätzlich verschiedene Möglichkeiten der Innen- und Außenfinanzierung zur Verfügung (vgl. Abb. 12). Wie empirische Untersuchungen belegen, erweist sich die

Selbstfinanzierung als weitaus wichtigste Quelle der Kapitalbeschaffung im Mittelstand.[1] Ihre hohe Bedeutung läßt sich vornehmlich auf das Autonomiestreben mittelständischer Unternehmer sowie mangelnde Finanzierungsalternativen zurückführen.[2] Dagegen ist das Potential einer Finanzierung aus **Abschreibungsgegenwerten** in zahlreichen mittelständischen Unternehmen durch die Tatsache, daß diese im Vergleich zu Großunternehmen eher arbeits- als kapitalintensiv produzieren, begrenzt.[3]

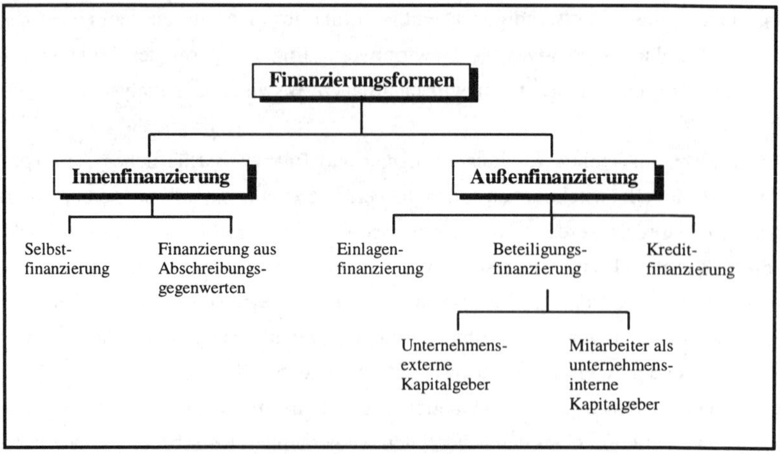

Abb. 12: Ausgewählte Finanzierungsformen mittelständischer Unternehmen
Quelle: Eigene Darstellung in Anlehnung an Perridon/Steiner (1997), S. 344.

Im Rahmen der Außenfinanzierung kommt der **Einlagenfinanzierung**, bei der die bisherigen Gesellschafter Teile ihres privaten Besitzes in betriebliches Vermögen umwandeln, nur geringe Bedeutung zu.[4] Insbesondere in kleineren Unternehmen, in denen der Betrieb für die Inhaber häufig die einzige Einkommensquelle darstellt, findet sie wenig Anwendung.[5] Einen hohen Stellenwert genießen hingegen die unterschiedlichen Möglichkeiten der **Fremdfinanzierung**, wie z.B. lang-, mittel- und kurzfristige Bankkredite, Lieferantenkredite und Leasing.[6] Zwar verfügen mittelständische Unternehmen mit ausreichender Bonität gundsätzlich über einen guten Zugang zu Fremdmitteln; doch liegen die Kapitalkosten, beispielsweise in Form

[1] Vgl. Wossidlo (1990), S. 268; Sprenger/von Hinten/Steiner (1982), S. 72 ff.; Oelschläger (1971), S. 39 ff.
[2] Vgl. z.B. Gutenberg (1980), S. 229 ff.; Sprenger/von Hinten/Steiner (1982), S. 72 ff. und die dort angegebenen Quellen; Wossidlo (1990), S. 268 ff.
[3] Vgl. Wossidlo (1990), S. 267 f.; vgl. Geiser (1979), S. 74 ff.; Hamer (1987), S. 142 f.; Albach (1995), Sp. 674; Drünkler (1982), S. 201.
[4] Vgl. Sprenger/von Hinten/Steiner (1982), S. 81 f.
[5] Vgl. Sprenger/von Hinten/Steiner (1982), S. 82.
[6] Vgl. hierzu eingehend Sprenger/von Hinten/Steiner (1982), S. 88 ff.; Albach (1995), Sp. 675 f.

von Zinssätzen für Bankkredite, in der Regel deutlich über jenen, die Großunternehmen zu tragen haben.[1]

Im Unterschied zu mittelständischen Unternehmen anderer Wirtschaftszweige erweist sich in der **Softwarebranche** die Aufnahme von Fremdkapital als ebenfalls problembehaftet. Dies ist unter anderem darauf zurückzuführen, daß die für eine Kreditgewährung erforderlichen Sicherheiten oftmals nicht in ausreichendem Maße zur Verfügung stehen.[2] Als Konsequenz daraus lag der Fremdkapitalanteil in Softwareunternehmen einer empirischen Untersuchung zufolge durchschnittlich bei ca. 9 %; 77 % der befragten Probanden mußten sogar gänzlich auf Fremdmittel verzichten.[3] Gleichzeitig sind mit der vergleichsweise geringen Anlagenintensität von Softwareproduktion und -beratung unzureichende Abschreibungsmöglichkeiten verbunden, so daß die **Selbstfinanzierung** für Softwareunternehmen häufig die einzig mögliche Finanzierungsquelle verkörpert.[4]

Die Kapitalbeschaffung stellt insbesondere im Zuge des **Wachstumsprozesses** mittelständischer Unternehmen vielfach einen Engpaßfaktor dar.[5] Dies gilt vor allem für dynamisch wachsende, in der Regel junge, technologieorientierte Unternehmen.[6] Häufig reichen das Selbstfinanzierungsvermögen der Unternehmung sowie die finanziellen Möglichkeiten der Gesellschafter, im Wege der Einlagenfinanzierung Kapital bereitzustellen, nicht mehr aus, um für das weitere Wachstum notwendige Investitionen durchzuführen.[7] Da auch die Finanzierung mit Fremdkapital nur innerhalb gewisser Schwankungsbreiten des Verschuldungsgrades möglich erscheint, ist die Realisierung von Investitionsvorhaben eng an die **Zuführung** von **Eigenkapital** im Wege einer Beteiligungsfinanzierung gebunden.[8] Als mögliche Kapitalgeber kommen für solche mittelständischen Unternehmen neben unternehmensexternen Investoren, wie beispielsweise private und institutionelle Anleger (z.B. Kapitalbeteiligungs- und Venture-Capital-Gesellschaften), prinzipiell auch Mitglieder der Belegschaft in Frage.[9]

In der mittelständischen Wirtschaft hat die **Beteiligungsfinanzierung**, d.h. die Aufnahme von Eigenkapital über Einlagen neu in den Kreis der Anteilseigner hinzutretender Kapitalgeber[10]

---

[1] Vgl. Albach (1995), Sp. 676; Hamer (1987), S. 143; Gerke (1993), S. 620; Wossidlo (1990), S. 248.

[2] Vgl. Neugebauer (1986), S. 217 ff. So fließen beispielsweise die Finanzmittel, welche für die Entwicklung von Softwareprodukten benötigt werden, fast ausschließlich in Gehaltszahlungen und werden somit unabhängig vom Projekterfolg aufgezehrt.

[3] Vgl. Neugebauer (1986), S. 218.

[4] Vgl. Neugebauer (1986), S. 215.

[5] Vgl. eingehend Mueller-Oerlinghausen (1994), S. 194 ff. und die dort angegebene weiterführende Literatur.

[6] Vgl. Hornschild (1997), S. 86.

[7] Vgl. Albach (1989), S. 337; ähnlich Drünkler (1982), S. 203.

[8] Vgl. Schmitz (1989), S. 150.

[9] Vgl. ähnlich Theis (1995), S. 152.

[10] Vgl. Perridon/Steiner (1997), S. 345.

bislang wenig Verbreitung gefunden.[1] Die Gründe hierfür sind zum einen in der mangelnden Bereitschaft potentieller Kapitalgeber, das benötigte Risikokapital bereitzustellen, und zum anderen in der fehlenden Bereitwilligkeit der Eigentümer-Unternehmer zur Aufnahme neuer Gesellschafter[2] zu sehen.

Das geringe Interesse von **Investoren** an einer Kapitalanlage in mittelständischen, nicht emissionsfähigen Unternehmen läßt sich vor allem auf das damit verbundene **Risiko** zurückführen.[3] So geht mit der fehlenden Börsennotierung nicht emissionsfähiger Unternehmen, zu denen auch kleine Aktiengesellschaften zählen, eine eingeschränkte Fungibilität der Anteile sowie der Verzicht auf eine institutionalisierte Bewertung von Chancen und Risiken des Unternehmens in Form der Kursbildung einher. Beide Faktoren können das Risiko einer Kapitalanlage in einem mittelständischen Unternehmen erhöhen.[4]

Eine weitere Ursache der mangelnden Bereitschaft von Investoren, mittelständischen Unternehmen Risikokapital zur Verfügung zu stellen, liegt in der sogenannten **Informationsasymmetrie** begründet.[5] Hierunter versteht man den Umstand, daß Kapitalgeber und -nehmer sowohl vor der Kapitalbereitstellung als auch während der Kooperation einen unterschiedlichen Informationsstand bezüglich des Investitionsobjekts, d.h. über das Unternehmen, besitzen.[6] So verfügen mittelständische Eigentümer-Unternehmer im allgemeinen über zuverlässigere und präzisere Informationen, beispielsweise hinsichtlich Unternehmensentwicklung, Markt- und Absatzpotential, Qualität des Humankapitals, Anzahl und Marktmacht der Konkurrenten sowie zukünftige Gewinnerwartungen, als potentielle Kapitalgeber.[7] Dieses Informationsgefälle gilt als wesentliche Ursache dafür, daß insbesondere **private Anleger** von einer Kapitalanlage in mittelständischen, nicht börsennotierten Unternehmen absehen.[8] Eine Kapitalbeschaffung über **institutionelle** Investoren, wie z.B. Kapitalbeteiligungs- und Venture-Capital-Gesellschaften, hat im Mittelstand ebenfalls nur wenig Anwendung gefunden.[9] Gründe hierfür sind u.a. die hohen Anforderungen an das kapitalsuchende Unternehmen sowie Risiko- und Kostenaspekte.

---

[1] Vgl. Sprenger/von Hinten/Steiner (1982), S. 83 ff.
[2] Vgl. Drünkler (1982), S. 202 f.
[3] Vgl. Gutenberg (1980), S. 141. Auf die Nachteile einer Beteiligung an einem nicht an der Börse notierten Unternehmen weisen auch Perridon/Steiner (1997), S. 352.
[4] Vgl. Gutenberg (1980), S. 137 f.; Gerke (1993), S. 621.
[5] Vgl. Gerke (1993), S. 625 ff.; Albach (1995), Sp. 679; auch Perridon/Steiner (1997), S. 352 f.
[6] Vgl. Sauer (1993), S. 126.
[7] Vgl. Campbell (1979), S. 921 f.; Leland/Pyle (1977), S. 371; Mueller-Oerlinghausen (1994), S. 211; Gerke (1993), S. 620 ff.
[8] Vgl. Gerke (1993), S. 639.
[9] Vgl. Albach (1995), Sp. 676 f.; Gerke (1995), Sp. 1883 ff.; Drünkler (1982), S. 204 f.

Neben der mangelnden Investitionsbereitschaft von Kapitalgebern läßt sich die geringe Verbreitung einer Beteiligungsfinanzierung im Mittelstand wesentlich auf die fehlende Bereitschaft vieler **Unternehmer** zur Aufnahme neuer Gesellschafter zurückführen. So steht ein Verlust des alleinigen Gewinnanspruchs und an Entscheidungsautonomie, der mit dieser Finanzierungsform einhergeht, oftmals in Konflikt mit dem dort geltenden Selbstverständnis. Darüber hinaus ist ein Informationsgefälle im Rahmen einer Finanzierungsbeziehung nicht nur von Kapitalnehmer zu Kapitalgeber, sondern auch in umgekehrter Richtung zu konstatieren. Speziell in mittelständischen Unternehmen verbinden die Eigentümer mit einer Beteiligungsfinanzierung häufig die Angst vor schädigenden Handlungsweisen der potentiellen Kapitalgeber und Übervorteilung.[1] Weitere Ausprägungen von Ungewißheit auf Seiten des Kapitalnehmers sind in der Bonität des Vertragspartners und seinem Verhalten bei wirtschaftlichen Unternehmenskrisen zu lokalisieren.

Anliegen der folgenden Ausführungen ist es, eine Mitarbeiterkapitalbeteiligung in Aktienform einer Beteiligungsfinanzierung über unternehmensexterne, vornehmlich institutionelle Kapitalgeber gegenüberzustellen und auf ihre Vorteilhaftigkeit hin zu untersuchen. Im Unterschied zur Literatur zur Mitarbeiterbeteiligung, die sich primär mit den Wirkung einer investiven Gewinnbeteiligung auf die Liquidität und Kapitalstruktur des Unternehmens befaßt,[2] steht damit der Aspekt der Aufnahme von Eigenkapital im Zentrum der Untersuchung. Vor dem Hintergrund des bestehenden Forschungsdefizits und angesichts der veränderten Rechtslage im Aktienrecht erscheint die Beantwortung dieser Frage nicht nur aus theoretischer Sicht, sondern gerade für die mittelständische Praxis im Rahmen der Bewältigung der Finanzierungsproblematik von besonderer Bedeutung.

Diesem aus der Perspektive der Eigentümer-Unternehmer vorgenommenen Alternativenvergleich werden vier ausgewählte Beurteilungskriterien, nämlich **Kapitalkosten**, **Kapitalvolumen und zeitliche Verfügbarkeit**, **Unabhängigkeit** sowie **Realisierung weiterer Zielsetzungen**, zugrundegelegt (vgl. Abb. 13).[3] Während die ersten beiden Kriterien im Rahmen einer Kapitalbeschaffungsentscheidung relevante finanzwirtschaftliche Maßstäbe darstellen, spiegelt sich im dritten Beurteilungskriterium das Autonomiestreben mittelständischer Eigentümer-Unternehmer wider. Das vierte Kriterium fügt die Finanzierungsentscheidung in den Gesamtkontext unternehmenspolitischer Zielsetzungen ein.

---

[1] Vgl. in diesem Sinne Gutenberg (1980), S. 141 f.; auch Drünkler (1982), S. 202 f.

[2] Vgl. bspw. Schneider (1973), S. 280 ff., Gaugler/Schneider (1977), S. 125 ff., Kilian (1978), S. 133 ff., Steinmann/Müller/Klaus (1982), S. 123, Guski/Schneider (1983), S. 290 ff., Starke (1986), S. 33 f., Stehle (1985), S. 37 ff., Kairies (1988), S.38 ff., Drechsler (1993-a-), S. 3 ff., Klötzl (1993-b-), S. 3 ff., Haegert (1993), S. 1040 ff.

[3] Vgl. zu finanzwirtschaftlichen Entscheidungskriterien Perridon/Steiner (1997), S. 9 ff.; zu weiteren Kriterien siehe Berger (1993), S. 349 ff.; Sauer (1993), S. 150 ff.

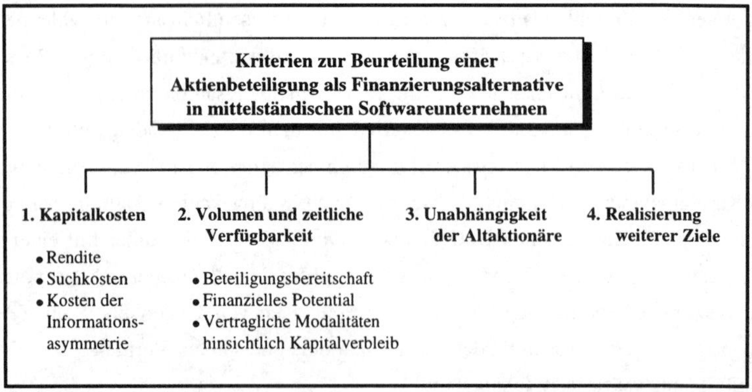

Abb. 13: Kriterien zur Beurteilung einer Aktienbeteiligung als Finanzierungsalternative
Quelle: Eigene Darstellung.

2.2. Kapitalkosten

Ein zentrales finanzwirtschaftliches Kriterium zur Beurteilung der Vorteilhaftigkeit von Finanzierungsalternativen bilden die Kapitalkosten.[1] Diese bestehen der neoklassischen Finanzierungstheorie zufolge, d.h. bei einem vollkommenen Kapitalmarkt und vollständiger, kostenloser Information aller Marktteilnehmer aus der vom Kapitalgeber für die Kapitalüberlassung geforderten **Rendite**.[2] Verwirft man die Prämisse des vollkommenen Kapitalmarktes und bezieht darüber hinaus eine agency-theoretische Auffassung der Finanzierungsbeziehung in die theoretische Ableitung der Kapitalkostenbestandteile ein, lassen sich weitere aus Marktunvollkommenheiten resultierende Kostenfaktoren aufzeigen.[3] Als solche sind insbesondere

- **Suchkosten**, die anfallen, um Kapitalgeber für eine risikobehaftete Investition zu aquirieren,
- Kosten des Abbaus der ex ante vorhandenen **asymmetrischen Informationsverteilung** zwischen Kapitalgeber und -nehmer bzw. eines pauschalen Risikoaufschlags auf die geforderte Rendite

[1] Vgl. Ebeling (1988), S. 233 ff.; Schwetzler (1989), S. 324 ff.; Sauer (1993), S. 155 ff.; Berger (1993), S. 350 ff.
[2] Vgl. Berger (1993), S. 355.
[3] Vgl. Berger (1993), S. 359 f.; Perridon/Steiner (1997), S. 520 ff.; Jensen/Meckling (1976), S. 305 ff.

zu nennen, die ihrerseits entweder auf die Renditeforderung einwirken oder ein zusätzliches Element der Kapitalkosten bilden.[1]

In der betrieblichen Praxis weichen die Kapitalkosten verschiedener Finanzierungsalternativen zum Teil erheblich voneinander ab. Auch die Kosten, die bei einer Kapitalbeschaffung im Wege einer Aktienbeteiligung der Mitarbeiter entstehen, können sich hinsichtlich der drei genannten Bestimmungsfaktoren von denjenigen unterscheiden, die bei einer Finanzierung über unternehmensexterne Eigenkapitalgeber anfallen. Ziel der Ausführungen ist es nicht, die Höhe der effektiven Kapitalkosten einer Mitarbeiterbeteiligung[2] zu ermitteln, sondern kostenrelevante Unterschiede zu einer unternehmensexternen Beteiligungsfinanzierung aufzuzeigen.

2.2.1. Von den Kapitalgebern geforderte Rendite

Als Vergütung für die Kapitalüberlassung erwarten Kapitalgeber eine Rendite, die sich nach der erzielbaren Rendite alternativer Anlageformen richtet.[3] Darüber hinaus wird über die Rendite das einer Investition inhärente **Risiko** in Form eines Aufschlags auf das Zinsniveau einer sicheren Anlage abgegolten.[4] Je höher das Risiko einer Kapitalanlage von den Investoren eingeschätzt wird, desto stärker steigen im allgemeinen deren Renditeforderung und damit die Kapitalkosten.[5] Fraglich ist nun, inwieweit sich die geforderte Kapitalvergütung unternehmensexterner, vornehmlich institutioneller Anleger von jener der Mitarbeiter unterscheidet.[6]

Grundsätzlich kann man davon ausgehen, daß institutionellen Kapitalgebern, wie z.B. Banken, Kapitalbeteiligungs- oder Venture-Capital-Gesellschaften, ein Aufschlag auf die Verzinsung einer sicheren Anlage gewährt werden muß, der zumindest der Höhe ihres Risikos entspricht. Ferner ist, wie die Praxis der Kreditvergabe belegt,[7] nicht auszuschließen, daß dieser

---

[1] Vgl. Schwetzler (1989), S. 324 ff.; Berger (1993), S. 360. Weitere mit einer Finanzierung verbundene Kosten, wie z.B. Herstellungskosten für Beteiligungszertifikate oder Gerichtsgebühren, weisen keine wesentlichen Unterschiede zwischen den zu prüfenden Finanzierungsmöglichkeiten auf und werden deshalb aus der Untersuchung ausgeklammert.

[2] Vgl. hierzu eingehend Haegert (1993), S. 1040 ff.

[3] Vgl. Perridon/Steiner (1997), S. 485; Berger (1993), S. 355.

[4] Vgl. Berger (1993), S. 355. Zur Vorgabe von Konfidenzen für Mindestrenditen im Rahmen der Portfolio-Selektion vgl. Albrecht (1992).

[5] Vgl. Berger (1993), S. 356. Der Einfluß von Informationsasymmetrie auf die Renditeforderung wird im Rahmen des entsprechenden Kapitels behandelt.

[6] Zur Beurteilung dieser Fragestellung auf der Basis des CAPM vgl. Berger (1993), S. 355 ff.

[7] Das Beispiel der Kreditvergabe kann jedoch nur als Indikator für den vorliegenden Fall einer Beschaffung von Eigenkapital fungieren.

geforderte Aufschlag das Risikoäquivalent erheblich übersteigen kann.[1] So liegen bei der Vergabe von Krediten die selbst mittelständischen Unternehmen mit ausreichender Bonität eingeräumten Zinssätze regelmäßig deutlich über jenen, die Großunternehmen zugestanden werden.[2] Dieser Zinsaufschlag stellt nach Ansicht von Albach weniger eine Risikoprämie, sondern auf Grund der unzureichenden Finanzierungsalternativen im Mittelstand vielmehr eine Monopolrente dar.[3]

Auch für das Kapital, welches die Mitarbeiter im Zuge einer **Aktienbeteiligung** als Eigenleistungen im arbeitgebenden Unternehmen investieren, ist das Risiko der Anlage durch die Rendite abzugelten. Ein für die Belegschaftsaktionäre zusätzlicher Risikofaktor resultiert überdies aus der Tatsache, daß der wirtschaftliche Erfolg des Unternehmens neben der Vergütung der Kapitalanlage auch die Sicherheit des Beschäftigungsverhältnisses und damit die Einkommenssituation bestimmt.[4] Somit könnte das von den Mitarbeitern als insgesamt höher empfundene Risiko eine höhere Renditeforderung begründen.

Ob die Renditeerwartung bzw. -forderung der begünstigten Mitarbeiter in mittelständischen Softwareunternehmen in der Tendenz höher oder niedriger als bei unternehmensexternen, institutionellen Eigenkapitalgebern sein wird, läßt sich nicht eindeutig sagen. **Einerseits** ist die These, ein in der Kumulation subjektiv hohes Risiko der begünstigten Mitarbeiter könne eine höhere Renditeforderung begründen, nur dann zutreffend, wenn eine Kapitalanlage im arbeitgebenden Unternehmen von seiten der Mitarbeiter ausschließlich von finanzwirtschaftlichen Überlegungen getragen wird. In der Regel verfolgen die begünstigten Mitarbeiter mit einer Aktienbeteiligung jedoch ein **Zielbündel**, bei dem finanzwirtschaftliche Motive, wie z.B. die Erzielung einer angemessenen Rendite, nur einen möglichen Bestandteil bilden.[5] Im Gegensatz zu institutionellen, eher von rationalen Rentabilitätserwägungen geleiteten Anlegern können insbesondere in mittelständischen Unternehmen andere Beweggründe der Mitarbeiter, wie die stärker ausgeprägte Verbundenheit zum Unternehmen und den Eigentümern, aber auch gruppendynamische Prozesse, für den Erwerb von Aktien ausschlaggebend sein. Einer empirischen Untersuchung des Instituts für Demoskopie Allensbach zufolge wird den immateriellen Zielen einer verstärkten Integration und Partizipation bei der unternehmerischen Entscheidungsfindung von seiten der befragten Probanden eine höhere Bedeutung beigemessen als den materiellen Vorteilen einer Kapitalbeteiligung.[6] So ist es denkbar, daß zu-

---

[1] Beispielsweise fordern profitorientierte Kapitalbeteiligungsgesellschaften eine Verzinsung des eingesetzten Kapitals in Höhe von mindestens 20 % (vgl. Sattler (1995), Sp. 1096):

[2] Vgl. Albach (1995), Sp. 676.

[3] Vgl. Albach (1995), Sp. 676 f., Wossidlo (1990), S. 248.

[4] Vgl. ähnlich Berger (1993), S. 357.

[5] Vgl. Kapitel 3 I 2.

[6] Vgl. Institut für Demoskopie Allensbach (1990), S. 69.

mindest partizipationsorientierte Mitarbeiter auch dann, wenn die vom Unternehmen gewährte Kapitalvergütung kurzfristig unterhalb der risikoäquivalenten Rendite liegt, finanzielle Mittel durch einen Aktienerwerb im Unternehmen investieren.

Andererseits wird diese Argumentationskette durch den Umstand, daß den Mitarbeitern beim Erwerb von Belegschaftsaktien in der betrieblichen Praxis meist finanzielle Vergünstigungen von seiten des Unternehmens gewährt wurden, teilweise wieder entkräftet. Die genannten Zielsetzungen der begünstigten Mitarbeiter bei einer Aktienbeteiligung und ihre Beteiligungsbereitschaft sind damit von der materiellen betrieblichen Förderung beeinflußt. Über das Ausmaß dieses Einflusses liegen bislang keine genauen quantitativen Vorstellungen vor.[1] Es läßt sich daher nur schwer abschätzen, wie sich fehlende unternehmensseitige Zuwendungen, wie in der vorliegenden Untersuchungskonstellation angenommen, auf die Höhe der Renditeforderungen der anspruchsberechtigten Mitarbeiter im einzelnen auswirken. Tendenziell wird man aber davon ausgehen können, daß die Investitionsentscheidung der begünstigten Mitarbeiter in mittelständischen Softwareunternehmen bei einer vollständigen Kapitalaufbringung durch die Mitarbeiter stärker von finanzwirtschaftlichen Erwägungen (wie z.B. Rendite- und Risikofaktoren) getragen wird und höhere Renditeforderungen enthält als im Falle einer finanziellen Unterstützung des Aktienerwerbs durch das Unternehmen.

2.2.2. Kosten der Suche nach geeigneten Kapitalgebern

Einer mittelständischen Softwareaktiengesellschaft, die nicht an der Börse notiert ist, bleibt die Möglichkeit einer Aufnahme von Eigenkapital über den organisierten Kapitalmarkt verschlossen. Da in der Bundesrepublik Deutschland bislang kein institutionalisierter Markt für Kapitalbeteiligungen an nicht börsennotierten Unternehmen existiert, kann die Suche nach geeigneten Kapitalgebern viel **Zeit** und damit **Kosten** in Anspruch nehmen.[2] Insbesondere kleine mittelständische Unternehmen besitzen in der Regel keine eigene Finanzabteilung, verfügen in Finanzierungsfragen zumeist über beschränktes Know-how und bedienen sich bei der Kapitalbeschaffung daher regelmäßig Mittlern, wie z.B. persönlich bekannten Steuerberatern, Wirtschaftsprüfern oder der Hausbank, deren Reichweite ebenfalls begrenzt ist.[3] Die Suche nach geeigneten Kapitalgebern dürfte sich außerdem umso schwieriger gestalten, je risikoträchtiger das anvisierte Investitionsprojekt ist. Sie wird zusätzlich durch den im Mittel-

---

[1] Zum Einfluß der Höhe der Eigenleistungen auf die Beteiligungsquoten in der betrieblichen Praxis vgl. Guski/Schneider (1983), S. 196 f.

[2] Vgl. Schwetzler (1989), S. 326 f.; ähnlich Natermann/Schönecker (1995), S. 138.

[3] Vgl. Hamer (1987), S. 141; vgl. Wossidlo (1985), S. 43 f.; auch Geiser (1983), S. 220 stellt fest, daß sich der Informationsstand über Finanzierungsmöglichkeiten mit abnehmender Betriebsgröße verringert.

stand und speziell in der Softwarebranche vorherrschenden Mangel an Finanzierungsmöglichkeiten erschwert.

Die Kosten der Suche nach Investoren, die dem Unternehmen entstehen, setzen sich im wesentlichen aus zeitbedingten Opportunitätskosten sowie Kosten des Wertverfalls von angestrebten Investitionsprojekten zusammen.[1] In der Softwarebranche kann die durch eine zeitaufwendige Suche nach geeigneten Kapitalgebern bedingte Aufschiebung von Investitionsvorhaben angesichts der hohen Marktdynamik und kurzen Produktlebenszyklen[2] mit erheblichen Kosten verbunden sein. Wird beispielsweise eine Finanzierung über Venture-Capital in Erwägung gezogen, erstreckt sich der Zeitraum für die Zusammenstellung der einzureichenden Prüfungsunterlagen, die detaillierte Analyse der Daten durch die Venture-Capital-Gesellschaft sowie der Verhandlungsprozeß der potentiellen Vertragsparteien über die konkreten Bedingungen der Zusammenarbeit zum Teil über mehrere Monate.[3] Wie darüber hinaus aus empirischen Erfahrungswerten hervorgeht, kommt eine Finanzierung durch Venture-Capital nur in etwa 2 % der eingereichten Anträge tatsächlich zustande.[4] Ein solcher oder ähnlich langwieriger Vorgang kann sich daher nicht selten mehrere Male wiederholen. Als problematisch erweist sich hierbei vor allem die Suche nach solchen Anlegern, die bereit sind, zu Bedingungen, die auch für die Eigentümer-Unternehmer akzeptabel erscheinen, zu investieren.

Im Falle einer Kapitalbeschaffung über eine **Aktienbeteiligung** der Mitarbeiter, bei der die Beschäftigten bereits durch das Arbeitsverhältnis mit dem Unternehmen in Verbindung stehen, kann ein Teil des zeitverbrauchenden Suchprozesses eingespart werden. Diese „naheliegende" Finanzierungsalternative läßt sich vornehmlich in kleinen mittelständischen Unternehmen beispielsweise im Wege einer Direktansprache der Mitarbeiter durch die Eigentümer-Unternehmer verfahrenstechnisch leicht und schnell in die Wege leiten. Allerdings kann auch die Einführung einer Mitarbeiterkapitalbeteiligung im Einzelfall einen erheblichen Zeitbedarf für Informations- und Überzeugungsarbeit beanspruchen und Unsicherheiten im Planungsprozeß, beispielsweise hinsichtlich der Beteiligungsbereitschaft der Mitarbeiter, hinterlassen. Im Ergebnis dürfte eine Mitarbeiterkapitalbeteiligung angesichts der beschriebenen Finanzierungsproblematik in der Softwarebranche gerade bei mittelständischen Softwareunternehmen aber tendenziell **geringere** Suchkosten verursachen als eine Eigenkapitalaufnahme über unternehmensexterne Investoren.[5]

---

[1] Vgl. Schwetzler (1989), S. 327. Im Rahmen der Kapitalbeschaffung entstehende Transaktionskosten werden nicht den Suchkosten subsumiert (vgl. Schwetzler (1989), S. 326).
[2] Vgl. Baaken/Launen (1993), S. 45 f.
[3] Vgl. Schwartz (1991), S. 42 f.; auch ein Finanzierungsvorhaben über Beteiligungsgesellschaften nimmt von der ersten Kontaktaufnahme bis zur tatsächlichen Beteiligung einen Zeitraum von durchschnittlich etwa sechs bis zwölf Monaten in Anspruch (vgl. Theis (1995), S. 153).
[4] Vgl. Schwartz (1991), S. 42.
[5] Vgl. in diesem Sinne Schwetzler (1989), S. 336.

2.2.3. Kosten der asymmetrischen Informationsverteilung

Entgegen den Prämissen des vollkommenen Kapitalmarktes der neoklassischen Kapitalmarkttheorie wird die Realität von **Marktunvollkommenheiten** bestimmt. Diese manifestieren sich unter anderem, wie in agency-theoretischer Auffassung der Finanzierungsbeziehung postuliert,[1] in einer asymmetrisch verteilten Infomation. Der Informationsvorsprung, den die Eigentümerunternehmer im Mittelstand hinsichtlich verschiedener wertbildender Faktoren, wie Kostenstruktur, Konkurrenzsituation und Mitarbeiterpotential, unternehmensexternen Kapitalgebern gegenüber besitzen, eröffnet ihnen Handlungsmöglichkeiten, mit denen sie ihre eigene Position zu Lasten der Investoren verbessern können. [2]

Je geringer das ex ante vorhandene Informationsniveau der externen Anleger über das zu finanzierende Objekt und je größer somit das Informationsgefälle zwischen den Vertragspartnern ist, desto höher erweisen sich aus zwei Gründen die **Kosten** einer unternehmensexternen Kapitalbeschaffung. Zum einen können die Investoren infolge ihres Informationsdefizits zur Kompensation vermuteter Risiken einen Aufschlag auf die geforderte Rendite verlangen.[3] Entschließen sich die Alt-Anteilseigner alternativ dazu, den Kenntnisstand der externen Kapitalgeber auf ihr eigenes Niveau anzuheben, sind mit dieser Maßnahme zum anderen ebenfalls Kosten, wie z.B. zur Anfertigung von Informationsmaterial, verbunden.[4]

Die hohe Innovationsgeschwindigkeit und Ungewißheit der Marktentwicklung in der Softwarebranche erschweren es unternehmensexternen Investoren, das Erfolgspotential eines Unternehmens und seiner Produkte zu beurteilen. Das daraus resultierende Risiko einer solchen Investition zeichnet somit unter anderem dafür verantwortlich, daß finanzielle Mittel trotz oftmals guter Renditeerwartungen nur sehr begrenzt in mittelständischen Softwareunternehmen angelegt werden.[5]

Demgegenüber erscheint die Annahme plausibel, daß **Mitarbeiter** als potentielle unternehmensinterne Kapitalgeber präzisere und zuverlässigere Informationen zumindest über wertbildende unternehmensinterne Faktoren besitzen als externe Investoren.[6] Gerade manche Führungs- oder hochrangige Fachkräfte sind in diesem Sinne besser mit der Kostenstruktur sowie der Leistungsfähigkeit des Humankapitals vertraut. Darüber hinaus erleichtern es die Überschaubarkeit mittelständischer Softwareunternehmen sowie die hohe, zum Teil betriebswirt-

[1] Vgl. dazu grundlegend Perridon/Steiner (1997), S. 520 ff.
[2] Vgl. Schwetzler (1989), S. 326; vgl. Berger (1993), S. 362 ff.
[3] Vgl. Schwetzler (1989), S. 329.
[4] Vgl. Schwetzler (1989), S. 329.
[5] Vgl. Neugebauer (1986), S. 217.
[6] Vgl. Ball (1986), S. 15; Merchel (1989), S. 12 f.; Schwetzler (1989), S. 331; Berger (1993), S. 362.

schaftlich geprägte Qualifikation zahlreicher Mitarbeiter oftmals auch größeren Teilen der Belegschaft, eine realistische Beurteilung des Unternehmens zu gewinnen.

Ein zentraler Bestimmungsfaktor für die Quantität und Qualität der Informationsversorgung der Beschäftigten ist das **Verhältnis** zwischen **Unternehmer** und **Belegschaft.** Wirkten diese beiden Parteien bisher in einer kooperativen, vertrauensvollen und informationsoffenen Form zusammen, kann dies auf ein angemessenes Informationsniveau der Mitarbeiter bezüglich der wirtschaftlichen Situation des Unternehmens hindeuten.[1] Jene Kosten, die den Alteigentümern aus diesem verbesserten Informationsstand der Belegschaft im Zuge der bisherigen Zusammenarbeit erwachsen, sind darüber hinaus primär dem Arbeitsverhältnis und nicht den Beschaffungskosten von Mitarbeiterkapital zuzuordnen.[2]

Somit kann das ex ante vorhandene Informationsgefälle zwischen Alteigentümern und künftigen Mitarbeiteraktionären insbesondere in mittelständischen Softwareunternehmen **geringer** ausgeprägt sein als bei einer Finanzierung durch externe Kapitalgeber. Den Mitarbeitern wäre in diesem Fall ein niedrigerer, informationsdefizit-bedingter Aufschlag auf die geforderte Rendite zu gewähren. Muß der Informationsstand der Mitarbeiter beispielsweise in größeren mittelständischen Softwareunternehmen zur Erhöhung der Beteiligungsbereitschaft ex ante verbessert werden, entstehen zusätzliche Informationskosten, z.B. für die Abhaltung von Mitarbeiterversammlungen. Neben relevanten unternehmensinternen und -externen Aspekten gilt es hier, die Mitarbeiter speziell über das **Wesen** einer **Aktienbeteiligung**, deren Vorzüge und insbesondere Risiken, die beispielsweise aus der eingeschränkten Fungibilität der Anteile einer kleinen Aktiengesellschaft sowie der ungewissen Entwicklung in der Softwarebranche resultieren, zu informieren. In diesem Kontext dürfte das Unterfangen, hochqualifizierten und mit dem Unternehmen und seinen Produkten gut vertrauten Mitarbeitern mittelständischer Softwareaktiengesellschaften aktienrechtliche Fragestellungen **verständlich** zu machen, häufig geringere Kosten verursachen als den in Anlageformen versierten unternehmensexternen Eigenkapitalgebern das Potential des Unternehmens **glaubhaft** zu unterbreiten. So erfordert ersteres beispielsweise die Abhaltung einer Informationsveranstaltung und Aushändigung von Informationsmaterial an die anspruchsberechtigten Mitarbeiter. Im zweiten Fall kann die Anfertigung detaillierter, aussagekräftiger Unternehmens- und evtl. Marktanalysen gerade bei kleineren mittelständischen Softwareunternehmen, in denen solche Unterlagen nicht ohnehin routinemäßig angefertigt werden, zeit- und kostenintensiv sein.

Nicht zuletzt können auch die Alteigentümer auf der Basis der teilweise langjährigen, vertraulichen Zusammenarbeit in mittelständischen Unternehmen Informationen über die persön-

---

[1] Vgl. Berger (1993), S. 362.
[2] Vgl. Schwetzler (1989), S. 331.

liche Situation, Vertrauenswürdigkeit und Loyalität der Mitarbeiter als potentielle Kapitalgeber besitzen. Sie sind daher in der Lage, ein größeres Vertrauen in das künftige Verhalten der beteiligten Mitarbeiter als Kapitalgeber aufzubauen als gegenüber externen Investoren.[1] „Nur dann also, wenn der neue Gesellschafter den bisherigen Inhabern des Unternehmens bekannt ist und über seine menschlichen und fachlichen Eigenschaften keine Meinungsverschiedenheiten bestehen, wenn zudem Bestand und Entwicklung des Unternehmens von dieser Kapitalzuführung abhängig sind, wird die Aufnahme eines neuen Gesellschafters einen echten Anreiz dafür bieten, das Dilemma zu beseitigen, in das die Wachstumschancen das Unternehmen geführt haben."[2]

Zusammenfassend betrachtet, kann man davon ausgehen, daß die gesamten Kosten, die durch das Informationsgefälle zwischen Kapitalnehmer und -geber entstehen, im Falle einer Finanzierung über Belegschaftsaktien in einer mittelständischen Softwareaktiengesellschaft **geringer** ausfallen können als bei einer Kapitalbeschaffung über unternehmensexterne Anleger. Dies gilt vor allem für solche Unternehmen, in denen eine kooperative Unternehmenskultur und ein informationsoffenes Umfeld vorherrschen.[3]

2.3. Volumen und zeitliche Verfügbarkeit des Kapitals

Neben den Kapitalkosten bilden das disponible Kapitalvolumen sowie dessen zeitliche Verfügbarkeit wichtige Beurteilungskriterien im Rahmen einer Finanzierungsentscheidung. Eine Mitarbeiterkapitalbeteiligung kann nur dann eine betriebswirtschaftlich sinnvolle Maßnahme zur Kapitalbeschaffung in mittelständischen Softwareaktiengesellschaften verkörpern, wenn gewährleistet ist, daß das von den Mitarbeitern aufzubringende Kapital dem Unternehmen im **benötigten Umfang** und für den **gewünschten Zeitraum** zur Verfügung steht.

Das **Kapitalvolumen,** das dem Unternehmen zufließt, ergibt sich bei einer vollständig mitarbeiterseitig finanzierten Aktienbeteiligung aus der Anzahl der beteiligten Mitarbeiter und der Zahl der pro Kopf gezeichneten Aktien. Es wird demzufolge wesentlich von der **Beteiligungsbereitschaft** sowie dem für einen Aktienerwerb zur Verfügung stehenden **finanziellen Potential** der Beschäftigten determiniert.[4] Für die **zeitliche Verfügbarkeit** der zugeführten Mittel erscheinen die **Modalitäten** des Beteiligungsmodells, die den **Kapitalverbleib** im

---

[1] Vgl. Gaugler (1985), S. 66.
[2] Gutenberg (1980), S. 142.
[3] Vgl. Schwetzler (1989), S. 331; Berger (1993), S. 363.
[4] Diese Überlegung stellt die theoretisch maximal mögliche Kapitalbereitstellung der Mitarbeiter dar für den Fall, daß die Anzahl der erwerbbaren Aktien keinen Engpaßfaktor bildet.

Unternehmen betreffen, von besonderer Bedeutung. Diese Faktoren sollen im folgenden näher untersucht werden.

Wie bereits in Abschnitt 3 I 2. erläutert, ist insbesondere dann mit einer grundsätzlichen **Beteiligungsbereitschaft** der Mitarbeiter zu rechnen, wenn das Beteiligungsmodell den Zielvorstellungen der Belegschaftsmitglieder entspricht, die begünstigten Mitarbeiter sich dem Unternehmen und seinen Eigentümern verbunden fühlen und das wirtschaftliche Potential der Unternehmung aus der Sicht der Beschäftigten positiv eingestuft wird. Demgegenüber nehmen unternehmensexterne Investoren selbst bei günstigen Prognosen von einer Kapitalüberlassung an mittelständische Softwareunternehmen häufig Abstand.[1]

Allerdings hat man hier, wie in Abschnitt 3 III 2.2.1. bereits erörtert, zu bedenken, daß die Beteiligungsbereitschaft der Mitarbeiter nicht zuletzt durch die Art der Kapitalaufbringung bestimmt ist. Im vorliegend untersuchten Fall einer vollständig mitarbeiterfinanzierten Aktienbeteiligung ist nach Erfahrungen der betrieblichen Beteiligungspraxis[2] eine geringere Bereitwilligkeit der Mitarbeiter zum Erwerb von Aktien zu erwarten, als dies bei der Einräumung vergünstigter Bezugsbedingungen der Fall wäre. Entscheidet sich ein mittelständisches Softwareunternehmen also dafür, den Aktienerwerb durch die begünstigten Mitarbeiter finanziell nicht zu unterstützen, wird es zumindest bei einer unternehmensweiten Aktienbeteiligung Abstriche bei der Beteiligungsbereitschaft der Belegschaftsmitglieder machen müssen.

Finden sich unternehmensexterne Kapitalgeber zu einer Investition in mittelständischen Softwareunternehmen bereit, verursacht die Aufbringung der zur Deckung des Kapitalbedarfs erforderlichen Mittel insbesondere für finanzkräftige institutionelle Anleger in der Regel keine Schwierigkeiten. Dagegen kann das bei einer Aktienbeteiligung zufließende Kapitalvolumen durch das **finanzielle Potential** der Mitarbeiter beschränkt sein und den benötigten Umfang unterschreiten. In welchem Ausmaß die Beschäftigten finanzielle Mittel für einen Aktienerwerb aufbringen können, hängt wesentlich von der Höhe des laufenden **Einkommens**, dem Anteil der damit getätigten **Ausgaben** zu Konsumzwecken sowie der Höhe der bislang gebildeten **Ersparnisse** ab.[3]

Die Tatsache, daß Softwarespezialisten überdurchschnittlich hohe **Einkünfte** beziehen,[4] läßt, bedingt durch das niedrige Durchschnittsalter der Belegschaft mittelständischer Softwareun-

---

[1] Vgl. Neugebauer (1986), S. 217; vgl. Schlautmann (1996), S. 54; vgl. o.V. (1996-a-), S. 64.
[2] Vgl. Guski/Schneider (1983), S. 196 f.
[3] Schneider sieht z.B. die Sparwilligkeit und Sparfähigkeit der Arbeitnehmer als Determinanten der Kapitalaufbringung bei einer originären Kapitalbeteiligung (vgl. Schneider (1973), S. 269 ff.).
[4] Vgl. Trautwein-Kalms (1991), S. 220.

ternehmen,[1] nicht ohne weiteres auf ein hohes finanzielles Potential dieser Mitarbeiter schließen. Viele der überwiegend jungen DV-Experten, die vor dem Eintritt in das Berufsleben ein Hochschulstudium abgeschlossen haben, vermochten im Verlauf ihrer Ausbildung nur begrenzt Ersparnisse zu bilden und verwenden einen oftmals beträchtlichen Teil ihrer Einkünfte zu Konsumzwecken. Demgegenüber dürften Führungs- oder Fachkräfte mit einigen Jahren Berufserfahrung für gewöhnlich einen größeren finanziellen Spielraum besitzen.

Neben dem erforderlichen Finanzierungsvolumen muß eine Zuführung von Kapital den Anforderungen eines mittelständischen Softwareunternehmens auch in **zeitlicher Hinsicht** genügen. Prinzipiell steht das von den Mitarbeitern im Wege eines Aktienbezugs bereitgestellte Eigenkapital so lange für Investitionszwecke zur Verfügung, bis das Unternehmen die emittierten Anteilscheine von den Belegschaftsaktionären wieder erwirbt. Während eine Veräußerung der Wertpapiere innerhalb der Belegschaft oder an unternehmensexterne Anleger einen aus der Perspektive des Unternehmens liquiditätsneutralen Vorgang verkörpert, zieht ein solcher unternehmensseitiger Rückkauf von Belegschaftsaktien in der Regel einen Kapitalabfluß nach sich.

In mittelständischen Softwareunternehmen wirken sich angesichts der hohen **Fluktuationsrate**[2] speziell jene vertraglichen Modalitäten, die eine arbeitnehmerseitige Beendigung des Beschäftigungsverhältnisses betreffen, auf die zeitliche Verfügbarkeit des Mitarbeiterkapitals aus. Werden Arbeits- und Kapitalbeteiligungsverhältnis in der Weise aneinander gekoppelt, daß das Unternehmen bei einem Ausscheiden der beteiligten Mitarbeiter ein **Recht** zum **Rückkauf** der Aktien hat, tritt ein Liquiditätsabfluß nur auf, wenn es von diesem Recht Gebrauch macht. Obwohl sich ein zwischenbetrieblicher Wechsel von Mitarbeitern oftmals dem unternehmerischen Einflußbereich entzieht, bleibt die Kapitalverfügbarkeit bei einer solchen Regelung zumindest begrenzt **kalkulier-** und **steuerbar**. Um einer übermäßigen Liquiditätsbelastung bei einem Rückkauf der Anteile entgegenzuwirken, behilft man sich in der betrieblichen Beteiligungspraxis außerdem damit, Ratenauszahlungen oder sog. Liquiditätsklauseln („Streckung" der Rückzahlung bei Liquiditätsschwierigkeiten) zu vereinbaren.[3]

Im Unterschied zum Rückkaufrecht kann sich eine mittelständische Softwareaktiengesellschaft den beteiligten Mitarbeitern gegenüber **nicht** zum **Rückkauf** der Belegschaftsaktien **verpflichten**. Eine solche Vereinbarung würde angesichts der fehlenden Börsennotierung mittelständischer Aktiengesellschaften einerseits zwar eine Absicherung für verkaufswillige Belegschaftsaktionäre bedeuten, für den Fall, daß diese keine Kaufinteressenten für ihre Ak-

[1] Vgl. Trautwein-Kalms (1991), S. 220.
[2] Vgl. z.B. Trautwein-Kalms (1991), S. 220.
[3] Vgl. Guski/Schneider (1983), S. 300.

tien finden, und damit die Beteiligungsbereitschaft der Mitarbeiter stärken. Durch die Einräumung einer betrieblichen Rückkaufgarantie wären der zeitlichen Verfügbarkeit des Eigenkapitals andererseits nicht nur Grenzen gesetzt. Darüber hinaus könnte diese Verpflichtung bei wirtschaftlichen Krisensituationen und sinkendem Aktienkurs manchem Mitarbeiter als probates Mittel erscheinen, um den Aktienbesitz über einen Verkauf an das Unternehmen zu liquidieren. Hat die mittelständische Softwareaktiengesellschaft diese Aktien selbst an die Mitarbeiter veräußert, so kommt eine Rückkaufpflicht nach Lutter[1] im Ergebnis einer Kursgarantie gleich, weil ein entsprechender Anspruch der Belegschaftsaktionäre vor allem bei negativer Kursentwicklung geltend gemacht wird. Da eine Aktiengesellschaft keine Kursgarantie einräumen darf, kann sie auch eine solche Wiederkaufverpflichtung nicht eingehen.[2] Auch nach Barz[3] ist ein schuldrechtliches Geschäft, durch das sich eine Aktiengesellschaft verpflichtet, Aktionären die von diesen übernommenen Aktien gegen Entgelt wieder abzunehmen, nichtig.

Zusammenfassend ist festzustellen, daß die Untersuchung der Vorteilhaftigkeit einer Finanzierung mittels Belegschaftsaktien bezüglich des beschriebenen Kriteriums in mittelständischen Softwareunternehmen ein **uneinheitliches** Bild vermittelt. So dürfte eine Mitarbeiterkapitalbeteiligung gegenüber einer unternehmensexternen Beteiligungsfinanzierung im Hinblick auf die **Beteiligungsbereitschaft** der potentiellen Kapitalgeber tendenziell günstiger zu bewerten sein. Dagegen ist hinsichtlich des **finanziellen Potentials** der Investoren ein umgekehrtes Urteil zu fällen. Während bei einer Finanzierung über unternehmensexterne Anleger der Zeitraum der Kapitalüberlassung meist vertraglich fixiert ist,[4] ergibt sich bei mittelständischen Softwareunternehmen mit hoher Fluktuation wegen des arbeitsrechtlichen Verhältnisses zwischen Mitarbeiter und Unternehmen zusätzlicher Regelungsbedarf im Hinblick auf die **zeitliche Verfügbarkeit** des Mitarbeiterkapitals.

2.4. Unabhängigkeit der Altaktionäre

Die Erhaltung der Flexibilität und Unabhängigkeit des Unternehmens bildet nicht nur bei finanzwirtschaftlichen Entscheidungen, speziell im Bereich der Kapitalaufbringung, ein bedeutsames Entscheidungskriterium,[5] sondern verkörpert gerade in der mittelständischen Wirtschaft

---

[1] Vgl. analog Lutter (1985), § 57, Rdn. 13.
[2] Vgl. Lutter (1985), § 57, Rdn. 13.
[3] Vgl. analog Barz (1973-a-), § 57, Rdn. 10.
[4] Dies ist beispielsweise der Regelfall bei einer Fremdkapitalbeschaffung; aber auch das Engagement von Kapitalbeteiligungsgesellschaften und Venture-Capital-Gesellschaften ist für gewöhnlich auf einen mittelfristigen Zeitraum fixiert (vgl. Gerke (1995), Sp. 1884; vgl. Schwartz (1991), S. 42).
[5] Vgl. Perridon/Steiner (1997), S. 10.

ein zentrales unternehmerisches Anliegen.[1] Aus diesem Grund stellt die Klärung der Frage, in welchem Ausmaß verschiedene Möglichkeiten der Kapitalbeschaffung eine Einschränkung der Autonomie der Altaktionäre mit sich bringen, auch im vorliegenden Kontext einen wichtigen Beurteilungsmaßstab dar.[2]

Eine Kapitalbeschaffung im Wege einer Beteiligung unternehmensexterner, insbesondere institutioneller Anleger führt normalerweise zu gravierenden **Einschränkungen** originärer Eigentümerrechte der Altaktionäre.[3] So sichern sich Kapitalbeteiligungsgesellschaften, die in der Regel Minderheitsbeteiligungen eingehen, ihren Einfluß durch spezielle Vereinbarungen im Gesellschaftsvertrag.[4] Venture-Capital-Gesellschaften lassen sich umfangreiche Kontrollrechte, unter bestimmten Bedingungen Mitbestimmungsmöglichkeiten und Managementfunktionen einräumen.[5] Speziell im Falle der tendenziell stärker risikobehafteten Beteiligung an einer mittelständischen Softwareaktiengesellschaft ist zu vermuten, daß diese Investoren über die gängigen, aus Aktiengattung und Anteil am Grundkapital resultierenden Mitgliedschaftsrechte hinaus weitere Zugeständnisse verlangen. Beispielsweise kann man empirisch weitgehende Eingriffsrechte feststellen, die Eigenkapitalgebern im Falle von Krisensituationen zwingend vertraglich eingeräumt werden müssen.[6]

Auch eine **Mitarbeiterkapitalbeteiligung** in Form von Belegschaftsaktien, die ein zweites, gesellschaftsrechtliches Vertragsverhältnis zwischen den beteiligten Mitarbeitern und der Gesellschaft begründet, ist immer mit einem Autonomieverlust der Altaktionäre verbunden. Nach Maßgabe von Aktiengattung und Kapitalanteil der beteiligten Mitarbeiter kann dieser mehr oder minder stark ausgeprägt sein. Selbst wenn die Beschäftigten nur wenige stimmrechtslose Vorzugsaktien besitzen, stehen ihnen durch bestimmte gesellschaftsrechtliche Befugnisse, wie das Recht zur Teilnahme an der Hauptversammlung, Auskunfts- und Anfechtungsrecht, Mittel zur Verfügung, den Aktionsspielraum der bisherigen Gesellschafter zu beschneiden.[7] Allerdings dürfte mit einer Mitarbeiterkapitalbeteiligung aus näher zu erläuternden Gründen in der Regel eine deutlich geringere Einschränkung der Autonomie der Altaktionäre verbunden sein als mit einer Eigenkapitalbeschaffung über unternehmensexterne Kapitalgeber.

---

[1] Vgl. Sauer (1993), S. 152; Wossidlo (1990), S. 246; Arnold (1989), S. 224.

[2] Den Einfluß des Unabhängigkeitsstrebens mittelständischer Unternehmer auf die Finanzierungsentscheidung konnte Gerke auch empirisch untermauern (vgl. Gerke (1993), S. 638 f.).

[3] Vgl auch Gerke (1993), S. 638.

[4] Häufig fordern Kapitalbeteiligungsgesellschaften mindestens zwei Gesellschafterversammlungen pro Jahr. Darüber hinaus wird beispielsweise oftmals vereinbart, daß satzungsändernde Beschlüsse nur einstimmig und diverse unternehmerische Entscheidungen nur mit Drei-Viertel-Mehrheit getroffen werden können (vgl. Sattler (1995), Sp. 1094, 1097).

[5] Vgl. Gerke (1995), Sp. 1883.

[6] Vgl. Forst (1992), S. 56.

[7] Vgl. eingehend Kapitel 4 I 2.1.2.3.; 4 III 1.3.

Ein zentraler Unterschied der unternehmensexternen Beteiligungsfinanzierung zur Aktienbeteiligung der Mitarbeiter, der sich auf den Grad der Autonomie auswirkt, ergibt sich aus der **Macht**- und **Verhandlungsposition** des Unternehmens. Im Falle einer Finanzierung über institutionelle Kapitalgeber sehen sich die Eigentümer mittelständischer Softwareunternehmen im allgemeinen einerseits einem professionellen Management als Verhandlungspartner, das auf die Maximierung der Kapitaleinkünfte ausgerichtet ist, gegenüber. Zum anderen konkurrieren sie mit zahlreichen weiteren kapitalsuchenden Unternehmen um knappe finanzielle Mittel. Die daraus resultierende Konzentration der Verhandlungsmacht auf Seiten des Investors führt dazu, daß die Konditionen des Beteiligungsvertrages eher vom institutionellen Anleger, der sich darin für gewöhnlich umfangreiche, den Autonomieumfang der Alteigentümer begrenzende Rechte zusichert,[1] diktiert werden.

Demgegenüber ist die Verhandlungsmacht im Falle einer **Mitarbeiterkapitalbeteiligung** voraussichtlich stärker zugunsten des kapitalsuchenden Unternehmens verteilt. Vor allem bei einer Beteiligung von Führungskräften in der mittelständischen Wirtschaft wird das Angebot zum Erwerb von Kapitalanteilen von den Begünstigten als unternehmerseitiges Zugeständnis und Anerkennung empfunden.[2] Hier steht meist das mit einer solchen Beteiligungsofferte verbundene Sozialprestige im Vordergrund und zwar ungeachtet dessen, daß das zum Anteilserwerb erforderliche Kapital üblicherweise durch Eigenleistungen der Mitarbeiter aufgebracht wird. Eine unternehmensweite Aktienbeteiligung in mittelständischen Softwareunternehmen wird von der Belegschaft vermutlich insbesondere dann verstärkt als betriebliches Zugeständnis aufgefaßt, wenn der Aktienerwerb durch finanzielle Zuwendungen von seiten des Unternehmens unterstützt wird. Auch angesichts der aus dem Arbeitsverhältnis resultierenden gewissen Abhängigkeit ist anzunehmen, daß die Beschäftigten bei einer Aktienbeteiligung in der Regel nicht dazu tendieren, ähnlich umfangreiche Kontroll- und Mitspracherechte wie professionelle Investoren zu fordern.

Diese gegenüber institutionellen Kapitalgebern verbesserte Machtposition des Unternehmens manifestiert sich u.a. darin, daß die Konzeption des Beteiligungsmodells und damit die **Festlegung** der **Konditionen**, wie empirische Untersuchungen der betrieblichen Beteiligungspraxis belegen[3], normalerweise der Unternehmensleitung obliegen. So können die bisherigen Eigentümer unter Berücksichtigung der Ziele der anspruchsberechtigten Mitarbeiter und unter Mitwirkung von Betriebsrat oder anderen Mitarbeitergremien ihren eigenen Interessen sehr viel stärker Rechnung tragen[4] als bei einer unternehmensexternen Beteiligungsfinanzierung.

---

[1] Vgl. ähnlich Berger (1993), S. 377 f.
[2] Vgl. in diesem Sinne Schneider (1993-b-), S. 10, 12.
[3] Vgl. beispielsweise Guski/Schneider (1983), S. 137 ff.
[4] Vgl. in diesem Sinne Gaugler (1985), S. 65 f.

Im konkreten Fall einer Aktienbeteiligung legen diese durch die Gestaltung der Modellbausteine, insbesondere der Aktiengattung und der Anzahl der an die Mitarbeiter zu emittierenden Anteile demnach zumindest in Grenzen das Ausmaß ihrer Autonomieeinbußen selbst fest. Im Ergebnis dürfte eine Aktienbeteiligung allgemein zu einer geringeren Einschränkung der Unabhängigkeit der bisherigen Eigentümer als die genannte Finanzierungsalternative führen. Dies gilt vor allem für mittelständische Softwarebetriebe, die bereits vor der Einführung einer Aktienbeteiligung eine partizipative Unternehmenskultur hatten; die Einbußen in der Autonomie der bisherigen Anteilseigner, die durch eine solche Unternehmenskultur verursacht werden, sind dann nicht dem Instrument der Belegschaftsaktie zuzurechnen.

2.5. Realisierung weiterer Ziele

Mit der Wahl des Kapitalgebers lassen sich grundsätzlich nicht nur die Zuführung finanzieller Mittel, sondern darüber hinaus weitere unternehmenspolitische Zielsetzungen verbinden. Je nachdem, von welchen zusätzlichen Intentionen ein Finanzierungsvorhaben begleitet wird, erweist sich die entsprechende Kapitalbeschaffungsalternative hinsichtlich dieses Beurteilungskriteriums als vorteilhaft. Insgesamt entsteht demnach **kein eindeutiges Bild** zugunsten oder zulasten einer Belegschaftsaktienbeteiligung.

Strebt ein mittelständisches Softwareunternehmen z.B. eine engere Zusammenarbeit mit Lieferanten, Kunden oder Konkurrenten an, so kann ein an diese Zielgruppe gerichtetes Beteiligungsangebot über die Zuführung von Eigenkapital hinaus auch dieser Zielsetzung zuträglich erscheinen. Eine Finanzierung über institutionelle Investoren, wie Kapitalbeteiligungs- oder Venture-Capital-Gesellschaften, bildet insbesondere dann eine ökonomisch sinnvolle Alternative, wenn mittelständische Softwareunternehmen im Wachstumsprozeß professionelle Beratung und Unterstützung in Managementfragen benötigen. Soll dagegen das breite Spektrum personalpolitischer Ziele, z.B. Integration und Motivation der Mitarbeiter sowie Verringerung der Fluktuationsrate, erreicht werden, läßt sich dieses Anliegen bei entsprechender Modellgestaltung gleichzeitig mit einer Aufnahme von Eigenkapital über eine Aktienbeteiligung der Belegschaftsmitglieder verbinden. Insbesondere bei Expansionsbestrebungen kann mit dieser Form der Kapitalbeschaffung in mittelständischen Softwareunternehmen möglicherweise zwei entscheidenden Engpaßfaktoren, nämlich der Bindung und Akquisition hochqualifizierter Mitarbeiter[1] sowie der Zuführung von Eigenkapital,[2] begegnet werden.

---

[1] Vgl. o.V. (1996-b-), S. 9; Neugebauer (1986), S. 186 f.
[2] Vgl. o.V. (1996-a-), S. 64; Schlautmann (1996), S. 54 ff.; o.V. (1996-b-), S. 9.

Führt man sich die Ergebnisse der vier untersuchten Beurteilungskriterien Kapitalkosten, Kapitalvolumen und zeitliche Verfügbarkeit, Unabhängigkeit sowie Realisierung weiterer Ziele vor Augen, läßt sich daraus folgendes **Fazit** ableiten: Eine Beschaffung von Eigenkapital im Wege einer Aktienbeteiligung der Mitarbeiter kann gegenüber einer unternehmensexternen Beteiligungsfinanzierung in mehrfacher Hinsicht, insbesondere bezüglich der Kriterien Kapitalkosten und Unabhängigkeit der bisherigen Anteilseigner Vorteile aufweisen. Dagegen läßt die Bewertung der anderen beiden analysierten Beurteilungsmaßstäbe ein uneinheitliches Bild entstehen.

Mit der Herausarbeitung dieser Unterschiede zwischen den untersuchten Finanzierungsformen konnte zum einen die in der Literatur mehrfach vertretene These,[1] eine Finanzierung durch Belegschaftsaktien, deren Kaufpreis vollständig von den begünstigten Mitarbeitern aufgebracht wird, sei identisch mit jener, bei der unternehmensexterne Anleger Aktien erwerben, zumindest für den Anwendungsfall mittelständischer Softwareunternehmen widerlegt werden. Zum anderen haben diese Ausführungen insgesamt gezeigt, daß eine Aktienbeteiligung der Mitarbeiter gerade in mittelständischen Unternehmen der Softwarebranche eine **betriebswirtschaftlich sinnvolle** Alternative der Kapitalbeschaffung bilden kann. Vor diesem Hintergrund und angesichts der begrenzten Finanzierungsmöglichkeiten kann die Rechtsform der Aktiengesellschaft als Voraussetzung für eine Emission von Belegschaftsaktien speziell bei wachsenden mittelständischen Softwareunternehmen mit hohem Kapitalbedarf an Attraktivität gewinnen.

In der betrieblichen Praxis der Mitarbeiterkapitalbeteiligung stellt die vollständige Kapitalaufbringung durch die Mitarbeiter ebenso wie die ausschließliche Finanzierung durch das Unternehmen eine Ausnahme dar[2] (vgl. dazu auch Tab. 6). Wie eine Gegenüberstellung empirischer Daten aus den Jahren 1987 und 1976 verdeutlicht, hat sich die Finanzierungslast gerade bei mittelständischen Unternehmen in jüngerer Zeit aber stärker auf die beteiligten Mitarbeiter verlagert.[3] Im Regelfall werden die für den Anteilserwerb notwendigen finanziellen Mittel, insbesondere bei der Ausgabe von Belegschaftsaktien von Mitarbeitern und Unternehmen gemeinsam aufgebracht.[4]

---

[1] Vgl. z.B. Zeller (1972), S. 83; in diesem Sinne auch Klötzl (1993-b-), S. 21.

[2] Vgl. Guski/Schneider (1983), S. 196. Einer Bestandsaufnahme betrieblicher Vermögensbeteiligung in Niedersachsen aus dem Jahre 1993 zufolge wurden die Kapitalanteile in 9 % der untersuchten Modelle allein durch die Mitarbeiter finanziert (vgl. Guski/Schneider (1993-b-), S. 25.

[3] Vgl. Guski/Schneider (1993-a-), S. 27 f. Dieser Trend wurde auch in einer neueren Bestandsaufnahme für Niedersachsen bestätigt (vgl. Guski/Schneider (1993-b-), S. 15 f.). Verantwortlich hierfür war u.a. die staatliche Förderung der Mitarbeiterkapitalbeteiligung durch das Vermögensbeteiligungsgesetz (vgl. Guski/Schneider (1993-a-), S. 27 f.).

[4] Vgl. Guski/Schneider (1993-a-), S. 27.

Auch in kapitalsuchenden mittelständischen Softwareaktiengesellschaften wird man zu erwägen haben, ob eine Ausgabe von Belegschaftsaktien entgegen dem bisher üblichen Muster vollständig durch die begünstigten Mitarbeiter finanziert werden soll oder ob das Unternehmen einen **Zuschuß**, etwa in Form eines Kursabschlags, gewährt. Aus betrieblicher Sicht mag eine solche Maßnahme zumindest bei einem unternehmensweiten Aktienangebot zur Erhöhung der Beteiligungsbereitschaft der begünstigten Mitarbeiter notwendig erscheinen. Gleichzeitig führt die materielle betriebliche Unterstützung des Aktienerwerbs mit steigendem Umfang zu steigenden Kapitalkosten und somit dazu, daß die Belegschaftsaktie als Finanzierungsinstrument gegenüber anderen Formen der Eigenkapitalbeschaffung an Attraktivität verliert. Sofern das beteiligungswillige Softwareunternehmen über weitere Finanzierungsmöglichkeiten verfügt und eine vollständig mitarbeiterfinanzierte Aktienbeteiligung diesen überlegen war, hat es auf der Basis der konkreten Finanzierungsbedingungen zu kalkulieren, bis zu welcher maximalen Höhe betrieblicher Zuwendungen die relative ökonomische Vorteilhaftigkeit der Belegschaftsaktie erhalten bleibt. Dabei sind neben den Kapitalkosten weitere geeignete Maßstäbe, wie z.B. Umfang und zeitliche Verfügbarkeit sowie Wahrung der Unabhängigkeit der bisherigen Eigentümer, zu berücksichtigen. Hat ein Softwareunternehmen keine Alternative zur Finanzierung mittels Belegschaftsaktien, dann kann eine Aktienbeteiligung in finanzwirtschaftlicher Hinsicht selbst bei hohen betrieblichen Zuwendungen absolut vorteilhaft sein, wenn mit dem zugeflossenen Kapital Investitionen getätigt werden, deren Erträge die Finanzierungskosten übersteigen oder die zum Weiterbestehen des Unternehmens unverzichtbar sind.

Mitarbeiteranteil an Kapitalbeteiligung in Prozent	Unternehmen in Prozent	
	1987	1976
unter 25	41,2	65,9
25 bis unter 50	8,0	23,0
50 bis unter 75	30,9	4,8
ab 75	19,9	6,3

Tab. 6: Anteil der Mitarbeiter an der Finanzierung der Kapitalbeteiligung

Quelle: Guski/Schneider (1993-a-), S. 28.

Dient eine Ausgabe von Belegschaftsaktien in mittelständischen Softwareaktiengesellschaften primär dazu, dem Unternehmen Eigenkapital zur Deckung des Kapitalbedarfs zuzuführen, ergeben sich daraus spezifische **Implikationen** für die Gestaltung des Beteiligungsmodells[1], die nachfolgend skizziert werden. Hinsichtlich der Mittelaufbringung muß gewährleistet sein,

[1] Auf einzelne dieser Implikationen wird im Verlauf der weiteren Kapitel näher eingegangen.

daß die anspruchsberechtigten Mitarbeiter den für den Aktienerwerb erforderlichen Betrag nach Maßgabe des betrieblichen Kapitalbedarfs in Form von Eigenleistungen erbringen. Gegebenenfalls, d.h. bei einem größeren Kapitalbedarf und sofern eine solche Finanzierungsmöglichkeit besteht, haben beteiligungswillige mittelständische Softwareunternehmen zu prüfen, inwieweit eine Aufnahme von Eigenkapital über unternehmensexterne Kapitalgeber, wie z.B. Kapitalbeteiligungs- oder Venture-Capital-Gesellschaften, eine Ausgabe von Belegschaftsaktien ökonomisch sinnvoll ergänzen kann. Darüber hinaus werden der Unternehmung nur dann weitere finanzielle Mittel zur Verfügung gestellt, wenn die Belegschaftsaktien über eine effektive, d.h. eine ordentliche, genehmigte oder bedingte Kapitalerhöhung emittiert werden; die Ausgabe eigener Aktien, die aus der Sicht des Unternehmens einen weitgehend liquiditätsneutralen Charakter besitzt, vermag dagegen nicht zu einer Erweiterung der Eigenkapitalbasis beizutragen. Im Rahmen der Festlegung des den Mitarbeiteraktionären zu überlassenden Anteils am Grundkapital hat die Höhe des Kapitalbedarfs als Richtgröße zu dienen. Je höher der Bedarf an finanziellen Mitteln, desto mehr Aktien müssen den Beschäftigten zum Erwerb angeboten werden. Führt der benötigte Umfang der Belegschaftsaktien im Falle einer Emission von Stammaktien zu einer erheblichen Einschränkung der unternehmerischen Unabhängigkeit der bisherigen Eigentümer, so ist möglicherweise eine Ausgabe stimmrechtsloser Vorzugsaktien als Aktiengattung in Erwägung zu ziehen. Nicht zuletzt kann durch eine Erweiterung des zu begünstigenden Personenkreises, z.B. auf die gesamte Belegschaft, ein größeres finanzielles Potential erschlossen werden.

3. Finanzwirtschaftliche Auswirkungen einer investiven Gewinnbeteiligung mit Belegschaftsaktien

Nachdem im vorangegangenen Kapitel mittelständische Softwarebetriebe mit hohem Kapitalbedarf fokussiert wurden, sollen im Rahmen dieses Abschnitts solche Unternehmen im Zentrum der Betrachtung stehen, die keinen akuten Bedarf an Eigenkapital aufweisen. Weder ein Wechsel in die Rechtsform der Aktiengesellschaft noch die Einführung einer Aktienbeteiligung der Mitarbeiter dürften bei diesen Unternehmen primär vom Motiv einer Eigenkapitalbeschaffung geleitet sein. Gleichwohl gilt es im Vorfeld einer geplanten Ausgabe von Belegschaftsaktien auch hier, daraus resultierende Auswirkungen finanzwirtschaftlicher Art zu analysieren.

Um im folgenden zu wissenschaftlich verwertbaren Ergebnissen zu gelangen, sei für den zweiten Untersuchungsfall modellhaft eine investive Gewinnbeteiligung[1] als Alternative der

---

[1] Einer bundesweiten Bestandsaufnahme betrieblicher Vermögensbeteiligung von Guski/Schneider (1983), S. 118 zufolge wurde von den Verfahren der Erfolgsbeteiligung (Leistungs-, Ertrags- und Gewinnbeteiligung) in

Mittelaufbringung unterstellt. Hier wird der den Begünstigten zustehende Anteil am Gewinn im Unternehmen thesauriert und durch die Begebung von Belegschaftsaktien in Eigenkapital transformiert.[1] Im Unterschied zum ersten Untersuchungsfall fließen dem Unternehmen damit keine neuen finanziellen Mittel in Form von Eigenleistungen der Mitarbeiter zu. Darüber hinaus sollen im Verlauf der weiteren Analyse zwei Betrachtungsebenen, nämlich die des Unternehmens und jene der Altaktionäre, differenziert werden. Obwohl beide Sichtweisen gerade im Mittelstand eng miteinander verbunden sind, lassen sich, wie noch zu zeigen sein wird, je nach Perspektive unterschiedliche finanzwirtschaftliche Auswirkungen einer Aktienbeteiligung feststellen.

3.1. Unternehmensebene

Im Mittelpunkt der wissenschaftlichen Beiträge zu den finanzwirtschaftlichen Effekten einer Mitarbeiterkapitalbeteiligung steht die Frage, in welcher Weise **Liquidität** und **Kapitalstruktur** des Unternehmens durch die Einführung einer investiven Gewinnbeteiligung beeinflußt werden. Die **kurzfristige** Veränderung der **Liquidität** läßt sich auf drei Effekte, den Betriebsausgaben-, den Splitting- und den Steuerstundungseffekt,[2] zurückführen, die nachfolgend skizziert werden sollen.

Der **Betriebsausgabeneffekt** beruht auf dem Umstand, daß den Mitarbeitern auf der Basis des Arbeitsverhältnisses zufließende betriebliche Zuwendungen, wie z.B. der Anteil der Belegschaft am Unternehmensgewinn, steuerrechtlich Betriebsausgaben verkörpern.[3] Diese sind im Rahmen der Ermittlung der steuerlichen Bemessungsgrundlage für die Entrichtung der Körperschaftsteuer einer Aktiengesellschaft, ebenso wie auch bei der Bemessung der Gewerbeertragsteuer, in vollem Umfang abzugsfähig. Damit vermindert sich die ertragsteuerliche Belastung des Unternehmens, wodurch die Liquidität ceteris paribus steigt.[4]

Der **Splittingeffekt** einer investiven Gewinnbeteiligung liegt in den unterschiedlich hohen Steuersätzen, mit denen einerseits der thesaurierte Ertrag im Unternehmen und andererseits Einkünfte der begünstigten Mitarbeiter im Durchschnitt belastet werden, begründet.[5] Wird der

---

der betrieblichen Praxis ausschließlich die Gewinnbeteiligung zur Finanzierung einer Kapitalbeteiligung angewendet.

[1] Vgl. Schwetzler (1989), S. 29.

[2] Zur kritischen Beurteilung dieser Effekte und deren Interdependenzen sowie der Darstellung in der Literatur vgl. eingehend Schwetzler (1989), S. 45 ff.

[3] Vgl. Gaugler/Kuchinka (1972), S. 16 f.; Gaugler/Schneider (1977), S. 125; Holzheimer (1982), S. 18; Schwetzler (1989), S. 39; Klötzl (1993-b-), S. 6.

[4] Vgl. Schwetzler (1989), S. 39.

[5] Vgl. Guski/Schneider (1983), S. 294.

den Mitarbeitern zufließende Ertragsanteil aus der sog. Gewinnspitze finanziert, so wären 1995 für diesen Betrag im Falle einer Thesaurierung in einer mittelständischen Aktiengesellschaft insgesamt 64,9 % Steuern, d.h. Körperschaft-, Gewerbeertrag-, Gewerbekapital-, Vermögensteuer und Solidaritätsabgabe zu entrichten gewesen.[1] Im Vergleich hierzu fällt die durchschnittliche Belastung der Einkünfte der Mitarbeiter mit Lohn- oder Einkommensteuer[2] sowie Solidaritätszuschlag geringer aus. Im Falle einer Mitarbeiterbeteiligung verbessert sich die betriebliche Liquidität umso mehr, je stärker die Abgabenquote bei Gewinnthesaurierung über der durchschnittlichen Steuerbelastung der Begünstigten liegt. Auf Grund der überdurchschnittlich hohen Qualifikation und Einkommen von Softwareexperten dürfte die Steuerbelastungsdifferenz in der Softwarebranche geringer ausgeprägt und der Liquiditätszuwachs daher kleiner sein als in solchen Wirtschaftszweigen, in denen die Mitarbeiter im Durchschnitt niedrigere Einkünfte beziehen.

Neben der Steuervermeidung und Steuerersparnis läßt sich die Liquidität schließlich durch eine zeitliche Hinauszögerung der Abgabenbelastung, den **Steuerstundungseffekt**[3], verbessern. Entscheidend ist in diesem Zusammenhang die gesetzliche Regelung, daß Lohn- bzw. Einkommensteuer erst dann fällig werden, wenn die entsprechenden Zahlungen dem Mitarbeiter zufließen. Sofern es dem Unternehmen durch eine entsprechende Gestaltung des Beteiligungsmodells gelingt, den Zeitpunkt des Zuflusses des Mitarbeitergewinnanteils hinauszuschieben,[4] kann es innerhalb dieses Zeitraums über die zu entrichtende Einkommensteuer sowie die Sozialversicherungsbeiträge disponieren.

Fügt man die drei Teileffekte der Liquiditätswirkung zusammen, läßt sich, wie dies verschiedene Modellrechnungen in der Literatur zeigen,[5] die Ausstattung mit liquiden Mitteln im Unternehmen durch eine investive Gewinnbeteiligung prinzipiell verbessern. Die Kosten dieser Maßnahme werden nicht ausschließlich vom Unternehmen getragen, sondern infolge der Reduzierung von Steuerverbindlichkeiten zu einem Teil vom Staat[6] und, wie noch zu erläutern

---

[1] Berechnet auf der Basis des einbehaltenen Gewinns. Vgl. Institut der deutschen Wirtschaft (1996), S. 17. Die geplante Abschaffung der betrieblichen Vermögensteuer und der Gewerbekapitalsteuer sowie die mögliche Senkung der Solidaritätsabgabe wird die Gesamtsteuerlast künftig verringern.

[2] Vgl. Institut der deutschen Wirtschaft (1996), S. 15. Der Spitzensatz der Einkommensteuer in Höhe von 53 % kommt derzeit bei einer Bemessungsgrundlage von 120.042 DM zur Anwendung. Die durchschnittliche Lohnsteuerbelastung der Mitarbeiter in den von Guski/Schneider untersuchten Unternehmen lag bei 32,5 % (vgl. Guski/Schneider (1983), S. 293. Im Jahr 1995 lag die durchschnittliche Einkommensteuerbelastung eines ledigen Steuerpflichtigen zwischen 15,7 % bei einem zu versteuernden Einkommen von 24.000 DM und circa 30 % bei einem zu versteuernden Einkommen von 100.000 DM (inklusive Solidaritätszuschlag). Vgl. Brügelmann/Fuest (1996), S. 27.

[3] Vgl. dazu Esser (1977).

[4] Zu den verschiedenen Kriterien, die den Zuflußzeitpunkt bestimmen, vgl. eingehend Schwetzler (1989), S. 40 ff.

[5] Vgl. z.B. Gaugler/Schneider (1977); Schneider (1977-a-); Kilian (1978), S. 133 ff.; Klötzl (1993-b-).

[6] Vgl. Peterssen (1968), S. 38 ff.

ist, in beachtlichem Umfang von den bisherigen Eigentümern übernommen. Nimmt man die von staatlicher Seite im Rahmen des § 19a EStG und des Vermögensbeteiligungsgesetzes gewährte Förderung in Anspruch, läßt sich der Anteil des Fiskus an der Finanzierung der Mitarbeiterbeteiligung innerhalb des gesetzlichen Förderungsrahmens zugunsten der anderen beiden Parteien begrenzt erhöhen.[1]

Im speziellen Untersuchungsfall einer Ausgabe von **Belegschaftsaktien** in einem mittelständischen Softwareunternehmen erscheint zur Beurteilung der Liquiditätsveränderung eine stärker differenzierte Analyse unabdingbar. Von entscheidender Bedeutung erweist sich in diesem Kontext das **Verfahren**, mittels dessen die Aktien an die begünstigten Belegschaftsmitglieder begeben werden.[2] Abhängig davon, ob die Aktienausgabe einerseits im Wege einer effektiven Kapitalerhöhung oder andererseits beispielsweise durch die Veräußerung eigener Aktien des Unternehmens aus Gesellschaftsbeständen sowie die Vermittlung eines Anteilserwerbs erfolgt, lassen sich unterschiedliche Wirkungen auf den Bestand an liquiden Mitteln ableiten. Dieser Zusammenhang sowie die Veränderung der Eigenkapitalbasis sollen im folgenden mittels einer **vereinfachten Modellüberlegung** generiert werden.[3] Ausgangssituation und Modellannahmen lassen sich wie folgt beschreiben:

Eine mittelständische Softwareaktiengesellschaft beabsichtigt, ihre Mitarbeiter in Form von Belegschaftsaktien am Unternehmen zu beteiligen. Es ist geplant, den für den Aktienkauf erforderlichen Betrag, alternativ zu einer Gewinnthesaurierung, aus der sog. Gewinnspitze im Wege einer Gewinnbeteiligung vollständig durch das Unternehmen zu finanzieren. Während der einbehaltene Gewinn steuerlich insgesamt mit 65 % belastet wird, unterliegt die unternehmensseitige Zuwendung auf Mitarbeiterseite einer durchschnittlichen Einkommenbesteuerung (inklusive Solidaritätsabgabe) in Höhe von 25 %.[4] Die Beiträge von Arbeitgeber und Arbeitnehmer zur Sozialversicherung belaufen sich jeweils auf 20 %. Als Ausgabetechnik stehen zum einen die Möglichkeit einer effektiven Kapitalerhöhung mit der Einräumung eines Bezugsrechts sowie alternative Verfahren ohne Erhöhung des Grundkapitals, speziell die Vergabe von Anteilen aus Gesellschaftsbeständen, zur Auswahl. In welcher Weise werden Eigenkapital und Liquidität des Unternehmens durch die verschiedenen Verfahren zur Aktienausgabe im Rahmen einer investiven Gewinnbeteiligung beeinflußt?

---

[1] Vgl. zur Anwendung des § 19a EStG in der Praxis Klötzl (1993-b-), S. 3 ff.; die finanzwirtschaftlichen Auswirkungen der staatlichen Förderung nach § 19a EStG beleuchtet eingehend Schwetzler (1992).

[2] Vgl. auch Peterssen (1968), S. 106.

[3] Detailliertere Modellrechnungen nimmt z.B. Klötzl (1993-b-), S. 14 ff. vor.

[4] Bezogen auf das Jahr 1995 entspricht dieser hypothetische Wert (inklusive Solidaritätsabgabe) etwa einem zu versteuernden Einkommen eines ledigen Steuerpflichtigen in Höhe von 70.000 DM (vgl. Brügelmann/Fuest (1996), S. 27).

a) Effektive Kapitalerhöhung

Eine vollständig durch unternehmensseitige Zuwendungen finanzierte Emission von Belegschaftsaktien im Zuge einer effektiven Kapitalerhöhung[1] bewirkt, bilanztechnisch betrachtet, im wesentlichen eine Verminderung des Gewinns vor Steuern, verbunden mit einer Erhöhung des Grundkapitals sowie der Kapitalrücklage.[2] Ohne eine Mitarbeiterbeteiligung, d.h. bei Thesaurierung des Gewinnanteils wären 65 % des erwirtschafteten Ertrags an den Staat zu entrichten gewesen und lediglich 35 % zur Selbstfinanzierung als Eigenkapital verblieben. Im Falle einer investiven Gewinnbeteiligung können dem Unternehmen, unter der Annahme, daß keine Sozialbeiträge anfallen, nach Abzug der Einkommensteuer 75 % des Gewinnanteils von den beteiligten Mitarbeitern in Aktienform zur Verfügung gestellt werden, wodurch sich sowohl das **Eigenkapital** als auch die **Liquidität** im Vergleich zur Gewinnthesaurierung um die Differenz der Steuerbelastung, im Beispiel 40 %, erhöhen würden. Verantwortlich hierfür wären in erster Linie der Betriebsausgaben- und der Splittingeffekt.[3]

Eine solche (potentielle) Erhöhung von Eigenkapital und Liquidität ergibt sich allerdings nur unter der Prämisse, daß Arbeitgeber und begünstigte Mitarbeiter für die betriebliche Zuwendung keine Beiträge zur Sozialversicherung zu leisten haben. Gleichwohl spiegelt diese Annahme die derzeitigen gesetzlichen Rahmenbedingungen nicht mehr wider. In der betrieblichen Beteiligungspraxis hatte man die Belastung des Gewinnanteils der Mitarbeiter durch Beiträge zur Sozialversicherung lange Zeit u.a. über das Verfahren der Lohnsteuerpauschalierung nach § 40 EStG verhindert.[4] Daneben machten einige Unternehmen von der Befreiung von Lohnsteuer und Sozialversicherung bei Jubiläumszuwendungen nach § 3 Abs. 52 EStG und § 3 LStDV Gebrauch.[5] Speziell Aktiengesellschaften nutzten häufiger die staatliche Förderung einer Ausgabe von Aktien an Mitarbeiter nach § 8 des Gesetzes über steuerrechtliche Maßnahmen bei der Erhöhung des Nennkapitals aus Gesellschaftsmitteln (KapErhStG).[6] Allerdings war der steuerfreie Betrag bei der Jubiläumszuwendung auf 1.200 DM und der Kursvorteil bei der Ausgabe eigener Aktien an Arbeitnehmer nach § 8 KapErhStG auf 300

---

[1] Nach einer empirischen Untersuchung von Guski/Schneider (1983), S. 291 f. wurde eine Kapitalerhöhung zur Ausgabe von Belegschaftsaktien bei der überwiegenden Anzahl der jeweiligen Aktiengesellschaften als genehmigte Kapitalerhöhung durchgeführt. Um einen den Mitarbeitern gewährten Vorzugskurs als Betriebsausgabe steuerlich geltend machen zu können, wurden die jungen Aktien von einem „Mittler“ erworben und liquiditätsneutral an die Aktiengesellschaft zurückveräußert.

[2] So auch Peterssen (1968), S. 109 f.

[3] Dagegen ist in der Überlegung von Peterssen lediglich der Betriebsausgabeneffekt enthalten; die dort höheren Zahlenwerte erklären sich durch die mangelnde Berücksichtigung einer Besteuerung der betrieblichen Zuwendungen auf seiten der Mitarbeiter (vgl. Peterssen (1968), S. 109 f.).

[4] Vgl. Esser (1977), S. 209; Guski/Schneider (1983), S. 262 f. Zur Pauschalierung der Lohnsteuer im einzelnen auch Kuchinka (1977), S. 287 ff.

[5] Vgl. Guski/Schneider (1983), S. 260.

[6] Vgl. Guski/Schneider (1983), S. 260 ff.

DM beschränkt.[1] § 8 KapErhStG ist jedoch Ende 1983 aufgehoben worden und gilt nur noch für Aktien, die vor dem 1. Januar 1984 an die Arbeitnehmer ausgegeben wurden, in seiner früheren Fassung weiter.[2] Seit einer Änderung der Arbeitsentgeltverordnung im Jahre 1984 ist auch eine Einschränkung der Sozialversicherungspflicht über eine Pauschalierung der Lohnsteuer nicht mehr möglich.[3]

Berücksichtigt man daher die Verpflichtung von Arbeitnehmer und Arbeitgeber zur Leistung von Sozialversicherungsbeiträgen in Höhe von insgesamt 40 %[4], dann reduziert sich der oben aufgezeigte Effekt auf Eigenkapital und Liquidität auf Null. Dies bedeutet, daß eine investive Gewinnbeteiligung in mittelständischen Softwareunternehmen unter den derzeit geltenden gesetzlichen Rahmenbedingungen und soweit keine staatliche Förderung nach § 19a EStG und sonstigen Möglichkeiten zur Steuer- und Sozialversicherungsbefreiung (z.B. Jubiläumszuwendungen) in Anspruch genommen werden, einer Thesaurierung des Gewinnanteils im Hinblick auf Liquidität und Eigenkapital nicht mehr überlegen ist. Positive Auswirkungen auf die Liquidität können sich hier nur noch aus einer zeitlichen Hinauszögerung der Abgabenbelastung, d.h. durch den sog. Steuerstundungseffekt ergeben.[5]

b) Ausgabe von Aktien aus Gesellschaftsbeständen und Vermittlung eines Aktienkaufs

Werden im Rahmen einer investiven Gewinnbeteiligung solche Aktien an die Beschäftigten ausgegeben, die sich im Besitz der Gesellschaft befinden, verringern sich durch dieses Rechtsgeschäft auf der Aktivseite der Unternehmensbilanz der Bestand an eigenen Aktien und auf der Passivseite der Gewinn vor Steuern um die Höhe der betrieblichen Zuwendung an die Mitarbeiter.[6] Im Vergleich zur Gewinnthesaurierung, bei der 35 % des erwirtschafteten Ertrags als Gewinnrücklagen die **Eigenkapitalbasis** des Unternehmens erweitert hätten, unterbleibt im Falle einer unternehmensseitig finanzierten Mitarbeiterbeteiligung mittels eigener Aktien diese Erhöhung des Eigenkapitals.[7] Stellt man bei dieser Ausgabetechnik der Belegschaftsaktien die beiden Situationen mit und ohne Kapitalbeteiligung einander gegenüber, kann man insofern von einer relativen Verminderung des Eigenkapitals sprechen. Abso-

---

[1] Vgl. auch Guski/Schneider (1983), S. 260 ff.

[2] Vgl. Gesetz vom 22.12.1983 (Bundesgesetzblatt I S. 1592). Zur weiteren Anwendung von § 8 Abs. 1 vgl. § 10 KapErhStG.

[3] Vgl. Schneider/Zander (1990), S. 114.; Schwetzler (1989), S. 44.

[4] Die Sozialversicherungsbeiträge der Arbeitnehmer sollen annahmegemäß nicht aus dem Privatvermögen der Mitarbeiter, sondern aus dem individuellen Gewinnanteil geleistet werden.

[5] Zu den Bedingungen, die den Zuflußzeitpunkt der Gewinnanteile und damit den Zeitpunkt der Fälligkeit von Steuer und Sozialversicherung bestimmen, vgl. Schwetzler (1989), S. 40 ff.

[6] Vgl. Peterssen (1968), S. 110.

[7] Vgl. Peterssen (1968), S. 110.

lut betrachtet, bleibt die Höhe des Eigenkapitals bei einem unternehmensseitig finanzierten Aktienerwerb aus Gesellschaftsbeständen aber konstant.

Auch im Hinblick auf die **Unternehmensliquidität** ist eine investive Gewinnbeteiligung gegenüber der Ertragsthesaurierung hier mit Nachteilen verbunden. So verhindert die betriebliche Finanzierung der Ausgabe eigener Aktien zwar eine Steuerbelastung in Höhe von 65 % des Gewinnanteils, doch steht der Steuerersparnis ein Abfluß von Liquidität in voller Höhe der unternehmensseitigen Zuwendung gegenüber.[1] Insgesamt **verringert** sich durch die investive Gewinnbeteiligung **relativ** zur Gewinnthesaurierung die Versorgung des Unternehmens mit liquiden Mitteln um 35 %.[2] Geht man nämlich davon aus, daß Einkommensteuer und Sozialversicherungsbeiträge, d.h. auch Arbeitgeberanteile, aus dem Gewinnanteil entrichtet werden, fließen 65 % an Finanzamt und Sozialkassen ab, während 35 % des Gewinnanteils in Form von eigenen Aktien, d.h. als Liquidität 2. Grades den Mitarbeitern zugesprochen werden.[3] Wie bereits im Fall a) erörtert, kann die Liquiditätssituation des Unternehmens nur in Form des Steuerstundungseffekts für den Zeitraum der Hinauszögerung des Zuflußzeitpunkts verbessert werden.

Hinsichtlich der Veränderung des Eigenkapitals gelangt man zum gleichen Ergebnis für den Fall, daß die Unternehmung die erforderlichen Aktien nicht bereits besitzt, sondern zunächst beispielsweise von verkaufswilligen bisherigen Gesellschaftern erwerben muß. Die Liquiditätswirkung einer investiven Gewinnbeteiligung unterscheidet sich von vorangehenden Fall ebenfalls nur insofern, als anstelle liquider Mittel 2. Grades solche 1. Grades abnehmen.[4] Die gleichen Befunde ergeben sich, wenn die Ausgabe der Anteile im Wege einer Vermittlung einer Aktientransaktion zwischen verkaufswilligen bisherigen Anteilseignern und begünstigten Mitarbeitern durch das Unternehmen zustande kommt.[5]

Faßt man die Ergebnisse der beiden in a) und b) untersuchten Formen zur Ausgabe von Belegschaftsaktien bei einer unternehmensseitigen Finanzierung zusammen, wird zum einen ersichtlich, daß die in der Literatur im Vergleich zur Gewinnthesaurierung postulierte Verbesserung der Liquidität und des Eigenkapitals nur für den Fall einer **effektiven Kapitalerhöhung,** nicht dagegen für andere Ausgabetechniken Geltung besitzen kann.[6] Zum anderen konnte gezeigt werden, daß eine investive Gewinnbeteiligung der Mitarbeiter in mittelständischen

---

[1] Vgl. ähnlich Peterssen (1968), S. 110. Zum Liquiditätsbegriff vgl. Perridon/Steiner (1997), S. 541 ff.
[2] Vgl. Guski/Schneider (1983), S. 291.
[3] Wird der Arbeitgeberanteil zur Sozialversicherung nicht aus dem den Mitarbeitern zugedachten Gewinnanteil entrichtet, dann hat dies einen weiteren Abfluß von Liquidität in Höhe von 20 % zur Folge.
[4] Vgl. Peterssen (1968), S. 111.
[5] Vgl. Peterssen (1968), S. 111 f.
[6] Eine potentielle geringfügige Verbesserung der Liquidität und Eigenkapitalbasis sieht Peterssen lediglich für den Fall von Verwertungsaktien (vgl. Peterssen (1968), S. 111 f.).

Softwareaktiengesellschaften, die in vollem Umfang der Einkommensteuer- und Sozialversicherungspflicht unterliegt, selbst bei einer effektiven Kapitalerhöhung nicht zu einer spürbaren Erhöhung von Liquidität und Eigenkapital führen wird.

Auch die Nutzung der **staatlichen Förderung** betrieblicher Vermögensbeteiligung nach **§ 19a EStG** trägt in mittelständischen Softwareunternehmen nur begrenzt dazu bei, die Liquidität und das Eigenkapital zu verbessern. Erstens wurde mit der Einschränkung des gesetzlichen Förderrahmens von jährlich 500 DM pro Mitarbeiter auf 300 DM der Spielraum für steuer- und sozialversicherungsfreie Zuwendungen des Unternehmens an die Mitarbeiter deutlich verringert. Zweitens beruht die Wirkung des § 19a EStG bei einer investiven Gewinnbeteiligung primär auf einem Mengeneffekt. Dies bedeutet, daß diese Vorschrift im vorliegenden Fall einer vollständig unternehmensseitigen Finanzierung der Mitarbeiterbeteiligung umso vorteilhafter für das beteiligungswillige Softwareunternehmen ist, je mehr Mitarbeiter zum Bezug von Belegschaftsaktien berechtigt sind. Die staatliche Förderung nach § 19a EStG wird bei einer kostenlosen Überlassung der Belegschaftsaktien dann optimal genutzt, wenn ein gegebener sachlicher Beteiligungsumfang derart auf die Belegschaft verteilt wird, daß jeder Begünstigte für seinen Gewinnanteil Aktien im Wert von 600 DM erhält. Der halbe Wert dieser Zuwendung entspricht also dem Maximalbetrag der gesetzlichen Förderung; die restlichen 300 DM der unternehmensseitigen Zuwendung sind steuer- und sozialversicherungspflichtig.[1]

Je weniger Mitarbeiter aber zum Kauf von Belegschaftsaktien berechtigt und je höher deren individuelle Gewinn- und Kapitalanteile sind, desto weniger kann ein mittelständisches Softwareunternehmen von der staatlichen Förderung nach § 19a EStG profitieren. Beispielsweise fällt diese staatliche Vergünstigung bei einer exklusiven Beteiligung weniger Führungs- und ausgewählter ranghoher Fachkräfte mit entsprechend hohen Aktienpaketen kaum ins Gewicht. Auch im Falle einer unternehmensweiten Aktienbeteiligung wird man in manchen mittelständischen Softwareaktiengesellschaften wohl nicht dazu neigen, den individuellen Kapitalanteil insbesondere im Hinblick auf die Erreichbarkeit personalpolitischer Beteiligungsmotive unterhalb oder nur geringfügig oberhalb von 600 DM anzusetzen. Eine nennenswerte Verbesserung von Eigenkapital und Liquidität des Unternehmens durch die staatliche Förderung einer investiven Gewinnbeteiligung nach § 19a EStG, wie in einigen Modellrechnungen aufgezeigt,[2] ist dann aber nicht zu erwarten. Neue Impulse kann eine Mitarbeiterbeteiligung erhalten, wenn die betriebliche Vermögensbeteiligung, z.B. durch eine Erhöhung des gesetzlichen Förderrahmens von derzeit 300 DM, staatlich wieder stärker unterstützt wird.

---

[1] Vgl. analog Klötzl (1993-a-), S. 6 f.
[2] Vgl. z.B. Klötzl (1993-b-), S. 15 ff.

3.2. Perspektive der bisherigen Eigentümer

Die mit einer betrieblich finanzierten Aktienbeteiligung der Mitarbeiter verbundenen finanzwirtschaftlichen Konsequenzen ausschließlich auf der Ebene der Unternehmung zu untersuchen, reicht für den konkreten Anwendungsfall mittelständischer Softwareunternehmen nicht aus. Hier erfordert insbesondere die enge finanzielle und persönliche Verbundenheit von Eigentümer und Unternehmung, die beschriebene Analyse um eine zweite Perspektive, nämlich jene der **bisherigen Anteilseigner** zu erweitern. Diesen Ausführungen liegt als betriebswirtschaftliches Beurteilungskriterium die **Vermögensposition** der Altgesellschafter zugrunde.[1]

Die gesamte finanzwirtschaftliche Auswirkung einer investiven Gewinnbeteiligung auf die Vermögensposition der bisherigen Aktionäre läßt sich in **zwei Teileffekte** zerlegen und differenziert untersuchen. Zum einen wird die finanzielle Sphäre der Altgesellschafter durch die Einführung einer Gewinnbeteiligung der Mitarbeiter beeinflußt. Ein zweiter Effekt besteht darin, daß, darauf aufbauend, mit dem Erwerb von Aktien ein gesellschaftsrechliches Verhältnis begründet und der Kreis der Aktionäre erweitert wird.

a) Auswirkungen der Gewinnbeteiligung

Eine auf der Unternehmensebene den Mitarbeitern zum Zweck eines Aktienerwerbs gewährte Gewinnbeteiligung **vergrößert** die Vermögensposition der bisherigen Eigentümer **nicht** um den Betrag, der den Beschäftigten als Anteil am wirtschaftlichen Ertrag zufließt. Da diese Summe nach Abzug von Steuern, nicht mehr für eine Ausschüttung an die Anteilseigner oder für eine Thesaurierung zur Verfügung steht, führt eine investive Gewinnbeteiligung zu einer relativen Verschlechterung der Vermögensposition der Alt-Eigentümer im Vergleich zur Situation ohne Gewinnbeteiligung. Somit stellt diese relative Benachteiligung der Altaktionäre eine Folgewirkung der Partizipation der Mitarbeiter am Unternehmenserfolg dar. Dieser finanzwirtschaftliche Effekt einer investiven Gewinnbeteiligung für die Eigentümer[2] stellt sich unabhängig von der Ausgabetechnik der Belegschaftsaktien und damit unbeeinflußt von den Auswirkungen auf Liquidität und Eigenkapital des Unternehmens ein.

Ein zweiter grundsätzlicher Problembereich einer investiven Gewinnbeteiligung besteht in der potentiellen Majorisierung des Anteils der bisherigen Eigentümer durch den Kapitalanteil der Mitarbeiter. Eine solche Entwicklung der Beteiligungsverhältnisse kann sich insbesondere dann zu Lasten des Vermögens der Alteigentümer auswirken, wenn die Mitarbeitergesell-

---

[1] Diese Zielgröße verwenden auch Schwetzler (1989), S. 55 ff. sowie Drukarczyk/Schwetzler (1990), S. 1778 ff.
[2] Vgl. Schwetzler (1989), S. 56.

schafter in unerwünschter Weise Einfluß auf die Unternehmensführung ausüben und den künftigen wirtschaftlichen Erfolg des Unternehmens beeinträchtigen. Um dem sog. **Lawineneffekt**, der vom Umfang der Gewinnbeteiligung der Mitarbeiter abhängig ist, vorzubeugen, sind in der betrieblichen Praxis verschiedene Maßnahmen, wie z.B. die Angleichung der Nettothesaurierungsquoten von Mitarbeiter- und Eigentümerkapital, entwickelt worden.[1] Dient eine Gewinnbeteiligung in mittelständischen Softwareunternehmen zur Finanzierung des Aktienerwerbs der Mitarbeiter, kann außerdem fallweise neu über die Anzahl der den begünstigten Mitarbeitern angebotenen Aktien entschieden werden. Der Automatismus des „Lawineneffekts“ tritt dann nicht ein.

b) Auswirkungen der Erweiterung des Gesellschafterkreises

Die Aufnahme neu in das Unternehmen hinzutretender Gesellschafter wirkt sich in Abhängigkeit von der Ausgabetechnik, dem Umfang und der Gattung der vergebenen Aktien unterschiedlich auf die Vermögensposition der bisherigen Anteilseigner aus. Im Gegensatz zu den finanziellen Auswirkungen einer Gewinnbeteiligung stellt dieser zweite Teileffekt einer betrieblich finanzierten Ausgabe von Belegschaftsaktien kein Spezifikum einer Mitarbeiterbeteiligung dar. Die nachstehenden, mit der Erweiterung des Aktionärskreises verbundenen Konsequenzen treten somit unabhängig davon ein, ob die Aktien von Belegschaftsmitgliedern oder anderen Investoren erworben werden.

Berücksichtigt man bei der Analyse finanzwirtschaftlicher Effekte einer betrieblich finanzierten Aktienbeteiligung der Mitarbeiter den Einfluß der **Ausgabetechnik** auch auf der Ebene der bisherigen Eigentümer, so ergibt sich eine relative finanzielle **Benachteiligung** der Altgesellschafter für den Fall, daß die Belegschaftsaktien im Wege einer effektiven Kapitalerhöhung emittiert werden. Bei dieser Ausgabeform verzichten die bisherigen Aktionäre eines mittelständischen Softwareunternehmens durch das Fehlen oder den Ausschluß des Bezugsrechts auf einen Teil ihrer Rechte am Eigenkapital der Unternehmung.[2] Hierunter fällt nicht nur das Anrecht auf einen der Kapitalquote entsprechenden Anteil am momentanen Ertrag und Kapital des Unternehmens, sondern auch an der wirtschaftlichen Gewinn- und Substanzentwicklung aller künftigen Geschäftsperioden sowie am potentiellen Liquidationserlös im Falle einer Beendigung der Unternehmenstätigkeit.[3] Dagegen wird die Vermögensposition der bisherigen Eigentümer bei alternativen Ausgabeverfahren, z.B. einer Ausgabe der Belegschaftsaktien aus Gesellschaftsbeständen oder durch die Vermittlung eines Aktienkaufs in direkter

---

[1] Vgl. hierzu Schneider (1973), S. 127 ff.; Schneider (1977-b-), S. 379 ff.; Schwetzler (1989), S. 63 ff.
[2] Vgl. Peterssen (1968), S. 115; Zeller (1972), S. 85 f.
[3] Vgl. ähnlich Peterssen (1968), S. 115.

Form grundsätzlich nicht beeinträchtigt.[1] Im Vergleich zu jener Benachteiligung der Altaktionäre, die durch eine Gewinnbeteiligung der Mitarbeiter hervorgerufen wird, läßt sich diese relative Verschlechterung der Vermögensposition auf den Ausschluß des Bezugsrechts zurückführen.

Neben der Ausgabetechnik bildet die **Gattung** der Belegschaftsaktien einen weiteren wichtigen Bestimmungsfaktor finanzwirtschaftlicher Auswirkungen einer investiven Gewinnbeteiligung auf das Vermögen der Altgesellschafter. Während die Benachteiligung bei einer Emission von Stammaktien im Wege einer effektiven Kapitalerhöhung im wesentlichen auf die durch den Bezugsrechtsverzicht entstehenden finanziellen Einbußen sowie auf eine Verringerung des Einflusses auf die Unternehmensführung begrenzt bleibt, kann sie sich im Falle einer Emission von **Vorzugsaktien** verstärken.[2] Verbriefen diese Aktien beispielsweise einen vermögensrechtlichen Vorzug bezüglich der Verteilung des Ertrags, impliziert dies einen relativen Gewinnverzicht der bisherigen Eigentümer in wirtschaftlich guten Zeiten. Werden die Belegschaftsaktien dagegen mit einem Vorzug bei der Verteilung des Liquidationserlöses ausgestattet, verlagert sich die relative finanzielle Benachteiligung der Altgesellschafter in betriebliche Krisenzeiten.[3]

Faßt man die auf der Eigentümerebene gewonnenen Ergebnisse zusammen, wird ersichtlich, daß eine Partizipation der Mitarbeiter am Gewinn ceteris paribus immer, und damit unabhängig von den finanzwirtschaftlichen Auswirkungen auf der Unternehmensebene, zunächst zu einer geringeren Vergrößerung, d.h. einer relativen Verschlechterung der Vermögensposition der bisherigen Eigentümer führt. Diese wird bei einer Emission der Belegschaftsaktien mittels einer effektiven Kapitalerhöhung, verbunden mit dem Ausschluß oder dem Fehlen des Bezugsrechts, sowie einer Emission stimmrechtsloser Vorzugsaktien an die Mitarbeiter weiter verstärkt.

Insbesondere die Tatsache, daß eine betrieblich finanzierte Emission von Belegschaftsaktien bei den gegenwärtigen gesetzlichen und steuerlichen Rahmenbedingungen selbst unter Nutzung staatlicher Förderung, wie z.B. nach § 19a EStG, die Liquidität und das Eigenkapital einer mittelständischen Softwareaktiengesellschaft nur in engen Grenzen erhöhen kann, läßt die überwiegend positive Beurteilung finanzwirtschaftlicher Auswirkungen einer investiven

---

[1] Eine Ausnahme hierzu bildet der Fall, in dem bisherige Gesellschafter zum Zweck einer Beteiligung der Mitarbeiter Aktien zu einem Kurswert veräußern, welcher den wirklichen Wert der Anteile unterschreitet.

[2] Peterssen (1968), S. 117 betrachtet eine Ausgabe von Vorzugsaktien, soweit das Unternehmen den Mitarbeitern eine großzügige Zuwendung zum Erwerb von Belegschaftsaktien gewährt, als unzumutbare Benachteiligung der bisherigen Aktionäre.

[3] Vgl. Peterssen (1968), S. 119.

Gewinnbeteiligung in der Literatur[1] in einem anderen Licht erscheinen. Dazu trägt auch der Umstand bei, daß hierfür eine ordentliche, genehmigte oder bedingte Kapitalerhöhung notwendig ist, die sich aber gleichzeitig zu Lasten der relativen Vermögensposition der bisherigen Eigentümer eines mittelständischen Softwareunternehmens auswirkt. Zum anderen verkörpert die Liquidität des Unternehmens, deren Verbesserung durch eine Mitarbeiterbeteiligung in der Literatur vielfach hervorgehoben wurde, keine Zielgröße, deren Maximierung aus betriebswirtschaftlicher Sicht sinnvoll erscheint. Vielmehr stellt sie eine im finanzwirtschaftlichen Zielsystem zu erfüllende Nebenbedingung dar.[2]

Diejenige finanzwirtschaftliche Variable, die es in betriebswirtschaftlicher Hinsicht eher zu maximieren gälte, ist die Vermögensposition der Eigentümer der mittelständischen Softwareunternehmung, zu denen im Falle einer Ausgabe von Belegschaftsaktien auch die beteiligten Mitarbeiter gehören.[3] Wie auch die kontroverse Diskussion um das Shareholder-Value-Konzept demonstriert, rückt diese Zielgröße auch hierzulande zunehmend in den Blickpunkt vieler Unternehmen. Gerade in der mittelständischen Wirtschaft, in der oftmals das gesamte oder ein großer Teil des Vermögens der bisherigen Eigentümer im Unternehmen gebunden ist, kann dieses Kriterium ein hohes Gewicht besitzen. Hinsichtlich der Vermögensposition der bisherigen Anteilseigner wäre eine ausschließlich mittels Gewinnanteilen finanzierte Aktienbeteiligung der Mitarbeiter aus **finanzwirtschaftlicher** Perspektive, zumindest relativ betrachtet, negativ zu bewerten. Eine solche Beurteilung relativiert sich jedoch dann, wenn nachteilige finanzielle Auswirkungen z.B. durch positive Effekte im Leistungsverhalten der Mitarbeiter[4] ausgeglichen, mittels einer kalkulatorischen Verrechnung im Preis vom Markt kompensiert[5] oder durch niedrigere Kapitalkosten[6] aufgewogen werden. Vor allem, wenn der Aktienerwerb nicht, wie hier modellhaft erörtert, vollständig betrieblich finanziert, sondern das dafür notwendige Kapital auch durch Eigenleistungen der Mitarbeiter erbracht wird, kann sich eine Ausgabe von Belegschaftsaktien spürbar positiv auf Eigenkapital und Liquidität des Unternehmens auswirken.[7]

---

[1] Vgl. z.B. Schneider (1973), S. 274 ff.; Kilian (1978), S. 132 ff.; Kairies (1988), S. 38 ff.; Klötzl (1993-b-), S. 14 ff. Hier gilt es zu bedenken, daß gerade bei den älteren Literaturquellen andere gesetzliche Rahmenbedingungen vorhanden waren.

[2] Vgl. Schwetzler (1989), S. 55; Drukarczyk (1986), S. 17; Perridon/Steiner (1997), S. 12.

[3] Vgl. Schwetzler (1989), S. 55; Drukarczyk/Schwetzler (1990), S. 1778.

[4] Vgl. hierzu Kapitel 3 II 2.2.

[5] Vgl. hierzu eingehend Gaugler (1967), S. 748 f.

[6] Vgl. eingehend Drukarczyk/Schwetzler (1990), S. 1779 ff.; Schwetzler (1989), S. 61 f.

[7] Vgl. z.B. die Modellrechnungen von Drechsler (1993-a-) und Klötzl (1993-b-).

Teil 4. Ausgewählte Kernprobleme einer Aktienbeteiligung der Mitarbeiter im Mittelstand

I. Bemessung der Anteilshöhe der Belegschaftsaktionäre am Aktienkapital

Im Zuge einer Mitarbeiterkapitalbeteiligung ist darüber zu befinden, in welchem Umfang die zu beteiligenden Mitarbeiter am Kapital des arbeitgebenden Unternehmens partizipieren sollen. Das **Anliegen** dieses Abschnitts besteht zunächst darin, die Bedeutung der Anteilshöhe der begünstigten Mitarbeiter am Grundkapital[1] der mittelständischen Aktiengesellschaft für den Umfang der aktienrechtlichen Mitgliedschaftsrechte und -pflichten herauszuarbeiten. Aufbauend darauf sollen das anteilsabhängige Einflußpotential der Mitarbeiteraktionäre auf die Regelung der gesellschaftsrechtlichen Belange sowie die Flexibilität eines solchen Beteiligungsmodells untersucht werden. Abschließend sind wichtige Faktoren, welche die Festlegung des sachlichen Beteiligungsumfangs, d.h. die Anzahl der den künftigen Mitarbeiteraktionären zugedachten Aktien determinieren, zu beleuchten.

1. Bedeutung der Grundkapitalquote der Mitarbeiter für den Umfang der aktienrechtlichen Mitgliedschaftsrechte und -pflichten

Die Grundkapitalquote der Mitarbeiter beziffert den Umfang, in dem jene zu Anteilseignern werden und die an das Eigentum am Unternehmen geknüpften Rechte und Pflichten übernehmen. „Dem Charakter einer Aktiengesellschaft als Kapitalgesellschaft entspricht es, daß sich die Rechte und Pflichten der Aktionäre grundsätzlich nach der Höhe ihrer Kapitalbeteiligung richten und die Mitgliedschaftsrechte insofern unabhängig von der jeweiligen Person des Inhabers sind.“[2]

Mit der Eigenschaft als Aktionär sind bestimmte **Mitgliedschaftsrechte**[3] verbunden, welche in Vermögens- und Mitverwaltungsbefugnisse aufgegliedert werden können (vgl. Abb. 14).[4] Die **Vermögensrechte** der Mitarbeiteraktionäre, d.h. die **materielle Komponente** der Aktienbeteiligung, lassen sich in das Dividendenrecht, das Bezugsrecht und das Recht auf den Liquidationserlös unterscheiden. Gemäß § 58 Abs. 4 AktG haben die Anteilseigner einen Anspruch auf den **Bilanzgewinn**. Die Gewinnverteilung unter den Aktionären bestimmt sich, vorbehaltlich einer abweichenden Regelung in der Satzung, § 60 Abs. 1 AktG zufolge nach

[1] Zum Begriff und zur Bedeutung des Grundkapitals vgl. Kraft (1986), § 1, Rdn. 27 ff.
[2] Kraft (1986), § 1, Rdn. 32.
[3] Soweit nicht anders vermerkt, liegt den weiteren Ausführungen die Gattung der Stammaktien zugrunde.
[4] Vgl. Henn (1984), S. 21 ff. Zu den einzelnen Mitgliedschaftsrechten vgl. z.B. Nirk (1994), Rdn. 432 ff., S. I 431 f.

dem Verhältnis der Aktiennennbeträge. Da die Summe der Aktiennennbeträge dem Grundkapital entspricht,[1] bemißt sich der Anspruch des Aktionärs auf Dividende unmittelbar nach seiner Anteilshöhe.

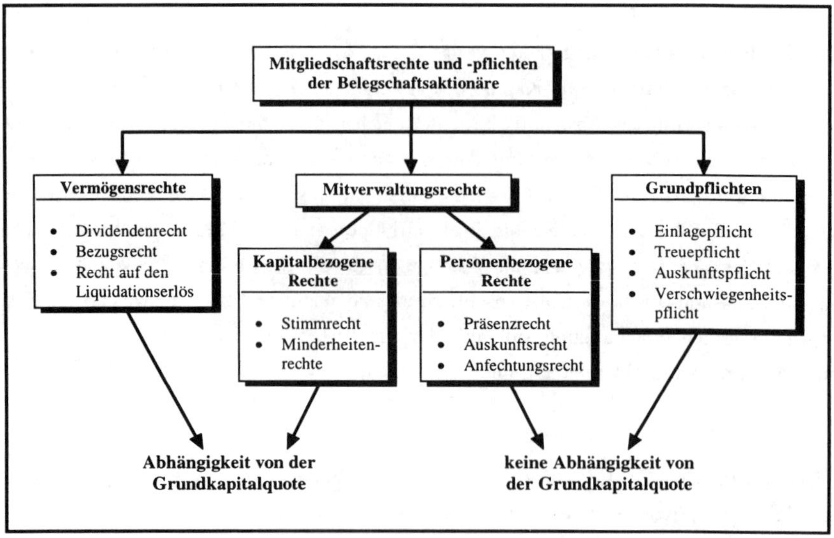

Abb. 14: Bedeutung der Anteilshöhe für den Umfang der Mitgliedschaftsrechte und -pflichten der Belegschaftsaktionäre

Quelle: Eigene Darstellung.

Analog dazu sind die anderen Vermögensrechte der Mitarbeiteraktionäre zu beurteilen. Jeder Aktionär hat gemäß § 186 Abs. 1 AktG ein Recht auf den Bezug neuer Aktien, damit sein Anteil am Grundkapital bei einer Kapitalerhöhung aufrecht erhalten bleibt. Das **Bezugsrecht** besteht im gleichen Verhältnis, in dem der Nennwert der neuen zu jenem der alten Aktien steht. Wird die Gesellschaft aufgelöst, besitzt der Anteilseigner nach § 271 Abs. 1, 2 AktG einen Anspruch auf den seinem Anteil am Grundkapital entsprechenden **Liquidationserlös**.

Die einem Belegschaftsaktionär zustehenden **Mitverwaltungsrechte**, d.h. die **immaterielle Komponente** der Kapitalbeteiligung lassen sich hinsichtlich ihrer Abhängigkeit von der Anteilshöhe in zwei Gruppen, nämlich kapital- und personenbezogene Rechte, einteilen.[2] Zur ersten Kategorie zählen solche Rechte, die unmittelbar von der Grundkapitalhöhe der Mitarbeiter abhängen. Als Beispiele für diese **kapitalbezogenen** Befugnisse sind insbesondere das

[1] Vgl. Henn (1994), S. 72.
[2] Vgl. in diesem Sinne Henn (1984), S. 12.

im Fall einer Ausgabe von Stammaktien nach dem Aktiennennbetrag bemessene Stimmrecht[1] sowie die Minderheitenrechte[2] zu nennen.

Zur zweiten Gruppe gehören jene Privilegien, wie beispielsweise das Recht auf Teilnahme an der Hauptversammlung nach § 118 Abs. 1 AktG, das Auskunfts- und Anfechtungsrecht[3], die nicht von der Anteilshöhe abhängen. Ausschlaggebend für die Möglichkeit einer Inanspruchnahme dieser **personenbezogenen** Befugnisse oder Individualrechte durch die Mitarbeiter ist lediglich die Kapitalbeteiligung als solche; schon eine einzige Aktie begründet dem begünstigten Mitarbeiter diese Optionen. Da die Individualbefugnisse einen kapitalneutralen Charakter besitzen, sind hier die Belegschaftsaktionäre und die bisherigen Anteilseigner unabhängig von der Höhe ihres Kapitaleigentums gleichgestellt. Ein unterschiedliches Einflußpotential der beiden Interessengruppen bei der Regelung der gesellschaftlichen Belange in der Hauptversammlung läßt sich daher im wesentlichen auf die kapitalbezogenen Rechte zurückführen. Aus diesem Grund besitzt die Festlegung der Anteilshöhe der zu begünstigenden Mitarbeiter eine zentrale Bedeutung für die Erhaltung der Entscheidungsmacht der bisherigen Eigentümer. **Aktienrechtliche Pflichten,**[4] wie z.B. Treue-, Verschwiegenheits- und Auskunftspflicht, denen die Mitarbeiter im Falle einer Aktienbeteiligung unterliegen, weisen ebenfalls keine Abhängigkeit zum Grundkapitalanteil auf.

Einzelne der beschriebenen Mitgliedschaftsrechte eines Aktionärs können in bestimmter Weise **verändert** werden.[5] Beispielsweise ist zulässig, das Dividenden- oder Bezugsrecht zu erweitern.[6] Auch ist unter bestimmten Voraussetzungen eine Beschränkung des Dividendenrechts, des Anspruchs auf den Liquidationserlös oder ein Ausschluß des Bezugsrechts möglich.[7] Eine Veränderung des Stimmrechts, z.B. in Form einer Ausgabe von Mehrstimmrechtsaktien, Aktien mit Stimmrechtsbeschränkung oder stimmrechtslosen Vorzugsaktien, ist zwar ebenfalls realisierbar, unterliegt aber engen aktienrechtlichen Grenzen.[8] Demgegenüber können bestimmte Individualrechte, wie das Präsenz-, Auskunfts- und Anfechtungsrecht, grundsätzlich nicht eingeschränkt oder entzogen werden.[9] Lediglich im Einzelfall darf die Ausübung solcher Rechte aus besonderen Gründen beschränkt werden.[10] Auch die aktienrechtlichen Minderheitenrechte sind bis auf wenige Ausnahmen entweder gesetzlich zwingend fest-

---

[1] Siehe § 134 Abs. 1 AktG.
[2] Vgl. dazu eingehend Kapitel 4 I 2.1.2.2.
[3] Siehe §§ 131, 243 AktG
[4] Vgl. Henn (1984), S. 15 ff.
[5] Vgl. dazu im Detail Kraft (1986), § 11, Rdn. 30 ff.; Brändel (1992), § 11, Rdn. 32 ff.
[6] Vgl. Kraft (1986) § 11, Rdn. 34.
[7] Vgl. eingehend Kraft (1986), § 11, Rdn. 40 ff.
[8] Vgl. Brändel (1992), § 11, Rdn. 37.
[9] Vgl. Kraft (1986), § 11, Rdn. 51; Brändel (1992), § 11, Rdn. 38.
[10] Vgl. Kraft (1986), §11, Rdn. 52.

gelegt oder nur zugunsten der Minderheitenaktionäre, d.h. durch Festlegung geringerer Anforderungen in der Satzung disponibel.[1]

Insgesamt zeigt diese differenzierte Beurteilung, daß der Festlegung der Anteilshöhe der Belegschaft am Aktienkapital sowohl in materieller als auch zum Teil in immaterieller Hinsicht weitreichende Bedeutung zukommt. Durch die Bemessung des sachlichen Beteiligungsumfangs wird die **Gesamtheit** der **Vermögens**- und **kapitalbezogenen Mitverwaltungsrechte** zwischen den bisherigen Anteilseignern und den zu begünstigenden Belegschaftsmitgliedern **verteilt**. Bei dieser Entscheidung müssen zum einen aggregierte Größen, d.h. eine guppenbezogene Betrachtung der bisherigen und der neuen Aktionäre, und zum anderen die Perspektive des einzelnen Gesellschafters berücksichtigt werden. Beispielsweise sind nicht nur der Gesamtanteil der beteiligten Mitarbeiter am Grundkapital festzulegen, sondern in diesem Kontext auch die individuell beziehbare Aktienanzahl zu bestimmen. Beide Sichtweisen unterscheiden sich dann, wenn die Gruppe der Alt-Gesellschafter oder jene der Belegschaftsaktionäre aus mehreren Personen besteht.

In der **Literatur** zur Mitarbeiterbeteiligung beschäftigen sich zahlreiche Beiträge unter anderem mit der Bemessung **individueller** Gewinn- und **Kapitalanteile**.[2] Im Mittelpunkt steht dabei die Frage, nach welchen Kriterien der insgesamt auf den Faktor Arbeit entfallende Gewinnanteil, der in einigen Modellen zum Erwerb von Unternehmensanteilen investiv verwendet wird[3], auf die einzelnen Mitarbeiter zu verteilen ist. Als solche Differenzierungsmerkmale werden leistungsabhängige (wie z.B. Lohn- und Gehaltssumme[4] oder basierend auf einer Leistungsbeurteilung[5]) und leistungsunabhängige Faktoren (beispielsweise eine Verteilung nach Köpfen oder Betriebszugehörigkeit) dargelegt und problematisiert. Einer empirischen Untersuchung von Belegschaftsaktienmodellen zufolge finden hauptsächlich die Einkommenshöhe, Betriebszugehörigkeit (beispielsweise in Gestalt einer Jubiläumsprämie) und Zugehörigkeit zu einer bestimmten Mitarbeitergruppe als Verteilungsmaßstäbe Anwendung bei der Bestimmung der individuell beziehbaren Aktienanzahl.[6] Wie eine Analyse der aktuellen Modalitäten von Aktienbeteiligungsmodellen ergibt, wird den begünstigten Mitarbeitern darüber hinaus in manchen Unternehmen eine einheitliche Anzahl von Aktien zum Erwerb angeboten.[7]

---

[1] Vgl. dazu Lehmann (1983), S. 114 ff.
[2] Vgl. z.B. Gaugler (1982), S. 131 f.; Schultz (1987), S. 61 ff.; Gaugler (1987), S. 18 f.; Schneider/Zander (1990), S. 86 ff.
[3] Vgl. Schneider/Zander (1990), S. 117 ff.
[4] Zur Kritik einer unzureichenden Leistungsentsprechung der Lohn- und Gehaltssumme schon Mann (1954), S. 53 f.; Spiegelhalter (1951), S. 21.; vgl. auch Schneider/Zander (1990), S. 87.
[5] Zu den verschiedenen Verfahren der Leistungsbeurteilung vgl. Oechsler (1994), S. 317 ff.
[6] Vgl. Eichele (1971), S. 86.
[7] Vgl. dazu z.B. die bei Guski/Schneider (1993-c-) dargestellten Beteiligungsmodelle.

Im Gegensatz zur Bemessung des individuellen sachlichen Beteiligungsumfangs ist die Problematik der Festlegung des der **Belegschaft insgesamt** zugedachten **Anteils** am **Grundkapital** der Aktiengesellschaft bislang weitgehend unerforscht geblieben. Vor dem Hintergrund dieses **Forschungsdefizits** und angesichts seiner besonderen Bedeutung für eine Aktienbeteiligung in mittelständischen Unternehmen, soll die Bemessung des den zu beteiligenden Mitarbeitern insgesamt angebotenen Anteils am Grundkapital der Gesellschaft im Mittelpunkt der weiteren Ausführungen stehen. Sofern eine stärkere Differenzierung notwendig erscheint, wird die Individualebene ergänzend zur aggregierten Perspektive an den betreffenden Stellen eingebunden.

2. Zentrale Problemfelder bei der Festlegung des Kapitalanteils der Mitarbeiter in mittelständischen Aktiengesellschaften

2.1. Einflußpotential der Belegschaftsaktionäre in Abhängigkeit von der Anteilshöhe

Die Bemessung des den Mitarbeitern zugedachten Anteils am Grundkapital besitzt in mittelständischen Aktiengesellschaften eine andersgelagerte Bedeutung als in börsennotierten Unternehmen mit einem großen und anonymen Anteilseignerkreis. Gerade die Möglichkeit der Mitarbeiteraktionäre, durch die Ausübung der Mitverwaltungsrechte in der Hauptversammlung **Einfluß** auf die gesellschaftsrechtlichen Belange zu nehmen, birgt im Mittelstand besondere Brisanz in sich. Beispielsweise werden jene bisherigen Eigentümer personalistisch strukturierter Aktiengesellschaften, die vor der Mitarbeiterbeteiligung über das gesamte Aktienkapital verfügten und damit die Geschicke des Unternehmens eigenständig lenken konnten, in der Regel nur in Grenzen bereit sein, Entscheidungsbefugnisse an die Belegschaftsaktionäre abzutreten.

Demgegenüber dürfte die Frage der Mitwirkung der Beschäftigten bei einer Kapitalbeteiligung in **Publikumsaktiengesellschaften** tendenziell einen geringeren Stellenwert einnehmen. Dies liegt vor allem in der dort für gewöhnlich vorzufindenden Anteilseignerstrukur, d.h. der Streuung des Aktienkapitals auf eine Vielzahl von privaten Kleinaktionären, betrieblichen und institutionellen Anlegern aus dem In- und Ausland begründet.[1] Viele dieser Aktionäre bringen der Unternehmung auf Grund ihres geringen Kapitalbesitzes ein weniger starkes Interesse entgegen als dies bei mittelständischen Eigentümerunternehmern zu erwarten ist[2] und verzich-

[1] Die Bedeutung der Zusammensetzung des Anteilseignerkreises für den Einfluß auf die Unternehmensleitung hebt auch Gaugler (1993), S. 232 f. im Zusammenhang mit einer Mitarbeiterbeteiligung hervor.

[2] Vgl. Grunewald (1994), S. 253. Auf diesen Zusammenhang deuten auch die niedrigen Präsenzzahlen in den Hauptversammlungen deutscher Publikumsaktiengesellschaften hin.

ten oftmals auf die Ausübung ihrer Rechte in der Hauptversammlung. Insgesamt deuten die empirischen Daten zur betrieblichen Vermögensbeteiligung darauf hin, daß eine Beteiligung der Mitarbeiter insbesondere von solchen Unternehmen praktiziert wird, bei denen die bisherigen Anteilseigner infolge ihrer zahlenmäßigen Streuung und rechtlichen Position nur einen vergleichsweise geringen Einfluß auf die Unternehmung und auf unternehmenspolitische Entscheidungen besitzen.[1] Dies läßt sich aus dem hohen Stellenwert der Belegschaftsaktie innerhalb der verschiedenen Beteiligungsformen[2] und der Tatsache, daß es sich bei diesen Aktiengesellschaften vorwiegend um große, börsennotierte Unternehmen handelt, entnehmen.[3]

In großen Aktiengesellschaften erweist sich die Anteilshöhe der Mitarbeiter insbesondere im Zusammenhang mit der Wahl der Anteilseignervertreter in den **Aufsichtsrat** von Relevanz.[4] Besitzen die Belegschaftsaktionäre einen genügend hohen Anteil am Grundkapital der Gesellschaft, können sie die Wahl der Aufsichtsratsmitglieder in der Hauptversammlung entscheidend beeinflussen[5] und auf diese Weise eine Überparität der Arbeitnehmerinteressen im Aufsichtsrat herbeiführen. Dagegen tritt diese Problematik in mittelständischen Aktiengesellschaften, die nach dem Gesetz für kleine Aktiengesellschaften keiner Mitbestimmung der Arbeitnehmer im Aufsichtsrat unterliegen, in dieser Form nicht zutage.

Das Ausmaß, in dem die Belegschaftsaktionäre an der unternehmerischen **Willensbildung** in der **Hauptversammlung** partizipieren können, hängt, neben der Gattung der Aktien, entscheidend von der Höhe ihres Anteils am Grundkapital ab. Auch wenn die Vermögensrechte eine zweifellos hohe Bedeutung besitzen, ist anzunehmen, daß gerade die Verteilung der Mitverwaltungsrechte zwischen den bisherigen Eigentümern und den Belegschaftsaktionären ein besonderes Problemfeld im Rahmen der Bemessung des sachlichen Beteiligungsumfangs im Mittelstand verkörpert. Wie die große Zahl beteiligungsfähiger Unternehmen, die bislang auf die Einführung einer Mitarbeiterkapitalbeteiligung verzichtet haben, vermuten läßt, werden nicht wenige Alt-Kapitalgeber eine Einwirkung beteiligter Mitarbeiter auf die Unternehmensleitung vor allem aus einer emotionalen Einschätzung heraus reserviert beurteilen.[6]

Ziel der folgenden Ausführungen ist es, das **Einflußpotential** der **Belegschaftsaktionäre** in mittelständischen Unternehmen in zweifacher Hinsicht differenziert zu analysieren. Zum einen soll **dargestellt** werden, welche aktienrechtlichen Mitverwaltungsbefugnisse sich den

---

[1] Vgl. Gaugler (1981), S. 131.
[2] Die Verbreitung der Belegschaftsaktie beläuft sich auf 22 % aller betrieblichen Beteiligungsmodelle.
[3] Vgl. Gaugler (1981), S. 131.
[4] Auch Gaugler (1993), S. 233 weist auf die Befürchtung mancher Alt-Kapitalgeber, eine Mitarbeiterkapitalbeteiligung könne die gesetzliche Mitbestimmung der Arbeitnehmer im Aufsichtsrat verstärken, hin.
[5] Die Vertreter der Anteilseignerseite im Aufsichtsrat werden gemäß §§ 101 Abs. 1, 119 Abs. 1 Nr. 1, 133 Abs. 1 AktG grundsätzlich mit einfacher Stimmenmehrheit gewählt.
[6] Vgl. Gaugler (1993), S. 234.

Begünstigten infolge der Kapitalbeteiligung im einzelnen eröffnen und in welcher Weise diese von der Anteilshöhe abhängen. Darüber hinaus gilt es, die beschriebenen Rechte der Mitarbeiteraktionäre aus der Sicht der bisherigen Eigentümer zu **bewerten**. Um eine solche Beurteilung vornehmen zu können, muß zunächst ein Instrumentarium entwickelt werden, das auf den konkreten Anwendungsfall einer Aktienbeteiligung in mittelständischen Unternehmen abgestimmt ist.

2.1.1. Instrumentarium zur Beurteilung der Mitverwaltungsrechte

Die unterschiedlichen aktienrechtlichen Mitverwaltungsrechte, die sich den begünstigten Belegschaftsmitgliedern im Zuge einer Aktienbeteiligung auftun, sind aus der Sicht des Beteiligungsunternehmens nicht allesamt von gleich hoher Bedeutung. Es erscheint im Rahmen einer Bemessung der Anteilshöhe der Mitarbeiter daher unabdingbar, diese Rechte hinsichtlich ihrer Relevanz zu bewerten, um daraus Rückschlüsse auf die den Beschäftigten zuzuweisende Grundkapitalquote ableiten zu können. Eine solche Beurteilung kann nicht auf intuitiver Basis erfolgen, sondern bedarf, um wissenschaftlich nachvollziehbar zu sein, der Anwendung und Offenlegung geeigneter Maßstäbe.

Zur Beurteilung von mit bestimmten Kapitalquoten einhergehenden aktienrechtlichen Befugnissen wird im Rahmen dieser Arbeit ein Instrumentarium verwendet, das **drei Bewertungskriterien** umfaßt. Diese Kriterien werden im Anschluß an die Darstellung der Mitverwaltungsrechte anhand ausgewählter Beispiele sukzessive abgearbeitet. Im einzelnen sind dies:[1]

1. Die **Wahrscheinlichkeit**, daß das entsprechende Recht der Belegschaftsaktionäre überhaupt zum Tragen kommt
2. Die **Tragweite** des Beschlußgegenstandes oder der Rechtsausübung
3. Das **Interesse** der Belegschaftsaktionäre, Beschlüsse gegen den Willen der bisherigen Eigentümer zu fassen oder zu verhindern oder bestimmte Rechte in unerwünschter Weise auszuüben.

Der erste Maßstab bildet die **häufigkeitsbezogene Komponente** des Beurteilungsinstrumentariums ab, die vornehmlich durch aktienrechtliche Regelungen determiniert wird. So ordnet das Aktienrecht beispielsweise regelmäßige Wahlen der Aufsichtsratsmitglieder oder die alljährliche Entlastung der Mitglieder des Vorstands und Aufsichtsrats an. Andere im Rahmen

[1] Vgl. in anderem Zusammenhang auch Ebeling (1988), S. 244.

der Hauptversammlung zu treffende Entscheidungen, wie z.B. eine Kapitalerhöhung, erlangen hingegen nicht regelmäßig, sondern nur bei Eintritt bestimmter Situationen Relevanz, hier etwa bei Expansionsvorhaben.

Eine alleinige Bewertung von Mitverwaltungsrechten unter Häufigkeitsaspekten greift jedoch zu kurz. So können in Ausnahmefällen zu treffende Beschlüsse weitreichendere unternehmenspolitische Bedeutung entfalten als regelmäßige Routineentscheidungen. Aus diesem Grund muß das Beurteilungsinstrumentarium als zweites Kriterium die **Tragweite** des Beschlusses oder der Rechtsausübung berücksichtigen. Bei diesem Merkmal lassen sich zwei Ebenen unterscheiden. Zum einen ist die Tragweite einer Entscheidung bezüglich der Entwicklung des Unternehmens und zum anderen im Hinblick auf die bisherigen Eigentümer der mittelständischen Unternehmung differenziert zu beurteilen. Trotz ihrer engen Verbindung, erlangt letztgenannte Perspektive im Mittelstand vor allem dann Bedeutung, wenn die Hauptversammlung über solche Beschlußgegenstände abzustimmen hat, wie z.B. Schadenersatzforderungen gegen in der Verwaltung tätige Alt-Anteilseigner, bei denen die bisherigen Eigentümer persönlich betroffen sind.

Eine Mitwirkung der Belegschaftsaktionäre bei der Beschlußfassung in der Hauptversammlung erscheint schließlich insbesondere dann problembehaftet, wenn zu befürchten ist, daß die beteiligten Mitarbeiter ihre Rechte in einer von den bisherigen Eigentümern **unerwünschten Weise** ausüben. Diesem Aspekt wird durch den dritten Maßstab zur Beurteilung des Einflußpotentials der Belegschaftsaktionäre, nämlich das Interesse der Begünstigten, Beschlüsse gegen den Willen der Alt-Gesellschafter herbeizuführen oder zu verhindern, Rechnung getragen. Verantwortlich für ein divergierendes Abstimmungsverhalten sind im wesentlichen Konflikte im Zielsystem der beiden Interessengruppen. Diese können z.B. auf ungleichen Ausprägungen soziodemographischer und psychologischer Variablen, wie z.B. Einstellungen und Werte, Alter, Lebens- und Berufsplanung, Einkommen und finanzielle Verhältnisse, Qualifikation sowie Interesse am Unternehmen beruhen. Als Indikator für derartige Zielkonflikte zwischen der Unternehmung und den bisherigen Eigentümern auf der einen Seite sowie der Belegschaft auf der anderen kann das Betriebsklima[1] herangezogen werden. Ein schlechtes Betriebsklima und ein beeinträchtigtes Vertrauensverhältnis zwischen Unternehmensleitung und Anteilseignerkreis einerseits und zu beteiligenden Mitarbeitern andererseits können auf die Existenz solcher Zielkonflikte hindeuten.

Durch die Kombination der drei genannten Kriterien soll es gelingen, die zugrundeliegende komplexe Problematik besser zu durchdringen und ein möglichst differenziertes Bild entste-

[1] Zur Messung des Betriebsklimas vgl. Bögel (1988), S. 276 ff.

hen zu lassen. Gleichwohl kann eine breitgefächerte und unverfälschte Beurteilung des Einflußpotentials der Belegschaftsaktionäre nur dann zustandekommen, wenn alle drei Maßstäbe in ihrem **Zusammenwirken** bewertet werden; eine isolierte Betrachtung einzelner Variablen hinterläßt notwendigerweise einen unvollständigen Eindruck. Demgemäß ist das Einflußpotential der beteiligten Mitarbeiter umso höher einzuschätzen, je höher die Wahrscheinlichkeit einer entsprechenden Rechtsausübung, je größer deren Tragweite und je stärker eine aus der Sicht der bisherigen Eigentümer unerwünschte Einflußnahme der Belegschaftsaktionäre zu erwarten ist. Je höher aber das anteilsabhängige Einflußpotential der Beschäftigten eingeschätzt wird, umso weniger werden die Alt-Aktionäre häufig bereit sein, den begünstigten Mitarbeitern die entsprechenden Rechte durch eine großzügige Bemessung der Grundkapitalquote einzuräumen.

2.1.2. Bedeutende Kapitalanteilswerte des Aktienrechts als Richtgrößen

Im Unterschied zu den Vermögensrechten der Belegschaftsaktionäre, die unmittelbar an die Anteilshöhe geknüpft sind, läßt sich ein solcher proportionaler Zusammenhang für die meisten Mitverwaltungsrechte nicht nachweisen. Selbst das Stimmrecht, das nach Aktiennennbeträgen und damit anteilsabhängig ausgeübt wird, und die Minderheitenrechte sind vornehmlich im Zusammenwirken mit bestimmten für die Entscheidungsfindung relevanten **Kapitalanteilswerten** von Bedeutung. Nachfolgend sollen die zentralen Mitverwaltungsrechte im Zusammenhang mit solchen markanten aktienrechtlichen Kapitalanteilswerten beschrieben werden. Im Mittelpunkt dieser Analyse stehen das Stimmrecht, die Minderheitenrechte und die Individualrechte. Darauf aufbauend gilt es, das mit diesen Befugnissen einhergehende Machtpotential der beteiligten Mitarbeiter einzuschätzen.

2.1.2.1. Das Stimmrecht als zentrales Mitverwaltungsrecht

Unter dem Stimmrecht versteht man das Recht des Aktionärs, an der Entscheidungsfindung in der Hauptversammlung mitwirken zu können.[1] Es verkörpert das zentrale Instrument, mit dem die Anteilseigner im Wege der Beschlußfassung ihren Willen bei der Regelung der Gesellschaftsangelegenheiten zum Ausdruck bringen.[2] Das Zustandekommen eines Hauptversammlungsbeschlusses ist im Aktienrecht an bestimmte Stimmenmehrheiten und Kapitalquoten geknüpft.[3] Zu den wichtigsten aktienrechtlichen Mehrheitserfordernissen zählen die einfache

---

[1] Vgl. Steiner (1995), S. 108.

[2] Vgl. Obermüller/Werner/Winden (1967), S. 99.

[3] Vgl. Obermüller/Werner/Winden (1967), S. 143 ff.

Mehrheit der abgegebenen Stimmen sowie die Mehrheit von Drei-Viertel des bei der Beschlußfassung vertretenen Grundkapitals.[1]

- **Einfache Mehrheit der abgegebenen Stimmen**

Die Beschlüsse der Hauptversammlung bedürfen nach § 133 Abs. 1 AktG grundsätzlich der Mehrheit der abgegebenen Stimmen (einfache Stimmehrheit), soweit nicht Gesetz oder Satzung eine größere Mehrheit oder weitere Erfordernisse[2] bestimmen. Lediglich bei Wahlen, z.B. des Aufsichtsrats, ist die Satzung nach § 133 Abs. 2 AktG nicht an diese gesetzliche Mindestvoraussetzung gebunden;[3] in allen übrigen Fällen kann sie das erforderliche Quorum von 50 % der abgegebenen Stimmen nur verschärfen.[4] Schließt man die Emission von Mehrstimmrechtsaktien und Aktien mit Stimmrechtsbeschränkung aus der Untersuchung aus, dann impliziert die einfache Stimmenmehrheit gleichzeitig einen Anteil von mindestens 50 % des vertretenen Grundkapitals.[5] Im einzelnen können, vorbehaltlich einer abweichenden Regelung in der Satzung, unter anderem die in Tabelle 7 angeführten Beschlüsse mit einfacher Stimmenmehrheit gefaßt werden.

Faßt man diese beispielhaft aufgeführten Beschlußgegenstände zu Gruppen zusammen, wird ersichtlich, daß mit einfacher Stimmenmehrheit im wesentlichen solche Beschlüsse getroffen werden können, die das Verhältnis der **Aktionäre** zur **Verwaltung,** d.h. zu Vorstand und Aufsichtsrat zum Gegenstand haben, die **Gewinnverwendung** und damit einen Teil der Vermögensrechte regeln und **Prüfungsvorgänge** betreffen. Im Kontext einer Bemessung der den Mitarbeitern zu überlassenden Aktienzahl haben die bisherigen Anteilseigner demgemäß darüber zu befinden, ob sie diese Entscheidungen auch nach Einführung der Kapitalbeteiligung eigenständig treffen wollen oder ob diese Kompetenz künftig den Belegschaftsaktionären zustehen soll. Zur Beantwortung dieser Frage erscheint es notwendig zu analysieren, welches **Einflußpotential** den beteiligten **Mitarbeitern** erwächst, wenn diese über **mehr** als **50 %** des Grundkapitals in Form von Stammaktien verfügen. Dieser Beurteilung wie auch den weiteren Ausführungen liegt, soweit nicht anders vermerkt, die Prämisse zugrunde, daß die einzelnen Mitarbeiteraktionäre **einheitlich** abstimmen.

---

[1] Vgl. Henn (1994), S. 344 ff.

[2] „Weitere Erfordernisse" können mehrmalige Abstimmung, wiederholte Beschlußfassung in zwei Hauptversammlungen, eine bestimmte Kapitalmehrheit oder Vorschriften über die Beschlußfähigkeit sein (vgl. Henn (1994), S. 345).

[3] Beispielsweise kann sie auch eine relative Stimmenmehrheit als ausreichend deklarieren (vgl. Henn (1994), S. 345).

[4] Vgl. Henn (1994), S. 345; Zöllner (1985), § 133, Rdn. 85.

[5] Vgl. analog Zöllner (1985), § 133, Rdn. 65.

♦ **Bestellung** von **Aufsichtsratsmitgliedern**, soweit sie von den Aktionären zu wählen sind (§ 101 Abs. 1, § 119 Abs. 1 Nr. 1 AktG)
♦ **Abberufung** entsandter **Aufsichtsratsmitglieder** (§ 103 Abs. 2 S. 2 AktG)
♦ **Entlastung** des Vorstands und des Aufsichtsrats (§ 120 Abs. 1 S. 1, § 119 Abs. 1 Nr. 3, § 270 Abs. 2 AktG)
♦ Fragen der **Geschäftsführung** auf Verlangen des Vorstands (§ 119 Abs. 2 AktG)
♦ Entzug des **Vertrauens** zum Vorstand (§ 84 Abs. 3 AktG)
♦ Zustimmung zum Verzicht auf **Ersatzansprüche** der Gesellschaft gegen die Mitglieder des Vorstands oder des Aufsichtsrats aus Verletzung ihrer Sorgfaltspflicht sowie zum Vergleich über diese Ansprüche (§ 93 Abs. 4, § 116 AktG)
♦ Geltendmachung von **Ansprüchen** der Gesellschaft gegen die Gründer aus Gründungsvorgängen, gegen Mitglieder des Vorstands und des Aufsichtsrats aus der Geschäftsführung oder gegen Dritte aus unberechtigter Einflußnahme auf leitende Personen der Gesellschaft (§ 147 Abs. 1, § 117 Abs. 1 AktG)
♦ Feststellung des **Jahresabschlusses**, soweit sie der Hauptversammlung obliegt (§ 175 Abs. 3, § 234 Abs. 2, § 270 Abs. 2, § 286 Abs. 1 AktG)
♦ Verwendung des **Bilanzgewinns** (§ 174 Abs. 1 S. 1, § 119 Abs. 1 Nr. 2 AktG)
♦ Bestellung des **Abschlußprüfers** (§ 119 Abs. 1 Nr. 4 AktG)
♦ Bestellung von **Sonderprüfern** zur Prüfung von Gründungsvorgängen, der Geschäftsführung, Kapitalbeschaffungs- und Kapitalherabsetzungsmaßnahmen (§ 142 Abs. 1 S. 1, § 119 Abs. 1 Nr. 7 AktG)

Tab. 7: Ausgewählte mit einfacher Stimmenmehrheit zu fassende Beschlüsse.

Quelle: Eigene Darstellung.

Die **Annahme** einer **homogen** abstimmenden Gruppe von **Belegschaftsaktionären** soll dazu dienen, das maximale Einflußpotential der beteiligten Mitarbeiter und damit den maximal möglichen Machtverlust der bisherigen Eigentümer in Abhängigkeit vom sachlichen Beteiligungsvolumen zu bestimmen. Sieht man von der Bildung von Koalitionen zunächst ab, dann liegt ein höchstmöglicher Einflußverlust der bisherigen Aktionäre vor, wenn die Belegschaftsaktionäre gebündelt und entgegen den Interessen der Alt-Gesellschafter handeln. Angesichts der Individualität vieler Mitarbeiter in Softwareunternehmen ist eine einheitliche Meinungsbildung im Kreis der beteiligten Mitarbeiter und eine gleichgerichtete Abstimmung in der Realität allerdings vielfach nicht zu erwarten. Auch die Möglichkeit, daß Führungskräfte zum Kreis der Begünstigten gehören, und ein Teil dieser Mitarbeiter sein Stimmrecht konform mit den bisherigen Anteilseignern ausübt, wird nicht dazu beitragen, daß dieses maximale Einflußpotential der Mitarbeiteraktionäre tatsächlich ausgeschöpft wird. Andererseits kann aber ebenfalls nicht generell ausgeschlossen werden, daß die beteiligten Belegschaftsmitglieder ihr Abstimmungsverhalten in Form von Stimmbindungsverträgen einheitlich ausrichten, um ihren Einfluß in der Hauptversammlung zu stärken.[1] Die Einschätzung des Einflußpotentials der Belegschaftsaktionäre wird im folgenden exemplarisch am Beschluß über die Verwendung des Bilanzgewinns durchgeführt.

---

[1] Vgl. zu den Möglichkeiten und Grenzen von Stimmbindungsverträgen Friedewald (1991), S. 78 ff.

Gemäß § 174 Abs. 1, S. 1 AktG hat die Hauptversammlung über die Verwendung des Bilanzgewinns zu beschließen. Auf Grund der Tatsache, daß diese Entscheidung nach dem Abschluß jedes Geschäftsjahres ansteht, dürfte besagtes Mitverwaltungsrecht der Belegschaftsaktionäre mit an Sicherheit grenzender **Wahrscheinlichkeit** zum Tragen kommen.

Bei der Gewinnverwendung ist die Hauptversammlung an den grundsätzlich durch Vorstand und Aufsichtsrat festgestellten Jahresabschluß, insbesondere den dort ausgewiesenen Bilanzgewinn gebunden.[1] Sie besitzt demzufolge im Regelfall keinen Einfluß auf die Auswahl der angewandten Bewertungs- und Abschreibungsmethoden und damit die Höhe des Bilanzgewinns.[2] Darüber hinaus sind Vorstand und Aufsichtsrat nach § 58 Abs. 2, S. 1 AktG berechtigt, prinzipiell bis zu 50 % des Jahresüberschusses in die Gewinnrücklagen einzustellen. Durch die Rücklagenbildung wird der Bilanzgewinn gemindert und der entsprechende Betrag dem Einfluß der Hauptversammlung entzogen. Den festgestellten Bilanzgewinn kann die Hauptversammlung schließlich an die Aktionäre ausschütten, den Gewinnrücklagen zuführen oder als Gewinn vortragen.[3] Fraglich ist nun, welche **Tragweite** der Ausübung des Gewinnverwendungsrechts der Belegschaftsaktionäre vor diesem Hintergrund zukommt.

Der Beschluß über die Verwendung des Bilanzgewinns besitzt in mittelständischen Aktiengesellschaften eine beachtliche **Bedeutung** für die finanzielle Verfassung und Entwicklung des **Unternehmens**. Insofern verfügen die Belegschaftsaktionäre über ein nicht unerhebliches Einflußpotential. Dieses nimmt vor allem dann noch zu, wenn Vorstand und Aufsichtsrat einer kleinen Aktiengesellschaft durch die Satzung lediglich zur Einstellung eines kleineren Teils als 50 % des Jahresüberschusses in die Gewinnrücklagen ermächtigt sind,[4] und die Hauptversammlung damit über einen höheren Bilanzgewinn zu disponieren hat.

Die hohe Bedeutung des Beschlusses über die Gewinnverwendung liegt primär darin begründet, daß die Selbstfinanzierung im mittelständischen Bereich und speziell in Softwareunternehmen die wichtigste und oftmals einzige Finanzierungsquelle darstellt.[5] Beschließen die beteiligten Mitarbeiter anstelle der Gewinnthesaurierung eine Ausschüttung des erwirtschafteten Ertrags, kann ein solches Entscheidungsverhalten, über einen längeren Zeitraum betrachtet, die Innovationskraft und künftige wirtschaftliche Unternehmenssituation beeinträchtigen. Gleichwohl läßt sich dieses Einflußpotential der Belegschaftsaktionäre durch eine entspre-

---

[1] Vgl. Steiner (1995), S. 103.
[2] Vgl. Grunewald (1994), S. 270 f.
[3] Vgl. § 174 Abs. 2, § 58 Abs. 3, S. 1 AktG.
[4] Diese Möglichkeit nach § 58 Abs. 2, S. 2 AktG n.F. verkörpert eine Neuerung des Gesetzes für kleine Aktiengesellschaften und zur Deregulierung des Aktienrechts, die ausschließlich bei nicht an der Börse notierten Unternehmen anwendbar ist.
[5] Vgl. dazu eingehend Kapitel 3 III 2.1.

chende Satzungsgestaltung[1] und die Verwendung geeigneter Abschreibungs- und Bewertungsmethoden im Rahmen der Aufstellung des Jahresabschlusses zumindest in begrenztem Maße reduzieren.

Als dritte Komponente des Beurteilungsinstrumentariums soll nun das **Interesse** der Mitarbeitergesellschafter, ihr Stimmrecht **abweichend** von den Vorstellungen der bisherigen Eigentümer auszuüben, beurteilt werden. Ein divergierendes Abstimmungsverhalten der beiden Aktionärsgruppen kann insbesondere aus **Zielkonflikten** hinsichtlich der **Unternehmensentwicklung** herrühren. Während die bisherigen Anteilseigner für gewöhnlich eine langfristige Optimierung der betrieblichen Entwicklung anstreben, können bei manchen Belegschaftsaktionären diesbezüglich eher kurzfristige Zielsetzungen im Vordergrund stehen. Speziell in der Softwarebranche, in der hohe Fluktuationszahlen ein zeitlich befristetes Engagement mancher Mitarbeiter im Unternehmen widerspiegeln und daher eher auf kurzfristig geprägte Interessen dieser Beschäftigten hindeuten, können derartige Zielkonflikte verstärkt zutage treten. Diese manifestieren sich möglicherweise darin, daß die Belegschaftsaktioäre im Gegensatz zu den bisherigen Eigentümern eine Ausschüttung des Bilanzgewinns anstelle einer Thesaurierung präferieren. Ein solcher Interessenkonflikt wird zusätzlich durch eine Vereinbarung im Beteiligungsmodell, die den Mitarbeiteraktionären nach Beendigung des Beschäftigungsverhältnisses die **Pflicht** zur **Veräußerung** der Aktien auferlegt, verstärkt. Ist das Arbeitsverhältnis von seiten beteiligter Mitarbeiter auf begrenzte Dauer ausgelegt, erweist sich die Ausschüttung des erwirtschafteten Ertrags für diese Belegschaftsaktionäre oftmals als ökonomisch vorteilhafter als eine Thesaurierung zu Investitionszwecken. Letztere würde erst auf längere Sicht zu einer Wertsteigerung der Aktien führen und könnte infolge der Veräußerungspflicht von den Begünstigten dann nicht mehr realisiert werden.

In entsprechender Weise wie das Recht zur Verwendung des Bilanzgewinns sind die anderen mit einer Kapitalbeteiligung in Höhe von 50 % des Grundkapitals einhergehenden Befugnisse zu beurteilen. So erweisen sich beispielsweise jene Beschlüsse, die das Verhältnis zur Verwaltung betreffen, insbesondere dann von hoher persönlicher Tragweite für die bisherigen Eigentümer, wenn diese ein Vorstands- oder Aufsichtsratsamt bekleiden. Insgesamt betrachtet läßt sich als **Ergebnis** einer solchen Analyse konstatieren, daß die Belegschaftsaktionäre im Falle einer Beteiligung mit der Hälfte des stimmberechtigten Aktienkapitals ein hohes Einflußpotential bei der Regelung der gesellschaftlichen Angelegenheiten in der Hauptversammlung besitzen. In beteiligungswilligen mittelständischen Softwareaktiengesellschaften dürfte eine

[1] Beispielsweise kann die Satzung den Vorstand und Aufsichtsrat nach § 58 Abs. 2, S. 2 AktG n.F. ermächtigen, mehr als die Hälfte des Jahresüberschusses in die Gewinnrücklagen einzustellen.

Bemessung des Anteils der begünstigten Mitarbeiter in solcher Höhe aus diesem Grund eher eine Ausnahme darstellen.[1]

- **Mehrheit von Drei-Viertel und Anteil von 25 % des bei der Beschlußfassung vertretenen Grundkapitals**

Der Grundsatz einer einfachen Stimmenmehrheit beim Zustandekommen eines Hauptversammlungsbeschlusses nach § 133 Abs. 1 AktG wird durch das Gesetz in zahlreichen Fällen durchbrochen. Hier verlangt das Aktienrecht für die Beschlußfassung eine Mehrheit von Drei-Viertel des vertretenen Grundkapitals, wobei drei unterschiedliche Ausprägungen dieses Mehrheitserfordernisses zu unterscheiden sind:[2]

- Mehrheit von Drei-Viertel der abgegebenen Stimmen
- Mehrheit von Drei-Viertel des bei der Beschlußfassung vertretenen Grundkapitals und einfache Stimmenmehrheit
- Mehrheit von Drei-Viertel des bei der Beschlußfassung vertretenen Grundkapitals und einfache Stimmenmehrheit und zusätzlich die gleiche Mehrheit in jeder Aktiengattung, falls mehrere solche Gattungen vorhanden sind.

Der Unterschied zwischen den Fällen eins und zwei ist lediglich bei einer Stimmrechtsbeschränkung der Aktien nach § 134 Abs. 1 AktG, bei der Grundkapitalanteil und Stimmenzahl auseinanderfallen können, von Bedeutung.[3] Die im dritten Fall vorgesehene mehrfache Abstimmung kommt dann zur Anwendung, wenn, wie das Gesetz für kleine Aktiengesellschaften und zur Deregulierung des Aktienrechts klarstellt, in einer Aktiengesellschaft mehrere Gattungen von stimmberechtigten Aktien ausgegeben wurden. Sieht man von einer Beschränkung des Stimmrechts der Aktien nach § 134 Abs. 1 AktG ab, dann lassen sich diese drei Ausprägungen vereinfachend auf den Anteil in Höhe von Drei-Viertel des vertretenen Grundkapitals zurückführen. Folgende wichtige Beschlüsse können mit dieser Mehrheit, zwingend oder dispositiv, getroffen werden (vgl. Tab. 8):

[1] Eine andere Beurteilung ergibt sich, wie im weiteren Verlauf der Arbeit zu zeigen ist, bei einer Vergabe stimmrechtsloser Vorzugsaktien.

[2] Vgl. Henn (1994), S. 346 f. Die Mehrheit von Drei-Viertel des bei der Beschlußfassung vertretenen Grundkapitals für den Beschluß auf Beseitigung oder Beschränkung von Mehrstimmrechten nach § 5 Abs. 2 S. 2. EGAktG kann hier wegen der Irrelevanz von Mehrstimmrechtsaktien vernachlässigt werden.

[3] Vgl. Henn (1994), S. 346.

- Änderung der Satzung (§ 119 Abs. 1 Nr. 5, § 179 Abs. 2 S. 1 AktG)
- Kapitalerhöhung gegen Einlagen (§ 119 Abs. 1 Nr. 6, § 182 Abs. 1 S. 1 AktG)
- Ausschluß des Bezugsrechts (§ 186 Abs. 3 S. 2, 3 AktG)
- Bedingte Kapitalerhöhung (§ 119 Abs. 1 Nr. 6, § 193 Abs. 1 S. 1, 2 AktG)
- Genehmigtes Kapital (§ 119 Abs. 1 Nr. 6, § 202 Abs. 2 S. 2, 3 AktG)
- Kapitalherabsetzung (§ 119 Abs. 1 Nr. 6, § 222 Abs. 1 S. 1, 2, § 229 Abs. 3, § 237 Abs. 2 AktG)
- Auflösung der Gesellschaft (§ 119 Abs. 1 Nr. 8, § 262 Abs. 1 Nr. 2 AktG)
- Fortsetzung der aufgelösten Gesellschaft (§ 274 Abs. 1 S. 2, 3 AktG)
- Eingliederung der Gesellschaft (§ 319 Abs. 2 S. 2, 3, § 320 Abs. 1 S. 3 AktG)
- Verschmelzung (§ 65 UmwG)

Tab. 8: Ausgewählte mit Drei-Viertel Mehrheit zu fassende Beschlüsse
Quelle: Eigene Darstellung.

Es wird ersichtlich, daß ein Anteil in Höhe von 75 % des vertretenen Grundkapitals vor allem zu Maßnahmen der Satzungsänderung, Kapitalbeschaffung sowie Auflösung oder Eingliederung der Gesellschaft befähigt. Besitzen ein Aktionär oder eine Aktionärsgruppe also mehr als 25 % des Kapitals, kann keiner dieser Beschlüsse gegen deren Willen gefaßt werden. Für die Bemessung der Anteilshöhe der begünstigten Mitarbeiterschaft erscheint weniger die Mehrheit von Drei-Viertel des Grundkapitals, sondern korrespondierend dazu in erster Linie die **Sperrminorität** von **25 %** von Bedeutung, deren Einflußpotential nachfolgend zu skizzieren ist.

Die **Wahrscheinlichkeit**, daß Beschlüsse, die mit einem Viertel des Grundkapitals von den Belegschaftsaktionären verhindert werden können, in der Hauptversammlung einer mittelständischen Softwareaktiengesellschaft zu treffen sind, ist als nicht unerheblich zu erachten. Anders jedoch als viele mit einfacher Stimmenmehrheit regelmäßig zu entscheidende Tagesordnungspunkte, stehen die mit einer Drei-Viertel-Mehrheit zu treffenden Beschlüsse vornehmlich nur in bestimmten Situationen zur Debatte. So hat die Hauptversammlung über eine Kapitalerhöhung dann zu beschließen, wenn beispielsweise ein Bedarf an Eigenkapital zur Finanzierung von Unternehmenswachstum vorliegt oder der Kreis der Aktionäre erweitert werden soll. Der Beschluß einer vereinfachten Kapitalherabsetzung, verbunden mit einer effektiven Kapitalerhöhung, dient häufig zur Sanierung der Unternehmung[1] und gewinnt daher in betrieblichen Krisenzeiten an Relevanz. Angesichts einer verstärkten Konzentrationstendenz in der Softwarebranche[2] erscheinen dort auch Entscheidungen zur Eingliederung und Verschmelzung von Aktiengesellschaften mit dem Ziel einer Bildung wettbewerbsfähigerer Einheiten nicht ohne Bedeutung.

---

[1] Vgl. Grunewald (1994), S. 281.
[2] Vgl. Menke/Wimmers/Wolter (1996), S. 213.

Die **Tragweite** der meisten mit 75 % des Grundkapitals zu beschließenden Entscheidungen ist, bezogen auf die **Unternehmensentwicklung,** als sehr hoch zu erachten. Gerade die Zufuhr von Eigenkapital kann sich für mittelständische Unternehmen der Softwarebranche in Zeiten eines weithin verschärften Wettbewerbs oder zur Bewältigung von Unternehmenskrisen als unabdingbar erweisen. Die Möglichkeit der Mitarbeiteraktionäre, solche Beschlüsse mit der Sperrminorität zu verhindern, eröffnet ihnen daher ein erhebliches Machtpotential.

Schließlich lassen sich auch hier **Zielkonflikte** zwischen der Gruppe der bisherigen Anteilseigner und den beteiligten Mitarbeitern lokalisieren, die ein unterschiedliches Abstimmungsverhalten herbeiführen können. Beispielsweise steht eine Kapitalerhöhung, die dazu dient, die künftige Ertragskraft des Unternehmens zu verbessern, Wachstum zu ermöglichen oder Krisensituationen zu bewältigen, möglicherweise eher kurzfristig geprägten Interessen mancher Mitarbeiteraktionäre entgegen. Im **Ergebnis** sind der Kapitalquote von 75 % und komplementär dazu der sogenannten Sperrminorität von 25 % zentrale Bedeutung im Hinblick auf das unternehmerische Einflußpotential in der Hauptversammlung zu bescheinigen. Insbesondere in Wachstumsmärkten, wie der Softwarebranche, ist daher abzuwägen, ob die zu beteiligenden Mitarbeiter Bereitschaft zeigen, die notwendigen Kapitalbeschaffungsmaßnahmen mitzutragen, oder ob das Risiko besteht, daß diese von einer homogen abstimmenden Gruppe von Belegschaftsaktionären blockiert werden. Zur Absicherung von Expansionsvorhaben kann es sich im letztgenannten Fall aus Sicht der Alt-Anteilseigner von Softwareunternehmen beispielsweise anbieten, den Anteil der zu beteiligenden Mitarbeiter am Grundkapital auf weniger als 25 % zu beschränken.

Alternativ dazu hat man in mittelständischen Softwareunternehmen angesichts der betriebsspezifischen Eigentümerstruktur und Beteiligungsverhältnisse zu prüfen, inwieweit durch eine **Herabsetzung** von **aktienrechtlichen Mehrheitserfordernissen** bei der Beschlußfassung bessere Rahmenbedingungen für eine großzügigere Bemessung des sachlichen Beteiligungsumfangs geschaffen werden können. So erlaubt das Aktienrecht in einigen Fällen,[1] eine andere, d.h. höhere oder niedrigere Mehrheit als Drei-Viertel des vertretenen Grundkapitals oder der abgegebenen Stimmen in der Satzung festzulegen. Betroffen hiervon sind Beschlüsse zur Abberufung von Aufsichtsratsmitgliedern nach § 103 Abs. 1 AktG, zu Satzungsänderungen nach § 179 Abs. 2 AktG, zur Kapitalerhöhung gegen Einlagen und aus Gesellschaftsmitteln nach §§ 182 Abs. 1, 207 Abs. 2 AktG. Ferner fallen hierunter die Ausgabe von Wandelschuldverschreibungen, Gewinnschuldverschreibungen oder Genußrechten nach § 221 Abs. 1, 3 AktG. Denkbar ist z.B., daß die Satzung eines beteiligungswilligen Softwareunternehmens vorsieht, daß sämtliche Beschlüsse der Hauptversammlung mit einfacher Mehrheit des vertre-

---

[1] Vgl. dazu Lehmann (1983), S. 119.

tenen Grundkapitals gefaßt werden, sofern nicht das Gesetz zwingend eine andere Mehrheit oder weitere Erfordernisse vorschreibt. Dies hätte zur Folge, daß die genannten Beschlußgegenstände von den Belegschaftsaktionären nicht mehr mit einer Grundkapitalquote von 25 % blockiert werden können, sondern es dazu eines höheren Anteils bedürfte. Damit ließe sich, zumindest bezogen auf diese Beschlüsse, der Spielraum für eine Bemessung des sachlichen Beteiligungsumfangs erhöhen. Da aber andere als die hier aufgeführten Abstimmungsgegenstände (z.B. Bezugsrechtsausschluß nach § 186 Abs. 3 AktG, Kapitalerhöhung mit stimmrechtslosen Vorzugsaktien nach § 182 Abs. 1 AktG, bedingte Kapitalerhöhung § 193 Abs. 1 AktG, genehmigte Kapitalerhöhung § 202 Abs. 2 AktG) gesetzlich zwingend einer Mehrheit von Drei-Viertel des vertretenen Grundkapitals bedürfen, bleibt komplementär dazu die Bedeutung einer Grundkapitalquote von 25 % für die Festlegung der den Mitarbeitern angebotenen Anteilshöhe weiterhin, wenn auch eingeschränkt, erhalten. Eine derartige Änderung der Beschlußmehrheiten durch die Satzung anläßlich einer Ausgabe von Belegschaftsaktien ist außerdem gerade bei mittelständischen Softwareaktiengesellschaften mit mehreren bisherigen Anteilseignern und austarierten Beteiligungsverhältnissen problematisch und teilweise wenig praktikabel. Zum einen können dadurch bestehende Abstimmungskoalitionen verschoben werden. Zum anderen impliziert eine solche Herabsetzung der gesetzlichen Mehrheitserfordernisse, daß sich die Anforderungen zur Blockierung dieser Beschlüsse auch für die bisherigen Anteilseigner erhöhen und manche Personen aus dem Kreis der Alt-Aktionäre ihre Sperrminorität zu verlieren drohen.

2.1.2.2. Minderheitenrechte

Der im Aktienrecht verankerte Minderheitenschutz bildet neben Mitbestimmung, Vertretungsregelung, Auskunftsrecht und Anfechtungsmöglichkeit von Hauptversammlungsbeschlüssen das entscheidende Fundament für eine demokratische Interessenwahrnehmung aller Gruppierungen einer Aktiengesellschaft.[1] Eine Ausübung der Minderheitenrechte, welche vor allem zu Zwecken der **Gestaltung** der **Hauptversammlung**, der Geltendmachung von **Schadensersatzansprüchen** sowie zu **Prüfungsangelegenheiten** dienen, setzt bestimmte Grundkapitalquoten oder -nennbeträge voraus:[2]

- 5 % des Grundkapitals oder 1 Mio. DM Nennbetrag (einfache Minderheit)
- 10 % des Grundkapitals oder 2 Mio. DM Nennbetrag (doppelte Minderheit)
- 5 % des Grundkapitals (einfache qualifizierte Minderheit)

[1] Vgl. Henn (1984), S. 91.
[2] Vgl. Henn (1994), S. 351.

– 10 % des Grundkapitals (doppelte qualifizierte Minderheit)[1]

Im folgenden sollen die wichtigsten an diese Quoten geknüpften Minderheitenrechte kurz dargestellt werden.[2]

Gemäß § 122 Abs. 1, S. 1 AktG muß die **Hauptversammlung** vom Vorstand bzw. den sonst zuständigen Organen und Personen **einberufen** werden, wenn dies eine **einfache qualifizierte** Minderheit unter Angabe von Zweck und Gründen schriftlich beim Vorstand verlangt.[3] In der Satzung kann dieses Recht an einen geringeren, nicht jedoch an einen höheren Kapitalanteil geknüpft werden. In engem Zusammenhang mit der Einberufung der Hauptversammlung steht das Recht auf **Erweiterung** der **Tagesordnung**. § 122 Abs. 2 AktG zufolge kann eine **einfache** Minderheit verlangen, daß die der Hauptversammlung zugrundeliegende Tagesordung um weitere Gegenstände ergänzt wird. Dieses Recht eröffnet auch kleineren Aktionärsgruppen die Möglichkeit, bestimmte Themen zur Diskussion zu bringen und möglicherweise mittelbar Einfluß auf die Beschlußfassung zu nehmen.

Grundsätzlich wird die Entlastung dem Vorstand und Aufsichtsrat insgesamt erteilt. Gemäß § 120 Abs. 1, S. 2 AktG ist jedoch über die **Entlastung einzelner Mitglieder** dieser Organe gesondert abzustimmen, wenn eine **doppelte** Aktionärsminderheit dies verlangt. Dieses Recht erscheint deshalb besonders bedeutsam, weil damit einzelnen Vorstands- oder Aufsichtsratsangehörigen, die die Interessen der Aktionäre nicht in ausreichendem Maße wahrnehmen, Entlastung verweigert werden kann.

Besteht der Verdacht, daß im Rahmen der Gründung der Gesellschaft oder laufenden Geschäftsführung gegen Gesetz oder Satzung in grober Weise verstoßen wurde, kann eine **doppelte** Minderheit nach § 142 Abs. 2 AktG beim Gericht die **Bestellung** von **Sonderprüfern** beantragen. Eine **doppelte qualifizierte** Minderheit vermag nach § 93 Abs. 4, S. 3, § 116 AktG zudem zu verhindern, daß auf eine Geltendmachung von **Schadenersatzansprüchen** gegen Vorstand und Aufsichtsrat verzichtet wird. Der Anspruch auf Ersatz des Schadens, der infolge von Pflichtverletzungen dieser Personen entstanden ist, muß ferner durch die Gesellschaft gemäß § 147 Abs. 1 S. 1 AktG geltend gemacht werden, wenn dies die gleiche Minder-

---

[1] Durch die Berücksichtigung des Grundkapitalnennbetrags zusätzlich zum Grundkapitalprozentsatz bei der einfachen und doppelten Minderheit soll sichergestellt werden, daß bei größeren Gesellschaften mit über 20 Mio. DM Grundkapital zur Wahrung der Rechte kein parallel wachsender Minderheitenanteil nachzuweisen ist (vgl. Henn (1984), S. 91). Bei mittelständischen Unternehmen, insbesondere der Softwarebranche, die in der Regel ein niedrigeres Grundkapital ausweisen, kann daher der Nennbetrag vernachlässigt werden.

[2] Vgl. hierzu im einzelnen auch Nirk (1994), Rdn. 562 ff., S. I 561 ff; Henn (1984), S. 91 ff.

[3] Vgl. Nirk (1994), Rdn. 565, S. I 564.

heit verlangt. Es stellt sich nun die Frage, welches Einflußpotential diese Befugnisse den Belegschaftsaktionären eröffnen.

Die **Wahrscheinlichkeit** der Rechtsausübung durch die Mitarbeiter läßt sich nicht eindeutig beurteilen. Dies ist vornehmlich darauf zurückzuführen, daß der Anlaß einer Geltendmachung bestimmter Minderheitenbefugnisse, wie beispielsweise der Einberufung der Hauptversammlung oder Erweiterung der Tagesordnung, aktienrechtlich nicht vorgeschrieben ist und die Rechtsausübung damit ausschließlich im Einflußbereich der Mitarbeiter steht. Bei anderen Befugnissen, wie dem Widerspruch gegen einen Verzicht auf Schadenersatz, hängt die Wahrscheinlichkeit vom Eintritt bestimmter Konstellationen, hier einer Schadenshandlung, ab und ist im Regelfall als gering einzuschätzen.

Die Ausübung vieler dieser Rechte, wie z.B. der Einberufung der Hauptversammlung erweist sich normalerweise von geringer **Tragweite**, da die Belegschaftsaktionäre alleine hierdurch noch keinen maßgeblichen Einfluß auf die Beschlußfassung besitzen. Demgegenüber erlangt ein Widerspruch gegen den Verzicht auf Ersatzansprüche gegen Mitglieder des Vorstands oder Aufsichtsrats dann eine hohe persönliche Tragweite für die bisherigen Anteilseigner, wenn diese in der Verwaltung tätig sind und sich eines Vergehens schuldig gemacht haben. Insbesondere in diesem Kontext kann das Vorhandensein von **Interessenkonflikten** zwischen den Mitarbeitern und bisherigen Eigentümern nicht ausgeschlossen werden.

Zusammenfassend betrachtet läßt sich festhalten, daß die Minderheitenrechte den Belegschaftsaktionären naturgemäß gewisse Einflußmöglichkeiten begründen. Gleichwohl kommen diese vornehmlich in Ausnahmefällen, wie z.B. bei Schadenshandlungen der Vorstands- oder Aufsichtsratsmitglieder, zum Tragen. Für die Festlegung des sachlichen Beteiligungsvolumens besitzen die Kapitalquoten von 5 und 10 % des Grundkapitals zumindest im Hinblick auf die damit verbundenen Minderheitenrechte insgesamt eine eher untergeordnete Bedeutung.

2.1.2.3. Von der Anteilshöhe unabhängige Individualrechte

Wie in Abschnitt 4 I 1. erörtert, verbrieft die Aktienurkunde, unabhängig von der Aktiengattung, bestimmte Mitverwaltungsrechte, die den Aktionären allein aufgrund der Mitgliedschaft zustehen und nicht an den Umfang des Aktienbesitzes gekoppelt sind. Zu den wichtigsten dieser Individualrechte gehören das Präsenz-, Auskunfts- und Anfechtungsrecht, die nachstehend skizziert werden sollen.

Die Hauptversammlung einer Aktiengesellschaft stellt das Gremium dar, in dem die Aktionäre ihren Willen kund tun, Auskünfte von der Verwaltung verlangen und durch die Ausübung des Stimmrechts die Belange der Gesellschaft mitgestalten können. Vor diesem Hintergrund erweist sich das Recht auf **Teilnahme** an der **Hauptversammlung** nach § 118 Abs. 1 AktG als zentrales Grundrecht des Aktionärs.

In unmittelbarem Zusammenhang zum Präsenzrecht steht das **Auskunftsrecht**.[1] Gemäß § 131 AktG muß jedem in der Hauptversammlung erschienenen oder vertretenen Aktionär auf dessen Verlangen vom Vorstand Auskunft über Angelegenheiten der Gesellschaft erteilt werden, soweit diese zur sachgemäßen Beurteilung eines Gegenstands der Tagesordnung erforderlich ist. Der Vorstand einer mittelständischen Aktiengesellschaft ist nur in bestimmten, gesetzlich normierten Fällen dazu berechtigt, die Auskunft zu verweigern.[2] Kommt er seiner Pflicht zur Auskunftserteilung nicht ordnungsgemäß nach, können die Belegschaftsaktionäre diese im Wege eines vereinfachten gerichtlichen Verfahrens durchsetzen und die entsprechenden Beschlüsse nach § 243 Abs. 1 i.V.m. Abs. 4 AktG anfechten. Typische Auskunftsverlangen, die im Mittelstand von den Mitarbeiteraktionären geltend gemacht werden können, beziehen sich z.B. auf die Bezüge des Gesamtvorstands, deren Aufgliederung in einzelne Gehaltskomponenten, die nähere Erläuterung bedeutender Bilanzansätze sowie die Bekanntgabe aller wichtigen Vorgänge der Geschäftsführung des Berichtsjahres und besonderer Geschäftsvorfälle des laufenden Jahres.[3] Außerhalb der Hauptversammlung übt der Aktionär vor allem das **Anfechtungsrecht** im Rahmen der §§ 243, 245 AktG aus. Dieses wird nach Erklärung des Widerspruchs zur Verhandlungsniederschrift im Wege der Anfechtungsklage nach § 246 AktG geltend gemacht.

Entsprechend den Minderheitenrechten eröffnen auch die Individualbefugnisse den Belegschaftsaktionären ein nicht unerhebliches Einflußpotential. Insbesondere das Recht zur Anfechtung von Hauptversammlungsbeschlüssen, dessen Ausübung zwar eher unwahrscheinlich ist, kann eine beachtliche Tragweite entfalten. Für die Bemessung der Anteilshöhe der Belegschaftsaktionäre sind die personenbezogenen Rechte, da sie nicht vom Kapitalanteil abhängen, aber nicht entscheidungsrelevant.

---

[1] Vgl. zum individuellen Auskunftsrecht im einzelnen Groß (1997), S. 103 ff.

[2] Vgl. § 131 Abs. 3 AktG.

[3] Vgl. Henn (1994), S. 419 f.; zu einzelnen Auskunftsverlangen ausführlich Obermüller/Werner/Winden (1967), S. 159 ff., Henn (1984), S. 39 f. und die dort angegebene Literatur.

2.1.3. Einflußpfad der Mitarbeiteraktionäre

Die einzelnen Mitverwaltungsrechte der Aktionäre können nun zusammengefügt und in Abhängigkeit von der Anteilshöhe dargestellt werden (vgl. Abb. 15). Dieser graphisch dargestellte Zusammenhang, der sich als Einflußpfad der mit Stammaktien beteiligten Aktionäre interpretieren läßt, spiegelt wider, in welcher Weise die Anteilseigner, abhängig vom Umfang ihres Aktienbesitzes, Einfluß auf die Belange des Unternehmens ausüben können.

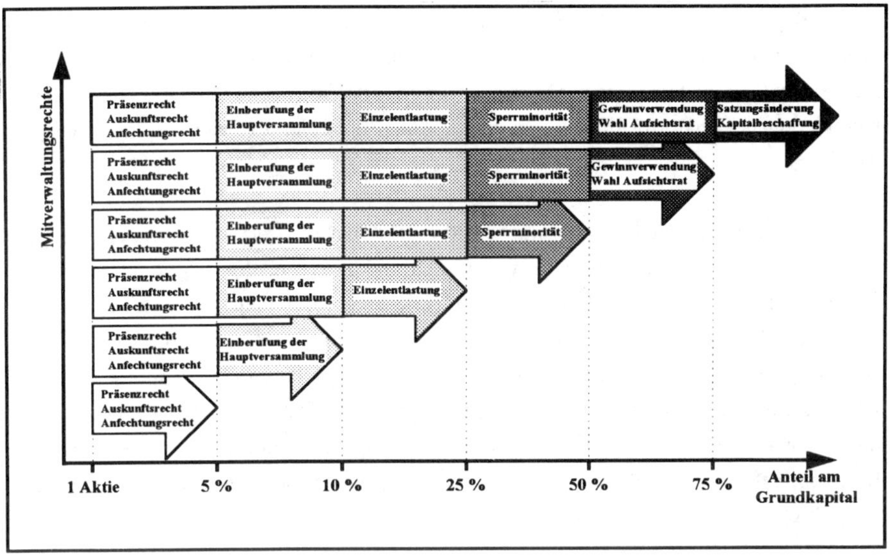

Abb. 15: Einflußpfad der Aktionäre (Mitverwaltungsrechte bei Stammaktien in Abhängigkeit vom Anteil am Grundkapital; ausgewählte Rechte dargestellt)

Quelle: Eigene Darstellung.

Die **stufenweise Entwicklung** der **Mitverwaltungsrechte** ist folgendermaßen zu interpretieren: Das Eigentum an einer Aktie berechtigt den Inhaber zur Teilnahme an der Hauptversammlung, zur Forderung nach Auskunftserteilung und zur Anfechtung der Hauptversammlungsbeschlüsse. Ein Aktienumfang in Höhe von 5 % des Grundkapitals erschließt zusätzlich Minderheitenrechte, wie beispielsweise die Rechte auf Einberufung der Hauptversammlung und Erweiterung der Tagesordnung. Besitzt der Aktionär insgesamt 10 % des Grundkapitals, kann er darüber hinaus weitere Minderheitenrechte, wie z.B. Einzelentlastung der Verwaltungsmitglieder geltend machen. Mit 25 % des Grundkapitals, der sogenannten Sperrminorität, können einzelne Maßnahmen zur Kapitalbeschaffung oder Satzungsänderung zu Fall gebracht werden. Eine Kapitalquote in Höhe von 50 % wird benötigt bei Fragen der Gewinnverwendung, der Geschäftsführung und im Rahmen des Verhältnisses zu Mitgliedern der Verwaltung, wogegen mit Drei-Viertel des Grundkapitals nahezu alle anfallenden Entscheidungen in einer Aktiengesellschaft eigenständig getroffen werden können.

Die aufgezeigten sechs aktienrechtlichen **Schwellenwerte,** die sich, wie bereits untersucht, als unterschiedlich bedeutsam für die Bemessung der den Mitarbeitern angebotenen Anteilshöhe erweisen, stellen aktienrechtliche Spezifika dar und verbriefen daher unabhängig von der Mitarbeiterzahl, Anteilseignerzahl, Börsennotierung und Branchenzugehörigkeit der Aktiengesellschaft grundsätzlich die gleichen Rechte. Demzufolge können jene für die Kapitalbeteiligung mit Belegschaftsaktien in Publikums- und kleinen Aktiengesellschaften, Softwareunternehmen und Unternehmen anderer Wirtschaftszweige gleichermaßen Berücksichtigung finden und als Anhaltspunkte für die Festlegung der Anteilshöhe der zu beteiligenden Mitarbeiter dienen.

Ihren aus der Aktienbeteiligung resultierenden Einfluß auf die Belange der Gesellschaft vermögen die Belegschaftsaktionäre im wesentlichen auf zweierlei Weise geltend zu machen. Zum einen können sie auf der Basis der ihnen zustehenden Kapitalquote in der Lage sein, **eigenständig** Entscheidungen in der Hauptversammlung herbeizuführen oder zu Fall zu bringen. Dafür bedarf es jedoch eines entsprechend hohen Anteils am Grundkapital der Gesellschaft. Zum anderen resultiert ein weiteres Machtpotential aus der Möglichkeit, **Abstimmungskoalitionen** mit bisherigen Anteilseignern einzugehen. Um auf diesem Weg wirksame Beschlüsse zu fassen, genügt im Gegensatz zu einem eigenmächtigen Handeln oftmals eine deutlich geringere Beteiligungshöhe.

Setzt sich der Kreis der bisherigen Eigentümer also aus **mehreren** Personen zusammen, nimmt die Bemessung des sachlichen Beteiligungsumfangs an Komplexität zu. Diese müssen bei dieser Entscheidung nicht nur, wie bei einem einzigen Alt-Kapitalgeber, potentielle Einflußfelder einer eigenständig agierenden Gruppe von Mitarbeiteraktionären berücksichtigen. Zusätzlich gilt es, deren Zusammenwirken mit Mitgliedern aus dem Kreis der bisherigen Gesellschafter und damit die verschiedenen denkbaren Formen einer Bildung von Koalitionen bei den einzelnen erforderlichen Beschlußmehrheiten zu beachten.

Diese Problematik stellt ein **Spezifikum mittelständischer Aktiengesellschaften** mit einem überschaubaren Anteilseignerkreis dar. Insbesondere dann, wenn zwischen den Großaktionären zu bestimmten Beschlußgegenständen Meinungsverschiedenheiten auftreten, besteht die Möglichkeit, daß diese im Hinblick auf die Abstimmung Koalitionen mit der Gruppe der Belegschaftsaktionäre suchen. Letztere kann sich in diesem Kontext für manchen Alt-Anteilseigner als Mittel erweisen, den eigenen Anteil und Einfluß zu Lasten der übrigen Aktionäre auszuweiten.[1] Eine solche Verhaltensweise kann unter anderem weitere Differenzen zwischen den Gesellschaftern, die der Unternehmensentwicklung kaum zuträglich erscheinen, sowie eine Gefährdung der mit der Kapitalbeteiligung verfolgten Ziele nach sich ziehen.[2] Aus diesen Gründen ist es von besonderer Bedeutung, bei der Bemessung der Anteilshöhe darauf zu achten, daß sich die Belegschaftsaktionäre nicht als labiles Element im Beziehungsgefüge der Alt-Aktionäre herausstellen.[3] Welcher Stellenwert der Eigentümerstruktur, insbesondere der Anzahl der bisherigen Anteilseigner im Hinblick auf die Bildung von Koalitionen für die Festlegung des Mitarbeiter-Kapitalanteils zukommt, soll an zwei Beispielen kurz verdeutlicht werden.

Eine mittelständische Aktiengesellschaft ist jeweils zu 50 % im Besitz **zweier Anteilseigner**. Um das Verhältnis ihrer Kapitalanteile auch nach der Aktienbeteiligung von Mitarbeitern aufrechtzuerhalten, beschließen diese, den zu beteiligenden Mitarbeitern in gleichem Umfang Aktienkapital zum Erwerb anzubieten. Unter der Annahme, daß die Gruppe der Belegschaftsaktionäre einheitlich abstimmt, birgt diese Konstellation hinsichtlich der Abstimmung in der Hauptversammlung besondere Brisanz in sich. Denn treten bezüglich eines Beschlußgegenstands Differenzen zwischen den beiden Alt-Aktionären auf, ist das Votum der Mitarbeiter für das Zustandekommen **jedes** mit einfacher Stimmenmehrheit zu fassenden Beschlusses entscheidend, und zwar **unabhängig** von der Anteilshöhe der Belegschaftsmitglieder. So macht es keinen Unterschied, ob die beiden Gesellschafter den begünstigten Mitarbeitern beispielsweise jeweils 1 %, 5 %, 10 % oder 15 % ihres Aktienbesitzes zur Verfügung stellen; im Streitfall können die Mitarbeiteraktionäre bei einfachen Mehrheitsbeschlüssen das „Zünglein an der Waage“ spielen.

Eine andere Beurteilung ergibt sich einer mittelständischen Aktiengesellschaft, die zu gleichen Teilen von **vier Aktionären** beherrscht wird. Hier sind bei der Bemessung der Kapitalquote der Mitarbeitergesellschafter wesentlich mehr Möglichkeiten einer Bildung von Abstimmungskoalitionen zu berücksichtigen. Vor diesem Hintergrund gewinnt die konkrete Ausprägung der Anteilshöhe der Belegschaftsaktionäre im Unterschied zu einem Unternehmen mit zwei bisherigen Gesellschaftern an Bedeutung.

Welchen Anteil die beteiligten Mitarbeiter am Eigenkapital des arbeitgebenden Unternehmens in der **betrieblichen Praxis** besitzen, veranschaulicht eine von Guski/Schneider durchgeführte Bestandsaufnahme von in der Bundesrepublik Deutschland implementierten Beteili-

[1] Vgl. Gaugler (1967), S. 751.
[2] Vgl. Gaugler (1967), S. 751.
[3] Vgl. Peterssen (1968), S. 118 f.

gungsmodellen (vgl. Tab. 9).[1] In jeweils ungefähr einem Viertel der dort erfaßten Unternehmen beträgt der Anteil des Mitarbeiterkapitals am Eigenkapital weniger als 5 %, zwischen 5 % und 10 %, mehr als 10 %, jedoch keine 25 % sowie mehr als 25 %, aber weniger als 50 %. Bei etwa 3 % der untersuchten Modelle nimmt das Kapital der Belegschaft eine Größenordnung zwischen 50 % und 75 % des Eigenkapitals an.

Mitarbeiterkapital in Prozent des Eigenkapitals	**Prozent der untersuchten Unternehmen**
unter 5	**23,5**
5 bis unter 10	**21,4**
10 bis unter 25	**23,6**
25 bis unter 50	**28,3**
50 bis unter 75	**3,2**
75 bis unter 100	**0,0**
100	**0,0**

Abb. 9: Anteil des Mitarbeiterkapitals am Eigenkapital
Quelle: Guski/Schneider (1993-a-), S. 22 f.

Diese Zahlenwerte demonstrieren, daß der Umfang des Mitarbeiterkapitals in nahezu allen Beteiligungsunternehmen weniger als 50 % beträgt und die bisherigen Kapitalgeber mehr als die Hälfte des Eigenkapitals halten. Allerdings sind die Ergebnisse für die vorliegende Untersuchung insofern nur in beschränktem Maße aussagekräftig, als jene keine Differenzierung hinsichtlich Rechtsform des Unternehmens, dessen Branchenzugehörigkeit, Mitarbeiterzahl sowie der Form der Kapitalbeteiligung aufweisen.

In der Mehrzahl der hierzulande vornehmlich in großen, börsennotierten Aktiengesellschaften praktizierten **Belegschaftsaktienmodelle** beläuft sich der Anteil des von den Mitarbeitern gehaltenen Aktienkapitals auf weniger als 5 %.[2] Wie sich aus dem Einflußpfad ableiten läßt, besitzen die Belegschaftsaktionäre in diesen Unternehmen nahezu keine Möglichkeit, auf die Belange der Gesellschaft einzuwirken.

[1] Vgl. Guski/Schneider (1993-a-), S. 22 f.

[2] Vgl. Wächter/Koch (1993), S. 306. Nach Angaben der betreffenden Unternehmen beläuft sich der Anteil von Belegschaftsaktien am gesamten Grundkapital beispielsweise bei der VW AG derzeit auf 1,3 %, bei der VEBA AG auf 2 %, bei der RWE AG auf 3,1 %, bei der BMW AG (Vorzugsaktien) auf 7 %, bei der Hoechst AG auf 6 % und bei der Bayer AG auf 4 %.

2.2. Flexibilität des Beteiligungsmodells

Wenn ein Unternehmen in einem dynamischen Markt agiert, ist es ständig vielfältigen Veränderungen ausgesetzt. Speziell für mittelständische Softwareunternehmen, die sich einer besonders hohen Marktdynamik gegenübersehen, resultiert daraus die Forderung, das Mitarbeiterbeteiligungsmodell flexibel zu gestalten, um diesem Wandel Rechnung tragen zu können. Insofern erscheint es notwendig, die bisherige statische Analyse um eine **dynamische** Perspektive zu ergänzen. Neben dem Einflußpotential der beteiligten Mitarbeiter bildet die Gewährleistung von Flexibilität bei einer Aktienbeteiligung damit einen **zweiten Problembereich** im Kontext einer Bemessung der Anteilshöhe der Belegschaftsaktionäre.

Als Beispiel für betriebliche Veränderungen im Zeitablauf dienen im folgenden **Wachstumsbestrebungen**, die vor allem in der Softwarebranche einen hohen Stellenwert besitzen und im Regelfall mit Kapitalbedarf und steigender Zahl der Beschäftigten verbunden sind. Insbesondere dann, wenn die bisherigen Eigentümer den Aktienanteil der Mitarbeiter beispielsweise zur Sicherung ihres eigenen Einflusses auf einen bestimmten Prozentsatz des Grundkapitals **limitieren**, ergeben sich angesichts von Expansionsabsichten besondere Problemfelder. Die Flexibilität eines Beteiligungsmodells gilt es nachfolgend in zweierlei Hinsicht näher zu untersuchen. Zum einen soll die Frage geklärt werden, ob die **bisher beteiligten Mitarbeiter** trotz einer Beschränkung ihrer Kapitalquote am Unternehmenswachstum teilhaben können. Zum anderen ist zu prüfen, inwieweit eine Eingliederung **neu** im Unternehmen **Beschäftigter** in das Beteiligungsmodell möglich erscheint, wenn die bisher beteiligten Mitarbeiter das der Belegschaft angebotene Beteiligungsvolumen vollständig ausgeschöpft haben.

Eine Aktienbeteiligung in mittelständischen Unternehmen erweist sich dann als flexibel, wenn die **beteiligten Mitarbeiter** an der expandierenden Unternehmensentwicklung zu partizipieren vermögen, ohne daß sich gleichzeitig die fixierte Kapitalrelation zwischen den bisherigen Eigentümern und den Belegschaftsaktionären verändert. Aktienrechtlich wird dieser Problematik durch die Einräumung eines Bezugsrechts bei einer ordentlichen Kapitalerhöhung Rechnung getragen. Wird zur Finanzierung des Wachstums eine solche Kapitalerhöhung durchgeführt, ergibt sich auf Grund der Tatsache, daß beiden Interessengruppen ein Bezugsrecht auf den entsprechenden Anteil neuer Aktien zusteht, keine Veränderung der Kapitalrelation. Die Verteilung von Vermögens- und Mitverwaltungsrechten bleibt auf diese Weise ebenfalls bestehen. Darüber hinaus können die beteiligten Mitarbeiter am Unternehmenswachstum partizipieren, indem der individuelle Aktienbesitz, absolut gesehen, zunimmt, obwohl der gesamte Anteil der Belegschaftsmitglieder am Grundkapital, relativ betrachtet, konstant bleibt. Demzufolge erscheint es also trotz einer Beschränkung des Belegschaftsaktienkapitals auf einen bestimmten prozentualen Wert möglich, eine ausreichende Flexibilität des Beteiligungsmodells hinsichtlich Wachstumsbestrebungen und einer damit verbundenen Erhöhung des Grundkapitals zu erzielen. Diese Feststellung gilt unter der Voraussetzung, daß die Alt-Aktionäre und die beteiligten Mitarbeiter ihr Bezugsrecht ausüben.

Für stark expansionsorientierte Software-Unternehmen erscheint weiterhin von Bedeutung, ob eine solche Limitierung des Grundkapitalanteils der Belegschaft auch im Hinblick auf eine Integration bisher nicht begünstigter **neuer Mitarbeiter** flexibel ist. Grundsätzlich verkörpert diese Regelung im Falle einer Ausschöpfung der bemessenen Quote durch die bisher beteiligten Mitarbeiter eine Beteiligungssperre und bewirkt, daß neu ins Unternehmen eintretende Mitarbeiter nicht am Kapital partizipieren können. Gerade bei einem starken Unternehmenswachstum und dem hiermit einhergehenden entsprechenden Anstieg der Mitarbeiterzahl wird eventuell ein größerer Teil der Beschäftigten von einer solchen Sperre erfaßt. Diese Ausgrenzung der neuen Arbeitnehmer führt zu einer Zweiklassenbildung zwischen beteiligten und nicht beteiligten Mitarbeitern innerhalb der Belegschaft und zieht möglicherweise negative Auswirkungen auf das Betriebsklima nach sich.[1] Im Mittelstand und speziell in Softwareunternehmen, in denen die Beschäftigten ihre Aufgaben häufig im Team wahrnehmen, besteht die Gefahr, daß eine Verschlechterung des Betriebsklimas die Leistungserstellung und letztlich das Unternehmensergebnis nachteilig beeinflußt.

Gleichwohl erscheint eine Partizipation der neuen Arbeitnehmer am Kapital des Softwareunternehmens auch angesichts einer faktischen Beteiligungssperre prinzipiell auf mehrfache Weise denkbar. Diese können erstens Anteile direkt von beteiligten Mitarbeitern kaufen, zweitens solche Aktien beziehen, die von Arbeitnehmern an die Gesellschaft veräußert wurden und sich nun in deren Besitz befinden und drittens anläßlich einer Kapitalerhöhung Bezugsrechte von den Mitarbeiteraktionären erwerben. Allen drei Möglichkeiten ist gemeinsam, daß die Relation von Mitarbeiter- und Alt-Anteilseignerkapital bestehen bleibt und die Beteiligungsgrenze nicht überschritten wird.

Geht man aber davon aus, daß die Belegschaftsaktionäre vor allem bei einer positiven Unternehmensentwicklung an ihrem Aktienbesitz festhalten und ihr Bezugsrecht ausüben, bietet nur der zweite Weg Aussichten, neu im Unternehmen Beschäftigte zu beteiligen. Insbesondere, wenn die beteiligten Mitarbeiter ihre Unternehmensanteile im Falle eines Ausscheidens wieder an die Gesellschaft veräußern müssen, können in Softwareunternehmen mit hoher Fluktuationsrate entsprechend viele neue Mitarbeiter Aktien erwerben. Gemäß § 71 Abs. 2 S. 1 AktG darf jedoch der Gesamtnennbetrag der zum Zweck einer Ausgabe von Belegschaftsaktien von der Gesellschaft neu erworbenen zusammen mit den sich bereits in ihrem Besitz be-

[1] Vgl. Guski/Schneider (1983), S. 302 f.

findlichen Aktien 10 % des Grundkapitals nicht übersteigen.[1] Allerdings dürfte auch diese denkbare Möglichkeit zur Beteiligung neuer Mitarbeiter in expandierenden Softwareunternehmen mit stark steigender Beschäftigtenzahl an ihre Grenzen stoßen.

Im Gegensatz zu mittelständischen Unternehmen läßt sich eine Beteiligung neuer Mitarbeiter in **Publikumsaktiengesellschaften** insofern verfahrenstechnisch leichter bewerkstelligen, als das Unternehmen eigene Aktien an der Börse zum Zweck einer Belegschaftsaktienausgabe erwerben kann.[2] Mittelständischen Aktiengesellschaften bleibt diese Möglichkeit auf Grund der fehlenden Börsennotierung verschlossen. Darüber hinaus tritt eine Limitierung des Anteils der Mitarbeitergesellschafter am Grundkapital und eine Ausschöpfung dieser Quote in Publikumsaktiengesellschaften in der Regel nicht auf. So können dort neue Interessenten an einer Kapitalbeteiligung auch im Wege einer ordentlichen, genehmigten oder bedingten Kapitalerhöhung eine Gesellschafterposition übernehmen. Diese Ausgabetechnik ist im Mittelstand bei einer vollständigen Ausnutzung des Beteiligungsvolumens ebenfalls nicht anwendbar, weil ein Bezugsrechtsausschluß zum Zwecke einer Belegschaftsaktienausgabe die Kapitalrelation zwischen der Gruppe der Mitarbeiteraktionäre und jener der bisherigen Eigentümer zugunsten der Belegschaft verändern würde. Zur besseren Einbindung neuer Mitarbeiter in ein Belegschaftsaktienmodell empfiehlt sich in mittelständischen Aktiengesellschaften, das geplante Beteiligungsvolumen von Anfang an auf die vorgesehene Entwicklung der Beschäftigtenzahl **abzustimmen** und die Beteiligung schrittweise aufzubauen.[3] Damit soll verhindert werden, daß der gesamte, zur Disposition stehende Beteiligungsumfang bei der ersten Aktienemission aufgebraucht wird und kein Spielraum für spätere Ausgabezeitpunkte mehr besteht.

3. Bestimmungsfaktoren einer Bemessung des sachlichen Beteiligungsumfangs

Die Entscheidung darüber, welcher Anteil am Grundkapital den zu begünstigenden Mitarbeitern angeboten wird, wird von einer Vielzahl von Bestimmungsgrößen beeinflußt. Die wichtigsten dieser Faktoren, nämlich die Ziele der Mitarbeiterkapitalbeteiligung, die vorhandene Verteilungsmasse sowie die Gattung der Belegschaftsaktien, sollen im folgenden eingehend untersucht werden (vgl. Abb. 16). Weitere Einflußfaktoren können die Ausgabetechnik der Aktien, die Häufigkeit der Aktienemission und die Zahl der zu beteiligenden Mitarbeiter sein. Welche Anteilshöhe den Belegschaftsaktionären von seiten der bisherigen Eigentümer letztlich zugestanden wird, hängt von der Ausprägung und Gewichtung dieser Bestimmungsgrößen im Einzelfall ab.

---

[1] Vgl. dazu eingehend Hefermehl/Bungeroth (1983), § 71, Rdn. 62 ff.
[2] Vgl. zu dieser Ausgabetechnik Peterssen (1968), S. 28 ff.
[3] Vgl. Guski/Schneider (1983), S. 303.

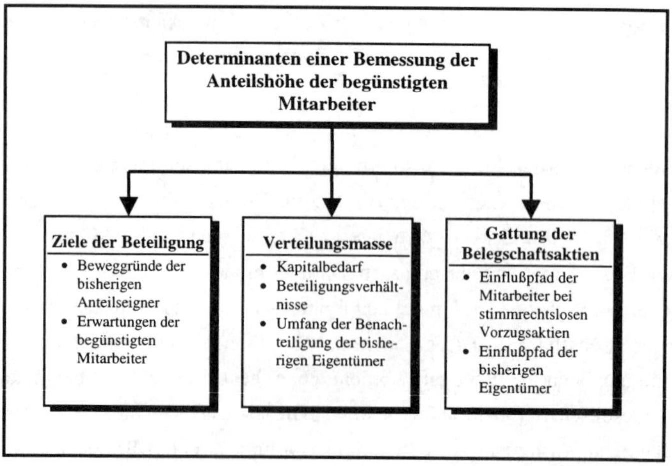

Abb. 16: Ausgewählte Determinanten einer Bemessung der Anteilshöhe der begünstigten Mitarbeiter

Quelle: Eigene Darstellung.

3.1. Ziele der Beteiligung

Die mit einer Aktienbeteiligung verfolgten Zielvorstellungen bilden einen wichtigen Bestimmungsfaktor bei der Festlegung des sachlichen Beteiligungsumfangs. Dabei lassen sich die Beweggründe der bisherigen Eigentümer und jene der zu beteiligenden Mitarbeiter voneinander unterscheiden. Differenziert nach diesen beiden Perspektiven gilt es, den Einfluß der Beteiligungsmotive auf die Anteilshöhe der Belegschaftsaktionäre zu analysieren.

In mittelständischen Aktiengesellschaften, in denen sich das gesamte Aktienkapital vor der Beteiligung in den Händen der Eigentümerunternehmer befindet, geht eine Ausgabe von Belegschaftsaktien notwendigerweise zu Lasten des Anteils der bisherigen Gesellschafter. Während beispielsweise eine Aktienemission im Wege einer ordentlichen Kapitalerhöhung, verbunden mit einem Ausschluß des Bezugsrechts der Alt-Kapitalgeber, den Grundkapitalanteil aller bisherigen Aktionäre anteilig mindert, geht ein Verkauf von Aktien eines Alt-Eigentümers an die Mitarbeiter nur zu Lasten des Anteils des Veräußerers. Die Anteilshöhe der bisherigen Eigentümer und jene der begünstigten Mitarbeiter stehen daher in einer Art konkurrierender Beziehung. Aus diesem Grund und angesichts der Tatsache, daß die **Alt-Aktionäre** mittelständischer Unternehmen über diese Frage letztlich zu bestimmen haben, ist von deren

Beteiligungsmotiven ein maßgeblicher Einfluß auf die Bemessung des sachlichen Beteiligungsumfangs zu erwarten.

In **finanzwirtschaftlicher** Hinsicht erweist sich in diesem Kontext insbesondere die Frage von Bedeutung, ob die Unternehmung einen **Kapitalbedarf** zu verzeichnen hat,[1] und in welchem Ausmaß eine Aktienbeteiligung der Mitarbeiter zur Deckung dieses Defizits an Eigenmitteln beitragen soll. Dient die Emission von Belegschaftsaktien in einer mittelständischen Aktiengesellschaft primär dem Zweck einer Finanzierung von Investitionsvorhaben, kann das sachliche Beteiligungsvolumen nicht losgelöst von der Höhe des Kapitalbedarfs bemessen werden. Es wird ersichtlich, daß zwischen den finanzwirtschaftlichen Zielen des Unternehmens und seiner Eigentümer, insbesondere dem Anliegen einer Kapitalbeschaffung, und der Bemessung der Anteilshöhe der Mitarbeiter ein **enger Zusammenhang** besteht.

In mittelständischen Unternehmen zeichnen neben finanzwirtschaftlichen Erwägungen vor allen Dingen **personalpolitische Erwartungen** der Alt-Aktionäre für die Einführung einer Aktienbeteiligung verantwortlich. Nur dann jedoch, wenn zwischen der Erreichbarkeit personalpolitischer Motive, wie der Verbesserung der Motivation oder der Senkung der Fluktuation, und der **Anteilshöhe** der Belegschaftsaktionäre ein Zusammenhang besteht, sind diese für die Bemessung des sachlichen Beteiligungsumfangs relevant. Die Frage, ob eine derartige Verbindung existiert und welcher Art diese sein könnte, stellt ein in der betriebswirtschaftlichen Forschung bislang nicht eindeutig geklärtes Problem dar.

Basierend auf den Ergebnissen ihrer empirischen Studie postulieren beispielsweise Guski/Schneider, **daß** ein Zusammenhang zwischen Mitarbeiterkapital pro Kopf und Verhaltenswirkung besteht,[2] ohne allerdings darüber Auskunft zu geben, **wie** dieser **im einzelnen** gestaltet ist. Den beiden Autoren zufolge liegt nachstehende Gesetzmäßigkeit vor: „Je *höher* das Mitarbeiterkapital [pro Kopf, Anm. d. Verf.], desto *größer* die positiven Auswirkungen auf das Mitarbeiterverhalten."[3] Im Gegensatz dazu konnte Mez auf der Basis seiner empirischen Untersuchung **keine** Verbindung zwischen der Höhe des individuellen Kapitalanteils und der Valenz einer Mitarbeiterkapitalbeteiligung sowie potentiellen Verhaltenswirkungen nachweisen.[4] Ungeachtet dieser widersprüchlichen Ergebnisse empirischer Forschungsarbeiten[5] ist zumindest der Ansicht von Peterssen zu folgen. Danach setzt „die Verwirklichung der

---

[1] Die Bedeutung eines Kapitalbedarfs im Rahmen einer Mitarbeiterkapitalbeteiligung hebt auch Gaugler (1985), S. 57 f. hervor.

[2] Vgl. Guski/Schneider (1983), S. 214 ff.

[3] Guski/Schneider (1983), S. 217. Kursivdruck auch im Original.

[4] Vgl. Mez (1991), S. 187.

[5] Diese sind nicht zuletzt auf die völlig unterschiedlichen Untersuchungsmethoden zurückzuführen. Während die Erkenntnisse der empirischen Studie von Guski/Schneider auf einer schriftlichen Befragung und auf Interviews von Geschäftsleitung und Betriebsrat in Beteiligungsunternehmen basiert, die in deskriptiver Form ausgewertet

Ziele der Belegschaftsaktie (..) an erster Stelle eine ausreichende Quantität des Aktienbesitzes bezogen auf den einzelnen Belegschaftsaktionär und die Gesamtbelegschaft voraus."[1] Auch Erfahrungen amerikanischer Unternehmen mit Employee Stock Ownership Plans zufolge lassen sich bei einem geringen Umfang der Aktienbeteiligung kaum Motivationseffekte erzielen.[2]

Insgesamt gesehen erscheint es also plausibel anzunehmen, daß die Höhe des individuellen Kapitalanteils einen bedeutenden Bestimmungsfaktor für die Erreichbarkeit des Ziels einer Verbesserung der **Motivation** der beteiligten Mitarbeiter darstellt.[3] Auch eine Senkung der **Fluktuationsrate** läßt sich nach Erfahrungen der betrieblichen Beteiligungspraxis erst dann bewirken, wenn der Kapitalanteil einen für die Betroffenen spürbaren Umfang angenommen hat.[4] Besitzen solche personalpolitischen Motive bei der Einführung einer Aktienbeteiligung in mittelständischen Unternehmen einen hohen Stellenwert, muß den Belegschaftsaktionären zur Verwirklichung dieser Zielvorstellungen grundsätzlich ein angemessen hohes Aktienpaket angeboten werden.

Letztgenannte Schlußfolgerung bedarf im Hinblick auf den **Kreis** der **begünstigten Mitarbeiter** einer weiteren Differenzierung. So ist die Bedeutung der Anteilshöhe für die Realisation personalpolitischer Ziele in Abhängigkeit davon unterschiedlich einzustufen, ob einerseits alle oder ein Großteil der Mitarbeiter dem beteiligungsberechtigten Personenkreis angehört oder ob jener andererseits auf wenige ausgewählte Führungs- oder Fachkräfte beschränkt bleibt. Während der oben postulierte Zusammenhang zwischen Anteilshöhe und Motivations- sowie Fluktuationswirkung bei einer **unternehmensweiten Aktienbeteiligung** Geltung besitzt, kann die Höhe des Kapitalanteils bei einer Beteiligung ausgewählter Führungskräfte in mittelständischen Unternehmen eine eher untergeordnete Rolle spielen.[5] Eine Einräumung von Sperrminoritäten oder anderweitigen für eine Mitwirkung in der Hauptversammlung relevanten Kapitalquoten steht hier häufig nicht im Vordergrund.[6] Bei einem solchen Modell mit **Exklusivitätscharakter** dürfte im Mittelstand stattdessen das Sozialprestige der Beteiligung dominieren[7] und gleichzeitig die Basis für die Verwirklichung einer höheren Identifikation, Moti-

---

wurden, liegt der Untersuchung von Mez eine deskriptive und vor allem ökonometrische Auswertung einer schriftlichen Befragung zugrunde.

[1] Peterssen (1968), S. 72.

[2] Vgl. Wächter/Koch (1993), S. 297 f.; Zu Employee Stock Ownership Plans im allgemeinen vgl. eingehend Koch (1993).

[3] Vgl. Guski/Schneider (1983), S. 214 ff.

[4] Vgl. Guski/Schneider (1983), S. 362.

[5] Zur Relevanz des Kapitalanteils bei einer Beteiligung von Führungskräften vgl. Schneider (1993-b-), S. 10.

[6] Vgl. Schneider (1993-b-), S. 10.

[7] Vgl. Schneider (1993-b-), S. 10.

vation und Bindung der beteiligten Führungs- oder Fachkräfte zur Unternehmung bilden.[1] Demgemäß kann die Relevanz der personalpolitischen Intentionen für die Bemessung des sachlichen Beteiligungsumfangs nicht losgelöst vom Kreis der zu beteiligenden Mitarbeiter beurteilt werden.

Im mittelständischen Bereich wird die Festlegung der Anteilshöhe der Belegschaftsaktionäre neben finanzwirtschaftlichen und personalpolitischen Zielsetzungen maßgeblich durch das **Streben** der bisherigen Eigentümer nach **Unabhängigkeit** bei der Regelung der gesellschaftlichen Angelegenheiten determiniert. Insbesondere wenn ein hoher Kapitalbedarf und die Absicht, die Leistungsbereitschaft und Bindung der begünstigten Mitarbeiter zu verbessern, aus finanzwirtschaftlicher und personalpolitischer Hinsicht eine großzügige Bemessung des Beteiligungsumfangs nahelegen, können Zielkonflikte zu einem ausgeprägten Autonomiestreben der Alt-Aktionäre entstehen. Für die bisherigen Anteilseigner gilt es, solche konfliktären Interessen gegeneinander abzuwägen und diese Problematik möglicherweise durch eine Ausgabe von stimmrechtslosen Vorzugsaktien an die zu beteiligenden Mitarbeiter zu bewältigen. Nicht selten aber wird das Ausmaß an erwünschter Selbstbestimmung der Alt-Anteilseigner in Gesellschaftsangelegenheiten die Obergrenze des den Mitarbeitern angebotenen Kapitalanteils in mittelständischen Softwareunternehmen festlegen.

Außer den Beteiligungsmotiven der bisherigen Eigentümer sind im Rahmen einer Bemessung des sachlichen Beteiligungsumfangs ebenfalls die **Zielvorstellungen** der beteiligungsberechtigten **Mitarbeiter** von Bedeutung. Um den Erfolg eines Beteiligungsmodells nicht in Frage zu stellen, müssen diese zumindest als Orientierungspunkte bei einer solchen Entscheidung berücksichtigt werden. Während aus der Sicht der bisherigen Eigentümer, insbesondere im Zusammenhang mit der Aufteilung der Vermögens- und Mitverwaltungsrechte, vornehmlich relative Größen, d.h. Prozentwerte des Grundkapitals, im Vordergrund stehen, erweist sich für den einzelnen beteiligten Mitarbeiter oftmals eher die absolute Höhe seines Kapitalanteils von Relevanz.

Die Erwartungen der Belegschaftsaktionäre an eine Beteiligung lassen sich in materielle, d.h. finanzwirtschaftlich geprägte und immaterielle bzw. partizipationsorientierte Interessen unterteilen. Beispielsweise streben eher **partizipationsorientierte** Belegschaftsaktionäre, die hauptsächlich an einer Mitwirkung in gesellschaftlichen Angelegenheiten interessiert sind, vermutlich einen solchen Anteil an, der ihnen faktisch einen gewissen Einfluß bei der Beschlußfassung in der Hauptversammlung verleiht. **Materiell** geprägte Mitarbeiter hingegen, welche eine Aktienbeteiligung primär als Kapitalanlage betrachten, bestimmen die für sie op-

[1] Mögliche negative Effekte eines solchen Exklusiv-Modells auf einzelne personalpolitische Zielsetzungen werden in Kapitel 4 II 2.2. dargestellt.

timale Aktienanzahl vornehmlich im Wege einer Abwägung verschiedener finanzwirtschaftlicher Gesichtspunkte. Als solche sind z.B. Rentabilitäts- und Risikoaspekte zu nennen.[1] In den meisten mittelständischen Softwareunternehmen wird man beide gegensätzlichen Typen von Mitarbeiteraktionären zugleich vorfinden. Daneben dürfte ein Teil der anspruchsberechtigten Mitarbeiter materielle und immaterielle Interessen in einem nahezu ausgewogenen Verhältnis in sich vereinen.

Von besonderer Bedeutung für die erwünschte Anteilshöhe sowohl finanzwirtschaftlich- als auch partizipationsorientierter Belegschaftsaktionäre erweist sich deren **Risikoneigung**. Je risikoscheuer die Mitarbeiter sind und je risikoträchtiger die Kapitalanlage in Anteile des arbeitgebenden Softwareunternehmens ist, umso weniger Aktien werden die Begünstigten für gewöhnlich zu zeichnen bereit sein. Dabei unterliegen die begünstigten Personen im Falle einer Mitarbeiterkapitalbeteiligung nicht nur dem Risiko eines Kapitalverlustes, sondern sehen sich auch der Gefahr gegenüber, ihren Arbeitsplatz zu verlieren.[2] Gerade die beträchtliche Marktdynamik, -intransparenz und -ungewißheit in der Softwarebranche erhöhen zusätzlich das Risiko einer solchen Investition im arbeitgebenden Unternehmen.

Neben der Risikopräferenz geht von der Art der **Mittelaufbringung** ein wichtiger Einfluß auf die Höhe des von den Mitarbeitern angestrebten Kapitalanteils aus. Es ist zu vermuten, daß die Belegschaftsaktionäre umso mehr Aktien übernehmen wollen, je stärker der Anteilserwerb durch unternehmensseitige Zuwendungen gefördert wird und je weniger Eigenleistungen dementsprechend erforderlich sind. Weitere Faktoren, welche den aus Mitarbeitersicht erwünschten Aktienumfang bestimmen können, bilden beispielsweise die finanzielle Situation der Begünstigten, die anvisierte Verbleibdauer im Unternehmen, dessen Ertragskraft, das Betriebsklima sowie das Verhältnis zur Unternehmensleitung.

3.2. Verteilungsmasse

Nachdem im vorausgegangenen Abschnitt untersucht wurde, welche Anteilshöhe vor dem Hintergrund der Zielvorstellungen von bisherigen Eigentümern und zu beteiligenden Mitarbeitern angebracht erscheint, stellt sich nun die Frage, wieviel von seiten des Unternehmens an Verteilungsmasse für die Belegschaftsaktionäre zur Verfügung steht. Dieser **finanzielle Spielraum** wird im wesentlichen durch den Kapitalbedarf der Softwareunternehmung, die Beteiligungsverhältnisse sowie die Präferenzen der bisherigen Anteilseigner bezüglich der Anteilshöhe der Mitarbeiter bestimmt. Anliegen der folgenden Ausführungen ist

[1] Vgl. Perridon/Steiner (1997), S. 12 ff.
[2] Vgl. Gaugler (1985), S. 59 ff.

es, die genannten Determinanten näher zu beleuchten sowie mögliche Relationen zwischen der Verteilungsmasse einerseits und der den Zielen zuträglichen Anteilshöhe andererseits aufzuzeigen.

Einen wichtigen Bestimmungsfaktor für das Volumen des für eine Aktienbeteiligung zur Disposition stehenden Kapitals bildet der **Kapitalbedarf** der Unternehmung. Je höher der Bedarf an Eigenkapital eines mittelständischen Softwareunternehmens einzuschätzen ist, umso höher kann ceteris paribus der sachliche Beteiligungsumfang bemessen werden. Demgemäß empfiehlt es sich gerade im Mittelstand, in dem solche Instrumente bislang wenig Verbreitung gefunden haben,[1] im Vorfeld einer Aktienbeteiligung eine detaillierte Kapitalbedarfsrechnung und Finanzplanung durchzuführen.

Neben dem Kapitalbedarf wird das disponible Kapitalvolumen maßgeblich durch die **Eigentümerstruktur** und **Beteiligungsverhältnisse** in der mittelständischen Softwareaktiengesellschaft geprägt. In diesem Zusammenhang ist die Anzahl der bisherigen Eigentümer sowie die Höhe der jeweiligen Beteiligung von Bedeutung. Insbesondere bei mehreren bisherigen Anteilseignern muß der Kapitalanteil der Mitarbeiter derart bemessen werden, daß sich die Belegschaftsaktionäre bei der Beschlußfassung in der Hauptversammlung nicht als instabiles Element im Beziehungsgefüge der Alt-Gesellschafter erweisen.[2] In diesem Sinne stellt die den Mitarbeitern angebotene Anteilshöhe das Ergebnis einer Abwägung der Interessen aller bisher beteiligten Aktionäre dar. So ergibt sich beispielsweise bei einem Softwareunternehmen mit drei in gleicher Höhe beteiligten Aktionären, von denen jeder zumindest die Sperrminorität behalten möchte, die Grenze des Aktienumfangs der Mitarbeiteraktionäre zwangsläufig bei 25 % des Grundkapitals.

Auf Grund der Tatsache, daß den **bisherigen Eigentümern** der mittelständischen Softwareunternehmung regelmäßig die Entscheidung über den Umfang eines Angebots der Aktienbeteiligung obliegt, sind deren **Präferenzen** in diesem Kontext von ausschlaggebender Bedeutung. Mit einer Ausgabe von Belegschaftsaktien ist häufig eine **Benachteiligung** der Alt-Kapitalgeber in doppelter Hinsicht, nämlich sowohl materiell als auch bezüglich des Einflusses in der Hauptversammlung verbunden. Da diese weiter zu konkretisierenden Nachteile[3] zum großen Teil positiv mit der Anteilshöhe der Mitarbeiteraktionäre am Grundkapital korrelliert sind, kann seitens der bisherigen Eigentümer vor diesem Hintergrund eine Begrenzung des sachlichen Beteiligungsumfangs präferiert werden.

---

[1] Vgl. Wossidlo (1990), S. 261.
[2] Vgl. analog Gaugler (1967), S. 751.
[3] Vgl. dazu auch Teil 3 III 3. und Abschnitt 4 I 2.1.

Eine relative **materielle** Benachteiligung der bisherigen Anteilseigner entsteht insbesondere dann, wenn die Belegschaftsaktien unternehmensseitig finanziert oder im Wege einer Kapitalerhöhung emittiert werden.[1] So werden diese Aktien den Arbeitnehmern häufig zu vergünstigten Bezugsbedingungen, wie z.B. zu einem Vorzugskurs oder die Übernahme anfallender Aufwendungen durch das Unternehmen, angeboten,[2] die zu einer Minderung des Vermögens der Aktiengesellschaft und damit indirekt des Vermögens der Alt-Aktionäre führen können.[3] Eine direkte relative Wertabnahme des Aktienvermögens der bisherigen Gesellschafter tritt ein, wenn die Belegschaftsaktien im Wege einer ordentlichen oder genehmigten Kapitalerhöhung mit Ausschluß des Bezugsrechts der Anteilseigner oder einer bedingten Kapitalerhöhung emittiert werden.[4] Hier geben die bisherigen Eigentümer nicht nur einen Teil ihres gegenwärtigen Eigentums an der Unternehmung auf, sondern verzichten damit auch auf den entsprechenden Teil aller zukünftigen Erträge.[5] Insbesondere bei einer Emission von solchen Aktien an die begünstigten Mitarbeiter, die mit einem vermögensrechtlichen Vorzug bezüglich des Gewinns oder des Liquidationserlöses ausgestattet sind, erwächst den Alt-Gesellschaftern entweder in wirtschaftlich guten oder in Krisenzeiten für gewöhnlich ein relativer finanzieller Nachteil.[6] Diese mit dem Beteiligungsumfang korrespondierende potentielle **Substanz-** und **Ertragswertminderung** der **Alt-Aktien**[7] kann eine Beschränkung der den Mitarbeitern angebotenen Anteilshöhe nach sich ziehen.[8]

---

[1] Vgl. eingehend Peterssen (1968), S. 114 ff.; auch Janberg (1960), S. 180.
[2] Vgl. Gaugler (1967), S. 745 ff.
[3] Vgl. Janberg (1960), S. 180.
[4] Vgl. Janberg (1960), S. 180.
[5] Vgl. Peterssen (1968), S. 115.
[6] Vgl. Peterssen (1968), S. 115 f.
[7] Vgl. Janberg (1960), S. 180; vgl. eingehend Peterssen (1968), S. 114 ff.
[8] Eine solche Überlegung greift jedoch häufig zu kurz und bedarf einer weitergehenden Differenzierung. So resultiert eine finanzielle Benachteiligung der bisherigen Gesellschafter durch Kapitalverwässerung nicht unmittelbar aus der Ausgabe von Belegschaftsaktien, sondern ist ein Ergebnis aller übermäßigen und ungenügend abgestimmten Kapitalerhöhungsprozesse (vgl. Steinbrink (1976), Sp. 137).
Ferner berücksichtigt obige Kalkulation nicht, daß mit der Beteiligung eine positive Beeinflussung des Mitarbeiterverhaltens erzielt werden kann (vgl. Peterssen (1968), S. 115 f.) und diese auch von der Höhe des individuellen Kapitalanteils abhängt. Gelingt darüber hinaus eine stärkere Bindung der Mitarbeiter an das Unternehmen, läßt sich zumindest ein Teil der Fluktuationskosten einsparen. Steigende Mitarbeiterleistung und sinkende Kosten erhöhen ceteris paribus die künftige Ertragskraft des Unternehmens und können auf lange Sicht die genannten kurzfristigen relativen Vermögenseinbußen der bisherigen Anteilseigner relativieren.
Wie Gaugler weiter zeigt, ist die Gewährung eines verbilligten Erwerbskurses nicht zwangsläufig mit einer Minderung des Vermögens der Alt-Aktionäre verbunden (vgl. hierzu eingehend Gaugler (1967), S. 748 ff.). Wird die Differenz des Vorzugskurses zum wahren Wert der Aktie kalkulatorisch den Personalkosten zugeschlagen und vom Markt über entsprechend höhere Preise vergütet, vermag diese zusätzliche Selbstfinanzierung den durch den Vorzugskurs bedingten Ausfall des Agios zu kompensieren. Angesichts eines in zunehmender Härte ausgetragenen Wettbewerbs in weiten Bereichen des Softwaremarktes können Preissteigerungen aber eine Verschlechterung der Wettbewerbsposition des Unternehmens zur Folge haben. Lediglich in solchen Marktsegmenten, in denen die Unternehmensleistung aus Innovations-, Qualitäts- oder Servicegesichtspunkten eine herausragende Stellung einnimmt, erscheint diese Strategie erfolgsträchtig.

Eine Benachteiligung der bisherigen Eigentümer in **immaterieller** Hinsicht, d.h. ein Verlust an Einfluß in der Hauptversammlung, ergibt sich insbesondere dann, wenn stimmberechtigte Aktien im Wege einer effektiven Kapitalerhöhung an die Mitarbeiter emittiert werden.[1] Dabei wird der Stimmanteil der Alt-Gesellschafter, bedingt durch den Ausschluß oder das Fehlen des Bezugsrechts, im gleichen Umfang anteilig gemindert, in dem neue Aktien für die Belegschaftsmitglieder entstehen.[2] In diesem Zusammenhang ist es speziell bei mehreren Alt-Eigentümern nicht nur denkbar, daß ausgeklügelte Abstimmungskoalitionen verloren gehen, sondern darüber hinaus einer oder mehrere Aktionäre ihre Sperrminorität einbüßen.[3] Vor diesem Hintergrund kann von seiten der bisherigen Anteilseigner eine Begrenzung des sachlichen Beteiligungsvolumens erwogen werden.

Über eine Analyse maßgeblicher Bestimmungsfaktoren der Verteilungsmasse hinaus, erscheint weiterhin von Interesse, in welchem **Verhältnis** der tatsächliche finanzielle Spielraum für eine Beteiligung einerseits und die zur Erreichung der verfolgten finanzwirtschaftlichen und personalpolitischen Ziele erforderliche Kapitalhöhe[4] andererseits zueinander stehen können. Setzt man diese Größen zueinander in Relation, ergeben sich drei mögliche Beziehungen. Der Fall, daß beide Werte sich entsprechen, wird nur selten auftreten. Zweitens ist denkbar, daß die vorhandene Verteilungsmasse die zur Zielerreichung notwendig erachtete Anteilshöhe übersteigt. Hier erweist sich ein Kapitalbeteiligungsmodell insofern als flexibel, als weiterer Spielraum für eine Erweiterung des begünstigten Personenkreises, z.B. um neue Mitarbeiter, besteht.

Problematisch erscheint jedoch jene Konstellation, bei der, beispielsweise bedingt durch einen mangelnden Kapitalbedarf oder einen privaten personalistischen Charakter der Softwareaktiengesellschaft, die vorhandene in Relation zur erwünschten Verteilungsmasse zu niedrig ist. Mit einem zu gering bemessenen finanziellen Spielraum[5] für eine Aktienbeteiligung gehen vor allem zwei potentielle Gefahren einher: Zum einen besteht die Möglichkeit, daß die Beteiligungsbereitschaft der Mitarbeiter nicht geweckt oder beeinträchtigt wird und diese von dem Angebot zur Kapitalbeteiligung keinen Gebrauch machen. Kommt es dennoch zu einer Beteiligung, erscheint die Erreichbarkeit der damit verfolgten Zielvorstellungen gefährdet.

---

[1] Vgl. Peterssen (1968), S. 117 ff.
[2] Vgl. ähnlich Peterssen (1968), S. 117 f.
[3] Vgl. in diesem Sinne Peterssen (1968), S. 117 ff.
[4] Insbesondere bei personalpolitischen Zielsetzungen besteht in diesem Kontext jedoch ein erhebliches Operationalisierungsproblem.
[5] Die Bedeutung der Verteilungsmasse für den Erfolg eines Beteiligungsmodells betonen auch Guski/Schneider (1983), S. 382 ff. und Peterssen (1968), S. 72 ff.

Vor diesem Hintergrund ist beteiligungswilligen Softwareunternehmen zu empfehlen, vor der Einführung einer Aktienbeteiligung zu überprüfen, ob sich auf der Basis der vorhandenen Verteilungsmasse eine ökonomisch und psychologisch akzeptable Aktienzahl pro Mitarbeiter erreichen läßt. Will man den Belegschaftsaktionären aber trotz eines geringen finanzwirtschaftlichen Spielraums beispielsweise aus Motivationsgründen einen höheren Beteiligungsumfang anbieten, läßt sich dieses **Spannungsfeld** auf mehrfache Weise handhaben und zumindest teilweise entschärfen. Beispielsweise kann zum einen erwogen werden, bei der Mittelaufbringung auf Eigenleistungen der Mitarbeiter zu verzichten, zum anderen den Kreis der bezugsberechtigten Personen stärker einzugrenzen[1] oder schließlich die Aktien anstelle einer effektiven Kapitalerhöhung im Wege eines Anteilserwerbs aus dem Aktienbesitz der bisherigen Eigentümer auszugeben.

3.3. Gattung der Belegschaftsaktien

Da Art und Umfang der Mitgliedschaftsrechte der Aktionäre im wesentlichen durch das Zusammenwirken von Aktiengattung und Aktienanzahl determiniert werden, sind zwischen der Bemessung der Anteilshöhe der anspruchsberechtigten Mitarbeiter und der Gattung der Belegschaftsaktien **starke Wechselwirkungen** zu erwarten. In der bisherigen Untersuchung, insbesondere bei der Herleitung des Einflußpfads der Belegschaftsaktionäre, wurde die Stammaktie als Gattung zugrundegelegt. Es stellt sich nun die Frage, in welcher Weise der Einflußpfad der Mitarbeiteraktionäre und Alt-Eigentümer durch die Ausgabe stimmrechtsloser Vorzugsaktien modifiziert wird und welche Wirkung von der Wahl der Aktiengattung auf die Bemessung der Anteilshöhe der begünstigten Mitarbeiter ausgeht.

Gemäß § 140 Abs. 1 AktG gewähren stimmrechtslose Vorzugsaktien mit Ausnahme des Stimmrechts die jedem Aktionär aus der Mitgliedschaft hervorgehenden Rechte. Dies bedeutet, daß den beteiligten Mitarbeitern auch im Fall einer Emission von Vorzugsaktien ohne Stimmrecht die aus der Aktienbeteiligung resultierenden **allgemeinen Mitverwaltungsrechte**, wie z.B. das Präsenz-, Auskunfts- und Anfechtungsrecht, zustehen.[2] Gleiches gilt im wesentlichen für den Bereich der **Minderheitenrechte**.[3] Alle diese Befugnisse sind nicht Ausdruck des Stimmrechts, sondern in Zusammenhang mit der Kapitalbeteiligung als solcher zu betrachten mit dem Ergebnis, daß stimmberechtigte und stimmrechtslose Aktien gleich behandelt werden.[4]

---

[1] Zu nachteiligen Auswirkungen einer Ausgrenzung eines Teils der Belegschaft vgl. Kapitel 4 II 1.2., 4 II 1.3.

[2] Vgl. Bezzenberger (1991), S. 104 ff.

[3] Vgl. Bezzenberger (1991), S. 108 ff.

[4] Eine Ausnahme hierzu liegt dort, wo die Ausübung von Minderheitenrechten lediglich eine nachfolgende Abstimmung der Hauptversammlung vorbereiten soll. So steht beispielsweise das Recht, die Einzelentlastung von

Durch den Ausschluß des Stimmrechts bleibt den Belegschaftsmitgliedern im Falle einer Beteiligung mit stimmrechtslosen Vorzugsaktien jedoch das Recht verwehrt, am Zustandekommen von **Hauptversammlungsbeschlüssen** mitzuwirken. Demzufolge treten die für die Entscheidungsfindung der Gesellschafterversammlung relevanten Kapitalquoten in Höhe von 25 %, 50 % und 75 % des Grundkapitals in den Hintergrund, die lediglich im Fall eines Wiederauflebens des Stimmrechts Bedeutung erlangen.[1] Fügt man die einzelnen Aspekte zusammen, dann nimmt der **Einflußpfad** der begünstigten Belegschaftsmitglieder bei einer Ausgabe von Vorzugsaktien die in Abb. 17 dargestellte Form an. Dieser endet bei einer Kapitalquote in Höhe von 50 %, da die Emission von Vorzugsaktien ohne Stimmrecht § 139 Abs. 2 AktG zufolge auf die Hälfte des Grundkapitalnennbetrags beschränkt ist.

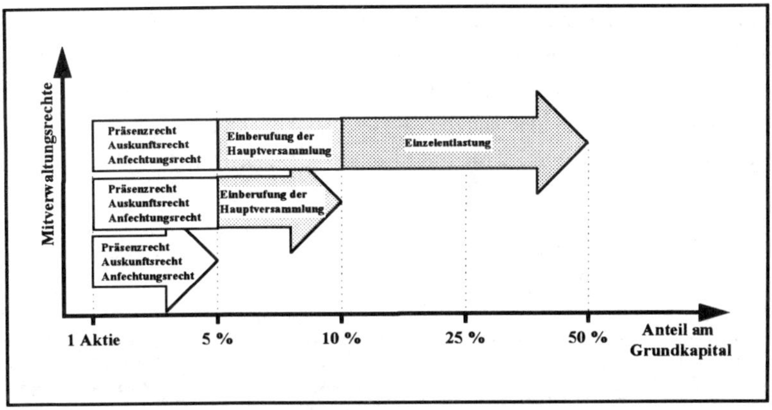

Abb. 17: Einflußpfad der Mitarbeiter bei Ausgabe stimmrechtsloser Vorzugsaktien
Quelle: Eigene Darstellung.

Die Beteiligung der Belegschaftsmitglieder in mittelständischen Softwareunternehmen mit Vorzugsaktien ohne Stimmrecht verändert nicht nur deren Einflußpfad, sondern wirkt sich auch auf jenen der **bisherigen Kapitalgeber** aus. Dieser Effekt kommt dadurch zustande, daß stimmrechtslose Vorzugsaktien für die Bemessung einer Mehrheit des bei der Beschlußfassung vertretenen Grundkapitals in der Hauptversammlung nicht zu berücksichtigen sind.[2] Als „vertreten" gilt nur das auf gültige Ja- und Nein-Stimmen entfallende Kapital von stimmberechtigten Aktionären. Die Summe der Nennbeträge der Vorzugsaktien ist zur Berechnung der Kapitalmehrheit vom Grundkapital abzuziehen.[3]

Verwaltungsmitgliedern nach §120 Abs. 1 AktG durchzusetzen, allein denjenigen zu, die über den Beschlußgegenstand selbst zu entscheiden haben, also den Inhabern stimmberechtigter Aktien (vgl. Bezzenberger (1991), S. 108 ff.).

[1] Vgl. eingehend hierzu Kapitel 4 III 1.3.

[2] Vgl. Bezzenberger (1991), S. 89.

[3] Vgl. Bezzenberger (1991), S. 89.

Diese technische **Hebelwirkung** eines Stimmrechtsausschlusses ermöglicht es einer geschlossen handelnden Beteiligungsminderheit von Alt-Anteilseignern, die Belange der Gesellschaft mit Stimmenmehrheit zu lenken. Somit kann eine Ausgabe stimmrechtsloser Vorzugsaktien in mittelständischen Softwareaktiengesellschaften dazu dienen, neues Aktienkapital an die Belegschaftsmitglieder zu begeben, ohne die alten Mehrheitsverhältnisse in Gefahr zu bringen. Wie weit die beschriebene Hebelwirkung reichen kann, soll folgende Konstellation verdeutlichen: Unter den Prämissen, daß stimmrechtsloses Aktienkapital im gesetzlich zulässigen Höchstumfang von 50 % des Grundkapitals an die begünstigten Mitarbeiter emittiert wird und die Alt-Anteilseigner Stammaktien besitzen, genügt diesen eine Beteiligungsquote von knapp über 25 %, um einfache Hauptversammlungsbeschlüsse zu treffen; ein Kapitalanteil von mehr als 37,5 % verleiht ihnen die Macht zur Satzungsänderung, Auflösung der Gesellschaft und Kapitaldisposition, wogegen schon 12,5 % des Aktienkapitals ausreichen, um diese Maßnahmen zu Fall zu bringen.[1] Hinsichtlich der allgemeinen Mitverwaltungsrechte und Minderheitenrechte der Alt-Eigentümer ergeben sich aus der Gattung der Belegschaftsaktien dagegen keine Besonderheiten. Der Einflußpfad der Alt-Anteilseigner nimmt bei einer Ausgabe stimmrechtsloser Vorzugsaktien an die zu begünstigenden Mitarbeiter die in Abb. 18 dargestellte Form an.

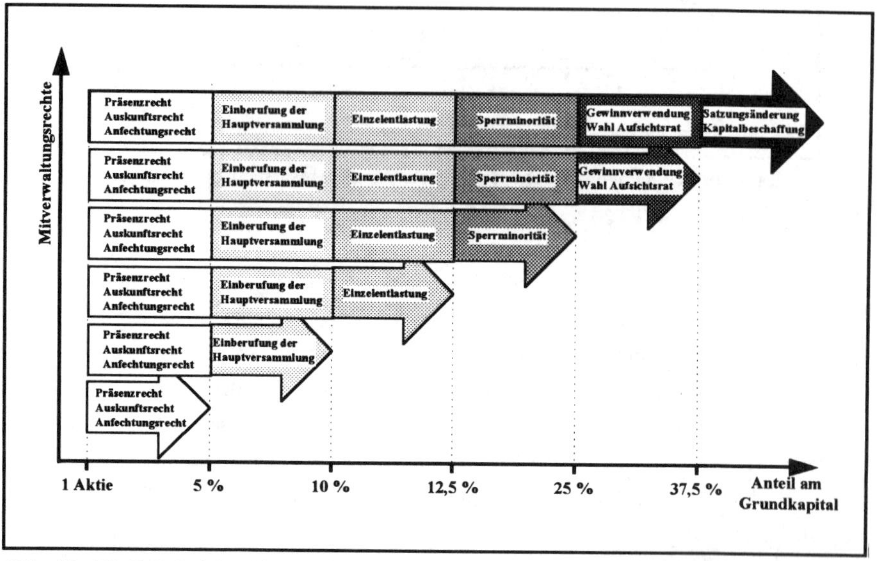

Abb. 18: Einflußpfad der Alt-Anteilseigner bei Beteiligung der Mitarbeiter mit stimmrechtslosen Vorzugsaktien (in Höhe von 50 % des Grundkapitals)

Quelle: Eigene Darstellung.

[1] Vgl. Bezzenberger (1991), S. 90 ff.

Es wird ersichtlich, daß die Entscheidung, mit welchem Anteil die Mitarbeiter am Grundkapital zu beteiligen sind, in engem Zusammenhang zur Gattung der Belegschaftsaktien steht. Das Einflußpotential der mit stimmrechtslosen Vorzugsaktien beteiligten Belegschaftsmitglieder nimmt nur begrenzt mit der Anteilshöhe zu; diese können selbst bei Beteiligungsquoten bis zur Hälfte des Grundkapitals keine weiteren Rechte über die Individual- und Minderheitenbefugnisse hinaus erwerben. Somit erweist sich die stimmrechtslose Vorzugsaktie als ein mögliches Instrument, um Anteilshöhe und Einflußpotential voneinander zu **entkoppeln**. Insbesondere in jenen mittelständischen Softwareaktiengesellschaften, in denen die Selbstbestimmung ein zentrales Anliegen der bisherigen Anteilseigner darstellt, kann mit Hilfe von Vorzugsaktien ohne Stimmrecht einem solchen Bestreben Rechnung getragen und eine Kapitalbeteiligung der Mitarbeiter in sinnvollem Umfang ermöglicht werden.[1]

Es stellt sich nun die Frage, an welche Mitarbeiter ein betriebliches Angebot zum Erwerb von Aktien des Unternehmens gerichtet werden soll.

II. Auswahl der zu beteiligenden Mitarbeiter

Als Träger der intendierten personalpolitischen Effekte und potentielle Eigenkapitalgeber stehen die beteiligten Mitarbeiter im Mittelpunkt einer betrieblichen Kapitalbeteiligung. Bei der Konzeption eines Belegschaftsaktienmodells ist der Auswahl jener Belegschaftsmitglieder, die zum Erwerb von Aktien des Unternehmens berechtigt sind, daher besondere Beachtung zu widmen.

Das vorliegende Kapitel befaßt sich zum einen mit der Analyse zentraler entscheidungsrelevanter Aspekte einer Abgrenzung der beteiligungsberechtigten Mitarbeiter in mittelständischen Softwareunternehmen. Dabei werden zunächst strukturelle Besonderheiten und Unterschiede zu einer solchen Entscheidung in Publikumsaktiengesellschaften herausgearbeitet. Im Anschluß daran sind die Bedeutung des Gleichbehandlungsgrundsatzes und der Akzeptanz der Auswahlentscheidung durch die nicht begünstigten Mitarbeiter zu beleuchten. Eine Analyse möglicher Kriterien zur Abgrenzung des beteiligungsberechtigten Mitarbeiterkreises schließt den ersten Teil dieses Abschnitts ab. Darauf aufbauend werden im zweiten Teil zwei realtypische Alternativen einer Kapitalbeteiligung, nämlich eine unternehmensweite Ausgabe von Belegschaftsaktien sowie eine gezielte Beteiligung ausgewählter Führungs- und Fachkräfte untersucht.

---

[1] Zu möglichen dysfunktionalen Effekten einer Ausgabe stimmrechtsloser Vorzugsaktien vgl. Kapitel 4 III 1.3.

1. Zentrale Aspekte des Entscheidungsproblems in mittelständischen Aktiengesellschaften

1.1. Tragweite und strukturelle Unterschiede zur Entscheidung in Publikumsaktiengesellschaften

Die Entscheidung über den Kreis der Belegschaftsaktionäre weist angesichts der Wesensmerkmale mittelständischer Aktiengesellschaften eine andere Struktur und Bedeutung als in Publikumsaktiengesellschaften auf. Solche Besonderheiten mittelständischer Aktiengesellschaften ergeben sich hauptsächlich in zweifacher Hinsicht, und zwar erstens bezüglich der **Entscheidungsträger** und zweitens im Hinblick auf die mit dieser Maßnahme verbundenen **Konsequenzen** für die bisherigen **Eigentümer** des beteiligungswilligen Softwarenternehmens.[1]

Bei der Auswahl der bezugsberechtigten Mitarbeiter läßt sich ein zentraler Unterschied zwischen großen, börsennotierten und mittelständischen Aktiengesellschaften hinsichtlich der Involvierung der bisherigen Anteilseigner in die **Entscheidungsfindung** konstatieren. Infolge der in Publikumsgesellschaften üblichen Trennung von Eigentum und Unternehmensleitung[2] sind die Aktionäre von der Entscheidung über den Personenkreis der Belegschaftsaktionäre, die in der Regel der Unternehmensleitung obliegt, ausgenommen. Dagegen führt die Einheit von Eigentum und Management in der Person des mittelständischen Eigentümerunternehmers[3] dazu, daß die Auswahl der zu begünstigenden Mitarbeiter für gewöhnlich von den in der Unternehmensleitung tätigen bisherigen Anteilseignern getroffen wird. So obliegt die Festlegung der Bedingungen für ein Angebot von Belegschaftsaktien als Maßnahme der Geschäftsführung grundsätzlich dem Vorstand einer mittelständischen Softwareaktiengesellschaft.[4] In der Konsequenz ist diese Entscheidung maßgeblich von den persönlichen Zielvorstellungen, Interessen und Emotionen der im Vorstand tätigen Alt-Gesellschafter geprägt.[5]

---

[1] Die möglichen Konsequenzen einer Aktienbeteiligung auf die organisationale Effektivität bei mittelständischen Software*unternehmen* wurden in Kapitel 3 II 2.2. auf der Basis der Erwartungs-Wert-Theorie von Long bereits dargelegt. Da die beteiligten Mitarbeiter Träger solcher Verhaltenseffekte sind, hängt die Frage, ob und in welchem Ausmaß Motivation und Bindung der Begünstigten erhöht werden können, aber nicht zuletzt von der Bestimmung der anspruchsberechtigten Mitarbeiter ab. Darauf wird im Verlauf der weiteren Ausführungen näher eingegangen.

[2] Vgl. ähnlich Gerum (1995), Sp. 1457; Schanz (1983), S. 263; allgemein zu Unternehmensverfassung und Verfügungsrechten vgl. z.B. Ridder-Aab (1980); Chmielewicz (1993).

[3] Zur unterschiedlichen Entscheidungssituation von mittelständischen Unternehmern und Managern vgl. Hamer (1988), S. 38 ff.

[4] Vgl. analog Lutter (1985), § 71, Rdn. 23.

[5] Vgl. Hamer (1988), S. 17 f. Die hohe Bedeutung von Emotionen der bisherigen Eigentümer mittelständischer Unternehmen im Rahmen der Planung einer Mitarbeiterbeteiligung betonen auch Schneider/Zander (1990), S. 223.

Eine ähnlich weitreichende Einwirkung der bisherigen Anteilseigner ist selbst bei jenen mittelständischen Softwareaktiengesellschaften zu erwarten, in denen diese kein Vorstandsamt ausüben. Solange den ursprünglichen Aktionären die geplante Zusammensetzung des Kreises der zu beteiligenden Mitarbeiter nicht zusagt, können sie zum einen den im Fall einer Neuemission der Belegschaftsaktien notwendigen Kapitalerhöhungsbeschluß in der Hauptversammlung blockieren. Sollen diese Aktien aus dem Besitz der bisherigen Eigentümer ausgegeben werden, sind sie zum anderen in der Lage, die Einführung einer Kapitalbeteiligung zu verhindern, indem sie den Verkauf der erforderlichen Aktien verweigern. Außerdem ist denkbar, die Entscheidung über ein Angebot von Belegschaftsaktien nach § 111 Abs. 4 AktG an die Zustimmung des Aufsichtsrats zu binden.[1]

Der hohe Einfluß persönlicher Interessen der Alt-Kapitalgeber in mittelständischen Softwareaktiengesellschaften auf die Abgrenzung der anspruchsberechtigten Mitarbeiter läßt sich ferner auf den Umstand zurückführen, daß diese Entscheidung mit weitreichenden **Folgen** für die **bisherigen Eigentümer** selbst verbunden ist. So bilden die Überschaubarkeit der Gruppe der Anteilseigner und die vielfältigen Interaktionsbeziehungen zwischen den einzelnen Aktionären typische Wesensmerkmale mittelständischer Aktiengesellschaften. Vor diesem Hintergrund werden die bisherigen Eigentümer bei der Bestimmung der bezugsberechtigten Mitarbeiter vermutlich häufig Wert darauf legen, daß diese sich hinsichtlich ihrer Ziele und Einstellungen in die Gruppe der Alt-Kapitalgeber einfügen und damit die Grundlage für eine gedeihliche Zusammenarbeit bereitet wird. Demgegenüber weisen die bisherigen Anteilseigner und Belegschaftsaktionäre in Publikumsaktiengesellschaften auf Grund der geringen Präsenz und hohen Anonymität in der Hauptversammlung kaum Berührungspunkte auf. Die Zusammensetzung des Kreises der Mitarbeitergesellschafter dürfte für die Alt-Aktionäre dort regelmäßig nur von geringem Interesse sein.

Bezogen auf die Involvierung der bisherigen Anteilseigner stellt die Auswahl der zu begünstigenden Mitarbeiter in mittelständischen Aktiengesellschaften somit ein vielschichtigeres Entscheidungsproblem als in großen, börsennotierten Unternehmen dar. In großen Aktiengesellschaften wirkt andererseits der **Betriebsrat** oftmals stärker als dies im mittelständischen Bereich der Fall ist, auf diese Entscheidung ein. Gerade in der Softwarebranche ist die kollektive Interessenvertretung durch den Betriebsrat wenig verbreitet. So geht man davon aus, daß der überwiegende Teil der mittlerweile etwa 2.800 meist klein- und mittelbetrieblich strukturierten Softwareunternehmen keinen Betriebsrat hat und damit von der betrieblichen Mitbestim-

[1] Vgl. Lutter (1985), § 71, Rdn. 23; zu den Bedingungen für die Einführung zustimmungspflichtiger Geschäfte im einzelnen vgl. Mertens (1985), § 111, Rdn. 61 ff.

mung nach dem Betriebsverfassungsgesetz keinen Gebrauch macht.[1] In jenen mittelständischen Softwareunternehmen, in denen ein Betriebsrat etabliert ist, besitzt dieser angesichts der speziellen Belegschaftsstruktur im Vergleich zu Betrieben traditioneller Wirtschaftszweige normalerweise eine schwächere Machtposition.[2] Erfahrungen von Betriebsratsmitgliedern zufolge, machen die überwiegend jungen, dynamischen, hochqualifizierten und überdurchschnittlich verdienenden Softwareexperten nur selten von einer kollektiven Interessenvertretung Gebrauch.[3] Statt dessen werden z.B. vertragliche Bedingungen bei Softwareunternehmen in der Regel auf individueller Basis zwischen Mitarbeitern und Geschäftsleitung verhandelt.[4]

Im Ergebnis betrachtet, resultiert die besondere Komplexität einer Auswahl der begünstigten Mitarbeiter in vielen mittelständischen Softwareunternehmen u.a. aus der Personenidentität von Unternehmensleitung und Eigenkapitalgeber sowie der damit einhergehenden Verknüpfung von Unternehmens- und Anteilseignerperspektive, die mehrfach Zielkonflikte eröffnen kann. Solche Interessendivergenzen, die im Rahmen einer Bestimmung der bezugsberechtigen Mitarbeiter zu bewältigen sind, entstehen z.B. dann, wenn eine Beteiligung von betrieblichen Leistungsträgern aus Unternehmenssicht einerseits notwendig erscheint, andererseits aber auf seiten der bisherigen Eigentümer Vorbehalte einigen dieser Mitarbeiter gegenüber bestehen. Insbesondere die Tatsache, daß die Eigentümerunternehmer Entscheidungsträger und in ihrer Eigenschaft als Gesellschafter Betroffene zugleich sind, läßt die besondere persönliche Tragweite dieser Fragestellung im Mittelstand erkennen.

1.2. Grundsatz der Gleichbehandlung und Akzeptanz des Beteiligungsmodells von der Belegschaft

In ihrer Entscheidung über den Personenkreis der zu begünstigenden Mitarbeiter unterliegen die bisherigen Eigentümer gewissen Restriktionen. In arbeitsrechtlicher Hinsicht kann der Entscheidungsspielraum durch den Grundsatz der Gleichbehandlung begrenzt werden, während die Auswahl der anspruchsberechtigten Mitarbeiter in betriebs-soziologischer Hinsicht unter Akzeptanzgesichtspunkten zu treffen ist.

Bei der Einführung einer Mitarbeiterbeteiligung, speziell der Abgrenzung des bezugsberechtigten Personenkreises sind auch mittelständische Softwareunternehmen als Arbeitgeber

[1] Vgl. Trautwein-Kalms (1992), S. 19. Die in der Originalquelle genannte Anzahl der Softwareunternehmen wurde aktualisiert.
[2] Vgl. in diesem Sinne Lötzer (1992), S. 166.
[3] Vgl. Lötzer (1992), S. 166.
[4] Vgl. Lötzer (1992), S. 166.

prinzipiell an den **arbeitsrechtlichen Gleichbehandlungsgrundsatz**[1] gebunden.[2] Dieser besagt, daß ein Arbeitgeber gleiche Sachverhalte nicht willkürlich, d.h. ohne sachlichen Grund ungleich behandeln darf.[3] Damit verbietet der Gleichbehandlungsgrundsatz nicht jede unterschiedliche Behandlung von Arbeitnehmern, sondern untersagt lediglich eine unsachliche Differenzierung.[4] Der Hauptanwendungsbereich dieses Prinzips ist bei der Gewährung betrieblich-zusätzlicher Sozialleistungen zu sehen.[5] Im Kontext einer Ausgabe von Belegschaftsaktien in mittelständischen Softwareunternehmen hat man bezüglich des Geltungsbereichs des Gleichbehandlungsgrundsatzes nach Fohrmann zwei Ebenen zu unterscheiden.[6] Zum einen ist dies die Ebene der Kapitalaufbringung und andererseits jene der Kapitalverwendung.

Gewährt ein mittelständischer Softwarebetrieb seinen Mitarbeitern zur Finanzierung des Aktienerwerbs eine Erfolgsbeteiligung, darf er die Bezugsberechtigten im Rahmen dieser **Mittelaufbringung** nur unter Beachtung des Gleichbehandlungsgrundsatzes auswählen.[7] Als rechtlich zulässige Abgrenzungskriterien bei der Gewährung einer Erfolgsbeteiligung gelten nach herrschender Auffassung u.a. die Voraussetzung einer gewissen Mindestdauer der Betriebszugehörigkeit, die Abgrenzung nach hierarchischen Gesichtspunkten, d.h. z.B. eine ausschließliche Beteiligung von Führungskräften, oder der Ausschluß von Auszubildenden und Aushilfskräften.[8] Eine Unterscheidung zwischen Angestellten und Arbeitern sowie eine generelle Ausklammerung ausländischer Mitarbeiter stellen demgegenüber eine unsachliche Differenzierung dar.[9]

Analog zur Erfolgsbeteiligung ist der arbeitsrechtliche Grundsatz der Gleichbehandlung im Rahmen der Auswahl der begünstigten Mitarbeiter auch bei **weiteren Formen** einer **unternehmensseitigen Zuwendung** an die Mitarbeiter zu beachten. Hierunter fallen beispielsweise die Gewährung einer Jubiläumsprämie oder die Einräumung eines Preisnachlasses beim Erwerb von Aktien. Werden die zum Aktienerwerb erforderlichen finanziellen Mittel dagegen vollständig durch Eigenleistungen von den Mitarbeitern erbracht, mangelt es an einer betrieblichen Zuwendung und damit dem Anknüpfungspunkt für den arbeitsrechtlichen Gleichbehandlungsgrundsatz.

---

[1] Vgl. eingehend z.B. Maute (1993).
[2] Vgl. Esser (1977), S. 206; Fohrmann (1982), S. 135.
[3] Vgl. Zöllner/Loritz (1992), S. 198.
[4] Vgl. Esser (1977), S. 206; Zöllner/Loritz (1992), S. 198; Lieb (1994), S. 29.
[5] Vgl. Zöllner/Loritz (1992), S. 197.
[6] Vgl. Fohrmann (1982), S. 135 f.
[7] Vgl. Fohrmann (1982), S. 135 f.
[8] Vgl. Schneider/Zander (1990), S. 104; ähnlich Zöllner/Loritz (1992), S. 199 f.
[9] Vgl. Schneider/Zander (1990), S. 104; Zöllner/Loritz (1992), S. 199.

Es stellt sich jedoch die Frage, ob die Pflicht des Arbeitgebers zur Gleichbehandlung über die Gewährung einer Erfolgsbeteiligung auch für die **Mittelverwendung** gilt. Übertragen auf den Fall einer Aktienbeteiligung bedeutet dies: Kann ein mittelständisches Softwareunternehmen die Mitarbeitergesellschafter willkürlich oder zumindest nach anderen als den oben genannten Kriterien auswählen und dabei einzelnen Belegschaftsmitgliedern die Aufnahme in den Aktionärskreis verweigern?

Nach Fohrmann[1] ist diese Frage mit Verweis auf das Grundgesetz zu bejahen. Artikel 9 Abs. 1 GG gewährt den Bürgern das Recht, sich zu jedem verfassungsmäßig erlaubten Zweck zusammenzuschließen. Als Korrelat dieser positiven Vereinigungsfreiheit folgt daraus die in der Rechtsprechung und Literatur anerkannte Befugnis, Personen die Aufnahme in den Gesellschafterkreis zu untersagen.[2] Würde aber aus dem arbeitsrechtlichen Gleichbehandlungsgrundsatz die Pflicht folgen, einzelne Arbeitnehmer als Gesellschafter aufzunehmen, käme dies einem „Zwangszusammenschluß" gleich.[3] Gerade in personalistisch strukturierten Aktiengesellschaften verstößt jedoch jede zwangsweise Einräumung von Mitgliedschaften gegen Art. 9, Abs. 1 GG.[4]

Folgt man dieser Argumentation, dann lassen sich im Ergebnis für die vorliegende Problemstellung nachstehende Schlußfolgerungen ableiten. Bei der Einführung einer Aktienbeteiligung beschränkt sich der Geltungsrahmen des arbeitsrechtlichen Gleichbehandlungsgrundsatzes auf den Bereich der unternehmensseitigen Kapitalzuwendung.[5] In personalistisch strukturierten Softwareaktiengesellschaften können einzelne Mitarbeiter unter Berufung auf das arbeitsrechtliche Gleichbehandlungsprinzip keine Aufnahme in den Kreis der Aktionäre beanspruchen[6], so daß die bisherigen Eigentümer bei der Auswahl der Mitarbeitergesellschafter zumindest in rechtlicher Hinsicht freigestellt sind. Gleichwohl gilt es zu bedenken, daß die Relevanz des arbeitsrechtlichen Grundsatzes der Gleichbehandlung im Bereich der Mittelverwendung, wie hier beim Erwerb von Belegschaftsaktien, von der juristischen Fachliteratur und der Rechtsprechung bisher wenig beachtet wurde und daher nicht abschließend geklärt ist. Auch die Frage, wie zu verfahren ist, wenn Belegschaftsmitglieder bei der Mittelaufbringung (z.B. einer Erfolgsbeteiligung oder Jubiläumsprämie) begünstigt wurden, aber nicht zum Erwerb von Aktien berechtigt sein sollen, ist nach wie vor offen. Hier ist Fohrmann[7] der Ansicht, daß ein Arbeitgeber seiner Pflicht zur Gleichbehandlung bereits dann nachkommt, wenn er solchen Mitarbeitern für die diesen gewährten finanziellen Zuwendungen andere adäquate

[1] Vgl. Fohrmann (1982), S. 136.
[2] Vgl. Fohrmann (1982), S. 136.
[3] Vgl. Fohrmann (1982), S. 136.
[4] Vgl. Fohrmann (1982), S. 136 und die dort genannte weiterführende Quelle.
[5] Vgl. Fohrmann (1982), S. 136.
[6] Vgl. Fohrmann (1982), S. 136.
[7] Vgl. Fohrmann (1982), S. 136.

Anlagemöglichkeiten innerhalb des Unternehmens, etwa in Form eines Mitarbeiter-Darlehens, einräumt oder ihnen alternativ dazu eine Verfügung über dieses Kapital außerhalb des Unternehmens freistellt.

Als zentrale Voraussetzung für die Erreichbarkeit der mit einer Ausgabe von Belegschaftsaktien anvisierten Ziele erweist sich die **Akzeptanz** des Beteiligungsmodells bei den Beschäftigten.[1] Insbesondere die Auswahl jener Mitarbeiter, die zum Aktienerwerb berechtigt sind, muß demgemäß unter Akzeptanzgesichtspunkten getroffen werden. Dabei versteht man unter Akzeptanz im engeren Sinne eine über die bloße Duldung hinausgehende, befürwortende Haltung der Belegschaft gegenüber der Kapitalbeteiligung.[2] Diese ist im Hinblick auf zwei Mitarbeitergruppen, nämlich jene der Anspruchsberechtigten und diejenige der **nicht Begünstigten** bei der Auswahl der Belegschaftsaktionäre zu beachten. Außerdem hat man vor allem in stark expandierenden Softwareunternehmen unter Akzeptanzgesichtspunkten zu prüfen, inwieweit künftig neu in das Unternehmen hinzutretende Mitarbeiter zum Aktienerwerb berechtigt sein sollen. Gerade eine möglicherweise ablehnende Haltung der nicht bezugsberechtigten Mitarbeiter eröffnet in mittelständischen Softwareunternehmen spezielle Problemfelder und soll daher näher beleuchtet werden.

Die Beschränkung des Kreises der Begünstigten auf ausgewählte Personen oder Gruppen innerhalb der Belegschaft birgt grundsätzlich die Gefahr, daß die vom Aktienerwerb **ausgeschlossenen Mitarbeiter** sich benachteiligt fühlen. Ein daraus entstehender Gruppenneid sowie das Empfinden von Mißtrauen vermögen nicht nur das Arbeitsklima innerhalb der Belegschaft, sondern auch das Verhältnis zu den bisherigen Eigentümern zu beeinträchtigen. Leistungseinbußen ergeben sich vor allem dann, wenn solche innerbetrieblichen Konflikte eine konstruktive Zusammenarbeit einzelner Mitarbeiter oder Mitarbeitergruppen erschweren. In diesem Fall wirkt sich eine Ausgrenzung von Teilen der Belegschaft vom Aktienerwerb in mittelständischen Softwareunternehmen, die infolge der herausragenden Bedeutung des Humankapitals sowie regelmäßiger Team- und Projektarbeit in besonderer Weise auf eine kooperative Unternehmenskultur angewiesen sind, letztlich zulasten des Unternehmenserfolgs aus.

Dieser Effekt läßt sich auch anhand der Erkenntnisse der sozial-psychologischen Gruppenforschung untermauern. Wie bereits im Rahmen des Erwartungs-Wert-Modells erläutert, bilden gruppendynamische Prozesse einen wichtigen Einflußfaktor auf das Leistungsverhalten der Beschäftigten in mittelständischen Softwareunternehmen.[3] Gewinnen diejenigen Belegschaftsangehörigen, die vom Aktienerwerb ausgeschlossen sind und sich deswegen ungerecht

---

[1] Vgl. Klötzl (1988), S. 120 f.
[2] Zum Begriff der Akzeptanz und seinen Abstufungen vgl. Wiendieck (1992), Sp. 91 ff.
[3] Vgl. hierzu die Ausführungen in Kapitel 3 II 2.2.2.

behandelt fühlen, eine negative Einstellung zum arbeitgebenden Unternehmen, kann sich dies bei hoch kohäsiven Gruppen in einem Leistungsrückgang niederschlagen (vgl. dazu auch Abb. 10).[1] Speziell in kleineren mittelständischen Softwareunternehmen erfordert die Auswahl der begünstigten Mitarbeiter von den bisherigen Eigentümern daher ein ausgeprägtes Feingefühl für das Denken und Empfinden der Mitarbeiter.

Zusammenfassend betrachtet, haben die Entscheidungsträger eines beteiligungswilligen mittelständischen Softwareunternehmens zu prüfen, inwieweit verschiedene denkbare Differenzierungen bei der Zusammensetzung der begünstigten Mitarbeitergruppe im Kreis der Belegschaft voraussichtlich akzeptiert werden. Hierunter fallen nicht nur der gänzliche Ausschluß mancher Mitarbeiter oder Mitarbeitergruppen von der Möglichkeit eines Aktienerwerbs, sondern auch Differenzierungen hinsichtlich der Anzahl der erwerbbaren Belegschaftsaktien oder bezüglich des Umfangs eventueller unternehmensseitiger Zuwendungen.[2] Auf der anderen Seite ist auch abzuwägen, inwieweit eine weitgehend undifferenzierte Beteiligungsofferte, etwa in Gestalt einer Berechtigung der gesamten Belegschaft zum Erwerb von Aktien (gegebenenfalls unter Voraussetzung einer geringfügigen Mindestdauer der Betriebszugehörigkeit) oder der Vereinbarung einheitlicher Bezugsbedingungen, von manchen Mitarbeitern als ungerecht empfunden wird.

Bei einer solchen Einschätzung der zu erwartenden Resonanz im Mitarbeiterkreis, die nur angesichts der unternehmensindividuellen Bedingungen vorgenommen werden kann, sind Faktoren, wie der **Homogenitätsgrad** der Belegschaft von Bedeutung. So wird man davon ausgehen können, daß eine Unterteilung der Belegschaft eines mittelständischen Softwareunternehmens in anspruchsberechtigte und nicht begünstigte Mitarbeiter von letzteren umso weniger akzeptiert wird, je stärker sich diese beiden Gruppierungen hinsichtlich ihrer individuellen Einsatz- und Leistungsbedingungen[3] ähneln. Je homogener die Gruppe der Mitarbeiter eines mittelständischen Softwarebetriebs, bezogen auf solche objektiven Merkmale, wie z.B. Tätigkeits- bzw. Funktionsbereich oder Hierarchieebene, ist, umso weniger erscheint es aus Akzeptanzgesichtspunkten möglich, größere Teile der Belegschaft von einer Aktienbeteiligung auszuschließen.

---

[1] Vgl. z.B. Staehle (1994), S. 264.
[2] Auf diese Aspekte der Akzeptanz wird an späterer Stelle näher eingegangen.
[3] Vgl. zu dieser Begriffsbildung Fritsch (1994), S. 18.

1.3. Kriterien zur Bestimmung der anspruchsberechtigten Mitarbeiter

Bei der Festlegung des zum Aktienerwerb berechtigten Personenkreises besitzen die bisherigen Eigentümer eine Vielzahl von Gestaltungsmöglichkeiten. Das Spektrum dieser Alternativen reicht von der Beteiligung aller zum Zeitpunkt der Modelleinführung im Unternehmen Beschäftigten über eine Begünstigung bestimmter Mitarbeitergruppen bis hin zur Beteiligung weniger ausgewählter Personen.[1] Soll das Angebot einer Aktienbeteiligung nicht der gesamten Belegschaft unterbreitet werden, stellt sich die Frage, nach welchen Kriterien die bezugsberechtigten Mitarbeiter von den nicht Begünstigten abgegrenzt werden können.

a) Differenzierungskriterien zur Auswahl des beteiligungsberechtigten Personenkreises

Grundsätzlich muß sich die Auswahl jener Beschäftigten, an die ein betriebliches Angebot zum Erwerb von Aktien gerichtet wird, an der vorhandenen Mitarbeiterstruktur[2] orientieren. Als Ausgangsbasis für die Festlegung der zu beteiligenden Mitarbeiter hat man zunächst die aktuelle Anzahl der Beschäftigten sowie deren geplante Entwicklung festzustellen.[3] Eine Unterteilung der Belegschaft in Subgruppen kann dann nach betrieblichen bzw. betriebsorganisatorischen sowie nach persönlichen Merkmalen erfolgen (vgl. Abb. 19). Zu den **betrieblichen**, primär personenunabhängigen Differenzierungskriterien zählen die Dauer der Betriebszugehörigkeit, der betriebliche Funktionsbereich, in welchem der Mitarbeiter tätig ist, die Gehaltsgruppe sowie der Charakter des vertraglichen Beschäftigungsverhältnisses (z.B. reguläre Arbeitnehmer, freiberuflich tätige Mitarbeiter, Teilzeitkräfte, befristet Beschäftigte, Auszubildende, Praktikanten). Ein weiteres wichtiges Unterscheidungsmerkmal bei einer Aktienbeteiligung bildet die hierarchische Position der Mitarbeiter. In größeren mittelständischen Softwareunternehmen findet sich parallel zur Managementhierarchie oftmals in Gestalt einer **Fachhierarchie**[4] ein zweites, vertikal gegliedertes Gefüge von Rangstufen. Dieses dient speziell der Karriereentwicklung von Fachkräften und zieht primär fachliche Qualifikationen zur Begründung von Über- und Unterordnung von Stellen heran.[5] Welche Positionen eine solche duale Hierarchie im Softwarebereich aufweisen kann, verdeutlicht Abb. 20.

---

[1] Vgl. Schneider (1993-a-), S. 9.

[2] Vgl. Schneider/Zander (1990), S. 228. In der Terminologie von Guski/Schneider bildet die Mitarbeiterstruktur ein Element im Unternehmensprofil, d.h. den unternehmensbezogenen Rahmenbedingungen, auf dessen Grundlage die einzelnen Modellkomponenten ausgestaltet werden (vgl. Guski/Schneider (1983), S. 89).

[3] Daß die Personal-, speziell die Qualifikationsstruktur einen wichtigen Einflußfaktor auf die Ausgestaltung der betrieblichen Anreizpolitik, die auch den Bereich einer Mitarbeiterkapitalbeteiligung umfaßt, ausübt, konnte jüngst in einer empirischen Untersuchung belegt werden (vgl. Martin (1993), S. 119 ff.). Schneider/Zander (1990), S. 228 führen dazu beispielhaft einzelne Aspekte einer Analyse der Personalstruktur auf.

[4] Synonym werden hierzu auch die Begriffe duale Hierarchie, Spezialisten-, Parallel- oder Fachlaufbahn verwendet (vgl. Gerpott/Domsch (1995), Sp. 437.

[5] Vgl. Gerpott/Domsch (1995), Sp. 437 f.; Domsch (1994), S. 9.

In **persönlicher** Hinsicht lassen sich die Mitarbeiter insbesondere nach psychologischen (wie z.B. Werte, Einstellungen und Ziele), nach biologischen und sozio-demographischen (beispielsweise Alter, Geschlecht, Bildungsstand, Beruf), sowie nach Leistungskriterien (z.B. fachliche und soziale Kompetenz, Kommunikationsfähigkeit und Leistungsbereitschaft) unterscheiden.[1]

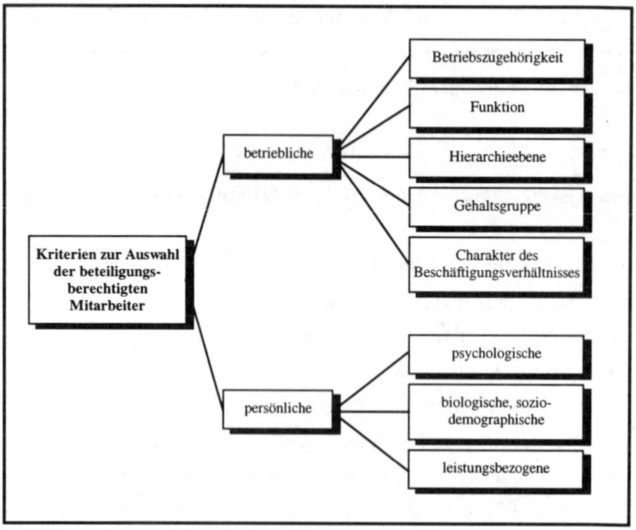

Abb. 19: Kriterien zur Auswahl der beteiligungsberechtigten Mitarbeiter.
Quelle: In Anlehnung an Fritsch (1994), S. 32.

Die Frage, welche dieser Differenzierungsmerkmale für eine Auswahl der zu beteiligenden Mitarbeiter am besten geeignet erscheinen, hängt maßgeblich von den mit einer Ausgabe von Belegschaftsaktien verbundenen **Zielsetzungen** sowie den **unternehmensspezifischen Gegebenheiten** ab. Nur dann, wenn die gewählten Kriterien einerseits die anvisierten personalpolitischen und finanzwirtschaftlichen Erwartungen und andererseits die speziellen Rahmenbedingungen im Beteiligungsunternehmen, wie z.B. Unternehmensgröße, Brachenzugehörigkeit oder Mitarbeiterstruktur, in adäquater Form abzubilden vermögen, kann gewährleistet sein, daß das Beteiligungsmodell zielorientiert gestaltet und auf die betriebsrealen Bedingungen abgestimmt ist. Da sich mittelständische, personalistisch strukturierte Aktiengesellschaften aus dem Softwarebereich von Publikumsgesellschaften hinsichtlich dieser beiden Faktoren in der Regel unterscheiden, ist zu vermuten, daß hier auch teilweise unterschiedliche Auswahlkriterien zur Anwendung kommen können. Zur Überprüfung dieser These werden zunächst

[1] Vgl. zu den Merkmalen einer Gruppenbildung Fritsch (1994), S. 32 ff.; Marr (1989), S. 39.

die in Publikumsaktiengesellschaften überwiegend verwendeten Differenzierungskriterien beschrieben. Darauf aufbauend sollen angesichts der speziellen Beteiligungsmotive und personalistischen Eigenart ausgewählte Besonderheiten mittelständischer Softwareaktiengesellschaften, die für eine solche Abgrenzung relevant sind, aufgezeigt werden.

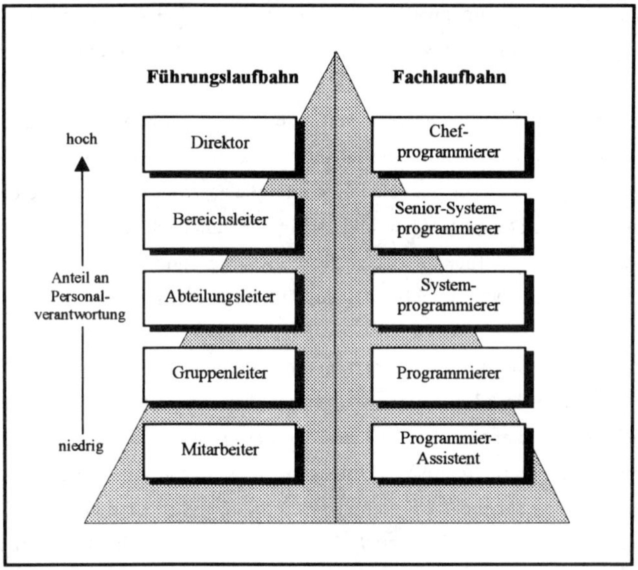

Abb. 20: Positionsgefüge innerhalb einer EDV-Abteilung und im Softwarebereich
Quelle: In enger Anlehnung an Siemers (1994), S. 117[1].

Wie aus einer empirischen Untersuchung von Aktiengesellschaften, in denen **Belegschaftsaktienmodelle** praktiziert wurden, aus dem Jahre 1971 hervorgeht, diente dort in erster Linie die **Dauer** der **Betriebszugehörigkeit** als Kritierium zu Abgrenzung des Kreises der zu beteiligenden Mitarbeiter.[2] Dabei setzte der überwiegende Teil der hauptsächlich **großen, börsennotierten Unternehmen** keine oder lediglich eine einjährige Mindestzugehörigkeit zum Unternehmen als Bedingung für einen Erwerb von Belegschaftsaktien voraus.[3] Differenziert nach dem Charakter des Beschäftigungsverhältnisses, waren ferner bei einem beträchtlichen Teil der Gesellschaften Auszubildende, Werkstudenten und Volontäre von der Beteiligung ausge-

[1] Die dort genannten Positionen einer Fachlaufbahn, die für den konkreten Fall einer EDV-Abteilung dargestellt wurden, erscheinen jedoch prinzipiell auch auf Softwareunternehmen insgesamt übertragbar.
[2] Vgl. Eichele (1971), S. 81; auch Peterssen (1968), S. 23.
[3] Vgl. Eichele (1971), S. 85. Dieser Befund wurde auch in neueren Untersuchungen, die sich aber mit Kapitalbeteiligungsmodellen im allgemeinen befaßten, wie z.B. bei Gaugler/Groos/Weber (1983), S. 71 f., bestätigt.

schlossen.[1] Über eine gewisse Zugehörigkeit zum Unternehmen und dem fallweisen Teilnahmeausschluß bestimmter Mitarbeitergruppen hinaus ist die Verwendung anderer Kriterien zur Auswahl der bezugsberechtigten Mitarbeiter in Publikumsaktiengesellschaften auch zum heutigen Zeitpunkt nicht üblich.[2] Diese insgesamt geringen Teilnahmevoraussetzungen manifestieren sich auch in der Tatsache, daß durchschnittlich 93 % aller beschäftigten Mitarbeiter der in einer neueren Bestandsaufnahme betrieblicher Kapitalbeteiligungsmodelle untersuchten, zumeist großen Aktiengesellschaften zum Erwerb von Belegschaftsaktien berechtigt waren.[3]

Wie empirische Untersuchungen belegen,[4] verbindet man in Großunternehmen mit einer Ausgabe von Belegschaftsaktien primär vermögens- und gesellschaftspolitische Motive[5] und bezieht über niedrige Anforderungen daher einen möglichst großen Teil der Belegschaft in das Beteiligungsmodell ein. Demgegenüber sind es in mittelständischen Unternehmen hauptsächlich personalpolitische und finanzwirtschaftliche Beweggründe für eine Aktienbeteiligung, welche die Dauer der Betriebszugehörigkeit als Differenzierungsmerkmal mitunter als nicht ausreichend erscheinen lassen. Beispielsweise kann die Betriebszugehörigkeitsdauer bei der Absicht, betriebliche Leistungsträger stärker an die Unternehmung zu binden, zumindest nicht als einziges Abgrenzungsmerkmal herangezogen werden. Gleiches gilt für den Fall, daß eine Aktienbeteiligung dazu dienen soll, den Kreis der Gesellschafter um kompetente Mitarbeiter zur Reduzierung des unternehmerischen Engagements der bisherigen Eigentümer zu erweitern. Ergänzend zu den sachlichen Kriterien Betriebszugehörigkeitsdauer und Charakter des Beschäftigungsverhältnisses dürften gerade bei mittelständischen Softwareaktiengesellschaften mit privatem personalistischen Charakter im Vergleich zu Publikumsgesellschaften persönlichkeitsbezogene Kriterien an Bedeutung gewinnen.

Diese vermutlich höhere Relevanz **persönlicher,** insbesondere **psychologischer Merkmale** im Mittelstand läßt sich in erster Linie auf die enge Verbindung von Unternehmer und Unternehmung, die Überschaubarkeit des Betriebes sowie das stärker persönliche Verhältnis zwischen Unternehmensleitung und Belegschaft[6] zurückführen. Auch im Hinblick auf das für mittelständische Unternehmen charakteristische Streben der bisherigen Eigentümer nach Erhaltung ihrer Unabhängigkeit können gerade Vertrauensaspekte bei der Erweiterung des Ge-

---

[1] Vgl. Eichele (1971), S. 85. Der empirischen Erhebung von Kapitalbeteiligungsmodellen in Baden-Württemberg von Gaugler/Groos/Weber aus dem Jahre 1983 zufolge waren in diesen Unternehmen befristet Beschäftigte, Praktikanten und Volontäre ebenfalls regelmäßig von der Kapitalbeteiligung ausgenommen, während Teilzeitkräfte in einigen Unternehmen zum Kreis der Bezugsberechtigten gehörten (vgl. Gaugler/Groos/Weber (1983), S. 72 f.).

[2] Vgl. dazu die aktuellen Teilnahmebedingungen an Belegschaftsaktienmodellen in Guski/Schneider (1993-c-), Gruppe 5000.

[3] Vgl. Guski/Schneider (1993-a-), S. 18.

[4] Vgl. Guski/Schneider (1983), S. 113; Guski/Schneider (1993-b-), S. 9.

[5] Vgl. Guski/Schneider (1983), S. 113.

[6] Vgl. Hamer (1987), S. 161.

sellschafterkreises einen besonderen Stellenwert einnehmen.[1] Nicht zuletzt wird die hohe Bedeutung persönlichkeitsbezogener Differenzierungskriterien durch die Tatsache, daß Einstellungen und Emotionen der bisherigen Anteilseigner als Entscheidungsträger stärker in diese Entscheidung Eingang finden, untermauert.[2] Da von den Alt-Eigentümern normalerweise ein gedeihliches, kooperatives und vertrauensvolles Zusammenwirken mit den Mitarbeitern im Anteilseignerkreis angestrebt wird, nehmen Faktoren wie z.B. Werte der Mitarbeiter, Einstellung zur Unternehmung, Loyalität zur Unternehmensleitung, Vertrauenswürdigkeit und persönlicher Einsatz hier im Vergleich zu börsennotierten Großunternehmen an Relevanz zu.

Die Verwendung solcher schwer objektivierbarer, psychologischer Kriterien zur Auswahl der Belegschaftsaktionäre ist gleichwohl mit **Beurteilungsschwierigkeiten** verbunden.[3] Zum einen verkörpert die Persönlichkeit eines Menschen ein hoch komplexes, schwer zu erfassendes Gebilde.[4] Die Beurteilung von Werten, Loyalität und Vertrauenswürdigkeit der Mitarbeiter durch die bisherigen Eigentümer stellt deshalb für gewöhnlich eine intuitive Einschätzung dar,[5] die hauptsächlich auf Erfahrungen im Rahmen der bisherigen Zusammenarbeit[6] sowie einer allgemeinen Menschenkenntnis beruht. Zum anderen ist ein solches subjektives Urteil für Dritte oftmals nicht nachvollziehbar.

Basiert eine Festlegung der Gruppe der Bezugsberechtigten demgemäß auf wenig objektivierbaren und transparenten Kriterien, muß mit **Akzeptanzproblemen** von seiten der nicht begünstigten Mitarbeiter gerechnet werden. Diese können sich beispielsweise in Gruppenneid sowie einer höheren Konfliktbereitschaft äußern und sich nachteilig auf das Betriebsklima auswirken. In diesem Zusammenhang stellt sich die Frage, inwieweit solche Akzeptanzprobleme durch eine verstärkte **Information** und **Partizipation** der Belegschaftsmitglieder[7] vermieden werden können. Im Gegensatz zu verschiedenartigen Partizipationsformen im Rahmen der betrieblichen Entscheidungsfindung auf taktischer, operativer oder strategischer Ebene[8] erscheint eine Mitwirkung der Belegschaft bei der Auswahl der bezugsberechtigten Mitarbeiter, insbesondere der Verwendung subjektiver, persönlichkeitsbezogener Kriterien

---

[1] Analog betont auch Braun (1982), S. 172 das Bestreben der Eigentümer mittelständischer Unternehmen, wichtige Positionen mit Personen „ihres Vertrauens" zu besetzen.

[2] Vgl. Hamer (1988), S. 17 f., 47.

[3] Vgl. analog Fritsch (1994), S. 33.

[4] Zu den Dimensionen der Persönlichkeit und Problemen einer Erfassung von Persönlichkeitsmerkmalen vgl. Schuler/Moser (1992), Sp. 1911 ff.

[5] Nach Wübbenhorst (1982), S. 249 werden Personalentscheidungen im Mittelstand häufig intuitiv und ad hoc gefaßt.

[6] Vgl. in diesem Sinne Hamer (1987), S. 162.

[7] Beispielsweise sieht Wiendieck betriebliche Information und Partizipation als Möglichkeiten zur Verbesserung der Akzeptanz (vgl. Wiendieck (1992), Sp. 92, 97). Zur Ausgestaltung dieser Instrumente im Fall differentieller Personalpolitik siehe Fritsch (1994), S. 46 ff.

[8] Vgl. zum Begriff der Partizipation und den unterschiedlichen Partizipationsformen Brose/Corsten (1983), S. 1 ff.

nicht angebracht. Auch verstärkte Informationsmaßnahmen bergen in diesem Fall insofern zusätzliches Konfliktpotential, als eine Hervorhebung der Loyalität und Vertrauenswürdigkeit bei einem Teil der Mitarbeiterschaft die genannten Persönlichkeitsfaktoren bei den nicht Begünstigten unweigerlich in Frage stellt.

b) Merkmale zur Differenzierung von Art und Umfang der Begünstigung

Zusätzlich zur Abgrenzung des bezugsberechtigten Personenkreises ergibt sich in diesem Zusammenhang die Frage, inwieweit die in Abb. 19 dargestellten Kriterien für eine potentielle **Differenzierung** bei Art und Umfang der **Begünstigung** geeignet sind. Vorstellbar wäre, den beteiligungsberechtigten Führungskräften in mittelständischen Softwareunternehmen im Rahmen eines allgemeinen Kapitalbeteiligungsmodells Sonderkonditionen, wie die Möglichkeit, eine größere Zahl an Belegschaftsaktien erwerben zu dürfen, einzuräumen.[1] Eine weitere Möglichkeit zur Abstufung liegt bei der Gewährung eines betrieblichen Zuschusses zum Aktienkauf. Beispielsweise ist denkbar, daß freiberufliche Mitarbeiter in der mittelständischen Softwarebranche, sofern diese überhaupt bezugsberechtigt sind, keine oder nur eine geringere betriebliche Vergünstigung beim Aktienerwerb erhalten. Schließlich kann das Beteiligungsmodell auch eine steigende Anzahl angebotener Aktien mit zunehmender Dauer der Betriebszugehörigkeit vorsehen. In der betrieblichen Praxis werden in erster Linie die Dauer der Betriebszugehörigkeit, die Höhe des Einkommens sowie die Zugehörigkeit zu einer bestimmten Mitarbeitergruppe als solche Differenzierungskriterien verwendet.[2] Die daran geknüpfte Form der Begünstigung besteht primär in der Anzahl der beziehbaren Aktien und in der Höhe des betrieblichen Zuschusses.[3]

Ähnlich wie bei der Auswahl der beteiligungsberechtigten Mitarbeiter wird man auch bei einer Differenzierung der Bezugsbedingungen davon ausgehen können, daß eine Anwendung dieser objektivierbaren, betrieblichen Kriterien im Vergleich zu personenbezogenen Merkmalen tendenziell geringere Akzeptanzprobleme bei den weniger begünstigten Mitarbeitern hervorruft. Knüpft man die Begünstigung dagegen an subjektiv wahrnehmbare, persönlichkeitsbezogene Merkmale an, besteht die Gefahr, daß der geringer begünstigte Teil der Belegschaft mit Unverständnis und Gruppenneid reagiert. Solche dysfunktionalen Effekte einer Mitarbeiterkapitalbeteiligung können das Betriebsklima und das Verhältnis einzelner Mitarbeiter zur Unternehmensleitung und zu den bisherigen Eigentümern belasten.

---

[1] Eine solche Form der Führungskräftebeteiligung bezeichnet Schneider als Bevorrechtigungsmodell (vgl. Schneider (1993-b-), S. 9).

[2] Vgl. Eichele (1971), S. 86. Eine Analyse der Modalitäten derzeit praktizierter Belegschaftsaktienmodelle bestätigt diesen Befund (vgl. dazu Guski/Schneider (1993-c-), Gruppe 5000.

[3] Vgl. Eichele (1971), S. 86.

Um solchen nachteiligen Auswirkungen vorzubeugen, empfiehlt sich gerade in kleineren mittelständischen Softwareunternehmen, in denen die Mitarbeiter sowohl untereinander als auch mit den bisherigen Eigentümern in engem Kontakt stehen, möglichst objektivierbare Differenzierungskriterien bei der Bestimmung des beteiligungsberechtigten Mitarbeiterkreises und der Bezugsbedingungen zu verwenden. Dazu zählt die Gruppe der betrieblichen Segmentierungsmerkmale, wie z.B. Dauer der Betriebszugehörigkeit, Hierarchieebene und der Charakter des Beschäftigungsverhältnisses, die überwiegend auch in Publikumsaktiengesellschaften angewendet werden. Gleichzeitig sind es aber häufig gerade kleine mittelständische Unternehmen mit privatem personalistischem Charakter, in denen die Alt-Aktionäre besonderen Wert darauf legen, vorwiegend solche Mitarbeiter zu beteiligen, an deren Vertrauenswürdigkeit und Loyalität keine Zweifel bestehen. Die Notwendigkeit einer Entscheidung nach objektivierbaren Faktoren einerseits und eine bevorzugte Anwendung subjektiver, psychologischer Merkmale andererseits läßt in diesen Unternehmen nicht selten ein diffiziles Spannungsfeld für die Alt-Anteilseigner entstehen. In manchen Fällen dürfte dies dazu führen, daß die bisherigen Eigentümer von einer Kapitalbeteiligung der Mitarbeiter insgesamt Abstand nehmen.

Faßt man die Ausführungen der Abschnitte a) und b) zusammen, läßt sich konstatieren, daß persönlichkeitsbezogene Differenzierungskriterien in mittelständischen Softwareunternehmen mit privatem personalistischem Charakter im Vergleich zu Publikumsaktiengesellschaften bei der Zusammensetzung des Aktionärskreises an Bedeutung gewinnen. Gleichzeitig erscheint die Verwendung dieser nicht objektivierbaren Merkmale konfliktträchtig. Sobald damit der Eindruck von Willkür und Ungerechtigkeit erweckt wird, können Akzeptanzprobleme bei den nicht oder geringer begünstigten Mitarbeitern hervorgerufen werden. Sollen im Rahmen einer Aktienbeteiligung in mittelständischen Softwareunternehmen Differenzierungsmerkmale verwendet werden, die eher in der Person des Mitarbeiters begründet liegen, wie z.B. individuelle Leistung, hat man aus Akzeptanzgesichtspunkten eine entsprechende Objektivierbarkeit, etwa in Form eines transparenten und von der Belegschaft akzeptierten Leistungsbeurteilungssystems, sicherzustellen.

c) Akzeptanz von seiten des Betriebsrats

Ergänzend zur Akzeptanz der in Abb. 19 beschriebenen Differenzierungskriterien bei der Belegschaft, ergibt sich die Frage, inwieweit diese Kriterien dem Betriebsrat für eine evtl. erforderliche Betriebsvereinbarung vermittelt werden können. Bei der Rechtsgrundlage für eine Mitarbeiterkapitalbeteiligung hat man grundsätzlich zwischen der Mittelaufbringung und der

Mittelverwendung zu unterscheiden.[1] Die Mittelaufbringung, d.h. sofern zur Finanzierung des Aktienerwerbs betriebliche Zuwendungen gewährt werden, kann in mittelständischen Softwareunternehmen, die einen Betriebsrat haben, in Form einer freiwilligen Betriebsvereinbarung nach §§ 77, 88 BetrVG geregelt werden.[2] Hier ist davon auszugehen, daß eine Verwendung solcher Differenzierungsmerkmale, die den Eindruck von Subjektivität und Willkür vermitteln und bei Teilen der Belegschaft auf Vorbehalt stoßen, vom Betriebsrat nicht mitgetragen werden. Eine unsachliche Differenzierung bei dieser Form betrieblich-zusätzlicher Sozialleistungen verbietet außerdem ohnehin der arbeitsrechtliche Grundsatz der Gleichbehandlung. Weniger problematisch dürften dagegen die Abgrenzung nach hierarchischen Gesichtspunkten, der Ausschluß von Auszubildenden und Aushilfskräften und die Voraussetzung einer gewissen Dauer der Betriebszugehörigkeit sein. Diese Merkmale werden auch in der betrieblichen Praxis vielfach verwendet.[3]

Im Bereich der **Mittelverwendung**, d.h. im vorliegenden Fall dem Erwerb von Aktien des arbeitgebenden Unternehmens liegt es nach Guski/Schneider[4] außerhalb der Kompetenz des Betriebsrats, gesellschaftsrechtliche Befugnisse in einer Betriebsvereinbarung zu begründen. Hier ist stets ein gesonderter Einzelvertrag auf gesellschaftsrechtlicher Ebene zwischen Unternehmen und begünstigten Mitarbeitern abzuschließen.[5] Wie auch die Ausführungen zum arbeitsrechtlichen Grundsatz der Gleichbehandlung gezeigt haben, obliegt es wohl den bisherigen Eigentümern bzw. der Unternehmensleitung, diejenigen Mitarbeiter, die zum Erwerb von Belegschaftsaktien berechtigt sind, zu bestimmen.[6] Dabei können prinzipiell sowohl objektivierbare, betriebliche Differenzierungskriterien als auch in der Person des Mitarbeiters begründete, teilweise eher subjektiv wahrnehmbare Merkmale angewandt werden. Allerdings kann es in manchen mittelständischen Softwareunternehmen, in denen sich der Betriebsrat bisher als kooperativ erwiesen hat und eine stärkere Machtposition besitzt als in dieser Branche sonst üblich, geboten erscheinen, den Betriebsrat vor allem im Hinblick auf eine spätere vertrauensvolle Zusammenarbeit in diese Entscheidung formal einzubinden.

---

[1] Vgl. Schneider (1993-a-), S. 19.

[2] Vgl. Schneider (1993-a-), S. 19. Weitere Möglichkeiten zur Regelung der Mittelaufbringung sind der Einzelvertrag und ein unverbindliches Jahresangebot. Eine einzelvertragliche Regelung ist grundsätzlich, mit Ausnahme einer Führungskräftebeteiligung, nach Schneider nicht zu empfehlen, da der Inhalt der Mittelaufbringung damit zum Bestandteil des Arbeitsvertrags wird. Etwaige Änderungen bedürfen dann einer Änderungskündigung. Ein „unverbindliches Jahresangebot" als Rechtsgrundlage für die Mittelaufbringung bei einer Aktienbeteiligung ist in erster Linie für jene mittelständischen Softwareunternehmen relevant, bei denen eine Betriebsvereinbarung, z.B. weil kein Betriebsrat eingerichtet ist, nicht in Frage kommt oder die Beteiligungszusage nur für ein Jahr gelten soll. Die Gefahr einer betrieblichen Übung kann man dabei durch eine entsprechende Formulierung (Freiwilligkeitsklausel) ausschließen (vgl. Schneider (1993-a-), S. 19).

[3] Vgl. Guski/Schneider (1993-c-), Gruppe 5000.

[4] Vgl. Guski/Schneider (1983), S. 225.

[5] Vgl. Guski/Schneider (1983), S. 225; Schneider (1993-a-), S. 19.

[6] Zu bedenken ist jedoch, daß das Zusammenwirken von Arbeits- und Gesellschaftsrecht bei einer Mitarbeiterkapitalbeteiligung in Literatur und Rechtsprechung wenig beachtet wurde und bislang nicht abschließend geklärt ist.

2. Alternative Formen einer Zusammensetzung des Kreises der Begünstigten in mittelständischen Softwareunternehmen

Auf der Basis der bisher gewonnenen Erkenntnisse sollen im Rahmen dieses Kapitels alternative Beteiligungsmöglichkeiten hinsichtlich Zielsetzung, ausgewählten Problemfeldern und praktischer Relevanz näher untersucht werden. Als solche Konstellationen dienen zwei in der betrieblichen Beteiligungspraxis typischerweise auftretende Formen einer Kapitalbeteiligung. Dies sind zum einen der Fall eines auf **Breitenwirkung** ausgelegten Modells, bei dem eine Beteiligung der gesamten oder nahezu der gesamten Belegschaft bezweckt wird und zum anderen die **exklusive** Ausgabe von Belegschaftsaktien an ausgewählte Führungs- oder Fachkräfte.

2.1. Erzielung von Breitenwirkung

Ein auf Breitenwirkung ausgelegtes Beteiligungsmodell schließt bei mittelständischen Softwareunternehmen, die auf Grund ihrer Größe über ein hohes Maß an Arbeitsteilung und ein hierarchisches System von Über- und Unterordnung[1] verfügen, im Vergleich zu kleineren Softwarebetrieben eine eher heterogene Belegschaft ein. Die differierenden Leistungs- und Einsatzbedingungen der Mitarbeiter im arbeitsteilig organisierten Leistungserstellungs- und -verwertungsprozeß können nicht nur Unterschiede in der Zielsetzung einer Aktienbeteiligung bei verschiedenen Mitarbeitergruppen, sondern auch spezielle Implikationen für die Gestaltung eines solchen Modells begründen.

Innerhalb einer heterogenen Belegschaftsstruktur lassen sich vor allem in **größeren mittelständischen Softwareunternehmen** indes stärker homogene Subgruppen, deren Mitglieder ähnliche individuelle Leistungsvoraussetzungen aufweisen und die unter vergleichbaren Bedingungen eingesetzt sind, bilden.[2] Als typische Segmente von Arbeitnehmern in mittelständischen Softwareunternehmen sollen im folgenden die im Kerngeschäft tätigen Softwareexperten sowie Mitarbeiter in administrativen und unterstützenden Funktionen differenziert werden. Darüber hinaus gilt es ferner, die für die Softwarebranche charakteristische Gruppe der freiberuflichen Mitarbeiter hinsichtlich einer Berechtigung zum Erwerb von Aktien zu untersuchen.[3]

---

[1] Zum Begriff der Hierarchie vgl. z.B. Krüger (1993), S. 62 f.

[2] Vgl. Fritsch (1994), S. 22.

[3] Freie Mitarbeiter stellen keine Arbeitnehmer dar (vgl. Tremml/Karger (1995), S. 16 ff.) und gehören daher im eigentlichen Sinne nicht der Belegschaft des Unternehmens an.

Eine solche Unterteilung der Belegschaft nach den Bereichen Kerngeschäft, Administration und unterstützende Funktionen läßt sich in **kleinen mittelständischen Softwareunternehmen** nicht immer trennscharf vollziehen. Kleine Betriebseinheiten zeichnen sich im Vergleich zu größeren mittelständischen Softwareunternehmen regelmäßig dadurch aus, daß sie weniger hierarchisch und arbeitsteilig organisiert sind[1] und spezialisierte Administrationstellen oder -abteilungen oftmals fehlen.[2] In der Regel sind dort sämtliche Führungsaufgaben bei der Person des Eigentümerunternehmers gebündelt und die Beschäftigten diesem direkt unterstellt.[3] Die anfallenden administrativen Tätigkeiten, beispielsweise in den Bereichen Controlling, Personalwesen oder Finanzierung, werden für gewöhnlich ebenfalls vom Unternehmer selbst übernommen.[4] Häufig sind aber auch Mitarbeiter aus dem Kerngeschäft der Unternehmung, wie z.B. Softwareentwickler, in die Bewältigung administrativer Angelegenheiten eingebunden. Neben ihren eigentlichen Kernaufgaben in der Entwicklung von Softwarelösungen obliegen ihnen nicht selten auch die Auftragsakquisition, das Marketing sowie unterschiedliche verwaltende und unterstützende Tätigkeiten.[5] Insofern werden manche Aussagen zur Gruppe der Mitarbeiter in administrativen und unterstützenden Funktionen bei kleineren mittelständischen Softwareunternehmen weniger relevant sein als bei größeren Betriebseinheiten.

2.1.1. Softwareexperten im Zentrum der Betrachtung

Die Mitarbeitergruppe der Softwareexperten stellt auf Grund ihrer zentralen Bedeutung im Leistungserstellungsprozeß einen herausragenden strategischen Faktor für den Erfolg mittelständischen Softwareaktiengesellschaften dar.[6] Je nach Tätigkeitsschwerpunkt des Unternehmens gehören dieser Gruppe unterschiedliche Datenverarbeitungsfachkräfte, wie z.B. Softwareentwickler, Systemanalytiker, DV-Organisatoren, Systemorganisatoren, Softwareberater, Programmierer und DV-Trainer,[7] an. Die Erschließung und Erhaltung dieses Mitarbeiterpo-

---

[1] Vgl. Wübbenhorst (1982), S. 252.

[2] Vgl. Kayser (1990), S. 82 f.; vgl. dazu auch die empirische Untersuchung zur Organisation mittelständischer Unternehmen von Thürbach/Hutter (1976); vgl. auch Braun (1982), S. 172.

[3] Vgl. Hoppenheit (1993), S. 25; ähnlich Hamer (1987), S. 159 für mittelständische Unternehmen im allgemeinen.

[4] Vgl. Kayser (1990), S. 83 f.; Braun (1982), S. 171.

[5] Vgl. Weber (1992), S. 62 f.; Trautwein-Kalms (1991), S. 224.

[6] Vgl. in diesem Sinne Jaeschke (1991), S. 970; Hoppenheit (1993), S. 39. Angesichts der Besonderheiten von Softwareunternehmen, speziell der herausragenden Bedeutung und Qualifikation der Mitarbeiter, ist Hoppenheit der Auffassung, daß man Softwareunternehmen formal mit Forschungs- und Entwicklungsbereichen gleichsetzen könne, die von zusätzlichen Bereichen wie Beschaffung, Absatz und Verwaltung (vgl. Hoppenheit (1993), S. 5) unterstützt werden.

[7] Zu den unterschiedlichen Berufsfeldern in der Datenverarbeitung vgl. Twiehaus/Dostal (1985), S. 34 ff.; Dostal (1995), S. 155. Diese Bezeichnungen sind z.T. nicht überschneidungsfrei. Siehe auch Schmidt (1992-a-), S. 55.

tentials wird vor diesem Hintergrund zu einer zentralen Aufgabe für die Unternehmensleitung.[1]

Im Kontext einer Auswahl der zu beteiligenden Mitarbeiter erscheint eine Berechtigung der Softwarespezialisten zum Erwerb von Aktien des arbeitgebenden Unternehmens angesichts ihrer besonderen Bedeutung grundsätzlich angezeigt und sinnvoll. Mit der Ausgabe von Belegschaftsaktien können hier vielfältige personalpolitische Zielsetzungen, wie z.B. eine Steigerung von Identifikation und Leistungsbereitschaft der Mitarbeiter sowie eine Verminderung der Fluktuation, verfolgt werden. Die Erreichung dieser Ziele dient mittelbar dazu, den Prozeß der Leistungserstellung und -verwertung effizienter und effektiver zu gestalten. Insbesondere die Kombination von materiellen und sozialstatusbezogenen Anreizen im Instrument der Belegschaftsaktie vermag die extrinsische Motivationskomponente prinzipiell zu stimulieren und, sofern Motivationsdefizite vorliegen, eine positive Verhaltensänderung bei den Begünstigten zu fördern.[2]

Gleichwohl bildet das Segment der im Kerngeschäft der Unternehmung tätigen Mitarbeiter keine in sich homogene Gruppe mit identischen individuellen Leistungsbeiträgen. Beispielsweise stellt das Software-Design eine komplexe und kreative Aufgabe dar, während die reine Programmierung als eher standardisierter Vorgang demgegenüber mit geringeren Anforderungen an die Qualifikation der Fachkräfte verbunden ist.[3] Im Kontext einer Aktienbeteiligung ist vor diesem Hintergrund gerade in größeren mittelständischen Softwareunternehmen zu prüfen, ob eine weitere Differenzierung der Gruppe der Softwareexperten in homogenere Subgruppen im Einzelfall erforderlich erscheint. Der unterschiedlichen Bedeutung dieser einzelnen Segmente für den Unternehmenserfolg ließe sich z.B. in einer Abstufung der maximal erwerbbaren individuellen Aktienanzahl nach der hierarchischen Position Rechnung tragen.[4]

Die Belegschaft gerade größerer mittelständischer Softwareunternehmen setzt sich in der Regel nicht allein aus der Gruppe der Softwarespezialisten, sondern auch aus Mitarbeitern in administrativen Funktionen, wie z.B. Controlling, Finanzen, Recht und Personal, und unterstützenden Tätigkeiten, wie z.B. Sekretariats-, Telefon- und Empfangsdienst[5] zusammen. Eine

---

[1] Vgl. ähnlich Jaeschke (1991), S. 970.

[2] Siehe dazu Kapitel 3 II 2.2.1.1. Zur Bedeutung von Anreizsystemen als Führungsaufgabe bei Mitarbeitern mit innovativ-kreativen Aufgaben vgl. Staudt/Mühlemeyer (1995), Sp. 1207 f.; beispielsweise versteht auch das Softwareunternehmen PSI AG sein Aktienbeteiligungsmodell als ganzheitliches Anreizsystem (vgl. Jaeschke (1991), S. 980).

[3] Vgl. Hartmann (1993), S. 402 ff.

[4] Siehe dazu eine Darstellung verschiedener praktizierter Möglichkeiten einer Differenzierung in der Art und Höhe der Begünstigung bei Eichele (1971), S. 86 ff.

[5] Während Krüger (1993), S. 52 f. unter unterstützenden Tätigkeiten die hier als administrative Aufgaben bezeichneten Bereiche versteht, unterscheidet Born (1992), Sp. 336. zwischen diesen beiden Tätigkeiten. Im

Begünstigung dieser Beschäftigten im Rahmen einer unternehmensweiten Aktienbeteiligung kann aus mehreren Gründen betriebswirtschaftlich sinnvoll erscheinen.

Auf den Prozeß der Leistungserstellung und -verwertung eines Softwareunternehmens vermögen die Beschäftigten in administrativen und unterstützenden Funktionen, da sie nicht im Kerngeschäft der Unternehmung tätig sind, nicht unmittelbar einzuwirken. Gleichwohl beeinflussen sie den wirtschaftlichen Erfolg des Unternehmens auf mittelbare Weise. So obliegt ihnen beispielsweise die Aufgabe, günstige Rahmenbedingungen für die Leistungserbringung der Softwarespezialisten und den reibungslosen Ablauf von Softwareprojekten zu schaffen. Neben der Leistungsbereitschaft der Datenverarbeitungsexperten erscheint die **Motivation** der Mitarbeiter in verwaltenden und unterstützenden Funktionen für den Erfolg von mittelständischen Softwareunternehmen insofern ebenfalls wichtig. Eine Berechtigung zum Erwerb von Aktien des arbeitgebenden Unternehmens kann vor diesem Hintergrund als Anreizsystem dazu dienen, die extrinsische Komponente der Arbeitsmotivation[1] anzuregen und die genannte Mitarbeitergruppe auf diese Weise zur Erbringung einer höheren Leistung zu animieren.

Über eine Steigerung der Motivation hinaus mag eine Ausgabe von Belegschaftsaktien auch zur **Bindung** qualifizierter und motivierter Arbeitnehmer in verwaltenden und unterstützenden Bereichen zweckmäßig erscheinen. Selbst wenn die durchschnittliche Fluktuationsneigung dieser Mitarbeiter geringer ist als jene von Datenverarbeitungsspezialisten, kann eine höhere Mitarbeiterbindung hier gleichfalls zu einer Einsparung von mit Fluktuation einhergehenden Kosten[2] beitragen.

Ein besonderer Problembereich bei einer unternehmensweiten Aktienbeteiligung in Softwareunternehmen ist die vergleichsweise hohe **Fluktuation** bei der Mitarbeitergruppe der Softwareexperten.[3] Aus diesem Umstand ergeben sich verschiedene Implikationen für die Konzeption eines Beteiligungsmodells, die zum einen am Beispiel der Bemessung der Anwartschaftszeit sowie zum anderen an der Einführung einer Pflicht zur Rückgabe der Aktien im Falle eines Ausscheidens aus der Unternehmung dargestellt werden sollen.[4] Schließlich

---

Rahmen dieser Arbeit soll auf Grund des höheren Differenzierungsgrades der Begriffsauffassung von Born gefolgt werden.

[1] Vgl. zur extrinsischen Arbeitsmotivation Rosenstiel v. (1992), S. 76.

[2] Vgl. zu den mit Fluktuation verbundenen Kosten Kaufhold (1985), S. 45.

[3] Vgl. Trautwein-Kalms (1991), S. 220.

[4] Eine Möglichkeit zur Stabilisierung einer Kapitalbeteiligung bei mittelständischen Softwareunternehmen gegen Fluktuation liegt in der indirekten Beteiligungsform. Denkbar ist, daß zwischen das arbeitgebende Softwareunternehmen und die begünstigten Mitarbeiter eine Mitarbeiterbeteiligungsaktiengesellschaft geschaltet wird (vgl. analog Schneider/Zander (1990), S. 184). Die Mitarbeiter sind dann mit Belegschaftsaktien an der Mitarbeiterbeteiligungsaktiengesellschaft beteiligt, die ihrerseits wiederum Aktien der mittelständischen Softwareunternehmung hält. Scheiden beteiligte Mitarbeiter aus dem Unternehmen aus und müssen/wollen diese ihren Anteil veräußern, schlägt sich dies nicht unmittelbar auf die Beteiligungsverhältnisse bei der arbeitgebenden Unternehmung nieder. Insofern gewährt die indirekte Beteiligungsform, die Arbeits- und Gesellschaftsverhältnis

wird überprüft, inwiefern eine „Umwandlung“ einer Aktienbeteiligung in ein Mitarbeiter-Darlehen bei fluktuierenden Mitarbeitern zweckmäßig ist.

a) Bemessung der Anwartschaftszeit

Zur Abgrenzung der beteiligungsberechtigten von den nicht begünstigten Mitarbeitern bedient man sich, wie bereits angedeutet, in der betrieblichen Beteiligungspraxis häufig des Kriteriums der Betriebszugehörigkeitsdauer. Die Mitarbeiter dieser Unternehmen sind nur dann zum Erwerb von Aktien berechtigt, wenn sie eine gewisse Anwartschaftszeit, die in der Regel zwischen sechs Monaten und zwei Jahren beträgt,[1] erfüllen.

Mit der Einführung einer **Anwartschaftszeit** als Teilnahmevoraussetzung für einen Erwerb von Anteilen wird primär die Zielsetzung verfolgt, die sog. Hauptfluktuation, d.h. jene Mitarbeiter, die nach einer kurzen Zeit aus dem Unternehmen ausscheiden, aus der Beteiligungskonzeption herauszuhalten.[2] Setzt man diese Frist in mittelständischen Softwareunternehmen beispielsweise mit zwei oder drei Jahren relativ hoch an, würde angesichts einer Betriebszugehörigkeit von Computerfachleuten in Höhe von durchschnittlich drei Jahren und zehn Monaten[3] einem nicht unerheblichen Teil der Belegschaft die Beteiligung am Kapital verwehrt bleiben. Wird mit einer Ausgabe von Belegschaftsaktien in der Softwarebranche etwa im Zuge von Expansionsbestrebungen also bezweckt, möglichst viele Mitarbeiter über das Instrument der Belegschaftsaktie stärker an das Unternehmen zu binden, empfiehlt sich vor diesem Hintergrund, eine kürzere Anwartschaftszeit zu wählen. Allerdings wird man nicht erwarten können, mit einer Aktienbeteiligung jene Faktoren, die für Fluktuation in den ersten Monaten der Betriebszugehörigkeit verantwortlich sind, nachhaltig zu beeinflussen. Ein solches frühzeitiges Ausscheiden von Mitarbeitern aus der Unternehmung liegt vielfach in nicht erfüllten Erwartungen neuer Mitarbeiter,[4] die diese z.B. hinsichtlich Art der Aufgabe, Arbeitsbedingungen oder Arbeitsklima hegen, begründet.[5] Darüber hinaus wird eine geringe Anwart-

---

weitgehend voneinander entkoppelt, gleichzeitig eine höheres Maß an Kontinuität und Flexibilität. Auf der anderen Seite sind mit dieser Konstruktion zusätzliche Kosten für die Errichtung (z.B. Anwaltskosten, Notars- und Gerichtsgebühren) und Verwaltung (u.a. Abhaltung der Hauptversammlung, Dokumentation der Beschlüsse, Entlohnung von Vorstands- und Aufsichtsratsmitgliedern) einer eigenen Mitarbeiterbeteiligungsaktiengesellschaft verbunden. Fraglich ist auch, ob und in welchem Ausmaß mögliche, mit dem Instrument der Belegschaftsaktie angestrebte Verhaltenseffekte durch die Zwischenschaltung einer solchen Aktiengesellschaft abgeschwächt werden. In der betrieblichen Praxis wird eine indirekte Beteiligungskonstruktion hauptsächlich für größere mittelständische Softwareaktiengesellschaften, bei denen ein Gang an die Börse in naher Zukunft nicht bevorsteht, relevant sein.

[1] Vgl. Schneider (1993-a-), S. 9.
[2] Vgl. Schneider (1993-a-), S. 9.
[3] Vgl. Baillod/Semmer (1994), S. 154.
[4] Vgl. Kieser/Nagel/Krüger/Hippler (1985), S. 13.
[5] Vgl. dazu auch Böhnisch (1992), Sp. 2195 ff.; Hofmann/Schmidt (1988).

schaftszeit gerade in kleineren mittelständischen Softwareunternehmen mit privatem personalistischen Charakter zuweilen deswegen kritisch betrachtet, weil neuen Mitarbeitern, die sich im Unternehmen noch nicht bewährt haben und von deren Leistung und Loyalität sich die bisherigen Eigentümer nicht ausreichend überzeugen konnten, sehr früh eine Gesellschafterposition zusteht.

b) Pflicht zur Veräußerung der Aktien im Ausscheidungsfall

Die in der Softwarebranche typischerweise hohe Fluktuationsrate muß nicht nur bei der Bemessung der Anwartschaftszeit berücksichtigt werden. Sie erweist sich auch bei der Regelung über den Verbleib der Aktien im Falle eines Ausscheidens der Mitarbeiteraktionäre aus dem Unternehmen als relevant. Beläßt man die Aktien nach dem Ausscheiden der Beschäftigten in deren Eigentum, hat eine hohe Fluktuation weitreichende Folgen für die Zusammensetzung des Gesellschafterkreises.

Insbesondere dann, wenn eine unternehmensweite Ausgabe von Belegschaftsaktien nur einmalig oder in großen Zeitabständen erfolgt, kann sie dazu führen, daß sich, abhängig von der individuellen Beteiligungshöhe fluktuierender Mitarbeiter, ein Teil des Kapitals nach einer gewissen Zeit in Händen **ehemaliger Mitarbeiter** befindet. Diese können dann nicht nur am wirtschaftlichen Erfolg des Unternehmens partizipieren, an dem sie teilweise nicht mitgewirkt haben. Ferner wäre es ehemaligen Mitarbeitern möglich, Informationen über die ökonomische Situation der Gesellschaft in Form des Jahresabschlusses oder über die Ausübung des Auskunftsrechts in der Hauptversammlung zu beziehen. Die Möglichkeit, daß solche Daten auf diesem Wege anderen Wettbewerbern zugänglich sind, kann grundsätzlich nicht ausgeschlossen werden. Steht in mittelständischen Softwareunternehmen lediglich ein bestimmtes, fixiertes Aktienvolumen für die Belegschaft zur Verfügung, ließen sich bei einer solchen Regelung zudem neue Mitarbeiter häufig nicht in das Beteiligungsmodell integrieren.

Um das gesamte Aktienkapital nach dem Ausscheiden von Mitarbeitern weiterhin in Händen der Beschäftigten und bisherigen Eigentümer zu halten, sehen einige Beteiligungsmodelle in der betrieblichen Praxis im Ausscheidungsfalle eine **Pflicht** der beteiligten Mitarbeiter zur **Veräußerung** der Anteile vor.[1] Damit kann gewährleistet werden, daß die entsprechenden Anteile der Unternehmung für weitere Verwendungsmöglichkeiten, speziell zur Ausgabe an

[1] Vgl. Guski/Schneider (1983), S. 149; eine solche Regelung praktiziert z.B. auch das Softwareunternehmen PSI AG (vgl. Jaeschke (1991), S. 973).

neue Mitarbeiter, erhalten bleiben.[1] Allerdings darf sich eine mittelständische Softwareaktiengesellschaft umgekehrt nicht zum Rückkauf der Belegschaftsaktien verpflichten.[2]

Die Einführung einer solchen Veräußerungspflicht kann in mittelständischen Softwareunternehmen trotz des damit verbundenen Verwaltungsaufwands sinnvoll sein, wenn die Aktienausgabe nur einmalig oder sporadisch erfolgt und eine hohe Fluktuation vorliegt. Sie ist auch dann zweckmäßig, wenn das beteiligungswillige Unternehmen durch einen privaten personalistischen Charakter gekennzeichnet ist und von den bisherigen Eigentümern eine Einflußnahme unternehmensfremder Personen befürchtet wird. Zur Erhöhung der Flexibilität dieser Regelung kann z.B. vereinbart werden, daß ausscheidende Mitarbeiter ihre Aktien, zumindest bei entsprechender Nachfrage, auch an andere Belegschaftsaktionäre oder an weitere, von der Gesellschaft zu benennende Bezugsberechtigte veräußern dürfen. Alternativ dazu ist auch denkbar, daß fluktuierende Mitarbeiter nicht zum Verkauf der Aktien verpflichtet werden, sondern daß das arbeitgebende Unternehmen ein Rückkaufrecht[3] erhält und dieses flexibel ausüben kann.

Eine Veräußerungspflicht erübrigt sich dagegen beispielsweise bei solchen mittelständischen Softwareaktiengesellschaften, die in naher Zukunft an die Börse gehen wollen. Hier können sowohl ausscheidende Mitarbeiter ihre Anteile über den organisierten Eigenkapitalmarkt veräußern als auch neue Mitarbeiter über einen Zukauf eigener Aktien an der Börse am Unternehmen beteiligt werden.

c) "Umwandlung" von Aktienkapital in Mitarbeiter-Darlehen

In der betrieblichen Praxis wandeln manche Unternehmen bei Fluktuation eine Eigenkapital-Beteiligung in ein Mitarbeiter-Darlehen um. Es stellt sich nun die Frage, inwieweit eine solche Regelung auch bei einer Aktienbeteiligung in mittelständischen Softwareaktiengesellschaften möglich und zweckmäßig ist. Gemäß § 57 Abs. 1 S. 1 AktG darf den Aktionären ihre Einlage nicht zurückgewährt werden. Zweck dieser Vorschrift ist es, die haftende Vermögenssubstanz einer Aktiengesellschaft aufrecht zu erhalten. Eine unmittelbare Umwandlung von haftendem Aktienkapital in nicht haftendes Fremdkapital, das den Mitarbeitern nach Ablauf einer gewissen Frist zurückerstattet wird, käme im Ergebnis einer Rückgewähr von Einlagen

---

[1] Vgl. Eichele (1971), S. 73.; Young-Ae Eun-Kwon (1993), S. 107.
[2] Vgl. analog Barz (1973-a-), § 57, Rdn. 10; entsprechend Lutter (1985), § 57, Rdn. 13. Siehe auch die Ausführungen in Kapitel 3 III 2.3.
[3] Siehe hierzu auch Kapitel 3 III 2.3. Gemäß einer empirischen Untersuchung von Eichele (1971), S. 67 ff. haben mehrere Aktiengesellschaften eine solche Regelung praktiziert.

gleich und ist in einer Aktiengesellschaft im Unterschied zu Personengesellschaften nicht möglich.

Als eine Rückgewähr von Einlagen gilt dagegen nicht, wie § 57 Abs. 1 S. 2 AktG klarstellt, die Zahlung des **Erwerbspreises** bei einem nach § 71 Abs. 1, 2 AktG zulässigen Erwerb eigener Aktien durch die Gesellschaft.[1] Veräußern ausscheidende Mitarbeiter in mittelständischen Softwareaktiengesellschaften ihren Aktienbesitz wertgetreu an die Unternehmung, verkörpert dieser Vorgang ein gewöhnliches Kauf- bzw. Verkaufsgeschäft. Denkbar ist nun, diesen, den Mitarbeitern geschuldeten Erwerbspreis, d.h. eine sofort fällige Verbindlichkeit in ein Darlehen, d.h. eine mittel- oder langfristige Verbindlichkeit umzuwandeln. Gegenüber einem Verbleib der Aktien in den Händen ehemaliger Beschäftigter liegt aus der Sicht des Unternehmens ein Vorteil darin, daß ehemaligen Mitarbeitern nur noch Gläubigerrechte zustehen. Die bisherigen Eigentümer eines mittelständischen Softwareunternehmens brauchen daher keinen Einfluß von seiten dieses Personenkreises in der Hauptversammlung zu befürchten.

Sieht ein Beteiligungsmodell in mittelständischen Softwareunternehmen vor, daß ausscheidende Mitarbeiter ihr Aktienpaket an das Unternehmen selbst verkaufen können und der zu zahlende Erwerbspreis in ein Darlehen umgewandelt wird, wirkt sich diese Regelung finanzwirtschaftlich wie folgt aus: Im Vergleich zu einer sofortigen Begleichung des den fluktuierenden Mitarbeitern geschuldeten Erwerbspreises wird bei einer Umwandlung dieser Schuld in eine mittel- oder langfristige Verbindlichkeit ein sofortiger Abfluß von Liquidität verhindert. Die Liquiditätssituation des Unternehmens bleibt dadurch besser plan- und steuerbar. Eine solche Vereinbarung im Beteiligungsvertrag kann sich im Falle von Fluktuation für manches mittelständische Softwareunternehmen darüber hinaus als Möglichkeit einer günstigen Fremdfinanzierung erweisen. Dies ist dann der Fall, wenn es gelingt, mit den Mitarbeitern günstigere Finanzierungskonditionen, insbesondere im Hinblick auf die Höhe des Zinssatzes zu vereinbaren als am Markt für Fremdkapital (z.B. bei Banken) zu erzielen gewesen wären. Gleichwohl hat man zu bedenken, daß hier keine Finanzierung im engeren Sinne, d.h. eine Zuführung von Kapital vorliegt, sondern lediglich ein sofortiger Abfluß liquider Mittel verhindert wird.

Bilanztechnisch und finanzanalytisch betrachtet, führt der Erwerb eigener Aktien bei einer Umwandlung der sofort fälligen Kaufschuld in eine langfristige Verbindlichkeit zu einer Erhöhung des Verschuldungsgrads. Eine solche "Aufnahme" von Fremdkapital kann unter bestimmten Voraussetzungen die Eigenkapitalrentabilität überproportional erhöhen. Dieser positive Hebel- oder Leverage-Effekt tritt dann ein, wenn die Gesamtkapitalrentabilität höher ist

---

[1] Dies ist nach § 71 Abs. 2 AktG insgesamt nur bis zur Grenze von 10 % des Grundkapitals möglich.

als die Fremdkapitalkosten. Gelingt es einem mittelständischen Softwareunternehmen, mit den ausscheidenden Mitarbeitern eine in Relation zur erwarteten Gesamtkapitalrendite niedrigere Verzinsung für das dem Unternehmen gewährte Darlehen zu vereinbaren, können hiervon auch die bisherigen Aktionäre über eine höhere Verzinsung ihres eingesetzten Kapitals profitieren.

Für die fluktuierenden Mitarbeiter ist die Umwandlung ihrer (kurzfristigen) Forderung in ein Darlehen dann vorteilhaft, wenn die ausgehandelten Vertragsbedingungen, speziell die Verzinsung höher ist als bei einer insbesondere hinsichtlich Risiko und Laufzeit vergleichbaren Vermögensanlage am Kapitalmarkt. Wird der Erlös aus dem Verkauf der Aktien von den ehemaligen Mitarbeitern aber etwa zu Konsumzwecken unmittelbar benötigt, kann eine solche Regelung nicht in deren Interesse liegen.

Wie die angestellten Überlegungen im Ergebnis erkennen lassen, erscheint die Umwandlung der Kaufpreisschuld in ein Darlehen in mittelständischen Softwareunternehmen mit hoher Fluktuation dann vorteilhaft, wenn von seiten des Unternehmens Kapitalbedarf besteht und ein ökonomisch sinnvoller Verwendungszweck für die im Unternehmen verbleibenden finanziellen Mittel vorhanden ist. Gleichzeitig setzt dies voraus, daß das entsprechende Kapital von den ausscheidenden Mitarbeitern nicht unmittelbar benötigt wird. Ein positiver Effekt auf die Eigenkapitalrentabilität tritt darüber hinaus nur in jenen Softwareunternehmen auf, die eine die Verzinsung des Fremdkapitals übersteigende Gesamtkapitalrentabilität erwirtschaften.

Die beschriebene Strategie erscheint außerdem nur in gewissen Grenzen des Verschuldungsgrads und eingebunden in ein finanzwirtschaftliches Konzept zur Optimierung der Kapitalstruktur zweckmäßig. Dabei hat man zu beachten, daß eine hohe Fluktuation, verbunden mit betragsmäßig hohen individuellen Kapitalanteilen, bei konstantem Eigenkapital den Verschuldungsgrad entsprechend erhöht, was zu einer Erhöhung des Kapitalstrukturrisikos und damit des Bonitätsrisikos führt.[1] Das mit zunehmendem Verschuldungsgrad ebenfalls steigende Risiko des Vermögensverlusts für Eigen- und Fremdkapitalgeber wird im allgemeinen überdies weitere Maßnahmen zur Kapitalbeschaffung, insbesondere außerhalb des Mitarbeiterkreises erschweren und die Kapitalkosten erhöhen. Der Verbleib finanzieller Mittel in Form von Fremdkapital im Unternehmen erweist sich insofern nur bei einer Aktienbeteiligung in solchen mittelständischen Softwarebetrieben als sinnvoll, die den im Rahmen eines finanzwirtschaftlichen Optimierungskonzepts ermittelten optimalen Fremdkapitalanteil noch nicht erreicht haben. Angesichts der Tatsache, daß, wie bereits erläutert, eine Finanzierung mit

[1] Vgl. Wöhe (1996), S. 892.

Fremdkapital in der Softwarebranche wenig verbreitet ist,[1] dürfte in einigen Softwareunternehmen diesbezüglich noch Spielraum bestehen.

Wie die Ausführungen der Abschnitte a), b) und c) insgesamt andeuten, kann die oftmals hohe Fluktuationsrate als Spezifikum der Gruppe der Softwareexperten bei der Gestaltung eines auf die betrieblichen Gegebenheiten abgestimmten Beteiligungsmodells in mittelständischen Softwareaktiengesellschaften nicht ignoriert werden.

Die **praktische Relevanz** einer unternehmensweiten Aktienbeteiligung ist neben den genannten personalpolitischen Zielsetzungen aus finanzwirtschaftlicher Sicht vor allem in mittelständischen Softwareunternehmen mit einem hohen Kapitalbedarf zu sehen. Bei einer Finanzierung im Wege einer Aktienbeteiligung muß das von den Belegschaftsaktionären aufgebrachte Kapitalvolumen, einschließlich eventueller Zuwendungen von staatlicher Seite, dem betrieblichen Kapitalbedarf betragsmäßig und in seiner zeitlichen Verfügbarkeit möglichst entsprechen. Ferner dürfte eine Berechtigung sämtlicher Belegschaftsmitglieder zum Erwerb von Aktien in erster Linie bei Softwareaktiengesellschaften mit offenem personalistischen Charakter vorstellbar sein. Mit dem Anliegen, bisherige Mitarbeiter stärker an das Unternehmen zu binden, neue Leistungsträger zu akquirieren und eventuell Eigenkapital zu erschließen, vermag eine Emission von Belegschaftsaktien in diesen Unternehmen insbesondere betriebliche Wachstumsbestrebungen sinnvoll zu unterstützen.[2]

2.1.2. Die Gruppe der freiberuflichen Mitarbeiter als potentielle Aktionäre

In der Softwarebranche nimmt der Einsatz freiberuflich tätiger Mitarbeiter einen immer größeren Stellenwert ein.[3] Die Mehrzahl der im Jahr 1993 auf ca. 10.000 geschätzten Freiberufler in der Datenverarbeitung[4] ist auf Software-Entwicklung und Programmierung spezialisiert.[5] Das hierfür benötigte Know-how haben diese Experten vor der Selbständigkeit zumeist in ähnlichen Funktionen als Angestellte von Software- und DV-Dienstleistungsunternehmen erworben.[6]

Von **freier Mitarbeit** spricht man, wenn zwischen den Vertragsparteien ein Beschäftigungsverhältnis, meist in Form eines Werkvertrags abgeschlossen wird, ohne dabei ein Arbeitsver-

---

[1] Vgl. Neugebauer (1986), S. 218; siehe auch Kapitel 3 III 2.1.
[2] Vgl. ähnlich auch Eichele (1971), S. 81.
[3] Vgl. Tremml/Karger (1995), S. 87.
[4] Vgl. Rohr/Streicher (1993), S. 52.
[5] Vgl. Rohr/Streicher (1993), S. 66.
[6] Vgl. Rohr/Streicher (1993), S. 66.

hältnis zu begründen.[1] Die vertraglich vereinbarte Leistung, d.h. die einzelnen, zumeist nicht unmittelbar aufeinanderfolgenden Aufträge, über deren Übernahme er eigenständig entscheidet, kann der freiberuflich tätige Softwarespezialist sowohl im Softwareunternehmen selbst als auch bei DV-Anwenderbetrieben, d.h. bei Klienten eines Softwareunternehmens erbringen.[2] Charakteristisch für diese Form der Arbeitserbringung ist weiterhin die fehlende Eingliederung freier Mitarbeiter in die Arbeitsorganisation des Auftraggebers.[3] Weder der Begriff der freien Mitarbeit noch der hierfür erforderliche Vertragstypus sind gesetzlich ausdrücklich normiert.[4]

Vor dem Hintergrund der steigenden Bedeutung freiberuflicher Tätigkeit in der Softwarebranche ist im Kontext einer **Aktienbeteiligung** grundsätzlich zu prüfen, ob evtl. im Unternehmen beschäftigte freie Mitarbeiter dem Kreis der Bezugsberechtigten angehören sollen. Eine Ausgabe von Aktien an freiberuflich tätige Mitarbeiter kann z.B. mit dem Ziel erfolgen, eine beiderseitig einträglichere Zusammenarbeit herbeizuführen. Insbesondere aus der Sicht des auftraggebenden Softwareunternehmens vermag eine Aktienbeteiligung dazu zu dienen, eine höhere Identifikation der Freiberufler mit dem Unternehmen zu bewirken und diese zumindest auf der gesellschaftsrechtlichen und wirtschaftlichen Ebene stärker in die Unternehmung zu integrieren. Zudem erscheint neben der **Motivation** angestellter Mitarbeiter auch die Leistungsbereitschaft freiberuflich tätiger Softwareexperten für den Fortgang eines Softwareprojektes bedeutsam.

Nicht zuletzt wird eine Berechtigung freier Mitarbeiter zum Erwerb von Aktien in mittelständischen Softwarebetrieben möglicherweise zur Intensivierung der **Bindung** an das Unternehmen erwogen. Da gerade hochqualifizierte Fachkräfte nicht selten Projekte mehrerer potentieller Auftraggeber zur Auswahl haben, erscheint das Kalkül eines Beteiligungsunternehmens plausibel, solche Experten im Wege einer Aktienbeteiligung zu einer bevorzugten Berücksichtigung bei der Selektion von Aufträgen zu bewegen.

---

[1] Vgl. Tremml/Karger (1995), S. 16. Vom freien Mitarbeiter ist der Arbeitnehmer, der dem Arbeitgeber auf Grund eines Arbeitsvertrages zur Arbeitsleistung verpflichtet ist, zu unterscheiden. Die Arbeitnehmereigenschaft zeichnet sich primär durch die Unselbständigkeit und persönliche Abhängigkeit des zur Leistungserbringung Verpflichteten aus. Infolge dieser erhöhten Abhängigkeit stehen Arbeitnehmer unter dem besonderen Schutz bestimmter arbeitsrechtlicher Vorschriften, wie z.B. dem Kündigungsschutz, der Mitbestimmung und dem Anspruch auf Entgeltfortzahlung im Krankheitsfall. (Vgl. dazu Endruweit (1992), Sp. 191 ff.; Hille (1996), S. 37 ff.; Tremml/Karger (1995), S. 18 ff. Zur Abgrenzung freier Mitarbeiter von Arbeitnehmern hat die Rechtsprechung eine Vielzahl von Kriterien, wie z.B. Weisungsgebundenheit, Eingliederung in die betriebliche Organisation des Auftraggebers, Träger des Unternehmerrisikos, entwickelt; vgl. Hille (1996), S. 37 ff.; dazu auch Hanel (1993), S. 534 f.).

[2] Vgl. Hille (1996), S. 53. Zu den Besonderheiten einer Charakterisierung des Vertragsverhältnisses zwischen den drei Parteien im Falle einer Leistungserbringung beim DV-Anwender siehe Hille (1996), S. 53 f.

[3] Vgl. Tremml/Karger (1995), S. 16. Weitere typische Merkmale einer freiberuflichen Tätigkeit nennt Meyer (1989), S. 101 ff. Siehe auch die dort zitierten weiterführenden Quellenangaben.

[4] Vgl. Tremml/Karger (1995), S. 16.

Diesen Möglichkeiten einer Berechtigung freier Mitarbeiter zum Aktienerwerb stehen bestimmte **Problemfelder** gegenüber, die in der Eigenart eines freiberuflichen Vertragsverhältnisses begründet liegen. Im Gegensatz zu festangestellten Mitarbeitern in mittelständischen Softwareunternehmen unterliegt ein Teil der freiberuflichen Softwarespezialisten als selbständige Dienstleister einem häufigen Wechsel des auftraggebenden Unternehmens. Einer empirischen Studie zu den Arbeitsbedingungen von Freiberuflern in der Datenverarbeitung zufolge wurden von diesen Fachkräfte durchschnittlich 3,5 zum Teil von unterschiedlichen Unternehmen in Auftrag gegebene Projekte pro Jahr bearbeitet.[1] Oftmals übernehmen freiberufliche Datenverarbeitungsexperten parallel mehrere Projekte. So gaben 63 % der Probanden an, regelmäßig oder gelegentlich mit mehreren Projekten und Kunden gleichzeitig beschäftigt zu sein.[2]

Vor diesem Hintergrund kann von seiten der bisherigen Eigentümer eines mittelständischen Softwareunternehmens die Befürchtung bestehen, daß freie Mitarbeiter im Zuge einer Aktienbeteiligung betriebsinterne Informationen, die sie z.B. in der Hauptversammlung über das Auskunftsrecht zu erwirken vermögen, an Konkurrenten weitergeben. Da die aufeinanderfolgende oder parallele Zusammenarbeit freiberuflicher Softwarespezialisten mit verschiedenen Softwareunternehmen in der Natur dieser Beschäftigungsform liegt, läßt sich diese Problematik durch die Einführung einer Rückgabepflicht der Aktien bei Abschluß der bearbeiteten Projektes im Gegensatz zu einer Beteiligung festangestellter Mitarbeiter nur selten befriedigend lösen. Unter Abwägung von Nutzen und Problemfeldern kann eine Berechtigung freier Mitarbeiter zum Erwerb von Aktien eines mittelständischen Softwareunternehmens in folgenden **exemplarischen** Fällen sinnvoll erscheinen.

Verfügen gerade kleinere mittelständische Softwareunternehmen, beispielsweise infolge einer kapitalintensiven Entwicklung und Vermarktung von Softwareprodukten, über einen sehr **hohen Kapitalbedarf** und reicht das von den beteiligten Mitarbeitern aufgebrachte Kapital zu dessen Deckung nicht aus, ist eine Erweiterung des Gesellschafterkreises um freie Mitarbeiter aus Finanzierungsaspekten grundsätzlich denkbar.

Ungeachtet der genannten, ihr inhärenten Schwierigkeiten kann sich eine Begünstigung freier Softwarefachkräfte darüber hinaus als sinnvoll erweisen, wenn diese Mitarbeiter, beispielsweise auf Grund ihrer herausragenden fachlichen Qualifikation oder Verbindungen zu anderen Unternehmen, für den wirtschaftlichen Erfolg des Softwareunternehmens von hoher **Bedeutung** sind. Eine Aktienbeteiligung als Instrument zur Herbeiführung einer längerfristigen Kooperation mit solchen Experten ist vor diesem Hintergrund im Einzelfall zu prüfen.

---

[1] Vgl. Rohr/Streicher (1995), S. 71 f.
[2] Vgl. Rohr/Streicher (1995), S. 72 f.

Neben der fachlichen Qualifikation kann ein unterschiedlich hoher Stellenwert freiberuflicher Softwarespezialisten für das Unternehmen auch aus der **Intensität** der **bisherigen Zusammenarbeit** resultieren. So werden die bisherigen Eigentümer tendenziell eher dazu neigen, innerhalb der Gruppe der freiberuflichen Softwareexperten solche Mitarbeiter, die regelmäßig oder über einen längeren Zeitraum hinweg in den Diensten des Unternehmens standen, zu beteiligen. Jene freiberuflichen Mitarbeiter, mit denen man sporadisch zusammengearbeitet hat, kommen für eine Aktienbeteiligung normalerweise kaum in Frage. Umgekehrt ist wahrscheinlich auch die Bereitschaft zur Zeichnung von Aktien bei der ersten Gruppe höher als bei der zweiten, die für gewöhnlich einen geringeren Bezug zum emittierenden Unternehmen aufweist.

Differenziert man die Gruppe der freien Mitarbeiter also nach dem Ausmaß der bisherigen Zusammenarbeit, erscheint insbesondere eine Beteiligung sogenannter **arbeitnehmerähnlicher Mitarbeiter** überlegenswert. Hierbei handelt es sich rechtlich um freie Mitarbeiter, die ihre Dienst- bzw. Werkleistung zu einem überwiegenden Teil einem Auftraggeber gegenüber erbringen und von diesem wirtschaftlich abhängig sind.[1] Im Hinblick auf eine unternehmensweite Kapitalbeteiligung kann eine Ausgabe von Aktien an arbeitnehmerähnliche freie Mitarbeiter insofern zweckdienlich erscheinen, als diese Softwareexperten auf Grund der intensiven Zusammenarbeit häufig stärker in das Sozialgefüge des Betriebes integriert und den bisherigen Eigentümern gerade kleinerer mittelständischer Softwareunternehmen zumeist persönlich bekannt sind.

Schließlich ist davon auszugehen, daß eine Beteiligung freiberuflicher Softwarespezialisten vornehmlich in mittelständischen Softwareaktiengesellschaften mit einem **offenen personalistischen Charakter**, die überdies evtl. einen Gang an die Börse planen, in Erwägung gezogen werden dürfte. In mittelständischen Gesellschaften mit privatem Erscheinungsbild wird man einer Beteiligung dieses Personenkreises dagegen unter anderem auf Grund der Mehrzahl der Beschäftigungsverhältnisse häufig eher zurückhaltend gegenüberstehen.

---

[1] Vgl. Tremml/Karger (1995), S. 27 f. Zu den Indikatoren, anhand derer auf eine wirtschaftliche Abhängigkeit freier Mitarbeiter geschlossen wird, vgl. Tremml/Karger (1995), S. 27 f. Als Konsequenz der erhöhten Abhängigkeit stehen diesen Personen bestimmte, ansonsten nur für Arbeitnehmer geltende Schutzvorschriften zu. Siehe im einzelnen dazu Tremml/Karger (1995), S. 28 f.

2.2. Exklusive Beteiligung ausgewählter Führungs- und Fachkräfte

Der wirtschaftliche Erfolg mittelständischer Unternehmen hängt im Vergleich zu Großunternehmen auf Grund der höheren Arbeitsintensität[1] nicht nur sehr viel stärker vom Produktionsfaktor Arbeit insgesamt,[2] sondern insbesondere stärker von einzelnen befähigten Mitarbeitern ab.[3] Als solche **Schlüsselmitarbeiter** sind vor allem Führungskräfte,[4] aber speziell in der Softwarebranche auch hoch qualifizierte Fachkräfte anzusehen.[5] Korrespondierend zu ihrer zentralen Bedeutung für den Unternehmenserfolg kann in mittelständischen Softwareaktiengesellschaften eine alleinige Beteiligung dieser Mitarbeiter am Kapital erwogen werden. Im Rahmen dieser zweiten Untersuchungskonstellation sind Zielsetzung, Problem- und Anwendungsfelder einer exklusiven Beteiligung ausgewählter Führungs- und Fachkräfte aufzuzeigen.

a) Zielsetzungen einer Beteiligung von Führungs- und ranghohen Fachkräften

Ein betriebliches Angebot zum Erwerb von Belegschaftsaktien, das in Form eines Exklusiv-Modells ausschließlich ausgewählten Führungs- und Fachkräften unterbreitet wird, kann in mittelständischen Softwareaktiengesellschaften mehreren Zielsetzungen dienen.[6] Zum einen mag man sich von dieser personalpolitischen Maßnahme eine Festigung oder Verbesserung

---

[1] Vgl. Hamer (1987), S. 160;

[2] Vgl. Hermann (1996), S. 142.

[3] Vgl. Hermann (1996), S. 142; ähnlich Hamer (1987), S. 160 f.

[4] Vgl. Dubbert (1990), S. 115; Albach/Freund (1989), S. 94. Zur begrifflichen Abgrenzung von Führungskräften (vgl. dazu eingehend Jopp (1994) werden in der Literatur verschiedene Kriterien herangezogen (vgl. Welge (1992), Sp. 937). Im allgemeinen unterscheiden sich Führungskräfte von Mitarbeitern in ausführenden Stellen durch ihre hierarchische Position, das Recht, verbindliche Weisungen zu erteilen, das Ausmaß an Entscheidungsbefugnissen sowie den tatsächlichen Einfluß auf das Unternehmensgeschehen (vgl. Welge (1992), Sp. 937). Vor allem sind Führungskräfte durch Spezifika ihrer „Führungsaufgabe" gekennzeichnet (vgl. dazu ausführlich Gaugler (1966), S. 65 ff. und die dort angegebene weiterführende Literatur).

[5] Vgl. Hermann (1996), S. 143.

[6] Vgl. Schneider (1993-b-), S. 8. Neben dem Exklusiv-Modell werden in der Bundesrepublik Deutschland drei weitere Modellvarianten einer Führungskräftebeteiligung, nämlich das Standard-, Bevorrechtigungs- und Kompensationsmodell praktiziert. Die beiden erstgenannten Alternativen stellen Formen einer allgemeinen Mitarbeiterkapitalbeteiligung dar, bei denen sich das Angebot zum Erwerb von Unternehmensanteilen neben den Führungskräften an einen größeren Kreis von Arbeitnehmern richtet. Bei einer solchen eher unternehmensweiten Beteiligung erfolgt, mit Ausnahme des Bevorrechtigungs-Modells, bei dem Führungskräfte Sonderkonditionen erhalten, keine gezielte Abstimmung auf deren Belange. Dagegen richten sich sowohl das Kompensations- als auch das Exklusiv-Modell ausschließlich an die Gruppe der Führungskräfte. Gleichwohl entspricht das Kompensations-Modell, das die Zielsetzung verfolgt, finanzielle Nachteile außertariflicher Mitarbeiter gegenüber dem tariflichen Bereich auszugleichen, in seinem Aufbau und Inhalt häufig dem Standard-Modell. Von einer Kapitalbeteiligung von Führungskräften im engeren Sinne, d.h. einer speziell auf diese Zielgruppe zugeschnittenen Konzeption kann insofern nur beim Exklusiv-Modell gesprochen werden (vgl. Schneider (1993-b-), S. 8). Siehe insgesamt dazu eingehend Schneider (1993-b-); Schneider/Zander (1990), S. 265 ff. In Einklang mit Wagner (1993), S. 19, der den Mitarbeiterbegriff vom Arbeiter bis zum leitenden Angestellten versteht, soll der Spezialfall einer Beteiligung von Führungskräften am Kapital des Unternehmens auch unter den Sammelbegriff einer Mitarbeiterkapitalbeteiligung gefaßt werden.

der **Identifikation** betrieblicher Leistungsträger mit der Unternehmung[1] sowie deren stärkere Integration in das wirtschaftliche Gefüge der Gesellschaft und den Kreis der bisherigen Anteilseigner versprechen. Die zentralen Kräfte, die für den ökonomischen Erfolg des mittelständischen Unternehmens von maßgeblicher Bedeutung sind, sollen auf diesem Weg stärker an die Unternehmung gebunden werden.[2] Angesichts eines Mangels an hochqualifizierten Datenverarbeitungsspezialisten[3] erweist es sich für mittelständische Softwareunternehmen außerdem als unabdingbar, Maßnahmen, etwa in Form einer Ausgabe von Belegschaftsaktien, zur Intensivierung der betrieblichen **Bindung** hochrangiger Fachkräfte zu ergreifen. Eine Aktienbeteiligung von Führungs- und Fachkräften kann in mittelständischen Softwareunternehmen darüber hinaus dem Zweck dienen, deren **Motivation,** soweit hier Defizite vermutet werden, über eine stärkere materielle und immaterielle Teilhabe am Unternehmensgeschehen zu stärken.[4] Nicht zuletzt erscheint eine Kapitalbeteiligung einzelner ranghoher Mitarbeiter zur **gezielten** Erweiterung des Anteilseignerkreises überlegenswert. Beispielsweise kann es sich angesichts der oftmals steigenden Verantwortung und des zum Teil erheblichen Kapitalbedarfs im Zuge des Wachstums mittelständischer Softwareunternehmen als sinnvoll erweisen, ausgewählte betriebliche Leistungsträger und Vertrauenspersonen als Teilhaber zu gewinnen.

b) Kostenrelevante Unterschiede zur unternehmensweiten Aktienbeteiligung

In betriebswirtschaftlicher Hinsicht hat man bei der Auswahl der zu beteiligenden Mitarbeiter grundsätzlich **Kostengesichtspunkte** zu berücksichtigen.[5] So erscheint die Annahme plausibel, daß die Summe der mit einer Aktienbeteiligung einhergehenden Kosten unter anderem davon abhängt, wieviele und welche Mitarbeiter zum Aktienerwerb berechtigt sind. Beispielsweise kann man, wie nachfolgend zu zeigen sein wird, davon ausgehen, daß eine exklusive Beteiligung von Führungs- und hochrangigen Fachkräften einerseits und ein unternehmensweites Aktienangebot andererseits sich kostenmäßig voneinander unterscheiden. Kostendifferenzen bei verschiedenen Beteiligungsalternativen lassen sich nicht nur, wie in der

[1] Vgl. Schneider (1993-b-), S. 10; Zander (1990), S. 396.

[2] Vgl. Schneider (1993-b-), S. 3, 8; Stehle (1985), S. 57. Zur leistungsorientierten Differenzierung der Gruppe der Führungskräfte vgl. eingehend Limpens (1994). Die Fluktuationsentscheidung und berufliche Mobilität von Führungskräften analysiert eingehend Jochmann (1989).

[3] Vgl. o.V. (1996-b-), S. 9.

[4] Vgl. analog Wagner (1993), S. 46 f.; ähnlich Schneider (1993-b-), S. 10.

[5] Die hohe Bedeutung von mit einer Ausgabe von Belegschaftsaktien verbundenen Kosten für die Abgrenzung des Kreises der Bezugsberechtigten betont z.B. auch Eichele (1971), S. 80 ff. Auf eine Betrachtung und Operationalisierung des zielgruppenbezogenen Nutzens einer Aktienbeteiligung, der den Kosten gegenüberzustellen ist, wird an dieser Stelle bewußt verzichtet. Als Nutzenaspekt wurde im ersten Hauptteil dieser Arbeit die Erreichbarkeit der mit einer Beteiligung verfolgten Zielsetzungen im Kontext des Erwartungs-Wert-Modells thematisiert.

Literatur postuliert,[1] auf eine unternehmensseitige finanzielle Förderung des Anteilserwerbs selbst zurückführen. Mögliche Unterschiede liegen auch in bestimmten kostenverursachenden Faktoren der Planung und Einführung eines auf unterschiedliche Zielgruppen ausgerichteten Beteiligungsmodells sowie in laufenden Kosten begründet.

Von einer unternehmensweiten Aktienbeteiligung unterscheidet sich eine **Beteiligung** weniger ausgewählter **Führungs**- oder **Fachkräfte** im Hinblick auf die damit einhergehenden Kosten hauptsächlich in zweifacher Hinsicht. Zum einen schlagen sich zielgruppenspezifische Rahmenbedingungen, die im folgenden als **strukturelle Unterschiede** bezeichnet werden, auf die Höhe der Kosten einer Aktienbeteiligung nieder. Zum anderen resultieren Differenzen in der Kostenhöhe aus **mengenmäßigen Effekten**, d.h. der unterschiedlichen Anzahl der bei beiden Formen beteiligten Mitarbeiter. Nachfolgend sollen ausgewählte Beispiele demonstrieren, daß eine fokussierte Beteiligung von Führungs- oder Fachkräften tendenziell mit geringeren Kosten verbunden ist als eine Einbeziehung der gesamten Belegschaft.

Die Einführung einer auf die **Gesamtheit** der **Mitarbeiter** ausgelegten Aktienbeteiligung bedeutet einen tiefen Einschnitt in das wirtschaftliche und soziale Gefüge eines mittelständischen Softwareunternehmens. Damit die Interessen aller betroffenen Parteien in adäquater Form gewahrt werden und insofern die Grundlage für eine Realisierung der verfolgten Zielsetzungen bereitet ist, sind im Vorfeld der Modelleinführung vielfältige Maßnahmen z.B. zur Information, Planung sowie Koordination zu ergreifen. Der Komplex dieser Aktivitäten zur Erarbeitung und Einführung einer Mitarbeiterkapitalbeteiligung wird in der betrieblichen Praxis zumeist in Form eines Projekts, das sich in mehrere Phasen untergliedert, organisiert.[2] Wendet man Schmalenbachs wertorientierten Kostenbegriff[3] auf den vorliegenden Kontext an, dann stellen die **Kosten** der Konzeption und Implementierung eines **Belegschaftsaktienmodells** bewerteten, projektbezogenen Güterverzehr, der während der Laufzeit des Projektes angefallen ist, dar.[4] Differenziert nach der Art der verbrauchten originären Kostengüter[5] liegen diese primär im Einsatz menschlicher Arbeitskraft, aber u.a. auch im Verbrauch von Material sowie in der Inanspruchnahme von Fremdleistungen begründet.

Eine gezielte Begünstigung von Führungs- oder hochrangigen Fachkräften weist gegenüber einem unternehmensweiten Aktienangebot in mehrfacher Hinsicht kostenwirksame **struktu-**

---

[1] So sehen beispielsweise Eichele (1971), S. 80 f. und Peez (1983), S. 71. die Finanzierungskosten als Einflußfaktor bei der Bestimmung des zu begünstigenden Personenkreises.

[2] Vgl. zum gesamten Projektaufbau und -ablauf Schneider/Zander (1990), S. 254 f.; zum Einführungsvorgang Klaus (1993), S. 4 ff.; vgl. auch Klötzl (1988), S. 118.

[3] Vgl. Schmalenbach (1963), S. 5.

[4] Vgl zu Projektkosten allgemein Schultz (1995), S. 16.

[5] Zu den Möglichkeiten einer Gliederung der Kostenarten vgl. Götzinger/Michael (1993), S. 55 ff.

relle Besonderheiten auf. So stehen insbesondere Führungskräfte in der Regel in einem engeren Kontakt mit dem mittelständischen Unternehmer und sind nicht nur mit ihrem speziellen Fachgebiet, sondern häufig auch mit der Situation und Entwicklung des gesamten Unternehmens zumindest teilweise vertraut. Auch herausragende Fachkräfte in mittelständischen Softwareunternehmen, welche z.B. die Position eines Projektleiters ausüben, werden nicht selten auf Grund ihrer hohen fachlichen Kompetenz in strategische Unternehmensfragen einbezogen und besitzen insofern ebenfalls Informationen über die wirtschaftliche Position des Unternehmens.

In mittelständischen Softwareunternehmen kann das Angebot zum Erwerb von Aktien diesem Personenkreis auf Grund der Nähe zum Unternehmer und wegen der überschaubaren Anzahl beteiligungsberechtigter Mitarbeiter prinzipiell in einem persönlichen Gespräch unterbreitet werden. Auch erweist sich bei dieser Zielgruppe die Organisation eines Projekts zur Konzeption und Implementierung einer Aktienbeteiligung zuweilen als entbehrlich. So kann nicht selten sowohl auf die Berufung einer Projektgruppe als auch, abgesehen von der Konsultation eines Anwalts oder Steuerberaters, auf den Einsatz kostspieliger Unternehmensberater verzichtet werden. Eine Erarbeitung umfangreicher Informationsbroschüren sowie die Schulung der Begünstigten über das Wesen einer Aktienbeteiligung oder die wirtschaftlichen Verhältnisse des Unternehmens erscheinen angesichts des hohen Involvierungsgrades der betroffenen Mitarbeiter tendenziell überflüssig. Nicht zuletzt vermag die exklusive Möglichkeit eines Aktienerwerbs zumindest den Begünstigten einen hohen Prestigenutzen zu vermitteln.[1] Daher sind bei einer alleinigen Beteiligung ausgewählter Personen aus der Führungsebene unternehmensseitige finanzielle Zuwendungen, die ansonsten der Erhöhung der Beteiligungsbereitschaft dienen, nicht typisch, so daß diese Kosten eingespart werden können.[2]

Neben diesen strukturellen Besonderheiten der Zielgruppe der Führungs- und Fachkräfte wirkt sich auch die **geringere Personenzahl** dieser Begünstigtengruppe auf die Höhe der Kosten einer Aktienbeteiligung aus. Eine überschaubare Anzahl beteiligungsberechtigter Mitarbeiter kann, wie bereits erläutert, nicht nur die arbeitsintensive Planung des Modells erleichtern, sondern dürfte auch den **laufenden Verwaltungsaufwand**, wenn auch in engen Grenzen, reduzieren.[3] Beispielsweise sind die gesamten Kosten für die Führung der Beteiligungskonten, das Belegwesen, die Betreuung bei Aktientransaktionen sowie, sofern diese aktienrechtliche

---

[1] Zur Problematik dysfunktionaler Auswirkungen eines exklusiven Aktienangebots vgl. Kapitel 4 II 2.2.
[2] Vgl. Schneider (1993-b-), S. 10.
[3] Zur Höhe des Verwaltungsaufwands in Abhängigkeit von der nach der Mitarbeiterzahl gemessenen Unternehmensgröße vgl. Guski/Schneider (1983), S. 243 f. Die Autoren kommen zu dem Ergebnis, daß der Verwaltungsaufwand, in absoluten Zahlen betrachtet, mit zunehmender Unternehmensgröße steigt. Bezogen auf den einzelnen Mitarbeiter, erzielen Großunternehmen im Vergleich zu mittelständischen Betrieben tendenziell bessere Ergebnisse.

Neuerung angewendet wird, die Ladung zur Hauptversammlung per eingeschriebenem Brief, nicht zuletzt von der Anzahl der beteiligten Mitarbeiter abhängig. Wie eine empirische Untersuchung von Guski/Schneider[1] ergeben hat, wurde der Verwaltungsaufwand in einigen Großunternehmen, die eigens Mitarbeiter für die Verwaltung der Beteiligung beschäftigten, auf ca. 50 bis 100 DM pro beteiligtem Mitarbeiter und Jahr beziffert. Insgesamt gaben Kleinunternehmen (bis 100 Mitarbeiter) in dieser Untersuchung an, durchschnittlich 5 sogenannte Mann-Tage pro Jahr für die Mitarbeiterbeteiligung aufzuwenden; bei mittleren Unternehmen (100 bis 500 Mitarbeiter) waren dies im Durchschnitt 20 Tage. Größtunternehmen (ab 5000 Mitarbeiter) wandten durchschnittlich 239 Tage für die Verwaltung der Beteiligung auf.

Diese Zahlen deuten darauf hin, daß zwischen der Anzahl der beteiligten Mitarbeiter, die sich hier in der der Größe des Unternehmens widerspiegelt, und der absoluten Höhe des Verwaltungsaufwands ein Zusammenhang besteht. Gleichwohl wurde der Verwaltungsaufwand überall dort, wo es gelang, die genannten Aktivitäten über EDV abzuwickeln, als „minimal" oder „unbedeutend" bezeichnet.[2] Angesichts der zunehmenden EDV-technischen Unterstützung wird dieser Aufwand in mittelständischen Softwareunternehmen zum gegenwärtigen Zeitpunkt niedriger als oben genannte Vergleichszahlen kleiner oder mittlerer Unternehmen aus dem Jahre 1983 ausfallen. Der Umstand, daß eine exklusive Beteiligung ausgewählter Führungs- oder Fachkräfte wahrscheinlich niedrigere laufende Kosten als eine Beteiligung größerer Teile der Belegschaft verursachen wird, dürfte daher bei der Entscheidung zwischen diesen beiden Beteiligungsalternativen kein maßgebliches Gewicht besitzen. Dies gilt vor allem für jene mittelständischen Softwareunternehmen, bei denen der laufende Verwaltungsaufwand von den Entscheidungsträgern als insgesamt geringfügig eingeschätzt wird.

c) Akzeptanz bei der Belegschaft

Auf der anderen Seite kann eine zwar insgesamt kostengünstigere Ausgabe von Belegschaftsaktien an wenige betriebliche Leistungsträger Neid und Akzeptanzprobleme bei dem restlichen Teil der Belegschaft auslösen. Ein solches **innerbetriebliches Konfliktpotential** entsteht dann, wenn die nicht begünstigten Mitarbeiter der Möglichkeit, Aktien des arbeitgebenden Unternehmens zu erwerben, eine hohe individuelle Bedeutung beimessen und das **Bewußtsein** entwickeln, bei dieser Verteilung von Privilegien **benachteiligt** worden zu sein.[3] Unzufriedenheit im Mitarbeiterkreis, eine Beeinträchtigung des Verhältnisses zur Unternehmensleitung und zu den bisherigen Eigentümern, eine Abnahme an Rationalität und ein Auf-

---

[1] Vgl. Guski/Schneider (1983), S. 242.
[2] Vgl. Guski/Schneider (1983), S. 243.
[3] Vgl. Coser (1972), S. 40.

bau von Emotionalität können die Folgen sein.[1] Eine typische Ausdrucksform derartiger Konflikte ist ferner die bewußte oder eine sich mitunter aus bestehenden Spannungen von selbst ergebende Verringerung der Arbeitsleistung.[2] Gerade in mittelständischen Softwareunternehmen, in denen der Unternehmenserfolg wesentlich von der Leistung des Humankapitals getragen wird, besteht somit die Gefahr, daß die erhofften personalpolitischen Auswirkungen bei den begünstigten Führungs- und Fachkräften durch dysfunktionale Effekte bei den nicht anspruchsberechtigten Mitarbeitern überlagert werden. Bei einer exklusiven Beteiligung von Führungs- und Fachkräften empfiehlt es sich, die nicht begünstigten Mitarbeiter gegebenenfalls über die Beweggründe einer solchen personalpolitischen Maßnahme zu informieren. Gelingt es, bei der Belegschaft Verständnis über die Notwendigkeit einer gesonderten Beteiligung dieses Personenkreises zu wecken, kann dem Eindruck einer ungerechtfertigten Benachteiligung der übrigen Mitarbeiter und den aufgezeigten dysfunktionalen Effekten zumindest teilweise entgegengewirkt werden.

In manchen mittelständischen Softwareunternehmen, in denen größere Teile der Belegschaft Interesse an einer Aktienbeteiligung bekunden und eine unmittelbare Notwendigkeit einer Ausgrenzung dieser Mitarbeiter aus dem Kreis der Bezugsberechtigten nicht vorliegt, werden informationspolitische Maßnahmen zur Abwendung negativer Auswirkungen aber vermutlich nicht ausreichen. Hier hat man zu prüfen, inwieweit ein **generelles Aktienangebot**, das spezielle **positions**- oder **aufgabenbezogene Begünstigungen** enthält, vor dem Hintergrund der unternehmensindividuellen Bedingungen, wie z.B. Kapitalbedarf, personalistischer Charakter und Beteiligungsverhältnisse, realisierbar ist. Denkbar ist beispielsweise, daß die Gruppe der Führungs- und hochrangigen Fachkräfte eine größere Zahl an Aktien als die übrigen Mitarbeiter erwerben darf. Die Gefahr einer Spaltung der Belegschaft, die bei einem Exklusivmodell durch den vollständigen Ausschluß größerer Teile der Mitarbeiterschaft von einer Aktienbeteiligung hervorgerufen wird, ist hier verringert. Kommt ein mittelständisches Softwareunternehmen mit einem solchen unternehmensweiten Aktienangebot dem Interesse der Mehrzahl der Mitarbeiter an einer Kapitalbeteiligung entgegen, kann man davon ausgehen, daß mögliche dysfunktionale Effekte dieser Begünstigungsdifferenzierung auf die personalpolitischen Intentionen tendenziell in geringerem Maße auftreten als bei einer gänzlichen Ausgrenzung größerer Teile der Belegschaft vom Aktienerwerb.

[1] Vgl. ähnlich Staehle (1994), S. 372.
[2] Vgl. Dahrendorf (1959), S. 50.

d) Anwendungsfälle einer exklusiven Aktienbeteiligung für Führungs- und Fachkräfte

Neben den speziell mit ihr verfolgten Zielsetzungen ist die **praktische Relevanz** einer exklusiven Beteiligung ausgewählter Führungs- und ranghoher Fachkräfte im Gegensatz zu einer unternehmensweiten Beteiligung in mittelständischen Softwareunternehmen vor allem in folgenden beispielhaften Fällen zu sehen. Sie mag dann sinnvoll erscheinen, wenn auf Grund der vorherrschenden Beteiligungsverhältnisse oder eines geringen Kapitalbedarfs in finanzwirtschaftlicher Hinsicht lediglich ein **geringer Spielraum** für eine Erweiterung des Gesellschafterkreises besteht. Angesichts einer mangelnden ökonomischen Verwendbarkeit[1] einer größeren Kapitalzufuhr ließe sich eine sinnvolle Höhe des individuellen Kapitalanteils bei einem Modell mit Breitenwirkung nicht gewährleisten. Eine zu geringe Kapitalhöhe erscheint jedoch, wie Erfahrungen aus der betrieblichen Beteiligungspraxis bestätigen, nicht dazu geeignet, das Leistungsverhalten der Mitarbeiter nachhaltig zu stimulieren.[2]

Praktische Bedeutung erlangt eine exklusive Aktienbeteiligung ausgewählter Management- und Fachkräfte weiterhin als **Vorstufe** einer unternehmensweiten Emission von Belegschaftsaktien in mittelständischen Softwareunternehmen. Demgemäß kann man diese Maßnahme als eine Art Pilotprojekt verstehen, in dem bei einem kleinen Mitarbeiterkreis erste Erfahrungen mit der Gestaltung und Implementierung eines betrieblichen Aktienbeteiligungsmodells gewonnen werden. Im Falle eines Gelingens dieses Modells ist dann möglicherweise eine Begünstigung weiterer Arbeitnehmerkreise in Erwägung zu ziehen.

Nicht als Vorstufe, sondern als langfristige **Alternative** zu einer unternehmensweiten Aktienbeteiligung kann eine gezielte Ausgabe von Belegschaftsaktien an wenige ausgewählte Führungs- oder Fachkräfte in mittelständischen Softwareunternehmen mit **privatem personalistischen Charakter** aufgefaßt werden. In solchen Unternehmen erscheint eine Erweiterung des Gesellschafterkreises um den Großteil der Belegschaft für die bisherigen Anteilseigner oftmals undenkbar. Einer Beteiligung weniger vertrauenswürdiger und loyaler Leistungsträger hingegen stehen diese zum Teil nicht ablehnend gegenüber.

---

[1] Gaugler (1985), S. 57 geht sogar davon aus, daß eine Mitarbeiterkapitalbeteiligung unter betriebswirtschaftlichen Gesichtspunkten nur dann angebracht ist, wenn ein Unternehmen grundsätzlich Bedarf an Kapital und damit ökonomisch relevante Verwendungsmöglichkeiten aufweist. In mittelständischen Softwareunternehmen kann eine Aktienbeteiligung aber auch bei fehlendem Kapitalbedarf sinnvoll sein, wenn die Mitarbeiter Aktien der bisherigen Eigentümer im Wege einer vollständigen Finanzierung durch Eigenleistungen erwerben. Damit substituiert das Kapital der Belegschaftsaktionäre jenes der Alt-Gesellschafter und stellt aus Unternehmenssicht einen kapitalneutralen Vorgang dar. Ökonomisch vorteilhaft kann die Aktienbeteiligung in diesem Fall beispielsweise durch positive Verhaltenseffekte bei den Mitarbeitern sein.

[2] Vgl. Guski/Schneider (1983), S. 382.

Nachdem im Rahmen dieses Abschnitts verschiedene Aspekte einer Bestimmung des zu begünstigenden Personenkreises im Zentrum standen, widmet sich das folgende Kapitel der Ausgestaltung von Mitgliedschaftsrechten sowie der Übertragbarkeit der Belegschaftsaktien in mittelständischen Softwareunternehmen.

III. Wahl von Aktiengattung und Aktienart

Die Aktie als Bruchteil des Grundkapitals einer Aktiengesellschaft besitzt eine zweifache Bedeutung. Zum einen repräsentiert sie die Gesamtheit der Rechte und Pflichten, die dem Aktionär infolge seines Anteilsbesitzes zustehen. Unterscheiden sich die Unternehmensanteile diesbezüglich, dann bilden eine oder mehrere Aktien mit gleichen Rechten und Pflichten eine **Aktiengattung**.[1] Zum anderen wird die Mitgliedschaft üblicherweise in besonderen Urkunden verbrieft, die der Aktie den Charakter eines **Wertpapiers** verleihen. Durch die Bestimmung der Wertpapierform legt man fest, auf welche Weise die Anteile am Unternehmen übertragen werden können und wie die Legitimation zur Ausübung der Mitgliedschaftsrechte gegenüber der Gesellschaft zu erbringen ist.

Im Kontext einer Emission von Belegschaftsaktien in mittelständischen Softwareunternehmen stellt sich vor diesem Hintergrund die Frage, welche Aktiengattung und welche Art der Aktienurkunde die Mitarbeiter erhalten sollen. Um diese Frage beantworten zu können, werden nachfolgend mögliche Aktiengattungen systematisiert und beschrieben sowie die besondere Problematik einer Ausgabe von Stamm- und stimmrechtslosen Vorzugsaktien untersucht. Anschließend gilt es, die Aktien hinsichtlich ihrer Übertragungsart zu charakterisieren. Auf dieser Basis sind Faktoren herauszuarbeiten, welche die Festlegung von Gattung und Art der Belegschaftsaktien in mittelständischen Softwareunternehmen maßgeblich bestimmen und Anwendungsmöglichkeiten unterschiedlicher Aktientypen im Mittelstand aufzuzeigen. Da beide Merkmale, d.h. die Art der Aktienurkunde und der Inhalt der verbrieften Rechte und Pflichten grundsätzlich voneinander unabhängig sind, [2] können diese in den weiteren Ausführungen getrennt analysiert werden.

---

[1] Vgl. § 11 S. 2 AktG; Kraft (1986), § 11, Rdn. 18; Brändel (1992), § 11, Rdn. 2.

[2] Eine Ausnahme hiervon liegt z.B. dann vor, wenn einige Aktien die Pflicht zu Nebenleistungen auferlegen. Diese müssen nach § 55 Abs. 1 AktG in Form vinkulierter Namensaktien verbrieft werden (vgl. zur gattungsbegründenden Eigenschaft von Nebenleistungspflichten Brändel (1992), § 11, Rdn. 19).

1. Festlegung der Gattung der Belegschaftsaktien in mittelständischen Unternehmen

1.1. Alternative Aktiengattungen

Die Aktie als Inbegriff der Mitgliedschaft in einer Aktiengesellschaft muß nicht stets den gleichen rechtlichen Inhalt haben.[1] Gemäß § 11 AktG können durch die unterschiedliche Ausgestaltung von Mitgliedschaftsrechten und -pflichten, die in der Aktie verbrieft sind, verschiedene Aktiengattungen geschaffen werden.[2]

Besondere Aktiengattungen entstehen dagegen nicht durch verschiedene Nennwerte, Ausgabebeträge, Einlagearten, Ausgabezeitpunkte und Übertragungsarten, wie z.B. bei Inhaber- oder Namensaktien.[3] Unterschiede in der Person des Gesellschafters, beispielsweise die Eigenschaft als Arbeitnehmer, vermögen ebenfalls keine eigene Gattung zu begründen. Demzufolge verkörpern Belegschaftsaktien, soweit sie hinsichtlich der verbrieften Rechte und Pflichten nicht von den Aktien der bisherigen Gesellschafter abweichen, keine besondere Aktiengattung.

Unter Beachtung des in § 53a AktG formulierten Grundsatzes der Gleichbehandlung existiert innerhalb der aktienrechtlichen Grenzen ein breites Spektrum an Möglichkeiten zur Ausgestaltung der Mitgliedschaftsrechte. Gesetzlich zulässig sind insbesondere vermögensbezogene Vorrechte bei der Verteilung des erwirtschafteten Gewinns oder des Liquidationserlöses sowie Abweichungen beim Stimmrecht (vgl. Abb. 21).[4] Dabei kann sich das Grundkapital einer Aktiengesellschaft grundsätzlich aus Aktien beliebig vieler Gattungen zusammensetzen.[5] Es stellt sich nun die Frage, welche dieser Alternativen zum Zwecke einer Beteiligung von Mitarbeitern in mittelständischen Softwareunternehmen prinzipiell möglich erscheinen.

Während **Stammaktien** hinsichtlich der Rechte und Pflichten den gesetzlichen Regelfall verkörpern, gewähren **stimmberechtigte Vorzugsaktien** den Anteilseignern Vorrechte z.B. bei der Verteilung des Liquidationserlöses, des Bilanzgewinns oder bei der Ausübung des Stimmrechts. [6] So kann in der Satzung beispielsweise festgelegt werden, daß die Vorzugsaktionäre prioritätisch einen Mindest- oder Festbetrag vom **Abwicklungsertrag** im Falle einer Auflösung der Gesellschaft erhalten. Ebenso ist eine Vereinbarung denkbar, bei der Anteils-

[1] Vgl. Brändel (1992), § 11, Rdn. 2.
[2] Vgl. Kraft (1986), § 11, Rdn. 18.
[3] Vgl. Eckardt (1974), § 11, Rdn. 25; Kraft (1986), § 11, Rdn. 6; auch Ebeling (1988), S. 113.
[4] Vgl. Kraft (1986), § 11, Rdn. 24 f.
[5] Vgl. Brändel (1992), § 11, Rdn. 20.
[6] Zu den Möglichkeiten einer Ausgestaltung unterschiedlicher Aktiengattungen vgl. eingehend Ebeling (1988), S. 115 ff.

eigner mit Vorzugsaktien eine prioritätische **Dividende**, die sich beispielsweise als Prozentsatz des Bilanzgewinns oder des Grundkapitals bemessen läßt, erhalten. Diese muß den Vorzugsaktionären, soweit der Bilanzgewinn ausreicht, vorab, d.h. vor Befriedigung der Stammaktionäre gezahlt werden. Eine weitere Gestaltungsmöglichkeit bildet die sog. Mehrdividende. Hier erhalten die Gesellschafter mit Vorzugsanteilen eine, absolut oder relativ gemessen, höhere Dividende als jene mit Stammaktien. Eine Bevorrechtigung bei der Ausübung des Stimmrechts in Form von **Mehrstimmrechtsaktien** ist nach § 12 Abs. 2 AktG nur in wenigen Ausnahmefällen zur Wahrung überwiegender gesamtwirtschaftlicher Belange zugelassen.[1] Zum Zwecke einer Mitarbeiterbeteiligung in mittelständischen Softwareunternehmen kommt diese Aktiengattung daher nicht in Betracht.

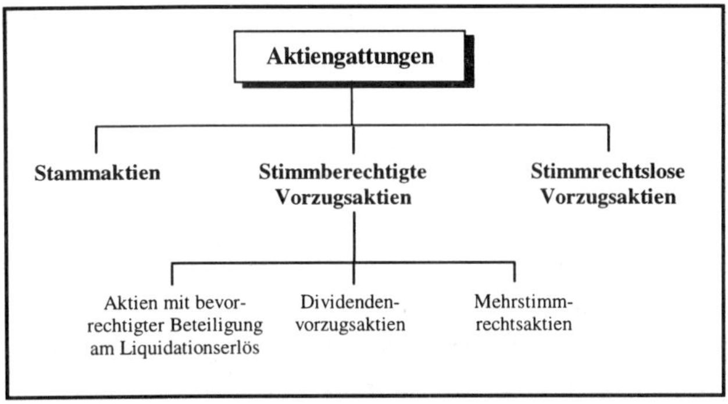

Abb. 21: Ausgewählte Aktiengattungen
Quelle: In Anlehnung an Ebeling (1987), S. 114.

Stimmberechtigte Vorzugsaktien können auch derart ausgestaltet sein, daß sie die betreffenden Anteilseigner vermögensrechtlich nicht bevorzugen, sondern **benachteiligen**. Damit vermag man beispielsweise den Dividendenanspruch oder die Beteiligung am Liquidationserlös zu limitieren oder vollständig auszuschließen. Neben Aktien, welche die Gesellschafter zur Stimmabgabe berechtigen, sieht das Aktienrecht in den §§ 139 ff. AktG die Möglichkeit einer Ausgabe **stimmrechtsloser Vorzugsaktien** vor.

Wie diese im Überblick aufgezeigte Vielfalt der Gattungsalternativen erkennen läßt, können in mittelständischen Softwareaktiengesellschaften **unternehmensindividuelle** Regelungen bei der Gestaltung der Mitgliedschaftsrechte getroffen werden. Als mögliche Gattungsvarianten für eine Beteiligung der Mitarbeiter kommen mit Ausnahme von Mehrstimmrechtsaktien prinzipiell alle in Abb. 24 dargestellten Aktiengattungen samt ihrer Unterformen in Betracht.

---

[1] Vgl. dazu ausführlich z.B. Brändel (1992), § 12, Rdn. 30 ff.

Belegschaftsaktien lassen sich also hinsichtlich ihrer vermögensrechtlichen Ausgestaltung den betrieblichen Bedingungen entsprechend kreieren. Das Stimmrecht ist dagegen nur in den aktienrechtlich normierten Grenzen disponibel.

Innerhalb dieser Alternativen haben Stammaktien und stimmrechtslose Vorzugsaktien in der betrieblichen Praxis die größte Bedeutung erlangt. Daher soll der Fokus der folgenden Ausführungen auf diese beiden Aktiengattungen gerichtet sein. Zunächst gilt es zu klären, unter welchen Bedingungen eine Ausgabe von Stammaktien im Rahmen einer Mitarbeiterbeteiligung zu einer positiven Verhaltensbeeinflussung der Begünstigten beizutragen vermag und welche Problemfelder diese Aktiengattung in mittelständischen Softwareunternehmen eröffnet. Anschließend soll untersucht werden, inwieweit eine Emission stimmrechtsloser Vorzugsaktien dazu geeignet erscheint, diesen Problembereichen zu begegnen und welche spezifischen Nachteile diese Aktiengattung in sich birgt.

1.2. Ausgabe von Stammaktien

In deutschen Aktiengesellschaften sind Stammaktien, da sie in der Ausgestaltung der Mitgliedschaftsrechte und -pflichten der Normvorstellung des Aktienrechts entsprechen, die am häufigsten vorzufindende Aktiengattung. Werden die Mitarbeiter am arbeitgebenden Softwareunternehmen mit Stammaktien beteiligt, resultieren daraus die in den Kapiteln 4 I 1. und 4 I 2.1.2. eingehend beschriebenen **Vermögens**- und **Mitverwaltungsrechte**.

In mittelständischen Softwareunternehmen eröffnet eine Emission von Stammaktien an die Mitarbeiter durch die Möglichkeit der Partizipation an der unternehmerischen Willensbildung in der Hauptversammlung **Chancen** und **Probleme** zugleich. Einerseits verbinden die Initiatoren mit der Einführung einer Kapitalbeteiligung in mittelständischen Unternehmen sehr häufig die Erwartung, eine positive Veränderung des Verhaltens der begünstigten Mitarbeiter zu bewirken.[1] So verspricht man sich beispielsweise, daß die Belegschaftsangehörigen mehr Verständnis für wirtschaftliche Vorgänge im Unternehmen aufbringen, eine loyale Gesinnung und stärkere Bindung zur Unternehmung entwickeln und zu einer höheren Motivation angeregt werden. Vor diesem Hintergrund stellt sich die Frage, welchen Beitrag die Wahl der Aktiengattung, speziell eine Emission von Stammaktien zur Erreichung dieser Zielvorstellungen zu leisten vermag. Auf der anderen Seite steht diesen Chancen die Einschränkung der Unabhängigkeit der bisherigen Eigentümer bei der Regelung der Gesellschaftsangelegenheiten als Problemfeld gegenüber. Im folgenden sollen diese gegensätzlichen Aspekte einer Ausgabe

[1] Vgl. eingehend Kapitel 3 II 1.

von Stammaktien zum Zwecke einer Mitarbeiterbeteiligung in mittelständischen Softwareunternehmen differenziert untersucht werden.

1.2.1. Bestimmungsfaktoren des Partizipationserfolgs

In der betriebswirtschaftlichen Literatur zur Mitarbeiterbeteiligung sind die möglichen verhaltenswissenschaftlichen Auswirkungen unterschiedlicher Aktiengattungen empirisch bislang **nicht erforscht** worden. Auch theoretische Ausführungen widmen sich dieser Thematik nur mit begrenzter Intensität.[1] Vor dem Hintergrund des zu konstatierenden Forschungsdefizits gilt es daher zu ergründen, von welchen Faktoren die Frage, ob eine Ausgabe von Stammaktien an die Belegschaftsmitglieder zu einer positiven Verhaltensänderung führt oder nicht, determiniert wird. Im Zentrum der Betrachtung steht dabei die Partizipation der Mitarbeiteraktionäre an der **Beschlußfassung** in der Hauptversammlung als wichtigstes Charakteristikum von Stammaktien.

Diejenigen Faktoren, welche für den Eintritt von Verhaltenseffekten einer Teilnahme der begünstigten Mitarbeiter an Entscheidungen in der Hauptversammlung maßgeblich verantwortlich zeichnen, lassen sich mittels einer theoretischen **Modellüberlegung** zur Partizipation[2] visualisieren. Dieses vereinfachte Modell geht ebenfalls, wie die **Erwartungs-Wert-Theorie** von Long, auf erwartungstheoretische Motivationskonzepte zurück und weist folgende Grundstruktur auf (vgl. Abb. 22).

Ausgangspunkt ist die Überlegung, daß die Auswirkungen einer immateriellen Mitarbeiterbeteiligung auf das Verhalten entscheidend von der individuellen Partizipationsbereitschaft, der Partizipationsfähigkeit sowie den situativen Rahmenbedingungen der Entscheidungsfindung bestimmt werden.[3] Die Partizipationsbereitschaft ist ihrerseits ein Ergebnis von Erwartungen, die die Mitarbeiter im Hinblick auf mögliche Konsequenzen einer Mitwirkung hegen, die vor dem Hintergrund individueller Bedürfnisse positiv oder negativ bewertet werden. Dagegen wird die Partizipationsfähigkeit im wesentlichen von der Qualifikation der Beschäftigten sowie von bisherigen Erfahrungen und Lernprozessen in diesem Bereich geprägt. Sind die Mitarbeiter zur Mitwirkung an Entscheidungen befähigt und bereit und erweisen sich die gegebenen Rahmenbedingungen als der Partizipation zuträglich, können sich positive Auswirkungen auf das Verhalten der Belegschaftsmitglieder ergeben. Im folgenden soll dieses Grundmuster

---

[1] Vgl. z.B. Peez (1983), S 66 f., Schneider/Zander (1990.), S. 179; etwas ausführlicher Peterssen (1968), S. 142.
[2] Vgl. Riekhof (1984), S. 174 ff. Zum Begriff der Partizipation siehe eingehend Brose/Corsten (1983), S. 1 ff.
[3] Vgl. in diesem Sinne auch Brose/Corsten (1983), S. 216 f.

auf den zu untersuchenden Fall einer Ausübung des Stimmrechts der Mitarbeiteraktionäre in der Hauptversammlung mittelständischer Aktiengesellschaften angewendet werden.

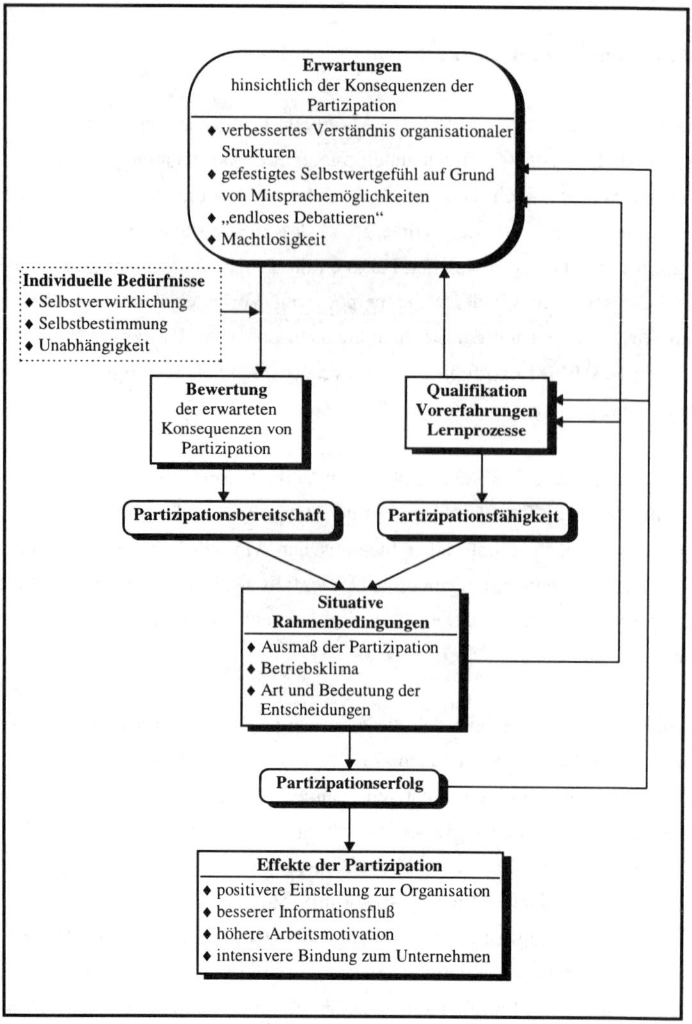

Abb. 22: Bestimmungsfaktoren und Effekte der Partizipation
Quelle: In Anlehnung an Riekhof (1984), S. 175.

Die durch eine Beteiligung mit Stammaktien ermöglichte Mitwirkung der Belegschaftsaktionäre bei der Beschlußfassung in der Hauptversammlung verkörpert eine **spezielle Form** der Partizipation. Sie findet nicht im Rahmen des eigentlichen betrieblichen Leistungserstellungsprozesses, etwa auf taktischer, operativer oder strategischer Hierarchieebene, sondern auf der gesellschaftsrechtlichen Ebene statt. Gegenstand der Beschlüsse in der Aktionärsversammlung sind vornehmlich verwaltungstechnische Angelegenheiten, wie z.B. die Wahl der Aufsichtsratsmitglieder, die Entlastung der Verwaltung, Satzungsänderungen und Maßnahmen zur Kapitalbeschaffung. Im Gegensatz zu einer Partizipation, die sich auf den Arbeitsinhalt bezieht und auf diesen oftmals rückwirkt, weisen die in der Hauptversammlung getroffenen Entscheidungen in der Regel keinen unmittelbaren Bezug zur Leistungserstellung der Mitarbeiter auf.

Darüber hinaus gilt es zu bedenken, daß die Hauptversammlung als institutioneller Rahmen für diese Form der Partizipation für gewöhnlich ein Mal im Geschäftsjahr stattfindet. Im Bereich personalistisch strukturierter mittelständischer Aktiengesellschaften ist aber insbesondere nach der Deregulierung der Einberufungsformalitäten und der Dokumentation von Hauptversammlungsbeschlüssen zu erwarten, daß die Hauptversammlung nicht selten häufiger abgehalten wird. Das Ausmaß der erhofften positiven Auswirkungen auf das Verhalten der beteiligten Mitarbeiter kann von der Häufigkeit einer solchen Partizipation in zweifacher Richtung beeinflußt werden. Zum einen wird man vermuten können, daß potentielle Verhalteseffekte bei selten stattfindenden Anlässen, wie der Abhaltung der Hauptversammlung, nur in abgeschwächter Form auftreten. Andererseits kann dieses eher seltene Ereignis der Möglichkeit der Belegschaftsaktionäre zur Mitwirkung an Beschlüssen in Gesellschaftsangelegenheiten den Charakter des „Besonderen" verleihen und dem erstgenannten Effekt entgegenwirken.

Entscheidend für die Auswirkungen von Partizipation ist nicht die objektiv realisierte, sondern vielmehr die **subjektiv** von seiten des Individuums wahrgenommene Partizipation.[1] Dies impliziert, daß die Häufigkeit einer Mitwirkung der beteiligten Mitarbeiter an Entscheidungen in der Hauptversammlung erst über ihre Bewertung durch die einzelnen Belegschaftsaktionäre mögliche Verhaltenswirkungen determiniert. Individuelle Bedürfnisse der Mitarbeiteraktionäre, durch Erfahrungen geprägte Erwartungen aber evtl. auch gezielte unternehmensseitige informationspolitische Maßnahmen können, wie Abb. 22 analog verdeutlicht, einen solchen subjektiven Bewertungsprozeß beeinflussen.

Die Bereitschaft der Belegschaftsaktionäre zur Mitwirkung bei der Abstimmung in der Hauptversammlung wird maßgeblich von deren **Erwartungen** bezüglich der Partizipationsergebnisse determiniert. Als solche sind z.B. ein verbessertes Verständnis organisationaler Strukturen und ein gefestigtes Selbstwertgefühl auf Grund von Mitsprachemöglichkeiten

---

[1] Vgl. Brose/Corsten (1983), S. 140, 213.

denkbar. Besitzen die Begünstigten darüber hinaus ein Bedürfnis nach Autonomie, Selbstbestimmung und Selbstverwirklichung, wie dies bei hochqualifizierten Softwareexperten häufig der Fall ist, kann die positive Bewertung der gehegten Erwartungen zu Partizipationsbereitschaft führen.

Verbinden die beteiligten Mitarbeiter dagegen mit dem Abstimmungsvorgang beispielsweise die Befürchtung endloser Debatten und das Gefühl von Machtlosigkeit, wird die Bereitwilligkeit einiger Belegschaftsaktionäre zur Mitwirkung in der Hauptversammlung eher gering ausgeprägt sein. **Langwierige Entscheidungsprozesse** treten häufig dann auf, wenn innerhalb des Gesellschafterkreises Unstimmigkeiten vorherrschen, die auch den geplanten Ablauf der Versammlung beeinträchtigen oder die Aktionäre von ihrem Rede- und Auskunftsrecht über Gebühr Gebrauch machen. Besitzen die Belegschaftsaktionäre im Vergleich zu den bisherigen Eigentümern einen sehr niedrigen Anteil am Grundkapital und damit nur eine geringe Stimmenzahl, kann sich das Empfinden von **Machtlosigkeit** einstellen. Legen sich die bisherigen Anteilseigner, sofern es mehrere sind, auf ein einheitliches Abstimmungsverhalten fest, vermögen diese wichtige Beschlüsse ohne Rücksicht auf die Meinung und das Votum der Aktionäre aus dem Mitarbeiterkreis zu treffen. Dies kann dazu führen, daß einige Belegschaftsaktionäre ihr Stimmrecht nur noch widerwillig ausüben oder der Hauptversammlung fern bleiben und der intendierte Effekt einer positiven Verhaltensänderung nicht eintritt.

In diesem Kontext erscheint es von besonderer Bedeutung, einer solchen Entwicklung durch gezielte informationspolitische Maßnahmen von seiten des Unternehmens **vorzubeugen**.[1] Ziel sollte sein, den anspruchsberechtigten Mitarbeitern von Anfang an realistische Vorstellungen über deren Einflußpotential zu vermitteln und gegebenenfalls Verständnis für die Beibehaltung der Entscheidungsmacht bei den bisherigen Eigentümern eines mittelständischen Softwareunternehmens zu schaffen. Eine angemessene Diskussions- und Konsensbereitschaft der Alt-Kapitalgeber in der Hauptversammlung dürfte die Erwartungshaltung der Belegschaftsaktionäre ebenfalls günstig beeinflussen.

Es wird ersichtlich, daß dieser Bestimmungsfaktor des Partizipationserfolgs von der Unternehmensseite zumindest in Grenzen gesteuert werden kann, während sich z.B. individuelle Bedürfnisse einem solchen Einfluß weitgehend entziehen. Des weiteren ist zu vermuten, daß die Bereitschaft der beteiligten Mitarbeiter zur Ausübung des Stimmrechts in mittelständischen Softwareaktiengesellschaften auf Grund der stärkeren Involvierung in das Unternehmensgeschehen tendenziell höher ist als in Publikumsaktiengesellschaften. Hier sind die zur Wahl zum Aufsichtsrat stehenden Kandidaten oder die zu entlastenden Mitglieder der Verwal-

[1] Zu den Zielen und Gestaltungsproblemen dieser Informationsvermittlung vgl. allgemein Gaugler (1995), Sp. 1177 ff.

tung den Mitarbeitern nicht selten, insbesondere wenn sie dem Anteilseignerkreis entstammen, persönlich bekannt. Dieser Umstand kann das Interesse der Beschäftigten an einer solchen Beschlußfassung und der Mitwirkung daran fördern.

Neben der Partizipationsbereitschaft sind zur Wahrnehmung der mitgliedschaftlichen Verwaltungsrechte in der Hauptversammlung gewisse **Fähigkeiten** vonnöten. Zwar stellt der eigentliche Abstimmungsvorgang zu den einzelnen Tagesordnungspunkten nur geringe intellektuelle Anforderungen an die Belegschaftsaktionäre; gleichwohl setzt die eingehende Durchdringung der mit den Beschlußgegenständen verbundenen Sachverhalte ein bestimmtes Niveau an Sachverstand voraus. Fühlen sich die beteiligten Mitarbeiter hierbei überfordert, kann dies nachteilige Rückwirkungen auf deren Partizipationsbereitschaft besitzen. In der Softwarebranche, in der ein beachtlicher Teil der Beschäftigten eine akademische Ausbildung, zum Teil mit betriebswirtschaftlicher Ausrichtung, genossen hat, ist anzunehmen, daß viele dieser Mitarbeiter die notwendigen Fähigkeiten zur Mitwirkung bei der Beschlußfassung besitzen.

Eine weitere wichtige Determinante des Partizipationserfolgs bilden die **situativen Rahmenbedingungen** der Beschlußfassung. So ist z.B. zu vermuten, daß die Belegschaftsaktionäre angesichts des überschaubaren Anteilseignerkreises in mittelständischen Softwareunternehmen eher zur Auseinandersetzung mit den Tagesordnungspunkten und zur Ausübung des Stimmrechts angeregt werden als in anonym ablaufenden Hauptversammlungen von Publikumsaktiengesellschaften, an denen für gewöhnlich mehrere hundert Aktionäre teilnehmen.

Das Eintreten der intendierten positiven Verhaltensauswirkungen wird darüber hinaus durch ein vertrauensvolles und partizipatives Verhältnis zwischen Mitarbeitern und Unternehmensleitung, wie es in vielen Softwareunternehmen vorzufinden ist, tendenziell gefördert. Herrscht dagegen ein schlechtes **Betriebsklima** vor und werden Konflikte insbesondere zwischen den bisherigen Eigentümern vermehrt in der Hauptversammlung ausgetragen, führt dies möglicherweise zu Verunsicherung und Distanzierung der Mitarbeiteraktionäre von der Unternehmung.

Eine Partizipation der Belegschaftsaktionäre bei der Beschlußfassung in gesellschaftsrechtlichen Angelegenheiten dürfte, da sie ein mögliches Element einer Mitarbeiterkapitalbeteiligung darstellt, grundsätzlich zu den im Erwartungs-Wert-Modell von Long postulierten **Verhaltenseffekten** führen. Hierzu zählt im einzelnen, daß die Identifikation der Mitarbeitergesellschafter mit der Unternehmung tendenziell erhöht, das Empfinden von Zugehörigkeit gestärkt, die Loyalität verbessert und eine zumindest partielle Annäherung individueller und organisationaler Ziele gefördert werden. Eine Verbesserung der extrinsischen Motivationskomponente und eine Intensivierung der Bindung der beteiligten Mitarbeiter an das arbeitgebende Unternehmen können die Folge sein. Insbesondere tendieren Personen mit stark ausgeprägtem Unabhängigkeitsstreben, wie dies bei hochqualifizierten Softwareexperten häufiger der Fall ist, bei steigendem Partizipationsgrad zu Leistungssteigerungen.[1] Das Ausmaß der erwarteten positiven Auswirkungen einer Partizipation der Mitarbeiter bei der Beschlußfassung in Gesellschaftsangelegenheiten relativiert sich jedoch angesichts der Tatsache, daß die Hauptversammlung in mittelständischen Softwareaktiengesellschaften nur ein Mal oder wenige Male im Geschäftsjahr stattfindet.

Fühlen sich die Mitarbeiteraktionäre bei der Beschlußfassung überbeansprucht oder verbinden sie mit einer Kapitalbeteiligung eher finanzielle Interessen, dürfte die Ausgabe stimmrechtsloser Vorzugsaktien günstigere Verhaltenswirkungen als die Gattung der Stammaktien herbeiführen. Wenngleich eine kausale Beziehung zwischen einer Ausgabe von Stammaktien und den beschriebenen potentiellen Verhaltenseffekten nicht generell angenommen werden darf, vermag man angesichts der in diesem Modell aufgezeigten Zusammenhänge umgekehrt eine solche Verbindung aber auch nicht auszuschließen. Ob, unter welchen Bedingungen und in welchem Ausmaß die beschriebenen Effekte in der betrieblichen Praxis tatsächlich auftreten, läßt sich indes nur in **empirischer** Forschungsarbeit ermitteln.

1.2.2. Einschränkung der Entscheidungsautonomie mittelständischer Eigentümerunternehmer

Eine Beteiligung der Mitarbeiter mit Stammaktien ist bei einer Ausgabe der Belegschaftsaktien im Wege einer Neuemission durch den Ausschluß des Bezugsrechts mit einer Minderung des relativen Kapitalanteils der bisherigen Eigentümer verbunden.[2] Darüber hinaus können die Belegschaftsaktionäre, wie in Kapitel 4 I 2.1.3. erläutert, nach Maßgabe ihres Kapitalanteils eigenständig auf die Beschlußfassung einwirken und Abstimmungskoalitionen mit Personen aus dem Kreis der ursprünglichen Gesellschafter eingehen. Eine solche Veränderung der Einflußstruktur und ein damit einhergehender potentieller Machtverlust einzelner Alt-Anteilseigner dürfte gerade in manchen Aktiengesellschaften aus der mittelständischen Wirtschaft auf Vorbehalt treffen.

Darüber hinaus ergibt sich ein besonderer Problembereich einer Kapitalbeteiligung in mittelständischen Softwareaktiengesellschaften durch den **Ausschluß** des **Stimmrechts** nach **§ 136 Abs. 1 AktG**. Da diese aktienrechtliche Norm, wie noch zu erläutern ist, ihre Problematik

---

[1] Vgl. Brose/Corsten (1983), S. 218.
[2] Vgl. Peterssen (1968), S. 117 f.

primär bei mittelständischen Aktiengesellschaften entfaltet und ihr in der Literatur zur Mitarbeiterkapitalbeteiligung bislang keine Aufmerksamkeit gewidmet wurde, steht sie im Fokus der weiteren Ausführungen.

Die Vorschrift des § 136 Abs. 1 AktG besagt, daß ein Aktionär bei einem Beschluß, der seine eigene **Entlastung**[1] zum Gegenstand hat, nicht mitstimmen darf. Ist ein Gesellschafter einer Aktienunternehmung also Mitglied des Vorstands, kann er sein Stimmrecht in der Hauptversammlung, wenn diese dem Vorstand nach § 120 Abs. 1 AktG insgesamt Entlastung erteilt, nicht ausüben.[2] Entsprechend darf kein Aufsichtsratsmitglied mitstimmen, wenn über die Gesamtentlastung des Aufsichtsrats beschlossen wird.[3] Die Anzahl der Stimmen des betroffenen Aktionärs ist bei der Berechnung der nach Gesetz oder Satzung erforderlichen Stimmen- oder Kapitalmehrheit nicht mitzuzählen und gehört nicht zu dem bei der Beschlußfassung vertretenen Grundkapital.[4]

Befinden sich jedoch alle Aktien im Eigentum eines einzigen Aktionärs, entfällt der Ausschluß des Stimmrechts nach § 136 Abs. 1 AktG, so daß dieser Gesellschafter sich selbst entlasten kann.[5] Dies rührt daher, daß bei einer **Einpersonen-Gesellschaft** in den genannten Fällen ansonsten alle Aktien einem Stimmverbot unterliegen würden und damit eine Beschlußfassung unmöglich wäre. Eine ähnliche Konstellation liegt dann vor, wenn der Grund für den Stimmrechtsausschluß für alle Aktionäre gleichermaßen gegeben ist.[6] Gehören z.B. alle Anteilseigner dem Vorstand oder Aufsichtsrat an, findet der Ausschluß des Stimmrechts bei der Entlastung ebenfalls keine Anwendung.[7]

Mit dieser Vorschrift will der Gesetzgeber verhindern, daß persönliche Erwägungen eines Anteilseigners seine mitgliedschaftlichen Interessen überlagern und das Abstimmungsergebnis beeinflussen.[8] Ein derartiger **Interessenwiderstreit** liegt nach § 136 Abs. 1 AktG neben der Entlastung ebenfalls bei solchen Beschlüssen vor, bei denen darüber zu bestimmen ist, ob ein Aktionär von einer Verbindlichkeit zu befreien ist oder ob die Gesellschaft gegen einen Anteilseigner einen Anspruch geltend machen soll.[9] Dabei beschränkt sich der Ausschluß des

---

[1] Zum Begriff der Entlastung vgl. z.B. Obermüller/Werner/Winden (1967), S. 220 ff.
[2] Vgl. Eckardt (1974), § 136, Rdn. 14; Hüffer (1995), § 136, Rdn. 20; zur persönlichen Reichweite des Stimmrechts siehe eingehend Zöllner (1985), § 136, Rdn. 32 ff.
[3] Vgl. Eckardt (1974), § 136, Rdn. 14.
[4] Vgl. Eckardt (1974), § 136, Rdn. 50.
[5] Vgl. Kraft (1986), § 1, Rdn. 71; zum Teil wird die Selbstentlastung im Schrifttum für unnötig und vereinzelt für unzulässig befunden. Vgl. dazu die bei Barz (1973-b-), § 136, Anm. 10 genannte Literatur; siehe auch Obermüller/Werner/Winden (1967), S. 228 und die dort angegebene Literatur.
[6] Vgl. Barz (1973-b-), § 136, Anm. 10.
[7] Vgl. Barz (1973-b-), § 136, Anm. 10.
[8] Vgl. Zöllner (1985), § 136, Rdn. 2, 5; ähnlich Hüffer (1995), § 136, Rdn. 2 f.
[9] Vgl. dazu Eckardt (1974), § 136, Rdn. 19 ff.

Stimmrechts bei konkurrierenden persönlichen und mitgliedschaftlichen Interessen ausschließlich auf diese drei gesetzlich genannten Fälle.[1] Die betroffenen Gesellschafter dürfen ihr Stimmrecht also bei allen anderen Beschlußgegenständen ausüben und von sämtlichen weiteren Aktionärsrechten Gebrauch machen.

In **mittelständischen Softwareaktiengesellschaften** kann diese Regelung, insbesondere der Ausschluß des Stimmrechts im Falle der Entlastung, weitreichende Bedeutung erlangen. Hier üben die Eigentümer des Unternehmens ihren Einfluß im allgemeinen nicht nur in der Hauptversammlung, sondern teilweise auch im Vorstand oder Aufsichtsrat der Gesellschaft aus. Gemäß § 136 Abs. 1 AktG dürfen diese Anteilseigner nicht über ihre eigene Entlastung beschließen, sondern müssen sich dem Votum der vom Stimmrechtsausschluß nicht betroffenen Gesellschafter stellen.

Besondere Brisanz gewinnt die Regelung des § 136 Abs. 1 AktG im Zuge der Einführung einer **Mitarbeiterkapitalbeteiligung** in mittelständischen Softwareaktiengesellschaften. Dabei wird der Kreis der Aktionäre um die begünstigten Belegschaftsangehörigen erweitert, die in der Regel kein Aufsichtsrats- oder Vorstandsamt bekleiden und daher nicht von einem Stimmverbot nach § 136 Abs. 1 AktG betroffen sind. Erhalten die Mitarbeiter Stammaktien, stimmen sie alljährlich über die Entlastung der im Aufsichtsrat oder Vorstand tätigen bisherigen Eigentümer ab, die ihrerseits von der Mitwirkung an diesem Beschluß ausgeschlossen sind. In welchen Fällen dieser Umstand besonders problematisch erscheint, welche Folgen eine fehlende Entlastung nach sich zieht und welche Möglichkeiten das Aktienrecht bietet, die Regelung des § 136 Abs. 1 AktG in mittelständischen Softwareunternehmen zu entkräften, soll im folgenden differenziert untersucht werden.

Die Tragweite des Stimmrechtsausschlusses hängt entscheidend von der **Anzahl** der **bisherigen Anteilseigner** und der **Besetzung** der **Verwaltungsorgane**, d.h. des Vorstands und Aufsichtsrats, ab. Befanden sich die Unternehmensanteile vor der Mitarbeiterbeteiligung im Eigentum eines **einzigen** Gesellschafters, der zudem ein Vorstandsamt inne hat, bringt eine Ausgabe von Belegschaftsaktien infolge der Vorschrift des § 136 Abs. 1 AktG weitreichende Auswirkungen mit sich. Während der Eigentümer-Unternehmer sich bisher selbst entlasten konnte, ist er nunmehr, da der Gesellschafterkreis um stimmberechtigte Aktionäre erweitert wurde, von dieser Beschlußfassung ausgenommen. Die Frage, ob dem Vorstand Entlastung zu erteilen ist, wird ab dem Zeitpunkt der Kapitalbeteiligung ausschließlich im Kreis der Mitarbeiteraktionäre entschieden. Dabei spielt die Höhe des Anteils der Belegschaftsaktionäre am Grundkapital der Unternehmung keine Rolle. Auf Grund der Tatsache, daß der Anteil des

---

[1] Vgl. Eckardt (1974), § 136, Rdn. 11 f.

bisherigen Eigentümers von der Abstimmung ausgeklammert ist, repräsentieren die beteiligten Mitarbeiter das gesamte zur Beschlußfassung zugelassene Kapital. Für das endgültige Abstimmungsergebnis erweist sich bei unterschiedlichen Meinungen innerhalb der Gruppe der Belegschaftsaktionäre lediglich die Verteilung des Belegschaftskapitals auf die einzelnen begünstigten Mitarbeiter als relevant.

Der Umstand, daß der bisherige alleinige Inhaber und Vorstand des Unternehmens beim Entlastungsbeschluß dem Votum der Belegschaftsaktionäre uneingeschränkt ausgesetzt ist, kann bei einigen mittelständischen Unternehmern eine reservierte Haltung gegenüber einer Mitarbeiterkapitalbeteiligung in Aktienform auslösen. Eine solche Einstellung dürfte nicht zuletzt darauf zurückzuführen sein, daß bei der Frage der Entlastung die Amtsausübung und nicht zuletzt auch die **Person** des Vorstands- oder Aufsichtsratsmitglieds im Vordergrund steht.

Verweigern die Mitarbeiteraktionäre beispielsweise in Krisenzeiten dem Eigentümer-Vorstand die Entlastung, zieht dieser Beschluß nicht zwingend unmittelbare rechtliche Konsequenzen nach sich.[1] Durch **Entlastungsverweigerung** wird der Aufsichtsrat zwar grundsätzlich dazu berechtigt, die Bestellung des Vorstands nach § 84 Abs. 3 AktG zu widerrufen. Eine generelle Pflicht zur Abberufung folgt daraus im Hinblick auf die Eigenverantwortlichkeit des Aufsichtsrats aber nicht.[2] Wird ein Aufsichtsratsmitglied nicht entlastet, ist dieser Sachverhalt ebenfalls nicht mit einer Abberufung gleichzusetzen.[3] Umgekehrt sind diejenigen Mitglieder, denen die Entlastung versagt wurde, ihrerseits berechtigt, ihr Amt niederzulegen.[4]

Ungeachtet der eingeschränkten rechtlichen Bedeutung kann sich eine Verweigerung der Entlastung von Vorstand oder Aufsichtsrat durch die Belegschaftsaktionäre jedoch von erheblicher Relevanz für das **Ansehen** der Verwaltung der Softwareunternehmung erweisen.[5] Vor dem Hintergrund der Tatsache, daß potentielle Kunden und Kapitalgeber mittelständischer Softwareunternehmen sich wegen des immateriellen Charakters der Leistung bei der Wahl des Geschäftspartners unter anderem an vertrauensbildenden Merkmalen, wie z.B. dem Image des Unternehmens, orientieren,[6] wird ein solcher Prestigeverlust mitunter nicht ohne Auswirkungen für die wirtschaftliche Entwicklung der Unternehmung bleiben. Als Möglichkeit zur Entschärfung der durch § 136 Abs. 1 AktG aufgeworfenen Problematik kann sich in

---

[1] Vgl. Rechenberg v. (1986), S. 35.

[2] Vgl. Obermüller/Werner/Winden (1967), S. 226 f.; Rechenberg v. (1986), S. 35. Eine solche Verpflichtung liegt beispielsweise dann vor, wenn das der Entlastungsverweigerung zugrundeliegende Vergehen derart gravierend ist, daß der Aufsichtsrat seinerseits, nähme er von der Abberufung Abstand, seine Pflicht verletzen würde (vgl. Rechenberg v. (1986), S. 35).

[3] Hierfür bedarf es nach § 103 Abs. 1 AktG eines gesonderten, mit Dreiviertel-Mehrheit zu fassenden Beschlusses der Hauptversammlung (vgl. Rechenberg v. (1986), S. 36).

[4] Vgl. Obermüller/Werner/Winden (1967), S. 227; Rechenberg v. (1986), S. 37.

[5] Vgl. Rechenberg v. (1986), S. 37.

[6] Vgl. Neugebauer (1986), S. 220.

mittelständischen Softwareaktiengesellschaften mit einem einzigen bisherigen Anteilseigner eine Beteiligung der Mitarbeiter mit stimmrechtslosen Vorzugsaktien, die diese von der Beschlußfassung grundsätzlich ausklammern, anbieten.

Im Unterschied zur Einpersonen-Gesellschaft gibt es bei mittelständischen Softwareunternehmen mit **mehr als einem** bisherigen Eigentümer bei einer Ausgabe von Stammaktien an die Belegschaft verschiedene Strategien zur Entschärfung des Stimmrechtsausschlusses nach § 136 Abs. 1 AktG. Diese Möglichkeiten werden entscheidend von der **Besetzung** der **Verwaltungsorgane** determiniert und basieren auf einer gegenseitigen Entlastung im Kreis der bisherigen Anteilseigner. Im folgenden sollen **drei Konstellationen** näher untersucht werden, nämlich erstens, daß mindestens ein Alt-Gesellschafter kein Vorstands- oder Aufsichtsratsamt ausübt, zweitens, daß ein Teil der bisherigen Anteilseigner im Vorstand und ein Teil im Aufsichtsrat vertreten ist und drittens, daß alle bisherigen Gesellschafter entweder dem Vorstand oder dem Aufsichtsrat angehören.[1]

Übt mindestens ein bisheriger Eigentümer **kein Vorstands**- oder **Aufsichtsratsamt** aus, kann dieser, sofern er über einen höheren Anteil am Grundkapital der Gesellschaft als die Mitarbeiteraktionäre verfügt, die in diesen Organen tätigen und von der Beschlußfassung ausgenommenen Alt-Gesellschafter mit einfacher Stimmenmehrheit entlasten.

In mittelständischen Softwareaktiengesellschaften kann auch der Fall auftreten, daß **mindestens ein** bisheriger Anteilseigner dem **Vorstand** angehört **und andere** Altaktionäre **Aufsichtsratsmandate** inne haben.[2] Hier ist eine gegenseitige Entlastung in der Weise durchführbar, daß die Mitglieder des Aufsichtsrats bei der Entlastung des Vorstands mitstimmen und jene umgekehrt den Aufsichtsrat wiederum entlasten.[3]

Sind **alle** Anteilseigner **entweder** im **Vorstand oder** im **Aufsichtsrat** der mittelständischen Softwareunternehmung vertreten, müssen diese sich bei einer Beteiligung der Mitarbeiter mit Stammaktien deren Votum zur Entlastung stellen. Im Fall ohne eine Kapitalbeteiligung wäre, da sonst keine Beschlußfassung zustande käme, der Ausschluß des Stimmrechts wie bei der Einpersonen-Gesellschaft entfallen. Allerdings erscheint selbst bei einer Ausgabe von Belegschaftsaktien eine gegenseitige Entlastung der bisherigen Anteilseigner möglich.

---

[1] Eine Typologisierung von Familienunternehmen hinsichtlich der Führungsstruktur und Besetzung der Gesellschaftsorgane nimmt auch Jenschede (1995), S. 267 f. vor. Vgl. analog auch Hahn (1985), S. 16.

[2] Nach § 105 Abs. 1 AktG kann ein bisheriger Gesellschafter jedoch nicht dem Aufsichtsrat und Vorstand zugleich angehören.

[3] Die Zulässigkeit einer solchen Strategie ist im Schrifttum jedoch umstritten. Befürwortend z.B. Eckardt (1974), § 136, Rdn. 14; anderer Ansicht Zöllner (1985), § 136, Rdn. 9. Nach mittlerweile herrschender Meinung ist diese Form der gegenseitigen Enlastung aber zulässig (vgl. Hüffer (1995), § 136, Rdn. 21).

Dies erfordert, daß anstelle des Normalfalls einer Gesamtentlastung von Vorstand oder Aufsichtsrat eine **Einzelentlastung** nach § 120 Abs. 1 S. 2 AktG herbeigeführt wird. An einem solchen Beschluß, der die Entlastung jeweils eines einzigen Vorstands- oder Aufsichtsratsmitglieds zum Gegenstand hat, darf der Betroffene zwar nicht mitwirken; jedoch sind alle anderen bisherigen Eigentümer und Vorstandskollegen grundsätzlich berechtigt, ihr Stimmrecht auszuüben und Entlastung zu erteilen.[1] Um eine Einzelentlastung des Vorstands oder Aufsichtsrats herbeizuführen, bedarf es gemäß § 120 Abs. 1 S. 2 AktG entweder eines Beschlusses der Hauptversammlung oder zum anderen einer Minderheit von 10 % des Grundkapitals oder in Höhe eines Nennbetrags von zwei Millionen DM. Zum Ausgleich des Stimmrechtsausschlusses nach § 136 Abs. 1 AktG müssen die bisherigen Eigentümer im Falle einer Aktienbeteiligung der Mitarbeiter also zum einen zumindest über den genannten Minderheitenanteil verfügen. Zusätzlich benötigen die zur Abstimmung zugelassenen Alt-Anteilseigner zum anderen einen höheren Anteil am Grundkapital der Gesellschaft als die Belegschaftsaktionäre, um das Abstimmungsergebnis steuern zu können.

Im Ergebnis wird ersichtlich, daß die Gattung der Stammaktien bei einer Beteiligung der Mitarbeiter in mittelständischen Softwareunternehmen teilweise mit erheblichen Machteinbußen der bisherigen Anteilseigner in der Hauptversammlung einhergeht. Insbesondere der Umstand, daß die bisherigen Eigentümer oftmals Vorstands- oder Aufsichtsratsämter bekleiden und daher von der Ausübung ihres Stimmrechts bei der Entlastung ausgeschlossen sind, verschärft dieses Problem zusätzlich. Problembehaftet erscheinen die beschriebenen Strategien zur Umgehung des Stimmrechtsausschlusses dann, wenn im Kreis der bisherigen Aktionäre Differenzen vorherrschen, die sich auch auf die Frage der Entlastung übertragen können.

Im Gegensatz zu mittelständischen Unternehmen treten die genannten Schwierigkeiten bei einer Ausgabe von Belegschaftsaktien in **Publikumsaktiengesellschaften** eher nicht auf. Der in der Regel relativ geringe Anteil der Mitarbeiteraktionäre am Grundkapital[2] und die breite Streuung der Aktien lassen einen Machtverlust der bisherigen Anteilseigner nicht spürbar in Erscheinung treten. Gerade die Vorschrift des § 136 Abs. 1 AktG erweist sich hier für gewöhnlich als bedeutungslos. Zwar besitzen Mitglieder des Vorstands oder Aufsichtsrats immer häufiger Aktien des Unternehmens, die von der Beschlußfassung über die Entlastung ausgenommen sind, doch ist deren Anteil am Grundkapital im Gegensatz zu Aktionären mittelständischer Unternehmen normalerweise ohnehin zu gering, um das Abstimmungsergebnis merklich zu beeinflussen. Im folgenden gilt es zu untersuchen, inwieweit eine Emission von

[1] Vgl. Eckardt (1974), § 136, Rdn. 15; anderer Ansicht Zöllner (1985), § 136, Rdn. 8. Dieser Sachverhalt ist ebenfalls umstritten (vgl. Hüffer (1995), § 136, Rdn. 20 und die dort angegebene Literatur zum Meinungsbild im Schrifttum).

[2] Vgl. Wächter/Koch (1993), S. 306; Knepper (1985), S. 428.

stimmrechtslosen Vorzugsaktien in mittelständischen Softwareaktiengesellschaften dazu geeignet erscheint, den Einflußverlust der bisherigen Eigentümer zu begrenzen und welche speziellen Problemfelder diese Aktiengattung in sich birgt.

1.3. Emission stimmrechtsloser Vorzugsaktien zur Sicherung des Einflusses der Unternehmeraktionäre im Mittelstand

Der Einfluß der bisherigen Gesellschafter einer mittelständischen Softwareaktiengesellschaft auf die Willensbildung in der Hauptversammlung läßt sich weitgehend aufrecht erhalten, wenn anstelle von Stamm- stimmrechtslose Vorzugsaktien an die anspruchsberechtigten Mitarbeiter ausgegeben werden.[1] Zum einen erlauben sie grundsätzlich eine Aufnahme neuer Gesellschafter, ohne die Machtverhältnisse im Kreis der bisherigen Anteilseigner zu verändern.[2] Zum anderen obliegt die Beschlußfassung als wesentliche Kompetenz der Hauptversammlung bei einer Beteiligung der Mitarbeiter mit stimmrechtslosen Vorzugsaktien im Regelfall nach wie vor ausschließlich den bisherigen Eigentümern. Darüber hinaus erscheinen diese auch dazu geeignet, potentielle Anteilseigner mit eher finanziell geprägten Interessen zu aquirieren.

Gemäß § 139 Abs. 1 AktG müssen Vorzugsaktien ohne Stimmrecht einen nachzuzahlenden Vorzug bei der Verteilung des Gewinns gewähren. Dieser Vorzug bedeutet, daß die Belegschaftsaktionäre die ihnen zustehende Dividende ausgezahlt bekommen, **bevor** die bisherigen Eigentümer aus dem verbleibenden Bilanzgewinn zu befriedigen sind.[3] Wird der sog. Dividendenvoraus in einem Jahr nicht vollständig ausgeschüttet, ist der Fehlbetrag aus den Erträgen späterer Geschäftsjahre abermals mit Vorrang zu begleichen. In deutschen Aktiengesellschaften gewinnt diese Aktiengattung beständig an Bedeutung.[4] Einer empirischen Erhebung zur betrieblichen Vermögensbeteiligung aus dem Jahr 1983 zufolge betrug der Anteil der Belegschaftsaktienmodelle mit Vorzugsaktien ohne Stimmrecht etwa 9 %.[5] Nach Auskunft von Schneider[6] sollen in mehr als 50 % der derzeit implementierten Aktienmodelle stimmrechtslose Vorzugsaktien an die Mitarbeiter ausgegeben worden sein. Mit dieser Aktiengattung gehen gleichwohl spezielle **Problemfelder** einher, welche die genannten Vorteile zu relativieren

[1] Vgl. Natermann/Schönecker (1995), S. 138 f.
[2] Vgl. Zöllner (1985), § 139, Rdn. 2.
[3] Vgl. hierzu eingehend Bezzenberger (1991), S. 43 ff.; Zöllner (1985), § 139, Rdn. 9 ff.
[4] Vgl. Bezzenberger (1991), S. 35.
[5] Vgl. Guski/Schneider (1983), S. 165.
[6] Expertengespräch mit Prof. Dr. H. J. Schneider, Gesellschaft für innerbetriebliche Zusammenarbeit GIZ, Forchheim, vom 22.10.1997.

vermögen. Als solche sind insbesondere die Notwendigkeit von Sonderbeschlüssen sowie das Aufleben des Stimmrechts näher zu untersuchen.

Ein gewisser Einfluß der Belegschaftsaktionäre mit stimmrechtslosen Vorzugsaktien resultiert aus der gesetzlichen Notwendigkeit von **Sonderbeschlüssen**. Nach § 141 Abs. 1, 2 AktG bedarf es bei einer Aufhebung oder Beschränkung des Vorzugs sowie bei einer Ausgabe neuer Vorzugsaktien mit vorgehenden oder gleichstehenden Rechten der Zustimmung der Vorzugsaktionäre. Über diese Zustimmung haben die Belegschaftsaktionäre gemäß § 141 Abs. 3 AktG in einer gesonderten Versammlung einen Sonderbeschluß zu fassen. Vornehmlich im Zuge von Unternehmenswachstum verleiht diese Vorschrift den Belegschaftsaktionären in Softwareunternehmen grundsätzlich die Möglichkeit, eine Beteiligung der neuen Mitarbeiter durch die Emission von gleichgestalteten stimmrechtslosen Vorzugsaktien zu verhindern. Diese Zustimmung der bisherigen Vorzugsaktionäre ist nach § 141 Abs. 2 S. 2 AktG jedoch nicht erforderlich, wenn die Ausgabe neuer, entweder gleicher oder beeinträchtigender Vorzugsaktien bereits bei der Ausschließung des Stimmrechts in der Satzung vorbehalten war und das Bezugsrecht der Vorzugsaktionäre nicht ausgeschlossen wird.[1]

Von weit höherer Bedeutung für mittelständische Softwareaktiengesellschaften als die Fassung von Sonderbeschlüssen erscheint das sog. **Aufleben** des Stimmrechts.[2] Die Entscheidungsautonomie der bisherigen Eigentümer in der Hauptversammlung bleibt im Falle einer Beteiligung der Mitarbeiter mit stimmrechtslosen Vorzugsaktien nur so lange gewährleistet, wie deren Mitwirkung an der Abstimmung tatsächlich ausgeschlossen ist. Gemäß § 140 Abs. 2 AktG **lebt** das **Stimmrecht** jedoch **auf**, wenn der Vorzugsbetrag in einem Jahr nicht oder nicht vollständig gezahlt und der Rückstand im nächsten Jahr neben dem vollen Vorzug dieses Jahres nicht nachgezahlt wird. In jenem Zeitraum, bis die Ausschüttung des ausstehenden Betrags erfolgt, können die Belegschaftsaktionäre mit solchen Vorzugsaktien an allen in der Hauptversammlung zu treffenden Beschlüssen teilnehmen.

Die Tatsache, daß Dividendenrückstände und damit das Aufleben des Stimmrechts vornehmlich in wirtschaftlichen **Krisenzeiten** des Unternehmens auftreten, verleiht einer Beteiligung der Mitarbeiter mit stimmrechtslosen Vorzugsaktien besondere Brisanz.[3] Während die Belegschaftsaktionäre in wirtschaftlich guten Jahren die Beschlußfassung durch die stimmberechtigten bisherigen Eigentümer passiv verfolgen müssen, dürfen sie, sobald ihr Stimm-

[1] Vgl. Zöllner (1985), § 141, Rdn. 16 ff.
[2] Zu den Bedingungen für das Aufleben des Stimmrechts siehe im einzelnen Zöllner (1985), § 140, Rdn. 4 ff.; eingehend dazu auch Bezzenberger (1991), S. 94 ff.
[3] Vgl. in diesem Sinne Zöllner (1985), § 139, Rdn. 2.

recht auflebt, z.B. bei Unternehmenskrisen nach Maßgabe ihres Anteilsbesitzes aktiv Einfluß auf die Regelung der gesellschaftlichen Angelegenheiten ausüben.

Eine solche Partizipation der Mitarbeiteraktionäre an der Entscheidungsfindung im Rahmen der Hauptversammlung vermag in wirtschaftlichen Krisenzeiten[1] einerseits nutzbringend zu sein. So kann man grundsätzlich davon ausgehen, daß die Unternehmensleitung in verstärktem Maße darauf angewiesen ist, daß Maßnahmen zur Bewältigung der Krise von den Belegschaftsmitgliedern im allgemeinen und den beteiligten Mitarbeitern im besonderen mitgetragen werden. Allerdings besteht die Gefahr, daß die Mitarbeiteraktionäre solche notwendigen Handlungen blockieren.

Eine dieser Maßnahmen, über die die Hauptversammlung nach den §§ 229 Abs. 3, 222 Abs. 1 AktG mit einer Drei-Viertel-Mehrheit zu beschließen hat, ist die **vereinfachte Kapitalherabsetzung**. Diese wird fast immer zum Zweck der **Sanierung** vorgenommen[2] und dient gemäß § 229 Abs. 1 AktG vornehmlich dazu, Wertminderungen auszugleichen und sonstige Verluste zu decken. Sie paßt das Grundkapital in gewisser Hinsicht an das tatsächliche Vermögen der Gesellschaft an und wird vielfach mit einer **effektiven Kapitalerhöhung** verbunden, um so der Unternehmung neues Eigenkapital zuzuführen.[3] Beträgt der Anteil der mit stimmrechtslosen Vorzugsaktien beteiligten Mitarbeiter mehr als 25 % des gesamten Grundkapitals, vermögen diese bei einem Ausbleiben des Vorzugsbetrags nach § 140 Abs. 2 AktG und dem daraus folgenden Aufleben des Stimmrechts sowohl die Kapitalherabsetzung als auch eine anschließende Kapitalerhöhung zu verhindern.

Darüber hinaus gewinnt beim Aufleben des Stimmrechts der Belegschaftsaktionäre die Regelung des § 136 Abs. 1 AktG, welche die zu entlastenden Verwaltungsmitglieder einem Stimmverbot unterwirft, an Relevanz. Wie bereits im Rahmen einer Ausgabe von Stammaktien differenziert untersucht, können die stimmberechtigten Belegschaftsaktionäre auch bei einer Emission von stimmrechtslosen Vorzugsaktien in Krisenzeiten, d.h. sofern der Vorzugsbetrag in zwei aufeinanderfolgenden Jahren nicht vollständig geleistet wird, den betroffenen bisherigen Eigentümern die **Entlastung verweigern**.

Die mögliche Einflußnahme der Belegschaftsaktionäre in der Hauptversammlung erscheint umso gewichtiger, als das Fehlen des Stimmrechts bei stimmrechtslosen Vorzugsaktien zu einer großzügigen Bemessung der Anteilshöhe der anspruchsberechtigten Mitarbeiter verleiten kann. Wird also die gesetzliche Höchstgrenze einer Emission von stimmrechtslosen Vor-

---

[1] Zur Bedeutung einer Mitarbeiterkapitalbeteiligung in wirtschaftlichen Krisenzeiten vgl. Gaugler (1983), S. 51 f.
[2] Vgl. Grunewald (1994), S. 281.
[3] Vgl. Grunewald (1994), S. 282.

zugsaktien in Höhe von 50 % des Grundkapitals[1] vollständig ausgeschöpft, besitzen die Belegschaftsaktionäre in Krisenzeiten, sobald sich die Gesellschaft mit der Leistung des Vorzugsbetrags im Sinne von § 140 Abs. 2 AktG im Rückstand befindet und das Stimmrecht auflebt, den gleichen Stimmanteil und damit die **gleiche Macht** wie die bisherigen Eigentümer.

Neben einer Mitwirkung im Wege von Sonderbeschlüssen und dem Aufleben des Stimmrechts, welche Sondervorschriften für stimmrechtslose Vorzugsaktien darstellen, können die Mitarbeiteraktionäre weiteres Einflußpotential aus den **allgemeinen Mitverwaltungsrechten** erschließen. Speziell die Ausübung des Auskunftsrechts ermöglicht ihnen, detaillierten Einblick in die Handlungssphäre, insbesondere Maßnahmen der Geschäftsführung der bisherigen Eigentümer zu nehmen.

Im Ergebnis sind die Belegschaftsangehörigen auch bei einer Beteiligung mit stimmrechtslosen Vorzugsaktien in der Lage, Einfluß in der Hauptversammlung auszuüben und damit die Unabhängigkeit der bisherigen Eigentümer teilweise einzuschränken. Vornehmlich in wirtschaftlich schlechten Zeiten der Unternehmung, in denen den Alt-Anteilseignern tendenziell stärker daran gelegen ist, ihre Macht zur Bewältigung der Krisensituation uneingeschränkt geltend zu machen, können diese sich, sofern das Stimmrecht auflebt, mit einem spürbaren Einfluß der Mitarbeitergesellschafter in der Hauptversammlung konfrontiert sehen.

Neben den beschriebenen Möglichkeiten, die die stimmrechtslose Vorzugsaktie den beteiligten Mitarbeitern zur Einflußnahme in Gesellschaftsangelegenheiten und zur Einschränkung der Autonomie der bisherigen Eigentümer eines mittelständischen Softwareunternehmens offeriert, besteht ein weiterer Problembereich dieser Aktiengattung in möglichen dysfunktionalen Auswirkungen auf einzelne Beteiligungsziele. Beispielsweise stehen der Ausschluß des Stimmrechts und die damit unterbundene Mitwirkung der Belegschaftsaktionäre an der Beschlußfassung in der Hauptversammlung dem Ziel einer immateriellen Einbindung der Mitarbeiter in das Unternehmensgeschehen partiell entgegen. Die Unterteilung der Aktionärsgruppe in stimmberechtigte bisherige Eigentümer und stimmrechtslose Belegschaftsaktionäre visualisiert überdies jedem beteiligten Mitarbeiter, daß eine vollständige Integration und gesellschaftsrechtliche Gleichstellung von Mitarbeiter- und Altaktionären, sofern diese mit einer Aktienbeteiligung angestrebt wurde, nur ansatzweise gelungen ist. Auch die Tatsache, daß die bisherigen Anteilseigner mit geringer Anteilshöhe[2] in der Hauptversammlung eigenständig Entscheidungen, wie z.B. zur Verwendung des Bilanzgewinns, Wahl von Aufsichtsratsmitgliedern, Kapitalerhöhung oder -herabsetzung, treffen können, die für den Kapitalbesitz

[1] Vgl. § 139 Abs. 2 AktG.
[2] Vgl. dazu eingehend Kapitel 4 I 3.3.

der Mitarbeitergesellschafter gleichsam von Bedeutung sind, kann, auch wenn dies rechtlich zulässig ist, bei einigen Mitarbeitern ein Gefühl von Machtlosigkeit hervorrufen. Der Ausschluß der beteiligten Belegschaftsmitglieder von der Entscheidungsfindung in Gesellschaftsangelegenheiten erschwert bei solchen Empfindungen eine bessere Identifikation mancher Mitarbeiteraktionäre mit dem arbeitgebenden Unternehmen und seinen Zielen und kann damit zumindest teilweise die Grundlage für eine höhere Motivation und Bindung der Beschäftigten an die Unternehmung entziehen.[1]

Mit solchen nachteiligen Auswirkungen stimmrechtsloser Vorzugsaktien auf die Erreichbarkeit personalpolitischer Zielsetzungen ist in mittelständischen Softwareunternehmen vor allem dann zu rechnen, wenn die beteiligten Mitarbeiter zum einen an einer Mitwirkung an der Beschlußfassung stärker als an dem dafür ersatzweise eingeräumten Vorzugsbetrag interessiert sind. Andererseits treten derartige Effekte vermutlich vermehrt dann auf, wenn es dem Unternehmen nicht gelingt, den begünstigten Mitarbeitern die sachliche Notwendigkeit einer Ausgabe von Vorzugsaktien ohne Stimmrecht, die beispielsweise in austarierten Beteiligungsverhältnissen liegen mag, zu vermitteln.

Als **Fazit** dieses Kapitels läßt sich für ein Angebot von Belegschaftsaktien in mittelständischen Softwareunternehmen folgendes festhalten: Wie man den vorangegangenen Ausführungen entnehmen kann, stellt auch die stimmrechtslose Vorzugsaktie kein Instrument dar, das die bisherigen Eigentümer eines beteiligungswilligen Softwareunternehmens vor einer Einflußnahme in Gesellschaftsangelegenheiten aus dem Kreis der Mitarbeiteraktionäre in jeder Hinsicht schützt. Gleichwohl ist die Autonomie der Alt-Anteilseigner bei der Entscheidungsfindung in der Hauptversammlung im Unterschied zu einer Ausgabe von Stammaktien an die Mitarbeiter so lange gewahrt, wie es der Unternehmung gelingt, den vereinbarten Vorzugsbetrag im Sinne des § 140 Abs. 2 AktG ordnungsgemäß zu leisten. Aus diesem Grund eignen sich stimmrechtslose Vorzugsaktien zu einer Beteiligung von Mitarbeitern in erster Linie für solche mittelständischen Softwareunternehmen, die die Leistung des Vorzugsbetrags auf Grund ihrer wirtschaftlichen Entwicklung weitgehend als gesichert sehen. Nur unter dieser Bedingung vermag die stimmrechtslose Vorzugsaktie den ihr zugedachten **Zweck** faktisch zu **erfüllen**. Mögliche dysfunktionale Auswirkungen auf die Erreichbarkeit einzelner Beteiligungsziele können einer Ausgabe stimmrechtsloser Vorzugsaktien vor allem dann entgegenstehen, wenn der überwiegende Teil der begünstigten Mitarbeiter an einer Entscheidungspartizipation stärker als an einem finanziellen „Vorzug“ interessiert ist und eine sachliche Notwendigkeit für diese Maßnahme aus der Sicht der Mitarbeiter fehlt. Da gerade in mittelständischen Softwareaktiengesellschaften positive und negative personalpolitische Effekte

[1] Vgl. auch die Ausführungen zum Erwartungs-Wert-Modell von Long in Kapitel 3 II 2.2.1.

einer Mitarbeiterkapitalbeteiligung stärker als in Großunternehmen anderer Branchen zutage treten können,[1] erscheint es wichtig, solche potentiellen dysfunktionalen Auswirkungen bei der Wahl der Aktiengattung zu beachten.

1.4. Mischung von Stamm- und stimmrechtslosen Vorzugsaktien

Vor dem Hintergrund der in den vorangegangenen beiden Kapiteln vorgenommenen Charakterisierung von Stamm- und stimmrechtslosen Vorzugsaktien stellt sich die Frage, ob eine Mischung beider Aktiengattungen für eine Aktienbeteiligung in mittelständischen Softwareunternehmen grundsätzlich in Frage kommt. Allgemein wird man sagen können, daß eine Ausgabe beider Gattungen an die Mitarbeiter dann geeignet erscheint, wenn diese Kombination erstens den betrieblichen Bedingungen, zweitens den Bedürfnissen der bisherigen Anteilseigner und drittens den Interessen der begünstigten Mitarbeiter besser als eine einzelne Aktiengattung entspricht. In Abhängigkeit von verschiedenen Faktoren, welche die Wahl der Gattung der Belegschaftsaktien in mittelständischen Softwareunternehmen bestimmen,[2] lassen sich modellhaft verschiedene Konstellationen bilden, bei denen eine Mischung von Stamm- und stimmrechtslosen Vorzugsaktien vorteilhaft sein kann. Dies soll im folgenden an einem beispielhaften Anwendungsfall veranschaulicht werden.

Eine stark expandierende mittelständische Softwareaktiengesellschaft mit einem einzigen Eigentümer benötigt zur Durchführung von Ersatz- und Erweiterungsinvestitionen eine Zufuhr von finanziellen Mitteln in Höhe von 60 % des gegenwärtigen Grundkapitals. Gleichzeitig sind mit dem hohen Wachstum der Umfang und die Komplexität der Führungsaufgaben gestiegen. Zur besseren Bewältigung dieser Managementtätigkeiten beabsichtigt der bisherige Alleineigentümer und alleiniger Vorstand, einen vertrauenswürdigen und hochqualifizierten Mitarbeiter in den Vorstand zu berufen und diesen zugleich am Kapital des Unternehmens zu beteiligen. Hierzu sollen 30 % des gegenwärtigen Grundkapitals im Wege einer effektiven Kapitalerhöhung ausgegeben werden. Um dem neuen Aktionär hinsichtlich der Ausgestaltung seiner Mitgliedschaftsrechte eine dem bisherigen Eigentümer gleichrangige Position einzuräumen, sind Stammaktien als Aktiengattung vorgesehen. Daneben ist geplant, auch die übrigen Mitarbeiter über Belegschaftsaktien am Unternehmen zu beteiligen. Um den Einfluß des Alt-Eigentümers in der Hauptversammlung nicht weiter einzuschränken, sollen die hierfür und zur Deckung des restlichen Kapitalbedarfs notwendigen Aktien als stimmrechtslose Vorzugsaktien emittiert werden. Dieses Angebot kommt dem Großteil der begünstigten Mitarbeiter ebenfalls entgegen, die angesichts der prosperierenden Unternehmensentwicklung und zu

[1] Vgl. Kapitel 3 II 2.2.
[2] Vgl. Kapitel 4 III 3.

erwartenden Erträge einen höheren individuellen Kapitalanteil, als dies mit Stammaktien möglich gewesen wäre, bevorzugen.

Nach erfolgter Kapitalerhöhung in Höhe von 60 % des Grundkapitals sind die Beteiligungsverhältnisse wie folgt strukturiert. Bezogen auf das **gesamte neue Grundkapital** besitzt der bisherige Anteilseigner einen Anteil von 62,5 %; die Kapitalanteile des mit Stammaktien beteiligten Mitarbeiters und der Belegschaftsaktionäre mit stimmrechtslosen Vorzugsaktien belaufen sich demgegenüber auf jeweils 18,75 %. Würde sich die Gesellschaft mit der Leistung des Vorzugsbetrags, wider Erwarten, zu einem späteren Zeitpunkt in Rückstand befinden und das Stimmrecht der Vorzugsaktionäre aufleben, könnte der Alt-Eigentümer bei dieser Beteiligungsstruktur immer noch alle mit einfacher Mehrheit zu treffenden Beschlüsse eigenständig fassen. Bezogen auf das **Kapital** der **Stammaktionäre** (d.h. solange das Stimmrecht der Belegschaftsaktionäre mit stimmrechtslosen Vorzugsaktien nicht auflebt), hat der ursprüngliche Eigentümer bei dieser Konstellation mit einem Anteil von etwa 77 % des neuen Grundkapitals auch weiterhin die Macht, alle Entscheidungen, die eine Drei-Viertel-Mehrheit erfordern, zu fällen.

Zusammenfassend betrachtet, kommt eine Kombination von Stamm- und stimmrechtslosen Vorzugsaktien im beschriebenen Fall sowohl den betrieblichen Bedingungen (Deckung des hohen Kapitalbedarfs) als auch den Interessen des bisherigen Eigentümers (Aufnahme eines formal gleichberechtigten Teilhabers; weitgehende Sicherung der Entscheidungsautonomie) entgegen. Schließlich wird diese Modellvariante auch den Zielen der begünstigten Mitarbeiter (höherer Kapitaleinsatz bei erwarteter guter Wertentwicklung der Aktien einerseits und formal gleichrangige Position des neuen Teilhabers wie der bisherige Aktionär andererseits) gerecht.

Da ein gleichzeitiges Angebot von Stamm- und stimmrechtslosen Vorzugsaktien im Rahmen einer Aktienbeteiligung bei mittelständischen Softwareunternehmen eine Differenzierung innerhalb der Gruppe der begünstigten Mitarbeiter beinhaltet, geht damit grundsätzlich ein gewisses Konfliktpotential einher. Dieses kann u.a. daher rühren, daß einzelne Mitarbeiter zum Bezug von stimmrechtslosen Vorzugsaktien berechtigt sind, aber lieber Stammaktien erwerben würden oder umgekehrt. Denkbar ist grundsätzlich auch, daß das beteiligungswillige Softwareunternehmen eine bestimmte Anzahl von Aktien beider Gattungen zur Verfügung stellt und die Wahl der Aktiengattung den begünstigten Mitarbeitern überläßt. Um Konflikte, die bei einer Überzeichnung einer Aktiengattung entstehen können, zumindest teilweise zu entschärfen, empfiehlt es sich hier, eine an objektiven Kriterien, wie z.B. Dauer der Betriebszugehörigkeit, geknüpfte Rangfolge der Zuteilung sicherzustellen. Wie auch die bisherigen Ausführungen zur Auswahl der begünstigten Mitarbeiter gezeigt haben, ist es zur Vermeidung möglicher dysfunktionaler Auswirkungen auf einzelne personalpolitische Zielsetzungen einer

Aktienbeteiligung wichtig, daß ein gleichzeitiges Angebot beider Aktiengattungen von den Mitarbeitern mitgetragen wird. Ignoriert man partizipations- oder finanziell orientierte Vorlieben der begünstigten Mitarbeiter bei der Zuordnung zu den jeweiligen Aktiengattungen nicht völlig und gelingt es, sofern erforderlich, den Begünstigten die sachliche Notwendigkeit einer hiervon abweichenden Zuordnung zu vermitteln, läßt sich die Akzeptanz dieses gemischten Aktienangebots im Mitarbeiterkreis positiv beeinflussen.

2. Wertpapiercharakter der Belegschaftsaktien im Mittelstand

2.1. Inhaber- und Namenspapiere als aktienrechtliche Alternativen

Neben der Festlegung der in der Aktienurkunde verankerten Mitgliedschaftsrechte muß ein mittelständisches Softwareunternehmen im Rahmen einer Mitarbeiterkapitalbeteiligung ferner darüber befinden, in welcher Weise die Belegschaftsaktien übertragen werden können und wie die Legitimation zur Ausübung der Rechte zu erbringen ist. Gemäß § 10 Abs. 1 AktG lassen sich nach dem Wertpapiercharakter zwei mögliche Aktienarten, nämlich Inhaber- und Namensaktien, unterscheiden.

Bei der **Inhaberaktie** ist die Mitgliedschaft in einem Inhaberpapier verbrieft, das den jeweiligen Inhaber zur Ausübung der Mitgliedschaftsbefugnisse gegenüber der Gesellschaft berechtigt. Die Übertragung der Urkunde erfolgt durch Einigung und Übergabe nach Maßgabe allgemeiner sachenrechtlicher Vorschriften der §§ 929 ff. BGB. [1] Demgegenüber verkörpert die **Namensaktie** ein geborenes Orderpapier, das den in ihm namentlich Bezeichneten als Inhaber der Mitgliedschaft ausweist.[2] Im Verhältnis zur Gesellschaft kann gemäß § 67 Abs. 2 AktG jedoch nur derjenige, der als Aktionär im Aktienbuch[3] eingetragen ist, die Mitgliedschaftsrechte geltend machen. Zur Übertragung von Namensaktien bedarf es nach § 68 Abs. 1 AktG neben Einigung und Übergabe zusätzlich des Indossaments.[4] Darüber hinaus kann die Übereignung der Mitgliedschaft bei der **Vinkulierung** der Namensaktie von der Zustimmung der Gesellschaft abhängig gemacht werden. In deutschen Publikumsaktiengesellschaften hat sich die Inhaber- gegenüber der Namensaktie als Handelsobjekt durchgesetzt.[5] Letztere ist hauptsächlich in Familiengesellschaften und vinkuliert bei sog. Nebenleistungsgesellschaften

---

[1] Vgl. Hefermehl/Bungeroth (1983), § 68, Rdn. 42.
[2] Vgl. Lutter (1988), § 68, Rdn. 5.
[3] Zum Aktienbuch, seinen Aufgaben, der Rechtswirkung von Eintragungen sowie den Möglichkeiten einer Einsichtnahme vgl. eingehend Hefermehl/Bungeroth (1983), § 67, Rdn. 5 ff.
[4] Zu den Bestimmungen bezüglich des Indossaments siehe Artikel 12, 13, 14, 16, 18, 19 Wechselgesetz und Lutter (1988), § 68, Rdn. 6 ff.
[5] Vgl. Brändel (1992), § 10, Rdn. 14; Nirk (1994), Rdn. 438, S. I 266.

(§ 55 AktG), bei Wirtschaftsprüfungs- und Buchprüfungsgesellschaften, Steuerberatungsgesellschaften, Kapitalanlagegesellschaften und Gemeinnützigen Wohnungsbaugesellschaften vorzufinden.[1] Über die Verbriefung von Belegschaftsaktien gibt es keine neueren empirischen Befunde. Einer Untersuchung aus dem Jahr 1971 zufolge, dominierten zum damaligen Zeitpunkt Inhaberpapiere.[2] Da zum einen ein beachtlicher Teil jener Aktiengesellschaften, die ihre Mitarbeiter am Kapital beteiligen, mit Inhaberaktien an der Börse notiert ist, und zahlreiche nicht börsennotierte Aktiengesellschaften zum anderen ebenfalls Inhaberpapiere emittiert haben, ist anzunehmen, daß dieser Befund auch heute noch Geltung besitzt.[3] Im folgenden sollen kurz die für mittelständische Softwareaktiengesellschaften relevanten Charakteristika dieser Aktienarten herausgearbeitet und anschließend bedeutsame Aspekte vinkulierter Namensaktien vertieft untersucht werden.

Inhaberaktien zeichnen sich durch eine hohe **Umlauffähigkeit** aus.[4] Infolge der einfachen Übertragbarkeit des Eigentums an der Aktie vermag die Gesellschaft den Kreis ihrer Aktionäre in der Regel weder zu überwachen noch zu steuern. Von der Person der Anteilseigner erlangt sie zumeist erst dann Kenntnis, wenn diese ihre Mitgliedschaftsrechte in der Hauptversammlung geltend machen wollen. Ebenso ist den einzelnen Gesellschaftern die Zusammensetzung des Anteilseignerkreises, von Großaktionären abgesehen, für gewöhnlich nicht bekannt. Die hohe Verkehrsfähigkeit von Inhaberaktien begünstigt, wie in Publikumsgesellschaften üblich, eine Anonymisierung der Gruppe der Aktionäre und kann in einem Widerspruch zu dem eher personalistisch geprägten Charakter mittelständischer Aktiengesellschaften stehen.

Dagegen bietet die Namensaktie aus der Sicht mittelständischer Softwareunternehmen den Vorteil, daß diese den Namen ihrer **Aktionäre kennen**, dadurch Informationen über die Zusammensetzung des zur Ausübung der Mitgliedschaftsrechte befugten Personenkreises besitzen und eine direkte Ansprache der Gesellschafter ermöglicht wird.[5] Auch die einzelnen Anteilseigner, denen nach § 67 Abs. 5 AktG Einsicht in das Aktienbuch zu gewähren ist, sind auf Grund der namentlichen Bekanntheit der Aktionäre in der Lage, untereinander Verbindung aufzunehmen. Gleichwohl gehen mit der Führung des Aktienbuchs Kosten einher, die bei der Inhaberaktie nicht anfallen.[6] Infolge dieses Umstands ging man sowohl in der Literatur als

[1] Vgl. Brändel (1992), § 10, Rdn. 18.
[2] Vgl. Eichele (1971), S. 64.
[3] Zum gleichen Ergebnis kam auch die Abhandlung von Peterssen (1968), S. 21.
[4] Vgl. Brändel (1992), § 10, Rdn. 14; Nirk (1994), Rdn. 438, S. I 437.
[5] Vgl. Eckardt (1973), § 10, Rdn. 15.
[6] Vgl. Eckardt (1973), § 10, Rdn. 15.

auch in der betrieblichen Praxis bislang davon aus, daß eine Emission von Namensaktien mit höheren Kosten als eine Ausgabe von Inhaberaktien verbunden ist.[1]

In Anbetracht der neuen Rechtslage im Aktiengesetz muß diese Auffassung für den Fall mittelständischer Softwareaktiengesellschaften jedoch einer näheren Prüfung unterzogen werden. Eine solche Analyse erscheint umso bedeutsamer, wenn man bedenkt, daß **Kostengesichtspunkte** auch bei der Festlegung des Wertpapiercharakters der Belegschaftsaktien unter betriebswirtschaftlichen Aspekten nicht ignoriert werden können. Im folgenden gilt es daher zu untersuchen, inwieweit sich die **Deregulierung** der **Einberufung** der **Hauptversammlung** auf die Kosten der beiden Aktienarten in mittelständischen Softwareaktiengesellschaften auswirkt.

Gemäß § 121 Abs. 4 AktG kann die vereinfachte und gegebenenfalls kostengünstigere Ladung zur Hauptversammlung und Bekanntmachung der Tagesordung sowie etwaiger Gegenanträge mit **eingeschriebenem Brief** nur dann geschehen, wenn die Aktionäre der Gesellschaft namentlich bekannt sind. Werden an alle Anteilseigner, also auch an die Mitarbeiter, **Namensaktien** vergeben, liegen eine namentliche Bekanntheit der Gesellschafter und damit die Voraussetzung für eine vereinfachte Einberufung jederzeit vor.[2]

Im Vergleich dazu erweist sich dieser Sachverhalt jedoch für den Fall als problematisch, daß die Aktien der Gesellschaft und insbesondere jene der Belegschaftsangehörigen in Form von **Inhaberpapieren** verbrieft sind.[3] Die erforderliche namentliche Bekanntheit der Aktionäre ist bei einer Beteiligung der Mitarbeiter ausschließlich zum Zeitpunkt der Ausgabe der Belegschaftsaktien sichergestellt. Auf Grund der Tatsache, daß eine Übertragung des Eigentums von Belegschaftsmitgliedern an Dritte bei Inhaberaktien nicht verhindert werden kann,[4] läßt sich eine jederzeitige Kenntnis des Aktionärskreises nicht gewährleisten. So vermag die Einführung einer in der betrieblichen Beteiligungspraxis häufig vorzufindenden, schuldrechtlich vereinbarten Veräußerungssperre,[5] wie etwa die im Rahmen einer staatlichen Förderung der Vermögensbildung nach § 19a EStG oder nach dem Vermögensbildungsgesetz vorausgesetzten Sperrfristen, wie noch zu zeigen ist, die Wirksamkeit der Übereignung von Belegschaftsaktien nicht zu unterbinden. Auch eine schuldrechtliche Verpflichtung der begünstigten Mit-

[1] So z.B. Brändel (1992), § 10, Rdn. 14 und die dort angegebene weiterführende Literatur.
[2] Vgl. dazu Lutter (1994), S. 438; Ammon/Görlitz (1995), S. 54.
[3] Vgl. Seibert (1995), S. 66.
[4] Vgl. Lutter (1994), S. 438. Die einzige Übertragungsbeschränkung, die einen wirksamen Eigentumsübergang von Aktien zu verhindern vermag, ist eine Vinkulierung der Namensaktien nach § 68 Abs. 2 AktG. Diese ist jedoch bei Inhaberaktien nicht möglich (vgl. hierzu ebenfalls Lutter (1994), Fußnote 103; Hefermehl/Bungeroth (1983), § 68, Rdn. 42 und die dort genannte weiterführende Literatur, ausführlich Kapitel 4 III 2.2.).
[5] Vgl. Guski/Schneider (1983), S. 143 f. Dazu näher Kapitel 4 III 2.2.

arbeiter, der Gesellschaft alle Veräußerungen oder sonstige dingliche Veränderungen unverzüglich mitzuteilen, erscheint insofern problembehaftet, als sie nicht automatisch auf den Erwerber übergeht.[1]

Zusammenfassend betrachtet, kann also bei einer Emission von Inhaberaktien an die Mitarbeiter nicht völlig sichergestellt werden, daß alle Aktionäre der mittelständischen Softwareunternehmung namentlich bekannt sind.[2] Umstritten ist in der Literatur bislang, wer das Risiko einer versehentlichen Fehleinladung zu tragen hat. Angesichts dieser ungeklärten Rechtslage, empfiehlt es sich für die betriebliche Praxis mitunter, davon auszugehen, daß dieses Risiko vom einberufenden Organ zu tragen ist.[3] Werden demnach lediglich die bisherigen Eigentümer sowie die beteiligten Belegschaftsangehörigen per eingeschriebenem Brief zur Hauptversammlung geladen und mögliche neue Aktionäre dagegen nicht, sind gemäß § 241 Nr. 1 AktG n.F. alle dort getroffenen Beschlüsse nichtig. Bestehen also hinsichtlich der namentlichen Bekanntheit der Anteilseigner Zweifel, erscheint es ratsam, die Hauptversammlung auf die in der Regel kostenintensivere herkömmliche Weise über die Gesellschaftsblätter einzuberufen.[4]

Wie diese Ausführungen andeuten, ist eine Emission von Namensaktien an die Belegschaftsmitglieder in **mittelständischen Softwareaktiengesellschaften** nicht zwangsläufig mit höheren **Kosten** verbunden als eine Emission von Inhaberpapieren. Während Namensaktien durch die Führung des Aktienbuchs entsprechende Aufwendungen verursachen, erweisen sie sich infolge der Möglichkeit einer vereinfachten Einberufung der Hauptversammlung möglicherweise als kostengünstiger. Sofern der Kreis der Belegschaftsaktionäre überschaubar und relativ konstant bleibt und damit häufige Aktualisierungen des Aktienbuchs hinfällig sowie die Anzahl der eingeschriebenen Briefe gering sind, kann die Emission von Namensaktien im Vergleich zu Inhaberaktien niedrigere Kosten verursachen. Als Instrument zur Durchführung eines solchen Vorteilhaftigkeitsvergleichs läßt sich beispielsweise die **Break Even-Analyse** heranziehen.[5] Damit vermag man auf analytischem und graphischem Wege jene Anzahl von Aktionären (Break Even-Point) zu ermitteln, bis zu der eine Ausgabe von Namensaktien gegenüber Inhaberpapieren kostengünstiger ist.

Prinzipiell kann eine mittelständische Softwareaktiengesellschaft frei wählen, ob sie die Belegschaftsaktien als Inhaber- oder Namenspapiere verbrieft.[6] Von diesem Grundsatz der Wahl-

---

[1] Vgl. Hefermehl/Bungeroth (1983), § 68, Rdn. 71; Lutter (1994), S. 438 und die dort angegebene weiterführende Literatur.
[2] Vgl. analog Lutter (1994), S. 438; Hoffmann-Becking (1995), S. 6.
[3] Vgl. Hoffmann-Becking (1995), S. 6; anders dagegen Lutter (1994), S. 438 f.
[4] Vgl. Ammon/Görlitz (1995), S. 55.
[5] Zur Grundstruktur der Break Even-Analyse, ihren Anwendungsmöglichkeiten und Grenzen vgl. Alewell (1974); Nieschlag/Dichtl/Hörschgen (1997), S. 923 f.
[6] Vgl. Eckardt (1973), § 10, Rdn. 16.

freiheit existieren einige Ausnahmen, in denen **Namensaktien** gesetzlich **zwingend vorgeschrieben** sind.[1] Dazu zählt zum einen der Fall einer Ausgabe der Aktien vor der vollständigen Leistung des Nennbetrags oder höheren Ausgabebetrags nach § 10 Abs. 2 AktG. Ferner bedarf es vinkulierter Namensaktien, wenn in der Satzung Nebenleistungspflichten gemäß § 55 Abs. 1 S. 1 AktG oder Entsendungsrechte in den Aufsichtsrat nach §101 Abs. 2 S. 2 AktG vereinbart werden. Schließlich sind vinkulierte Namensaktien für Aktiengesellschaften bestimmter Branchenzweige wie Wirtschaftsprüfungs- und Buchführungsgesellschaften, Steuerberatungsgesellschaften, Kapitalanlagegesellschaften sowie gemeinnützige Wohnungsbaugesellschaften gewerberechtlich auferlegt.[2] Eine Aktienbeteiligung der Mitarbeiter in mittelständischen Softwareunternehmen ist von diesen Ausnahmen für gewöhnlich nicht betroffen. Bevor zentrale Determinanten einer solchen Entscheidung zu untersuchen sind, sollen zunächst wesentliche Aspekte einer Vinkulierung von Namensaktien dargestellt werden.

2.2. Vinkulierung von Belegschaftsaktien

Gemäß § 68 Abs. 2 AktG kann die Übertragung von auf den Namen lautenden Belegschaftsaktien in der Satzung an die Zustimmung der Gesellschaft gebunden werden. Die Vinkulierung von Namensaktien dient in mittelständischen Aktiengesellschaften vornehmlich dazu, den privaten personalistischen Charakter aufrechtzuerhalten sowie Veränderungen innerhalb des Gesellschafterkreises zu überwachen und in gewissen Grenzen zu lenken.[3] Die Steuerung der Zusammensetzung der Aktionärsgruppe ermöglicht den bisherigen Eigentümern, einer unerwünschten Einflußnahme in gesellschaftsrechtlichen Angelegenheiten, beispielsweise durch Konkurrenten, zumindest ansatzweise vorzubeugen und die wirtschaftliche Selbständigkeit der Unternehmung zu bewahren.[4] Insgesamt findet die Vinkulierung von Namensaktien in etwa einem Drittel aller in Deutschland eingetragenen Aktiengesellschaften Anwendung.[5]

Speziell im Falle einer **Beteiligung** von **Mitarbeitern** in Softwareaktiengesellschaften kann von seiten der bisherigen Eigentümer die Befürchtung bestehen, daß Belegschaftsaktionäre Aktien an Wettbewerber weiterveräußern. Diese besitzen dann, selbst wenn sie als Inhaber stimmrechtsloser Vorzugsaktien nicht an der Beschlußfassung teilnehmen dürfen, durch das Auskunftsrecht z.B. die Möglichkeit, Informationen über die Geschäftsführung der Unter-

---

[1] Vgl. eingehend Eckardt (1973), § 10, Rdn. 17 ff.; Friedewald (1991), S. 36.
[2] Vgl. Kraft (1986), § 10, Rdn. 16; Brändel (1992), § 10, Rdn. 18.
[3] Vgl. Friedewald (1991), S. 35; ähnlich Hefermehl/Bungeroth (1983), § 68, Rdn 73.
[4] Vgl. ähnlich Nirk (1994), Rdn. 451 f., S. I 450 ff.
[5] Vgl. Hefermehl/Bungeroth (1983), § 68, Rdn. 75.

nehmung in der Hauptversammlung zu erwirken. Für die betroffenen Unternehmen stellt sich nun die Frage, wie eine Vinkulierung von Belegschaftsaktien einer solchen Entwicklung vorbeugen kann, welche Formen der Ausgestaltung es gibt und insbesondere inwieweit schuldrechtliche Vereinbarungen mit den Mitarbeitern eine Vinkulierung zu ersetzen vermögen.

Bei vinkulierten Namensaktien ist nach § 68 Abs. 2 AktG für eine wirksame Übertragung der Aktien die Zustimmung der Gesellschaft erforderlich. Dabei erfaßt die Vinkulierung stets nur das dingliche Erfüllungsgeschäft, d.h. die **Übereignung**, und nicht das zugrundeliegende Verpflichtungsgeschäft, wie z.B. einen Kaufvertrag.[1] Verweigert die mittelständische Softwareaktiengesellschaft ordnungsgemäß ihre Zustimmung zu einer Aktienübertragung von Mitarbeiteraktionären an kaufinteressierte Dritte, ist das Eigentum nicht wirksam an den Interessenten übergegangen, wogegen die Gültigkeit des Kaufvertrags hiervon grundsätzlich nicht berührt wird.[2] Als Konsequenz bleibt der veräußerungswillige Mitarbeiter Aktionär der Unternehmung; dem betroffenen Dritten stehen keinerlei Mitgliedschaftsrechte und -pflichten zu.[3] Somit ist gewährleistet, daß, sofern dies bezweckt wird, Außenstehende nicht gegen den Willen einer mittelständischen Softwareaktiengesellschaft Aktionäre der Gesellschaft werden und auf diese Weise Einfluß in der Hauptversammlung ausüben können.

Einer Vinkulierung können prinzipiell alle rechtsgeschäftlichen Übertragungen unterworfen werden.[4] Es ist auch möglich, daß die Satzung nur bestimmte Arten von Verfügungen aufzählt, die dem Erfordernis einer Zustimmung unterliegen.[5] So kann bei einer Beteiligung der Mitarbeiter mit vinkulierten Namensaktien in mittelständischen Softwareunternehmen beispielsweise festgelegt werden, daß sämtliche Aktienübertragungen an Personen, die nicht dem Kreis der bisherigen Eigentümer und der Mitarbeitergesellschafter angehören, einer Zustimmung der Gesellschaft bedürfen.[6] Darüber hinaus kann die Satzung nach § 68 Abs. 2 S. 4 AktG explizit diejenigen Gründe bestimmen, aus denen die Zustimmung verweigert werden darf. Bei der Normierung der Verweigerungsgründe besitzen die bisherigen Aktionäre Entscheidungsfreiheit und können auch objektiv unwichtige Gründe nennen.[7] Denkbar sind z.B. mangelnde Solvenz des Erwerbers oder Nichtzugehörigkeit zu einer bestimmten Familie, zum Kreis der Aktionäre, zu einer bestimmten Berufsgruppe oder Wirtschaftszweig.[8] Macht die

[1] Vgl. Lutter (1988), § 68, Rdn. 28.
[2] Vgl. Hefermehl/Bungeroth (1983), § 68, Rdn. 137 ff., 141 ff.
[3] Vgl. Hefermehl/Bungeroth (1983), § 68, Rdn. 140.
[4] Vgl. Hefermehl/Bungeroth (1983), § 68, Rdn. 82; Lutter (1988), § 68, Rdn. 27.
[5] Vgl. Friedewald (1991), S. 38.
[6] Vgl. in diesem Sinne Lutter (1988), § 68, Rdn. 27; zu den verschiedenen erfaßbaren Verfügungen Hefermehl/Bungeroth (1983), § 68, Rdn. 98.
[7] Vgl. Hefermehl/Bungeroth (1983), § 68, Rdn. 100.
[8] Vgl. Hefermehl/Bungeroth (1983), § 68, Rdn. 100.

Satzung dazu keine Aussage, liegt die Verweigerung oder Erteilung der Zustimmung im Ermessensspielraum des zur Entscheidung berufenen Organs.[1]

Über die Gewährung oder Verweigerung der Zustimmung hat nach § 68 Abs. 2 AktG der Vorstand zu entscheiden. Abweichend davon kann die Satzung diese Aufgabe gemäß § 68 Abs. 2 S. 3 AktG auch auf den Aufsichtsrat oder die Hauptversammlung übertragen. Dabei gilt es zu bedenken, daß eine solche Kompetenzverlagerung auf die Hauptversammlung, da diese bei den entsprechenden Aktientransaktionen einberufen und konsultiert werden müßte, auch in mittelständischen Softwareaktiengesellschaften häufig zu Verzögerungen führen würde.[2] Sie kann sich aber dann als sinnvoll erweisen, wenn die bisherigen Eigentümer im Vorstand oder Aufsichtsrat unzureichend vertreten sind oder Entscheidungen über die Zusammensetzung des Gesellschafterkreises gemeinsam mit den Belegschaftsaktionären getroffen werden sollen.

Die **Einführung** einer **Vinkulierung** von Namensaktien ist in der Satzung zu vermerken.[3] Werden bereits vorhandene Aktien der Unternehmung durch eine Änderung der Satzung vinkuliert, bedarf dies nach § 180 Abs. 2 AktG der Zustimmung aller betroffenen Aktionäre.[4] Bei einer Ausgabe von Belegschaftsaktien in mittelständischen Softwareunternehmen empfiehlt es sich daher, die Vinkulierung nicht erst nach dem Aktienerwerb der Mitarbeiter in die Wege zu leiten, da dann alle Belegschaftsaktionäre dieser Maßnahme zustimmen müßten. Grundsätzlich ist es auch möglich, nur einen Teil der Namensaktien der Gesellschaft, z.B. jene der beteiligten Mitarbeiter, zu vinkulieren.[5]

Die Option einer Vinkulierung von Belegschaftsaktien verkörpert insgesamt ein breitgefächertes und **flexibles Instrumentarium**, das auf die speziellen Zielsetzungen und Bedingungen mittelständischer Softwareaktiengesellschaften individuell abgestimmt werden kann. Damit läßt sich z.B. gewährleisten, daß die Gesellschaft über sämtliche Transaktionen von Mitarbeiteraktionären entscheidet, die nicht an sie selbst oder an die bisherigen Eigentümer gerichtet sind. Die Alt-Aktionäre vermögen damit zu verhindern, daß unternehmensexterne Dritte oder einzelne Mitarbeitergesellschafter durch Aktienzukäufe an Einfluß gewinnen. Ferner können sie auch darüber bestimmen, ob bisher nicht beteiligte Mitarbeiter im Wege eines Anteilserwerbs von verkaufswilligen Belegschaftsaktionären in die Gesellschafterposition eintreten. Es stellt sich nun die Frage, ob sich eine derartige Kontrolle des Aktionärskreises im Falle einer

[1] Vgl. Hefermehl/Bungeroth (1983), § 68, Rdn. 99; Lutter (1988), § 68, Rdn. 30.
[2] Vgl. auch Hefermehl/Bungeroth (1983), § 68, Rdn. 120.
[3] Vgl. Hefermehl/Bungeroth (1983), § 68, Rdn. 91.
[4] Vgl. Hefermehl/Bungeroth (1983), § 68, Rdn. 92.
[5] Vgl. Friedewald (1991), S. 38.

Mitarbeiterbeteiligung, außer durch vinkulierte Namensaktien, gleichfalls durch schuldrechtliche Vereinbarungen oder weitere Möglichkeiten der Satzungsgestaltung erreichen läßt.

Bei einer Ausgabe von Belegschaftsaktien in mittelständischen Softwareunternehmen kann auch beabsichtigt werden, eine unerwünschte Erweiterung des Gesellschafterkreises durch **schuldrechtliche Maßnahmen,** wie z.B. die Vereinbarung von Vorkaufsrechten und Anbietungspflichten, zu erreichen.[1] Gemäß §§ 504 ff. BGB ist eine vertraglichen Abrede mit den begünstigten Mitarbeitern im Rahmen der Kapitalbeteiligung möglich, die bestimmten Personen ein **Vorkaufsrecht** an zu veräußernden Belegschaftsaktien gewährt. Ein solcher Vertrag kann z.B. anordnen, daß die Aktiengesellschaft selbst, die bisherigen Eigentümer, die Mitarbeitergesellschafter oder bislang nicht beteiligte Belegschaftsmitglieder ein Vorkaufsrecht an diesen Aktien erhalten. In engem Zusammenhang damit steht die vertragliche Festlegung von **Anbietungspflichten**.[2] Hier kann veräußerungswilligen Mitarbeitern die Pflicht auferlegt werden, ihre Aktien beispielsweise der Gesellschaft oder dem eben genannten Personenkreis zum Erwerb anzubieten.

Einen ebenfalls schuldrechtlichen Charakter besitzt die in der Beteiligungspraxis häufig vorzufindende vertragliche Vereinbarung **betrieblicher Veräußerungssperren**.[3] Diese dienen primär dem Ziel, aus finanzwirtschaftlichen Erwägungen und aus Gründen einer Gewöhnung der beteiligten Mitarbeiter an diese Sparform eine frühzeitige Veräußerung des Kapitalanteils zu verhindern.[4] Denkbar wäre, daß in mittelständischen Softwareaktiengesellschaften damit auch bezweckt wird, eine Erweiterung des Aktionärskreises zumindest innerhalb der Sperrfrist abzuwenden.

Die zentrale Schwäche schuldrechtlicher Vereinbarungen wie Vorkaufsrechten, Anbietungspflichten und betrieblichen Veräußerungssperren liegt darin, daß gegen sie verstoßende **Eigentumsübertragungen** dennoch **wirksam** sind.[5] Gemäß § 137 BGB kann die Befugnis zur Verfügung über ein veräußerliches Recht, wie z.B. Aktien, rechtsgeschäftlich nicht ausgeschlossen oder beschränkt werden. Veräußert ein Mitarbeitergesellschafter also Aktien an Dritte entgegen seiner vertraglichen Pflichten innerhalb der Sperrfrist oder ohne diese der Unternehmung oder seinen Mitgesellschaftern zum Kauf anzubieten, so ist der unternehmensexterne Erwerber wirksam Aktionär geworden. Darüber hinaus entfalten solche rechtsge-

[1] Vgl. in diesem Sinne Lutter (1988), § 68, Rdn. 23; Hefermehl/Bungeroth (1983), § 68, Rdn. 69 f.
[2] Vgl. dazu Friedewald (1991), S. 77.
[3] Vgl. in diesem Sinne Hefermehl/Bungeroth (1983), § 68, Rdn. 69.
[4] Vgl. Guski/Schneider (1983), S. 143. Ferner setzt die Inanspruchnahme der staatlichen Förderung einer betrieblichen Kapitalbeteiligung nach dem 5. Vermögensbildungsgesetz die Einhaltung einer gesetzlich vorgeschriebenen Sperrfrist von sechs Jahren voraus (vgl. Juntermanns (1993), S. 11 f.).
[5] Vgl. Hefermehl/Bungeroth (1983), § 68, Rdn. 71.

schäftlichen Vereinbarungen ihre Wirkung prinzipiell zwischen den vertragschließenden Parteien und gehen insbesondere nicht auf den Erwerber über.[1] Es wird ersichtlich, daß sich eine nachhaltige Kontrolle und Steuerung des Anteilseignerkreises in mittelständischen Softwareunternehmen durch solche schuldrechtliche Maßnahmen faktisch nicht gewährleisten läßt.

Auch in der **Satzung** kann eine Beschränkung der freien Übertragbarkeit von Belegschaftsaktien über die Grenzen der in § 68 Abs. 2 AktG normierten Vinkulierung von Namensaktien nicht hinausgehen.[2] Insbesondere ist nicht zulässig, in der Satzung, d.h. statutarisch zu bestimmen, daß Aktien von Mitarbeitergesellschaftern nach Beendigung des Beschäftigungsverhältnisses an die Gesellschaft oder von ihr benannte Personen übertragen werden müssen.[3] Eine solche Verpflichtung der begünstigten Mitarbeiter kann nur schuldrechtlich mit den oben genannten Unzulänglichkeiten begründet werden.[4] Zusammenfassend betrachtet verkörpert eine Vinkulierung von Belegschaftsaktien die **einzige** aktienrechtlich legitime Maßnahme, mit der eine unerwünschte Erweiterung der Gruppe der Anteilseigner in mittelständischen Softwareaktiengesellschaften wirksam verhindert werden kann.[5] Andere statutarische oder schuldrechtliche Vereinbarungen vermögen sie nicht zu ersetzen.

3. Determinanten der Bestimmung von Gattung und Wertpapiercharakter der Belegschaftsaktien

Aus den Besonderheiten mittelständischer Unternehmen, dem Wesen einer Mitarbeiterkapitalbeteiligung sowie den Charakteristika der untersuchten Aktiengattungen und -arten lassen sich verschiedene Faktoren extrahieren, welche die Bestimmung von Gattung und Übertragungsform der Belegschaftsaktien bei mittelständischen Softwareunternehmen beeinflussen. Als zentrale Determinanten erweisen sich die **Ziele** der Beteiligung, die Gattung und Art der **Aktien** der **bisherigen Eigentümer**, die **Beteiligungsverhältnisse** im Unternehmen sowie die Ausprägung des **personalistischen Charakters** der Aktiengesellschaft. Nachfolgend sollen diese Einflußgrößen näher beleuchtet werden (vgl. Abb. 23). Im letzten Abschnitt dieses Kapitels werden schließlich mögliche Aktientypen für ausgewählte Erscheinungsbilder mittelständischer Softwareaktiengesellschaften vorgestellt.

---

[1] Vgl. Hefermehl/Bungeroth (1983), § 68, Rdn. 71; Friedewald (1991), S. 76; vgl. auch das Urteil des Bayerischen Oberlandesgerichts in o.V. (1989), S. 138 ff.
[2] Vgl. eingehend dazu mit verschiedenen Beispielen Hefermehl/Bungeroth (1983), § 68, Rdn. 68.
[3] Vgl. Friedewald (1991), S. 77.
[4] Vgl. o.V. (1989), S. 138.
[5] Vgl. dazu Hefermehl/Bungeroth (1983), § 68, Rdn. 72.

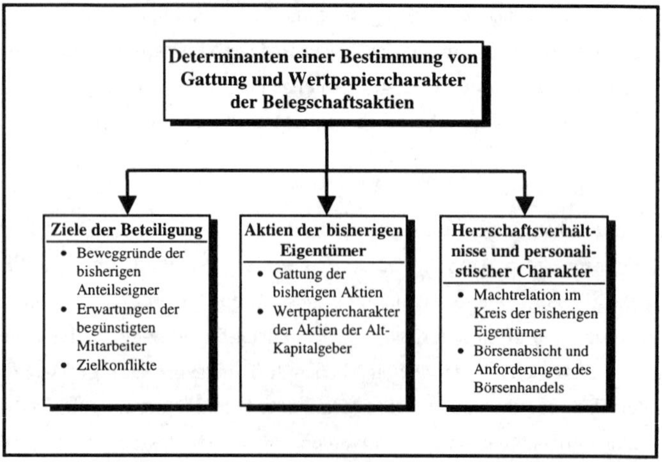

Abb. 23: Ausgewählte Determinanten einer Festlegung von Gattung und Wertpapiercharakter der Belegschaftsaktien
Quelle: Eigene Darstellung.

3.1. Ziele der Beteiligung

Die Ausgestaltung der Belegschaftsaktien wird unter anderem von den einer Mitarbeiterkapitalbeteiligung zugrundeliegenden Zielsetzungen der bisherigen Eigentümer und in Grenzen von jenen der begünstigten Mitarbeiter determiniert. Im folgenden sollen aus den Beteiligungsmotiven dieser Interessengruppen Implikationen für die Bestimmung von Gattung und Übertragungsart der den zu beteiligenden Mitarbeitern zugedachten Aktien abgeleitet werden.

Bei der Konzeption der Belegschaftsaktien sind die Zielvorstellungen der Begünstigten zur Aufrechterhaltung der Beteiligungsbereitschaft in adäquater Form zu berücksichtigen. Insbesondere im Rahmen der Festlegung der **Mitgliedschaftsrechte** bilden die **Beteiligungsmotive** der anspruchsberechtigten **Mitarbeiter,** welche sich in solche materieller und immaterieller Art untergliedern lassen,[1] einen wichtigen **Orientierungspunkt**. Analog zu den Zielen der Mitarbeiter setzen die Gattungen der Stamm- und stimmrechtslosen Vorzugsaktien bei der Gewichtung der Mitverwaltungs- und Vermögensrechte ebenfalls Schwerpunkte. Während stimmrechtslose Vorzugsaktien über die kumulative Vorzugsdividende und das Fehlen des Stimmrechts den **materiellen** Aspekt betonen, heben Stammaktien durch die Möglichkeit einer Mitwirkung an der Beschlußfassung in der Hauptversammlung, selbst wenn diese häufig

[1] Vgl. hierzu Abschnitt 3 I 2.

nur ein Mal im Geschäftsjahr stattfindet, stärker **immaterielle** Gesichtspunkte hervor. Versprechen sich die begünstigten Belegschaftsangehörigen in Softwareunternehmen von der Aktienbeteiligung also in erster Linie eine verstärkte Partizipation in gesellschaftsrechtlichen Angelegenheiten, finden derartige Beweggründe am ehesten ihr Äquivalent in der Gattung der **Stammaktien**. Überwiegen hingegen materiell geprägte Ziele, wie vor allem die Erwartung einer hohen Dividende, dürften die zu beteiligenden Mitarbeiter eher eine Ausgabe **stimmrechtsloser Vorzugsaktien** präferieren.

Im Hinblick auf die Festlegung der **Übertragbarkeit** der Belegschaftsaktien erweisen sich die bezüglich der Umlauffähigkeit der Papiere gehegten Zielvorstellungen der beteiligungsberechtigten Mitarbeiter von Bedeutung. In der Regel kann man davon ausgehen, daß die begünstigten Belegschaftsmitglieder eine hohe Fungibilität und unkomplizierte Form der Übertragbarkeit der Aktien anstreben und daher ceteris paribus Inhaber- gegenüber Namensaktien oftmals bevorzugen. Aus diesem Grund dürfte auch eine Vinkulierung von Namensaktien und die damit einhergehende Übereignungsbeschränkung grundsätzlich weniger in ihrem Interesse liegen. Dann jedoch, wenn z.B. ausgewählten Führungs- oder Fachkräften eine nahezu gleichrangige Position wie den bisherigen Eigentümern eingeräumt wird, mag auch diesen eine Abgeschlossenheit des Gesellschafterkreises erstrebenswert erscheinen.

Neben den Implikationen, die sich aus den Erwartungen der begünstigten Mitarbeiter für die Wahl von Aktiengattung und -art ableiten lassen, stellt sich nun die Frage, in welcher Beziehung diese Entscheidung zu den personalpolitischen und finanzwirtschaftlichen **Zielvorstellungen** der **bisherigen Eigentümer** steht. Auf Grund der Tatsache, daß die Alt-Aktionäre in mittelständischen Softwareunternehmen für gewöhnlich über die Konzeption der Belegschaftsaktien zu befinden haben, wird diese Frage entscheidend von deren Zielsetzungen, insbesondere dem erwünschten Ausmaß an Autonomie bestimmt.

Grundsätzlich wird man annehmen können, daß die **Wertpapierform** der Belegschaftsaktien, d.h. deren Verbriefung als Inhaber- oder Namenspapiere keine unmittelbare Verbindung mit der Erreichbarkeit personalpolitischer und finanzwirtschaftlicher Beweggründe einer Aktienbeteiligung in der mittelständischen Softwarebranche aufweist. Allenfalls in der Weise, daß z.B. eine Erschwerung der Übertragbarkeit der Anteile bei den begünstigten Mitarbeitern möglicherweise Mißtrauen auszulösen vermag[1] und deren Beteiligungsbereitschaft eventuell beeinträchtigt, kann man einen mittelbaren Zusammenhang zur Verwirklichung personalpolitischer Erwartungen herstellen.

---

[1] Vgl. Peterssen (1968), S. 143.

In der Literatur zur Mitarbeiterbeteiligung liegen überdies, wie bereits angedeutet, keine empirisch gesicherten Erkenntnisse darüber vor, auf welche Weise die **Gattung** der Belegschaftsaktien die Erreichbarkeit personalpolitischer Zielsetzungen beeinflußt und ob überhaupt ein derartiger Zusammenhang besteht. Ferner ist auch das Zusammenwirken von Aktiengattung und Anteilshöhe im Hinblick auf potentielle verhaltensbezogene Effekte weitgehend unerforscht geblieben. So kann z.B. die Frage, ob eine Steigerung der Leistungsbereitschaft oder Senkung der Fluktuationsrate sich eher bei einer Ausgabe von Stammaktien beispielsweise in Höhe von 5 % des Aktienvolumens oder einer Emission stimmrechtsloser Vorzugsaktien etwa in Höhe von 25 % des Grundkapitals erreichen lassen, mangels Untersuchungen in der betrieblichen Praxis nicht empirisch fundiert beantwortet werden.

Unter der Prämisse, daß eine Verbindung zwischen der Wahl der Aktiengattung und der Realisierbarkeit **personalpolitischer Beweggründe** einer Beteiligung besteht, wird man grundsätzlich sagen können, daß sowohl Stamm- als auch stimmrechtslose Vorzugsaktien den intendierten Wirkungen dann zumindest nicht entgegenstehen, wenn diese sich in das Gesamtbild der Unternehmung einfügen und den Bedürfnissen der beteiligten Mitarbeiter adäquat entsprechen. Beispielsweise kann nicht ausgeschlossen werden, daß stimmrechtslose Vorzugsaktien in einem Softwareunternehmen mit privatem personalistischen Charakter die gleichen Verhaltenswirkungen zu erzielen vermögen wie eine Ausgabe von Stammaktien in einer mittelständischen Softwareaktiengesellschaft mit offenem Gepräge. Ebenso kann z.B. eine Bindung an das Unternehmen durch eine Emission von Stammaktien bei partizipationsorientierten Belegschaftsaktionären tendenziell eher als durch stimmrechtslose Vorzugsaktien erreicht werden; bei finanzwirtschaftlich interessierten Mitarbeiteraktionären wäre das Gegenteil zu postulieren. Unter welchen Bedingungen eine Ausgabe von Stammaktien zu einer positiven Verhaltensänderung der Begünstigten führen kann, wurde in Kapitel 4 III 1.2.1. auf theoretischer Basis eingehend untersucht.

Stehen **finanzwirtschaftliche Motive**, insbesondere die Beschaffung von Eigenkapital bei der Einführung der Beteiligung in mittelständischen Softwareunternehmen im Vordergrund, kann man stimmrechtslose Vorzugsaktien gegenüber Stammaktien präferieren. Mit einer Emission von Vorzugsaktien ohne Stimmrecht läßt sich ein hohes Eigenkapitalvolumen weitgehend ohne einen Verlust an Entscheidungsmacht der Alt-Gesellschafter aufnehmen.[1] So dürfen diese Aktien maximal in Höhe des Gesamtnennbetrags der bisher vorhandenen Stammaktien ausgegeben werden.[2] Allerdings geht damit jedoch die Verpflichtung zur Leistung einer in der Regel höheren kumulativen Vorzugsdividende einher.

---

[1] Vgl. Zöllner (1985), § 139, Rdn. 2.
[2] Vgl. § 139 Abs. 2 AktG; Zöllner (1985), § 139, Rdn. 25.

In mittelständischen Softwareunternehmen sind gleichwohl personalpolitische und finanzwirtschaftliche Beweggründe der bisherigen Eigentümer für die Bestimmung der Aktiengattung nicht alleine ausschlaggebend. Vielmehr müssen diese Motive in Zusammenhang mit dem für den Mittelstand charakteristischen unternehmenspolitischen Anliegen einer **Sicherung** der **Entscheidungsautonomie** der Alt-Gesellschafter beurteilt werden. Die hohe Bedeutung des Autonomiestrebens der Eigentümer-Unternehmer im Mittelstand eröffnet gerade bei der Ausgestaltung der Gattung und Übertragbarkeit der Belegschaftsaktien mehrere Zielkonflikte.

Ein solches die bisherigen Eigentümer betreffendes Dilemma resultiert z.B. daraus, daß **personalpolitische Zielsetzungen** einer Kapitalbeteiligung teilweise eine Ausgabe von Stammaktien an die begünstigten Mitarbeiter nahelegen können, während ein ausgeprägtes Bedürfnis nach Unabhängigkeit bei der Beschlußfassung in der Hauptversammlung eine Beteiligung mit stimmrechtslosen Vorzugsaktien begünstigt. Dagegen sind derartige Zielkonflikte bei **finanzwirtschaftlichen Beweggründen** von geringerer Tragweite. Tritt z.B. bei wachsenden Softwareunternehmen ein hoher Kapitalbedarf in Kombination mit einem starken Autonomiestreben auf, läßt sich ein daraus resultierender Zielkonflikt durch eine Emission stimmrechtsloser Vorzugsaktien bis zur gesetzlichen Höchstgrenze von 50 % des Grundkapitals zumindest teilweise beseitigen.

Intergruppale Zielkonflikte, d.h. zwischen bisherigen Eigentümern und beteiligungsberechtigten Mitarbeitern treten in mittelständischen Softwarebetrieben beispielsweise dann auf, wenn die begünstigten Personen eine verstärkte Mitwirkung in gesellschaftsrechtlichen Fragen erwarten, die Alt-Anteilseigner hingegen zur Vermeidung einer unerwünschten Einflußnahme eine Beteiligung mit stimmrechtslosen Aktien präferieren. Ein ausgeprägtes Unabhängigkeitsbedürfnis der bisherigen Eigentümer kann ferner bei der Festlegung der Übertragbarkeit der Belegschaftsaktien zu Konflikten mit den Erwartungen der anspruchsberechtigten Mitarbeiter führen. Während die beteiligten Belegschaftsmitglieder infolge der höheren Umlauffähigkeit tendenziell Inhaberpapiere bevorzugen, werden aus der Sicht solcher Alt-Anteilseigner, die eine Abgeschlossenheit des Gesellschafterkreises anstreben, aus demselben Grund vinkulierte Namensaktien vorteilhafter erscheinen.

3.2. Gattung und Art der Aktien der bisherigen Eigentümer

Die Aktien der bisherigen Anteilseigner eines mittelständischen Softwareunternehmens verkörpern sowohl hinsichtlich der Ausgestaltung der verbrieften Mitgliedschaftsrechte als auch bezüglich der Übertragungsform einen wichtigen Anhaltspunkt und Bestimmungsfaktor im Rahmen der Konzeption der Belegschaftsaktien. Grundsätzlich kann man die den Mitarbeitern zugedachten Anteile in Relation zu jenen der Altgesellschafter identisch oder unterschiedlich kreieren.

Von besonderer Bedeutung für die Wahl der **Gattung** der Belegschaftsaktien erweist sich die Aktiengattung der bisherigen Anteilseigner. Dies liegt darin begründet, daß zwischen den Vermögens- und Mitverwaltungsrechten der beteiligten Mitarbeiter und jener der Altgesellschafter ein gegenläufiger Zusammenhang besteht.[1] So geht eine Besserstellung der Alt-Eigentümer bei der Verteilung der Stimmrechte notwendigerweise zu Lasten der Belegschaftsaktionäre. Werden letztere bei der Ausschüttung der Dividende bevorzugt, impliziert dies eine relative Verschlechterung der bisherigen Gesellschafter. Die Mitgliedschaftsrechte der begünstigten Belegschaftsmitglieder müssen daher in Abhängigkeit von der Gattung der Aktien der Altanteilseigner gestaltet werden.

Erhalten die begünstigten Mitarbeiter in einem mittelständischen Softwareunternehmen die **gleiche Aktiengattung** wie die bisherigen Kapitalgeber, so stehen beiden Interessengruppen die gleichen Arten von Mitgliedschaftsrechten zu. Ein abweichendes Einflußpotential resultiert dann hauptsächlich aus der unterschiedlichen Anteilshöhe am Grundkapital. Denkbar ist in diesem Sinne beispielsweise, daß die begünstigten Mitarbeiter ebenso wie die Altanteilseigner Stammaktien übernehmen. Eine solche Regelung erscheint insbesondere dann sinnvoll, wenn beide Aktionärsgruppen hinsichtlich verschiedener Kriterien, wie z.B. Qualifikation, persönliche Zielsetzungen, Alter und Interesse am Unternehmen, Gemeinsamkeiten aufweisen. Speziell in manchen mittelständischen Softwareunternehmen sind sich Eigentümerunternehmer und Beschäftigte bezüglich der genannten Kriterien ähnlich, so daß eine Emission von Stammaktien an die zu beteiligenden Mitarbeiter dort eine grundsätzlich geeignete Alternative darstellen kann.

Je stärker die Eigenschaften, Ziele und Interessen der beiden Gruppen **divergieren**, desto weniger erscheint es zweckmäßig, diese durch die gleiche Aktiengattung abzubilden. Streben manche beteiligungsberechtigten Mitarbeiter in Softwareunternehmen beispielsweise nur ein kurzfristiges Engagement an und bekunden daher an einer langfristig orientierten Gestaltung der gesellschaftsrechtlichen Grundlagen der Unternehmung nur begrenzt Interesse, kann es zweckmäßig erscheinen, diesen, im Unterschied zu den Eigentümerunternehmern, stimmrechtslose Vorzugsaktien anzubieten. Allerdings tritt immer bei einer Ausgabe unterschiedlicher Aktiengattungen die gesetzliche Notwendigkeit der Fassung von Sonderbeschlüssen ein-

[1] Demgegenüber bezeichnet Ebeling (1988), S. 97 diese Beziehung als komplementär.

zelner Gattungen auf. Im Einzelfall können die Belegschaftsaktionäre über Sonderbeschlüsse gerade bei mehreren Gattungen stimmberechtigter Aktien erheblichen Einfluß ausüben.[1]

Im Unterschied zur Aktiengattung stehen die Aktien der Mitarbeitergesellschafter und jene der bisherigen Eigentümer eines mittelständischen Softwareunternehmens hinsichtlich der **Übertragungsart** in einem weniger engen Zusammenhang. Die bisherigen Aktien bilden bei der Festlegung des Wertpapiercharakters der Belegschaftsaktien zwar einen wichtigen Orientierungspunkt, legen aber weder eine Vereinfachung noch eine Erschwerung der Übertragbarkeit der Mitarbeiteranteile zwingend nahe. Sind die Aktien der Alt-Gesellschafter z.B. als Namenspapiere verbrieft, können, etwa im Zuge eines geplanten Börsengangs oder weil man sich hiervon eine höhere Beteiligungsbereitschaft der Mitarbeiter verspricht, Inhaberaktien an die Belegschaft ausgegeben werden. Ebenso mag es in manchen mittelständischen Unternehmen der Softwarebranche sinnvoll erscheinen, an die begünstigten Mitarbeiter im Hinblick auf die Möglichkeit einer vereinfachten Einberufung der Hauptversammlung Namensaktien oder zur Vermeidung unerwünschter Aktientransaktionen vinkulierte Namensaktien zu emittieren.

Ergibt sich nach Abwägung der einzelnen Determinanten und unternehmensspezifischen Bedingungen die Notwendigkeit einer abweichenden Ausstattung der Belegschaftsaktien, empfiehlt sich, die künftigen Mitarbeiteraktionäre über die Motive einer solchen Entscheidung zu unterrichten. Sofern es dem beteiligungswilligen mittelständischen Softwarebetrieb gelingt, den begünstigten Belegschaftsmitgliedern diese Beweggründe glaubhaft zu unterbreiten und deren Verständnis zu gewinnen, läßt sich einer mißtrauischen Haltung[2] und mangelnden Beteiligungsbereitschaft der Mitarbeiter durch diese **informationspolitische Maßnahme**[3] wirksam entgegentreten.

3.3. Beteiligungsverhältnisse und personalistischer Charakter der Aktiengesellschaft

Die Wahl der **Gattung** der Belegschaftsaktien wird in mittelständischen Softwareaktiengesellschaften im Unterschied zu börsennotierten Unternehmen maßgeblich von der Eigentümerstruktur und den dort vorzufindenden Beteiligungsverhältnissen, d.h. der Anzahl der bisherigen Anteilseigner und der jeweiligen Anteilshöhe bestimmt. Diejenigen Gesichts-

---

[1] Vgl. dazu eingehend Ebeling (1988), S. 249 ff, insbesondere S. 325. So bedürfen beispielsweise alle Formen der effektiven Kapitalerhöhung eines Sonderbeschlusses jeder einzelnen stimmberechtigten Aktiengattung (§ 182 Abs. 2; § 193 Abs. 1; § 202 Abs. 2 AktG).

[2] Vgl. auch Peterssen (1968), S. 142 f.

[3] Eine derartige Informationspolitik kann nicht nur auf das passive Verständnis der Belegschaft abzielen, sondern bezweckt darüber hinaus, die begünstigten Mitarbeiter für das Vorhaben einer Kapitalbeteiligung zu gewinnen (vgl. ähnlich Gaugler (1995), Sp. 1177 f.).

punkte, die für das aus dem Stimmrecht resultierende Machtpotential der Belegschaftsaktionäre in Abhängigkeit von der Zahl der Alt-Gesellschafter von besonderer Bedeutung sind, faßt Abb. 24 im Überblick zusammen.

Danach ist die Frage, ob den begünstigten Mitarbeitern **Stammaktien** zu überlassen sind, bei mittelständischen Softwareunternehmen mit einem **einzigen** Alt-Kapitalgeber im wesentlichen unter zwei Aspekten zu beurteilen. Zum einen muß, wie die bisherigen Ausführungen gezeigt haben, analysiert werden, welchen Einfluß die Belegschaftsaktionäre, abhängig von der ihnen gewährten Anteilshöhe, eigenständig geltend machen können. Zum anderen hat man die Relevanz des Stimmrechtsausschlusses nach § 136 Abs. 1 AktG, d.h. ob der Eigentümerunternehmer ein Vorstands- oder Aufsichtsratsamt bekleidet und inwiefern sich dieser durch die genannte Vorschrift in seiner Souveränität bedroht sieht, zu prüfen.

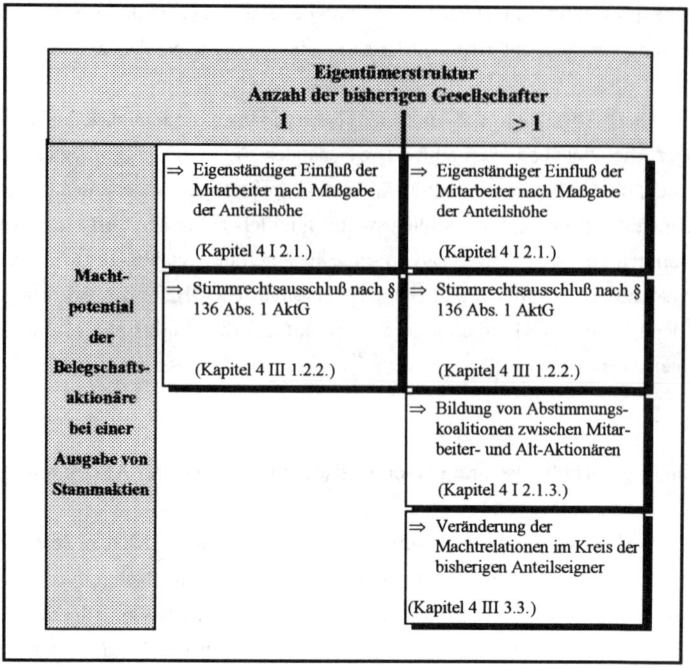

Abb. 24: Machtpotential der Belegschaftsaktionäre bei einer Ausgabe von Stammaktien in Abhängigkeit von der Eigentümerstruktur

Quelle: Eigene Darstellung.

Bei beteiligungswilligen mittelständischen Unternehmen der Softwarebranche mit **mehreren** bisherigen Anteilseignern treten zu diesen beiden zwei weitere Gesichtspunkte hinzu. Hier muß zusätzlich das Zusammenwirken von Mitarbeiteraktionären und Personen aus dem Kreis der Alt-Kapitalgeber bedacht werden. Darüber hinaus können sich von der Wahl der Gattung der Belegschaftsaktien **Rückwirkungen** auf die Machtverhältnisse **innerhalb** der Gruppe der **bisherigen Anteilseigner** ergeben. Letztgenannten Aspekt gilt es an einem Beispiel im folgenden kurz zu beleuchten.

In einer mittelständischen Softwareaktiengesellschaft verteilt sich das gesamte stimmberechtigte Aktienkapital zu jeweils 40 % auf die Anteilseigner A und B sowie zu 20 % auf C. Auf der Basis dieser Beteiligungsstruktur sind A und B zusammen in der Lage, sämtliche mit 50 % und 75 % des Grundkapitals zu fassenden Beschlüsse zu treffen und damit die Geschicke der Gesellschaft eigenständig zu lenken. Zum Zwecke einer Mitarbeiterbeteiligung sollen 10 % des Aktienkapitals als **Stammaktien** im Wege einer ordentlichen Kapitalerhöhung an die begünstigten Mitarbeiter ausgegeben werden. Nach der Beteiligung besitzen A und B jeweils 36,36 % und C 18,18 % des neuen Grundkapitals. A und B haben somit die Möglichkeit, zusammen die Drei-Viertel-Mehrheit zu formieren, und damit einen beachtlichen Teil ihres Einflusses eingebüßt. Um solche Beschlüsse zustande zu bringen, sind sie künftig darauf angewiesen, entweder C oder die Gruppe der Mitarbeitergesellschafter bzw. mindestens 2,3 % der dort liegenden Stimmen als weitere Koalitionspartner zu gewinnen.

Werden die anspruchsberechtigten Mitarbeiter dieses Softwareunternehmens anstelle von Stamm- mit **stimmrechtslosen Vorzugsaktien** beteiligt, bleiben die Machtverhältnisse und möglichen Abstimmungskoalitionen im Kreis der bisherigen Anteilseigner hiervon prinzipiell unberührt.[1] Dies beruht darauf, daß die Alt-Kapitalgeber, ungeachtet der Tatsache eines geringeren Anteils am Grundkapital der Gesellschaft, nach wie vor das gesamte stimmberechtigte Kapital repräsentieren. In jenen mittelständischen Aktiengesellschaften aus dem Softwarebereich also, in denen austarierte Abstimmungsverhältnisse vorliegen und eine Variation der den Mitarbeitern zugedachten Anteilshöhe keinen ausreichenden Nutzen verspricht, läßt sich eine Aktienbeteiligung häufig nur durch eine Ausgabe stimmrechtsloser Vorzugsaktien durchführen. Allerdings gilt es in diesem Falle zu bedenken, daß den Belegschaftsaktionären, sofern der Vorzugsbetrag nicht ordnungsgemäß geleistet wird, für die Dauer des Auflebens des Stimmrechts das gleiche Einflußpotential zusteht wie bei einer Beteiligung mit Stammaktien.

Im Rahmen der Konzeption eines Aktienbeteiligungsmodells im Mittelstand verkörpert der **personalistische Charakter** des Unternehmens einen weiteren Bestimmungsfaktor, der die Form der **Übertragbarkeit** der Belegschaftsaktien beeinflußt. Mittelständische Softwareakti-

[1] Vgl. Zöllner (1985), § 139, Rdn. 2.

engesellschaften mit einem **privaten** personalistischen Erscheinungsbild, d.h. in denen die Abgeschlossenheit der Gruppe der Anteilseigner ein bedeutendes Anliegen darstellt, werden die Übertragbarkeit von Belegschaftsaktien in der Regel zu beschränken bestrebt sein. Als einzige aktienrechtlich zulässige Maßnahme, mit der man eine unerwünschte Übertragung der Mitgliedschaft von beteiligten Mitarbeitern an Dritte wirksam verhindern kann, kommt die **Vinkulierung** von Mitarbeiternamensaktien in Betracht. Dagegen erscheinen eine Beteiligung mit Inhaberaktien oder solchen Namensaktien, deren Übertragung nicht nach § 68 Abs. 2 AktG an die Zustimmung der Gesellschaft gebunden ist, zu diesem Zweck nicht geeignet.

Neben mittelständischen Softwareunternehmen mit einem privaten Charakter lassen sich im Mittelstand und gerade in der jungen und innovativen Softwarebranche auch solche Aktiengesellschaften finden, deren Eigentümer Bereitschaft zu einer stärkeren Öffnung des Anteilseignerkreises zeigen. Planen diese Softwareunternehmen mit **offenem** personalistischem Erscheinungsbild sogar, mittelfristig den Gang an die **Börse** zu vollziehen, lassen sich aus den **Anforderungen**, denen börsennotierte Papiere genügen müssen, bestimmte Implikationen für die Wahl der Art der Belegschaftsaktien ableiten. So dürfen Namensaktien nur dann an der Börse gehandelt werden, wenn sie mit einem Blankoindossament versehen sind und damit eine inhaberpapierähnliche Austauschbarkeit und Umlauffähigkeit gewährleistet wird.[1] Auch vinkulierte Namensaktien sind zum Börsenhandel ausschließlich unter der Bedingung zugelassen, daß sie ein Blankoindossament tragen oder ihnen ein Blankoumschreibungsantrag des Verkäufers beigefügt ist.[2] Die Möglichkeit der Gesellschaft, in diesen Fällen die Zustimmung zur Übertragung von Aktien zu verweigern, kann im Vergleich zu nicht börsennotierten Unternehmen nur unter engen Voraussetzungen ausgeübt werden.[3]

Vor dem Hintergrund dieser Bedingungen erweist es sich für mittelständische Aktiengesellschaften aus dem Softwarebereich normalerweise als begrenzt sinnvoll, **Namensaktien** oder **vinkulierte Namensaktien** an der Börse zu plazieren. Dies liegt zum einen darin begründet, daß mit der erforderlichen hohen Verkehrsfähigkeit der Namensaktien voraussichtlich beachtliche Kosten für die Führung des Aktienbuchs einhergehen. Eine vereinfachte Einberufung der Hauptversammlung per eingeschriebenem Brief erscheint zwar auch bei börsennotierten Softwareunternehmen mit Namensaktien grundsätzlich möglich, doch kann sie bei einem entsprechend großen Gesellschafterkreis zu höheren Kosten führen als eine Ladung über die Gesellschaftsblätter. Schließlich ist eine nachhaltige Beeinflussung der Zusammensetzung des Aktionärskreises mittels vinkulierter Namensaktien im Falle einer Börsennotierung

---

[1] Vgl. Hefermehl/Bungeroth (1983), § 68, Rdn. 14.
[2] Vgl. Hefermehl/Bungeroth (1983), § 68, Rdn. 161.
[3] Vgl. eingehend Hefermehl/Bungeroth (1983), § 68, Rdn. 161 ff.; Brändel (1992), § 10, Rdn, 51 und die dort angegebene Literatur.

faktisch nicht gewährleistet. Auf Grund der Tatsache, daß Inhaberaktien infolge ihrer hohen Fungibilität den Anforderungen des Börsenhandels am besten entsprechen, können solche mittelständischen Unternehmen der Softwarebranche, die eine Plazierung an der Börse anstreben, auch bei einer Beteiligung der Mitarbeiter Inhaber- gegenüber Namensaktien bevorzugen.

Die angestellten Überlegungen lassen im Ergebnis erkennen, daß die bisherigen Eigentümer umso eher dazu geneigt sein werden, Belegschaftsaktien als Namenspapiere zu verbriefen und zu vinkulieren, je stärker mittelständische Softwareaktiengesellschaften durch einen privaten personalistischen Charakter gekennzeichnet sind. Ist dagegen eine stärkere Öffnung des Gesellschafterkreises und eventuell ein Gang an die Börse geplant, kann eine Beteiligung der Mitarbeiter mit Inhaberaktien sinnvoll erscheinen. Im Vergleich zu Publikumsaktiengesellschaften, die sich den Anforderungen des organisierten Eigenkapitalmarktes unterordnen müssen, verfügen mittelständische Aktiengesellschaften aus dem Softwarebereich bei der Wahl des Wertpapiercharakters der Belegschaftsaktien demgemäß über einen größeren Entscheidungsspielraum.

3.4. Kombinationsformen für ausgewählte Erscheinungsbilder mittelständischer Softwareaktiengesellschaften

Der folgende Abschnitt widmet sich schließlich der Frage, welche Kombinationsmöglichkeiten von Aktiengattung- und Übertragungsform für welche realtypischen Erscheinungsbilder mittelständischer Softwareaktiengesellschaften von Relevanz sind. Fügt man dazu die untersuchten Gattungen und Wertpapierformen zusammen, ergeben sich **sechs** mögliche **Typen** von Belegschaftsaktien (vgl. Abb. 25). Aufbauend auf den bisher entwickelten Ergebnissen der Charakterisierung dieser einzelnen Aktiengattungen und -arten sowie der Analyse ihrer Problemfelder und Determinanten sollen im folgenden **exemplarisch** Anwendungsfälle für diese Aktientypen aufgezeigt werden.

Wie aus Abb. 25 hervorgeht, führt die Ausgestaltung der Belegschaftsaktien als **Inhaber-/Stammaktien** (Kombinationsform 1) von allen betrachteten Möglichkeiten zur größtmöglichen Öffnung der Aktiengesellschaft. Dieser Typus zeichnet sich nicht nur durch eine hohe Umlauffähigkeit der Aktien aus, sondern ermöglicht den Mitarbeiteraktionären ferner, mittels einer Ausübung des Stimmrechts in der Hauptversammlung Einfluß auf die Angelegenheiten der Gesellschaft zu nehmen. Eine Ausgabe solcher Aktien im Rahmen einer Mitarbeiterbeteiligung bietet sich daher vornehmlich bei mittelständischen Softwareaktiengesellschaften mit einem offenen personalistischen Charakter an. Sie kann dann geeignet erscheinen, wenn in diesen Unternehmen ein vertrauensvolles Verhältnis zwischen Belegschaft und Unternehmensleitung besteht und eine unternehmensweite Beteiligung zur Verwirklichung des Partnerschaftsgedankens angestrebt wird. Darüber hinaus ist sie für mittelständische Softwareunternehmen, die eine Plazierung ihrer Anteile z.B. am Neuen Markt der Deutsche Börse AG planen, zweckmäßig.[1]

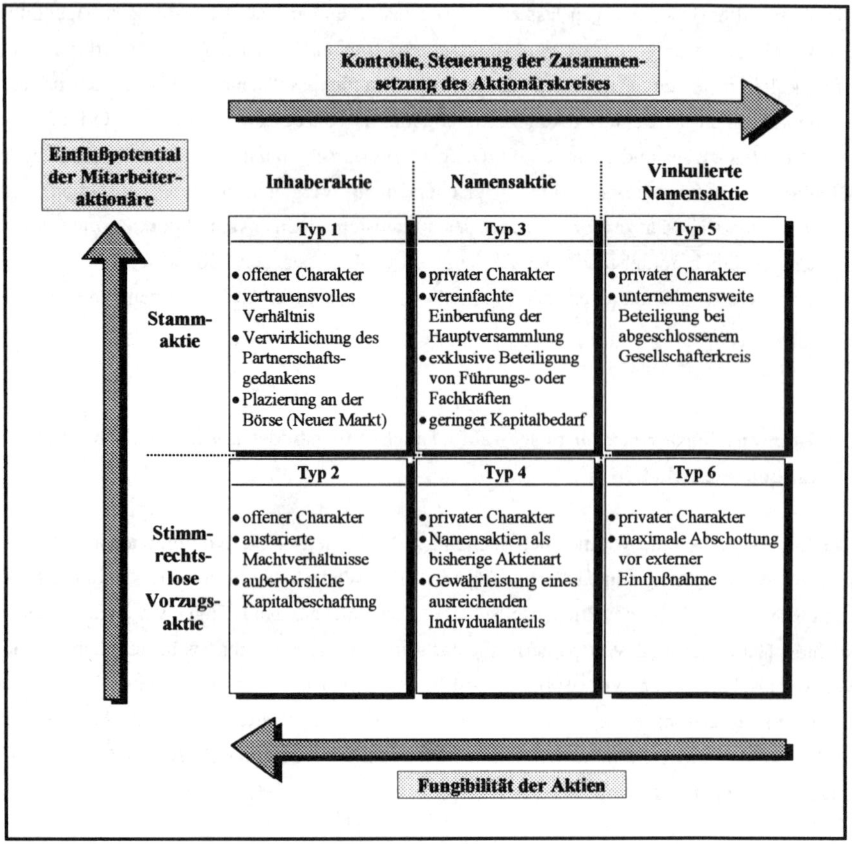

Abb. 25: Typen von Belegschaftsaktien und beispielhafte Anwendungsmöglichkeiten für mittelständische Softwareunternehmen

Quelle: Eigene Darstellung.

Eine Emission **stimmrechtsloser Vorzugsaktien**, die als **Inhaberpapiere** verbrieft sind (Kombinationsform 2), erweist sich hauptsächlich für solche mittelständischen Aktiengesellschaften aus der Softwarebranche als sinnvolle Alternative, die zwar einen offenen persona-

[1] An diesem Börsensegment sind bei der Erstemission ausschließlich Stammaktien zum Handel zugelassen (vgl. Kersting (1997), S. 224).

listischen Charakter, aber gleichzeitig austarierte Machtverhältnisse besitzen. Scheidet die Möglichkeit eines Going public vorläufig z.B. aus Kostengründen aus, kann dieser Aktientypus ferner eine außerbörsliche Beschaffung von Eigenkapital aus dem Mitarbeiterkreis bei mittelständischen Softwareunternehmen mit hohem Kapitalbedarf unterstützen.

Im Unterschied zu den Fällen 1 und 2 eignen sich die Aktientypen 3 und 4 primär für solche mittelständischen Unternehmen der Softwarebranche, die durch einen privaten personalistischen Charakter geprägt sind und eine Notierung an der Börse auf längere Sicht nicht in Erwägung ziehen. Im Wege einer Emission von Namensaktien vermögen diese von der für gewöhnlich kostengünstigeren Einberufung der Hauptversammlung mittels eingeschriebenem Brief zu profitieren. Wird in jenen Unternehmen beispielsweise eine exklusive Beteiligung ausgewählter Führungs- oder Fachkräfte bezweckt, kann dem durch eine Kombination von Namens- und Stammaktien (Fall 3) entsprochen werden. Darüber hinaus bietet sich dieser Aktientypus für private mittelständische Softwareaktiengesellschaften mit geringem Kapitalbedarf an. Aktien vom Typ 4 erscheinen z.B. dann zur Mitarbeiterkapitalbeteiligung geeignet, wenn die bisherigen Eigentümer ebenfalls Namensaktien besitzen und sich ein ausreichend hoher individueller Kapitalanteil für eine unternehmensweite Beteiligung mit Stammaktien als Aktiengattung nicht gewährleisten läßt.

Eine Vinkulierung von Namensaktien ist von wenigen Fällen, in denen diese Übertragungsform zwingend auferlegt wird, abgesehen, nur für solche mittelständischen Softwareunternehmen interessant, in denen die Abgeschlossenheit des Gesellschafterkreises als Zielsetzung einen hohen Stellenwert einnimmt. Kombiniert mit Stammaktien (Fall 5) kann z.B. auch bei einer unternehmensweiten Beteiligung sichergestellt werden, daß die Regelung der gesellschaftsrechtlichen Angelegenheiten ausschließlich den bisherigen Eigentümern und den beteiligten Mitarbeitern obliegt. Eine Ausgabe von Aktien vom Typ 6 kommt schließlich denjenigen mittelständischen Softwareunternehmen, wie z.B. Familienaktiengesellschaften, zugute, die durch einen ausgeprägten privaten personalistischen Charakter gekennzeichnet sind und sowohl die Zusammensetzung des Aktionärskreises steuern als auch das gesamte stimmberechtigte Kapital in eigenen Händen halten wollen. Ist man vor diesem Hintergrund auf eine Aufnahme von Eigenkapital angewiesen oder will man von möglichen leistungswirtschaftlichen Effekten einer Mitarbeiterkapitalbeteiligung Nutzen ziehen, läßt sich dieser Zielkonflikt durch eine Emission stimmrechtsloser Vorzugsaktien, die als Namensaktien verbrieft und vinkuliert sind, entschärfen. Damit verkörpern Belegschaftsaktien vom Typ 6, welche die größtmögliche aktienrechtliche Abschottung der Unternehmung vor einer Einflußnahme außerhalb des Kreises der bisherigen Eigentümer gewährleisten, den Gegenpol zur Form Nr. 1.

Die im Rahmen dieses Abschnitts aufgezeigten Anwendungsfälle der beschriebenen sechs Aktientypen vermögen nur einen kleinen Ausschnitt der vielfältigen Erscheinungsbilder mittelständischer Softwareaktiengesellschaften widerzuspiegeln. Zudem läßt sich erkennen, daß die Positionierung mancher dieser Beispiele keineswegs eindeutig und überschneidungsfrei ist. Eine andersartige Gewichtung der relevanten Faktoren oder eine Hinzuziehung weiterer Entscheidungsmerkmale kann zu einer anderen als der hier vorgestellten Zuordnung von Aktien- und Unternehmenstypus führen. Wie auch die Bemessung der den Mitarbeitern angebotenen Anteilshöhe und die Auswahl des begünstigten Personenkreises wird die Wahl von Aktienart und -gattung von den spezifischen Bedingungen und Zielen sowie der subjektiven Bewertung solcher Faktoren durch die bisherigen Eigentümer im Einzelfall bestimmt sein.

Teil 5. Kernaussagen zur Ausgabe von Belegschaftsaktien in einer mittelständischen Aktiengesellschaft

Anlaß für die vorliegende Untersuchung war das Inkrafttreten des Gesetzes für kleine Aktiengesellschaften und zur Deregulierung des Aktienrechts. Vor dem Hintergrund der neuen Rechtslage bestand die Zielsetzung der Arbeit darin, zu prüfen, inwieweit die Rechtsform der Aktiengesellschaft für mittelständische Betriebe, speziell Softwareunternehmen unter dem Aspekt einer Ausgabe von Belegschaftsaktien attraktiv erscheinen kann. Diese Frage wurde schwerpunktmäßig unter zwei Aspekten untersucht. Zum einen galt es zu ergründen, welche Motive in mittelständischen Softwareunternehmen für die Einführung einer Aktienbeteiligung verantwortlich zeichnen und ob diese tendenziell erreichbar sind. Zum anderen wurden zentrale Problemfelder bei der Gestaltung eines Beteiligungsmodells, und zwar die Bemessung des sachlichen Beteiligungsumfangs, die Auswahl der zu beteiligenden Mitarbeiter sowie die Festlegung von Gattung und Wertpapierform der Belegschaftsaktien analysiert. Besondere Beachtung war dabei der Frage gewidmet, in welchem Zusammenhang die Beteiligungsmotive und deren Erreichbarkeit mit diesen Elementen der Modellgestaltung stehen. Die wichtigsten der dabei gewonnenen Erkenntnisse kann man nun thesenartig wie folgt zusammenfassen.

A. Mit der Einführung einer Aktienbeteiligung können in mittelständischen Softwareunternehmen primär **personalpolitische Motive**, wie z.B. die Verbesserung der Identifikation und Integration der Mitarbeiter sowie die Erhöhung der Leistungsbereitschaft und Bindung der Begünstigten an die Unternehmung verfolgt werden. Auf theoretischer Basis läßt sich zeigen, daß das Instrument der Belegschaftsaktie prinzipiell geeignet erscheint, diese Zielsetzungen zumindest teilweise zu erreichen. Insbesondere ist dabei zu erwarten, daß sich Motivationseffekte im Mittelstand und speziell in der Softwarebranche bei geeigneter Modellgestaltung tendenziell in höherem Ausmaß als in Großunternehmen einstellen.

B. Angesichts der eingeschränkten Finanzierungsmöglichkeiten mittelständischer Softwareunternehmen ist ein weiteres potentielles Anliegen einer Emission von Belegschaftsaktien vor allem in der **Aufnahme** von **Eigenkapital** zu sehen. Für den modellhaften Fall eines vollständig durch Eigenleistungen der Mitarbeiter finanzierten Aktienerwerbs konnte gezeigt werden, daß eine Aktienbeteiligung gerade bei mittelständischen Softwareunternehmen eine ökonomisch sinnvolle Alternative zur Beteiligungsfinanzierung über unternehmensexterne Investoren darstellen kann. Die Rechtsform der Aktiengesellschaft dürfte daher nicht zuletzt als Voraussetzung für eine Ausgabe von Belegschaftaktien für mittelständische Softwareunternehmen mit hohem Bedarf an Eigenkapital attraktiv erscheinen. Allerdings wird man selbst bei kapitalsuchenden Unternehmen, deren Aktienbeteiligungsmodelle wesentlich auf Eigenleistungen der Mitarbeiter aufbauen, zur Gewährleistung der gewünschten Beteiligungsbereitschaft vielfach nicht gänzlich auf betriebliche Zuwendungen, z.B. in Form eines Kursabschlags, verzichten können.

C. Eine **unternehmensseitige Finanzierung** des Aktienerwerbs mittels einer Gewinnbeteiligung hat ihre ursprüngliche Attraktivität gegenüber einer Gewinnthesaurierung angesichts der veränderten gesetzlichen und steuerlichen Rahmenbedingungen mittlerweile weitgehend eingebüßt. In mittelständischen Softwareaktiengesellschaften vermag eine investive Gewinnbeteiligung der Mitarbeiter nur bei einer Neuemission der Belegschaftsaktien und selbst unter Nutzung staatlicher Fördermaßnahmen, wie z.B. nach § 19a EStG, den Bestand an liquiden Mitteln und Eigenkapital normalerweise nur in engen Grenzen zu erhöhen.

D. Auf die **Vermögensposition** der **bisherigen Eigentümer** wirkt sich eine **investive Gewinnbeteiligung** gegenüber einer Gewinnthesaurierung, zumindest kurzfristig betrachtet, negativ aus. Dieser Effekt beruht zum einen darauf, daß die Alt-Aktionäre mit der Einführung einer Gewinnbeteiligung ihre Verfügungsrechte an dem Teil des Gewinns, der für die Belegschaft bestimmt ist, den Mitarbeitern überlassen und dieser Betrag für eine Ausschüttung an die bisherigen Anteilseigner oder für eine Thesaurierung nicht mehr zur Verfügung steht. Werden die Belegschaftsaktien außerdem im Wege einer effektiven Kapitalerhöhung emittiert, resultiert eine relative finanzielle Benachteiligung der bisherigen Anteilseigner zum anderen aus dem Ausschluß des Bezugsrechts.

E. Mit der Festlegung des den begünstigten Mitarbeitern insgesamt angebotenen **Anteils** am **Grundkapital** der Gesellschaft wird die Gesamtheit der aktienrechtlichen Vermögensrechte und kapitalbezogenen Mitverwaltungsrechte zwischen der Gruppe der bisherigen Eigentümer eines beteiligungswilligen mittelständischen Softwareunternehmens und jener der künftigen Belegschaftsaktionäre verteilt. Das Ausmaß, in dem die Mitarbeiteraktionäre Einfluß auf die Regelung der gesellschaftsrechtlichen Belange in der Hauptversammlung nehmen können, bestimmt sich wesentlich durch das Zusammenwirken von der Höhe ihres Aktienbesitzes und der Gattung der Belegschaftsaktien.

F. Für der Bemessung des sachlichen Beteiligungsumfangs sind bei mittelständischen Softwareunternehmen im Hinblick auf die Stimmrechtsausübung insbesondere die Sperrminorität von 25 % des Grundkapitals sowie in Ausnahmefällen eine **Kapitalquote** von 50 % von Bedeutung. Daneben gilt es in diesem Zusammenhang auch bei einer Vergabe stimmrechtsloser Vorzugsaktien, die an 5 und 10 % des Grundkapitals geknüpften Minderheitenrechte zu beachten.

G. In expandierenden mittelständischen Softwareunternehmen hat man zur Einbindung neuer Mitarbeiter eine ausreichende **Flexibilität** des Beteiligungsmodells durch geeignete Maßnahmen zu gewährleisten. Die Entscheidung über die Anteilshöhe der Mitarbeiteraktionäre wird neben der Gattung der Belegschaftsaktien wesentlich von den mit einer Beteiligung verfolgten Zielen sowie der vorhandenen Verteilungsmasse beeinflußt.

H. Die **Auswahl** der zu beteiligenden **Mitarbeiter** ist in mittelständischen Softwareunternehmen unter besonderer Beachtung von Akzeptanzgesichtspunkten zu treffen; der arbeitsrechtliche Grundsatz der Gleichbehandlung ist dabei nur begrenzt relevant. Im Vergleich zu großen, börsennotierten Unternehmen dürften persönlichkeitsbezogene Kriterien im Rahmen der Abgrenzung des anspruchsberechtigten Personenkreises zumindest bei mittelständischen Softwareaktiengesellschaften mit privatem personalistischem Erscheinungsbild an Bedeutung gewinnen.

I. Praktische Relevanz besitzt eine **unternehmensweite** Aktienbeteiligung vornehmlich in expandierenden mittelständischen Unternehmen der Softwarebranche mit offenem Charakter. Eine **gezielte Beteiligung** ausgewählter Führungs- oder Fachkräfte erscheint demgegenüber vor allem zur Aufnahme eines Teilhabers, bei geringem Kapitalbedarf oder als Vorstufe einer unternehmensweiten Ausgabe von Belegschaftsaktien sinnvoll. Bei manchen Softwareunternehmen mit privater Prägung wird sie für die bisherigen Eigentümer vermutlich die einzig vorstellbare Möglichkeit einer Mitarbeiterkapitalbeteiligung darstellen.

J. Im Rahmen der Festlegung der **Gattung** der **Belegschaftsaktien** bietet das Aktienrecht mittelständischen Unternehmen aus dem Softwarebereich ein breites Spektrum an Möglichkeiten zur Ausgestaltung der vermögensrechtlichen Mitgliedschaftsbefugnisse. Dagegen ist das Stimmrecht nur in gewissen aktienrechtlich normierten Grenzen disponibel.

K. Eine Beteiligung der Mitarbeiter mit **Stammaktien** kann nach Maßgabe der gewährten Anteilshöhe und vorhandenen Beteiligungsverhältnisse zu einer gravierenden Einschränkung der Entscheidungsautonomie der bisherigen Eigentümer bei der Beschlußfassung in der Hauptversammlung führen. Problematisch erscheint in mittelständischen Softwareaktiengesellschaften dabei außerdem die Regelung des Stimmrechtsausschlusses nach § 136 Abs. 1 AktG. Durch eine Ausgabe **stimmrechtsloser Vorzugsaktien** an die begünstigten Mitarbeiter lassen sich die Machtstruktur im Kreis der Alt-Anteilseigner mittelständischer

Unternehmen und deren Einfluß auf die Willensbildung in der Hauptversammlung, zumindest solange der Vorzugsbetrag ordnungsgemäß geleistet wird, weitgehend aufrecht erhalten.

L. Infolge der Deregulierung des Aktienrechts kann sich eine **Verbriefung** der Belegschaftsaktien in Form von Namenspapieren in mittelständischen Softwareunternehmen als kostengünstiger als eine Ausgabe von Inhaberpapieren erweisen. Mit der Möglichkeit einer Vinkulierung von Namensaktien bietet das Aktienrecht mittelständischen Unternehmen aus dem Softwarebereich ein breitgefächertes und flexibles Instrumentarium, mit Hilfe dessen man eine unerwünschte Erweiterung des Anteilseignerkreises auch im Falle einer Mitarbeiterbeteiligung wirksam verhindern kann. Andere statutarische oder schuldrechtliche Vereinbarungen mit den begünstigten Mitarbeitern, wie z.B. Anbietungspflichten, Vorkaufsrechte oder betriebliche Veräußerungssperren, vermögen eine Vinkulierung nicht zu ersetzen. Die Festlegung von Gattung und Wertpapiercharakter der Belegschaftsaktien wird maßgeblich von den Zielen der Beteiligung, der Gattung und Art der bisherigen Aktien sowie den Beteiligungsverhältnissen und dem personalistischen Charakter der mittelständischen Softwareaktiengesellschaft bestimmt.

M. Es wird insgesamt ersichtlich, daß die **Aktiengesellschaft** als **Rechtsform** für mittelständische Softwareunternehmen, insbesondere aus Imagegründen, zur Durchführung einer Mitarbeiterkapitalbeteiligung und Aufnahme von Eigenkapital vorteilhaft erscheinen und für manche Betriebe eine denkbare Alternative zur GmbH darstellen kann. Die ihr anhaftenden Nachteile, wie z.B. eine hohe Regelungsdichte und Satzungsstrenge sowie die kostenintensive Handhabung konnten durch das Gesetz für kleine Aktiengesellschaften und zur Deregulierung des Aktienrechts jedoch nur partiell entschärft werden. Welche dieser Seiten schließlich überwiegt, wird im Einzelfall zu prüfen sein. Allerdings läßt sich gerade in der Softwarebranche in jüngster Zeit erkennen, daß immer mehr Unternehmen die genannten Vorteile höher gewichten und die Aktiengesellschaft als Rechtsform wählen.[1]

Ein Bedarf an **weiterführenden Forschungsarbeiten** zur Aktienbeteiligung in mittelständischen Softwareunternehmen besteht insbesondere hinsichtlich weiterer Bausteine der Gestaltung eines Beteiligungsmodells. Beispielhaft sind hier die Ausgabetechnik der Belegschaftsaktien, die Einführung einer betrieblichen Veräußerungssperre, die Errichtung einer innerbetrieblichen Mitarbeiterbörse sowie die Bewertung der Aktien zu nennen. Darüber hinaus gälte es zu klären, inwieweit sich die speziellen Rahmenbedingungen anderer Wirtschaftszweige als

---

[1] Vgl. o.V. (1996-a-), S. 64.

der Softwarebranche auf die Modellgestaltung und die Erreichbarkeit der mit einer Aktienbeteiligung verfolgten Ziele auswirken.

Die **Wahl** der **Rechtsform** für ein Unternehmen als Entscheidungsproblem wird von einer Vielzahl von Faktoren, wie z.B. Besteuerung, Formalia und Satzungsstrenge, Fungibilität der Anteile, Zugang zum organisierten Kapitalmarkt, Image, Publizität, Organ- und Führungsstruktur, bestimmt, die jeweils für sich genommen geprüft und gegeneinander abgewogen werden müssen. Von Interesse ist daher unter anderem, in empirischer Forschungsarbeit zu ermitteln, welchen Stellenwert die Möglichkeit einer Ausgabe von Belegschaftsaktien innerhalb der Entscheidung mittelständischer Softwareunternehmen, die Rechtsform der Aktiengesellschaft zu wählen, einnimmt. Es bleibt zu hoffen, daß die im Rahmen dieser Arbeit gewonnenen Erkenntnisse nicht nur eine Anregung und Diskussionsgrundlage für die künftige wissenschaftliche Erforschung dieser Problematik bilden, sondern darüber hinaus auch manche mittelständische Unternehmen dazu animieren, sich mit der Rechtsform der Aktiengesellschaft und dem Instrument der Belegschaftsaktie auseinanderzusetzen.

Literaturverzeichnis

Ackermann, K.-F., Blumenstock, H. (1993), Personalmanagement in mittelständischen Unternehmen - Neubewertung und Weiterentwicklungsmöglichkeiten im Lichte neuerer Forschungsergebnisse, in: Ackermann, K.-F., Blumenstock, H. (Hrsg.): Personalmanagement in mittelständischen Unternehmen, Stuttgart 1993, S. 3-69.

Ackermann, K.-F., Speck, P. (1983), Prüfende und beratende Berufe als Sprungbrett für das Management, in: Betriebswirtschaftliche Forschung und Praxis, 35. Jg. (1983), Nr. 5, S. 377-401.

Ahrens, H. (1989), Zur Führungsstruktur in Familienunternehmen, in: Zeitschrift Führung und Organisation, 58. Jg. (1989), Nr. 4, S. 256-257.

Albach, H. (1984), Referat, in: Ständige Deputation des Deutschen Juristentages (Hrsg.): Verhandlungen des 55. Deutschen Juristentages - Welche Maßnahmen empfehlen sich, insbesondere im Gesellschafts- und Kapitalmarktrecht, um die Eigenkapitalausstattung der Unternehmen langfristig zu verbessern?, Bd. II (Sitzungsberichte), Teil K, München 1984, S. K9-K37.

Albach, H. (1989), Organisatorische Regelungen zur Bewältigung von Führungskrisen und Finanzierungskrisen - Zur Reform des Aktiengesetzes, in: Albach, H. (Hrsg.): Organisation. Mikroökonomische Theorie und ihre Anwendungen, Wiesbaden 1989, S. 337-341.

Albach, H. (1995), Finanzierungspolitik mittelständischer Unternehmen, in: Gerke, W., Steiner, M. (Hrsg.): Handwörterbuch des Bank- und Finanzwesens, 2., überarb. u. erw. Aufl., Stuttgart 1995, Sp. 673-681.

Albach, H., Bock, K., Warnke, T. (1985), Kritische Wachstumsschwellen in der Unternehmensentwicklung, Stuttgart 1985.

Albach, H., Corte, C., Friedewald, R., Lutter, M., Richter, W. (1988), Deregulierung des Aktienrechts: Das Drei-Stufen-Modell, Gütersloh 1988.

Albach, H., Freund, W. (1989), Generationswechsel und Unternehmenskontinuität - Chancen, Risiken, Maßnahmen. Eine empirische Untersuchung bei mittelständischen Unternehmen, Gütersloh 1989.

Albrecht, P. (1992), Zur Quantifizierung des Investment-Risikos auf Basis der Konfidenz von Mindestrenditen, Mannheimer Manuskripte zu Versicherungsbetriebslehre, Finanzmanagement und Risikotheorie, Nr. 52, Mannheim 1992.

Alewell, K. (1974), Break-Even-Analyse, in: Marketing-Enzyklopädie, Bd. 1, München 1974, S. 305-317.

Alof, W. (1963), Der Kleinaktionär, Diss., Köln 1963.

Amann, K. (1977), Auswirkungen einer Erfolgsbeteiligung der Belegschaft auf die Unternehmensfinanzierung, Frankfurt 1977.

Ammon, L., Görlitz, S. (1995), Die kleine Aktiengesellschaft: Recht, Steuer, Bielefeld 1995.

Andruszko, P. (1987), Das Mitarbeiterbeteiligungsmodell als Basis gesteigerter Arbeitszufriedenheit, in: Personal, Personal Report, 39. Jg. (1987), S. 28-31.

Angermann, T. (1990), Unternehmensnachfolge, in: Pfohl, H.-C. (Hrsg.): Betriebswirtschaftslehre der Mittel- und Kleinbetriebe, 2., neubearb. Aufl., Berlin 1990, S. 413-424.

Antoni, M., Arnold, U. (1986), Vermögensbeteiligung: Wirkungsbeziehungen von Vermögensbeteiligungsmodellen in Unternehmen, in: Die Unternehmung, 40. Jg. (1986), Nr. 3, S. 211-226.

Arbeitsgemeinschaft zur Förderung der Partnerschaft in der Wirtschaft e. V. (AGP) (1990), Stellungnahme der Arbeitsgemeinschaft zur Förderung der Partnerschaft in der Wirtschaft (AGP) zu den Ergebnissen einer repräsentativen Meinungsumfrage des Instituts für Demoskopie Allensbach, in: Ministerium für Arbeit, Gesundheit, Familie und Sozialordnung Baden-Württemberg (Hrsg.): Beteiligung am Produktivkapital - Eine Umfrage, Stuttgart 1990, S. 7-51.

Arnold, W. (1989), Finanzierungsziele, Frankfurt/Main 1989.

Assmann, H.-D. (1992), Einleitung, in: Hopt, K.J., Wiedemann, H. (Hrsg.): Großkommentar Aktiengesetz, 4., neubearb. Aufl., 1. Lieferung, Berlin 1992.

Baaken, T., Launen, M. (1993), Software-Marketing, München 1993.

Baillod, J., Semmer, N. (1994), Fluktuation und Berufsverläufe bei Computerfachleuten, in: Zeitschrift für Arbeits- und Organisationspsychologie, 38. Jg. (N.F. 12. Jg.) (1994), Nr. 4, S. 152-163.

Ball, H. (1986), Kapitalbeteiligung der Mitarbeiter, in: Schlotter, H.G. (Hrsg.): Modelle und Perspektiven der Mitarbeiterbeteiligung, Krefeld 1986, S. 5-29.

Barz, C.H. (1973-a-), in: Barz, C.H., Brönner, H., Klug, U. u.a. (Hrsg.): Aktiengesetz Großkommentar Bd. 1, 1. Halbband, §§ 1-75 AktG, 3., neubearb. Aufl., Berlin, New York 1973.

Barz, C.H. (1973-b-), in: Barz, C.H., Brönner, H., Klug, U. u.a. (Hrsg.): Aktiengesetz Großkommentar Bd. 1, 2. Halbband, §§ 76 -147 AktG, 3., neubearb. Aufl., Berlin, New York 1973.

Baus, J. (1978), Die Belegschaftsaktie im Lichte der betrieblichen Personalpolitik, Bochum 1978.

Berger, M. (1993), Management Buy-Out und Mitarbeiterbeteiligung. Finanzwirtschaftliche Analyse von Konzepten zur Übernahme von Unternehmen durch Management und Belegschaft, Köln 1993.

Berkel, K. (1992), Interpersonelle Konflikte, in: Gaugler, E., Weber, W. (Hrsg.): Handwörterbuch des Personalwesens, 2. Aufl., Stuttgart 1992, Sp. 1085-1094.

Bezzenberger, T. (1991), Vorzugsaktien ohne Stimmrecht, Köln u.a. 1991.

Blanke, G. (1994), Private Aktiengesellschaft und Deregulierung des Aktienrechts, in: Betriebs-Berater, 49. Jg. (1994), Nr. 22, S. 1505-1512.

Born, A. (1992), Beratungsunternehmung, Organisation der, in: Frese, E. (Hrsg.), Handwörterbuch der Organisation, 3., völlig neu gest. Aufl., Stuttgart 1992, Sp. 329-340.

Bögel, R. (1988), Das Konzept des Betriebs- bzw. Organisationsklimas und seine Anwendung in der betrieblichen Praxis, in: Zeitschrift für Personalforschung, 2. Jg. (1988), Nr. 4, S. 275-284.

Böhnisch, W. (1992), Teilnahmeentscheidung, in: Gaugler, E., Weber, W. (Hrsg.): Handwörterbuch des Personalwesens, 2. Aufl., Stuttgart 1992, Sp. 2192-2202-

Boes, A., Baukrowitz, A., Eckhardt, B. (1995), Herausforderung „Informationsgesellschaft" - Die Aus- und Weiterbildung von IT-Fachkräften vor einer konzeptionellen Neuorientierung, in: Bolte, K.M., u.a. (Hrsg.): Mitteilungen aus der Arbeitsmarkt- und Berufsforschung, 28. Jg. (1995), Nr. 2, S. 239-251.

Boß, C., Roth, V. (1993), Die Zukunft der DV-Berufe, Opladen 1993.

Bradley, M. D., Smith, S. C. (1991), Firm Size and the Effect of Profit Sharing, Department of Economics, George Washington University, 1991.

Brändel, O.C. (1992), in: Hopt, K.J., Wiedemann, H. (Hrsg.): Großkommentar Aktiengesetz, 2. Lieferung: §§ 1-14, 4., neubearb. u. erw. Aufl., Berlin, New York 1992.

Braun, G.E. (1982), Organisation, in: Pfohl, H.-C. (Hrsg.): Betriebswirtschaftslehre der Mittel- und Kleinbetriebe, Berlin 1982, S. 164-190.

Brodbeck, F.C. (1994), Software-Entwicklung: Ein Tätigkeitsspektrum mit vielfältigen Kommunikations- und Lernanforderungen, in: Brodbeck, F.C., Frese, M. (Hrsg.): Produktivität und Qualität in Software-Projekten, München 1994, S. 13-34.

Brose, P., Corsten, H. (1983), Partizipation in der Unternehmung, München 1983.

Brügelmann, R., Fuest, W. (1996), Einkommensteuern im internationalen Vergleich, in: iw-trends, 23. Jg. (1996), Nr. 3, S. 19-31.

Brunswig, R. (1977), Die Beeinflussung der Kreditwürdigkeit eines Unternehmens durch die Beteiligung der Mitarbeiter, in: Schneider, H.J. (Hrsg.): Handbuch der Mitarbeiter-Kapitalbeteiligung, Köln 1977, S. 321-333.

Buschmann, E., Frerk, G., Neugebauer, U., Otremba, G., Schwuchow, W., Sippel, F. (1989), Der Software-Markt in der Bundesrepublik Deutschland, Sankt Augustin 1989.

Campbell, T.S. (1979), Optimal Investment Financing Decisions and the Value of Confidentialty, in: Journal of Financial and Quantitative Analysis, 14. Jg. (1979), S. 913-924.

Castan, E. (1975), Belegschaftsaktien, in: Gaugler, E. (Hrsg.): Handwörterbuch des Personalwesens, Stuttgart 1975, Sp. 529-536.

Chmielewicz, K. (1993), Unternehmensverfassung, in: Wittmann, W. u.a. (Hrsg.): Handwörterbuch der Betriebswirtschaft, 5., völlig neu gest. Aufl., Stuttgart 1993, Sp. 4399-4417.

Chmielewicz, K. (1995), Gesetzesentwurf für private oder kleine Aktiengesellschaften, in: Die Betriebswirtschaft, 55. Jg. (1995), Nr. 1, S. 21-30.

Claussen, C.P. (1991), Die Mittelstands-Aktiengesellschaft, in: Die Betriebswirtschaft, 51. Jg. (1991), Nr. 2, S. 183-194.

Claussen, C.P. (1995), Die vier aktienrechtlichen Änderungsgesetze des 12. Deutschen Bundestages - Reform oder Aktionismus, in: Die Aktiengesellschaft, 40. Jg. (1995), Nr. 4, S. 163-172.

Coser, L.A. (1972), Theorie sozialer Konflikte, Neuwied, Berlin 1972.

Darrough, M.N., Stoughton, N.M. (1986), Moral Hazard and Adverse Selection: The Question of Financial Structure, in: The Journal of Finance, 41. Jg. (1986), Nr. 2, S. 501-513.

Deutsche Bundesbank (Hrsg.) (1997), Kapitalmarktstatistik April 1997, Statistisches Beiheft zum Monatsbericht 2, Frankfurt/Main 1997.

Dincher, R. (1992), Fluktuation, in: Gaugler, E., Weber, W. (Hrsg.), Handwörterbuch des Personalwesens, 2. Aufl., Stuttgart 1992, Sp. 873-883.

Domsch, M.E. (1994), Fachlaufbahn - ein Beitrag zur Flexibilisierung und Mitarbeiterorientierung der Personalentwicklung, in: Domsch, M.E., Siemers, S.H.A. (Hrsg.): Fachlaufbahnen, Heidelberg 1994, S. 3-21.

Domsch, M.E., Krüger-Basener, M. (1995), Mobilität und Fluktuation von Führungskräften, in: Kieser, A. (Hrsg.): Handwörterbuch der Führung, 2., neugest. Aufl., Stuttgart 1995, Sp. 1565-1578.

Dostal, W. (1995), Berufsbilder in der Informatik, in: Informatik Spektrum, 18. Jg. (1995), S. 152-162.

Drechsler, W. (1993-a-), Modellrechnungen, in: Guski, H.-G., Schneider, H.J. (Hrsg.): Mitarbeiter-Beteiligung MAB, Handbuch für die Praxis, Neuwied 1993, Gruppe 3400, S. 1-16.

Drechsler, W. (1993-b-), Belegschaftsaktien, in: Guski, H.-G., Schneider, H.J. (Hrsg.): Mitarbeiter-Beteiligung MAB, Handbuch für die Praxis, Neuwied 1993, Gruppe 6240, S. 1-11.

Drünkler, W. (1982), Finanzierung, in: Pfohl, H.-C. (Hrsg.): Betriebswirtschaftslehre der Mittel- und Kleinbetriebe, Berlin 1982, S. 191-224.

Drukarczyk, J. (1986), Finanzierung, 3. Aufl., Stuttgart 1986.

Drukarczyk, J, Schwetzler, B. (1990), Mitarbeiterbeteiligung und Unternehmensfinanzierung, in: Der Betrieb, 43. Jg. (1990), Nr. 36, S. 1777-1783.

Dubbert, M. (1990), Personalwesen, in: Pfohl, H.-C. (Hrsg.): Betriebswirtschaftslehre der Mittel- und Kleinbetriebe, 2. Aufl., Berlin 1990, S. 96-128.

Ebeling, R.M. (1988), Beteiligungsfinanzierung personenbezogener Unternehmungen: Aktien und Genußscheine, Wiesbaden 1988.

Eckardt, U. (1973), in: Geßler, E., Hefermehl, W., u.a. (Hrsg.): Aktiengesetz, Kommentar, Bd. 1, §§ 1-75 AktG, 1. Lieferung 1973, München 1984.

Eckardt, U. (1974), in: Geßler, E., Hefermehl, W., u.a. (Hrsg.): Aktiengesetz, Kommentar, Bd. 2, §§ 76-147 AktG, 5. Lieferung 1974, München 1974.

Eichele, H. (1971), Forschungsbericht über Belegschaftsaktien, München 1971.

Endruweit, G. (1992), Arbeitnehmer, in: Gaugler, E., Weber, W. (Hrsg.): Handwörterbuch des Personalwesens, 2. Aufl., Stuttgart 1992, Sp. 190-202.

Esser, K. (1977), Arbeitsrechtliche Probleme der Mitarbeiter-Beteiligung, in: Schneider, H.J. (Hrsg.): Handbuch der Mitarbeiter-Kapitalbeteiligung, Köln 1977, S. 199-212.

Esser, K. (1977-b-), Möglichkeit des Steuerstundungs-Effektes durch Verschiebung des Zuflusses von investiven Erfolgsbeteiligungen bei den Mitarbeitern, in: Schneider, H.J. (Hrsg.): Handbuch der Mitarbeiter-Kapitalbeteiligung, Köln 1977, S. 270-286.

Esser, K., Faltlhauser, K. (1974), Beteiligungsmodelle, München 1974.

Falckenthal, A. (1921), Die Beteiligung der Arbeitnehmer am Ertrage wirtschaftlicher Unternehmungen mit besonderer Berücksichtigung der sog. Gewinnbeteiligung und der Kleinaktie, Diss., Greifswald 1921.

Faßbender, S. (1957), Die Führungskräfte im Unternehmen, Essen 1957.

Feyhl, A.W., Feyhl, E. (1996), Management und Controlling von Softwareprojekten, Wiesbaden 1996.

Fischer, H., Niesler, A., Gloede, K. (1991), Management-Buy Out und Mitarbeiterbeteiligung, Potsdam 1991.

FitzRoy, F. R./Kraft, K. (1985), Mitarbeiterbeteiligung und Produktivität: Eine ökonometrische Untersuchung, in: ZfB, 55. Jg. (1985), Nr. 1, S. 21-36.

Fohrmann, A. (1982), Der Arbeitnehmer als Gesellschafter, Köln, Berlin u.a. 1982.

Forst, M. (1992), Management Buy-out und Buy-in als Form der Übernahme mittelständischer Unternehmen, Stuttgart 1992.

Friedewald, R. (1991), Die personalistische Aktiengesellschaft, Köln u.a. 1991.

Fritsch, S. (1994), Differentielle Personalpolitik: Eignung zielgruppenspezifischer Weiterbildung für ältere Arbeitnehmer, Wiesbaden 1994.

Fritsch, U. (1978), Mehr Unternehmen an die Börse: Bedeutung und Möglichkeiten der Publikums-Aktiengesellschaft, Köln 1978.

Gail, K., Frese, M. (1994), Positive Gefühle in der Arbeit, in: Brodbeck, F.C., Frese, M. (Hrsg.): Produktivität und Qualität in Software-Projekten, München 1994, S. 87-101.

Gaugler, E. (1966), Instanzenbildung als Problem der betrieblichen Führungsorganisation, Berlin 1966.

Gaugler, E. (1967), Belegschaftsaktien in betriebswirtschaftlicher und sozialpolitischer Sicht, in: Zeitschrift für Betriebswirtschaft, 37. Jg. (1967), Nr. 12, S. 741-758.

Gaugler, E. (1981), Auswirkungen der Mitarbeiterbeteiligung auf die Investitionsneigung der Altkapitalgeber, in: Lezius, M. (Hrsg.): Vermögenspolitik bei Nullwachstum - Wende in der Lohnpolitik? Frankfurt/Main 1981, S. 129-142.

Gaugler, E. (1982), Neue Maßstäbe für die Erfolgsbeteiligung der Mitarbeiter, in: Knebel, H., Zander, E. (Hrsg.): Der zweite Lohn - Personalzusatzkosten, Bonn 1982, S. 128-137.

Gaugler, E. (1983), Mitarbeiterbeteiligung in wirtschaftlich schwierigen Zeiten, in: Personal, 35. Jg. (1983), Nr. 2, S. 49-52.

Gaugler, E. (1985), Die Beteiligung der Arbeitnehmer aus betriebswirtschaftlicher Sicht, in: Laßmann, G., Schwark, E. (Hrsg.): Beteiligung der Arbeitnehmer am Produktivvermögen, ZfbF Sonderheft Nr. 19, Düsseldorf 1985, S. 49-68.

Gaugler, E. (1987), Mitarbeiterbeteiligung am Unternehmenserfolg, in: FitzRoy, F.R., Kraft, K. (Hrsg.): Mitarbeiter-Beteiligung und Mitbestimmung im Unternehmen, Berlin 1987, S. 11-24.

Gaugler, E. (1992), Perspektiven der betrieblichen Partnerschaft in den 90er Jahren, in: AGP Dokumentation (Hrsg.): Mitarbeiterbeteiligung im Freistaat Sachsen, Kassel 1992, S. 75-86.

Gaugler, E. (1993), Vermögensbildung, Mitarbeiter-Beteiligung und Unternehmensfinanzierung, in: Kirchenamt der Evangelischen Kirche und Sekretariat der Deutschen Bischofskonferenz (Hrsg.): Beteiligung am Produktivvermögen, Hannover, Bonn 1993, S. 217-236.

Gaugler, E. (1995), Information als Führungsaufgabe, in: Kieser, A. (Hrsg.): Handwörterbuch der Führung, 2., neugest. Aufl., Stuttgart 1995, Sp. 1175-1185.

Gaugler, E. (1997), Shareholder Value und Personalmanagement, in: Personal, 49. Jg. (1997), Nr. 4, S. 168-175.

Gaugler, E., Grohmann, M. (1996), Trend zu „Going public", in: Auslandskurier, 37. Jg. (1996), Nr. 7, S. 40-41.

Gaugler, E., Groos, W. H., Weber, B. (1983), Mitarbeiter-Kapitalbeteiligung in Baden-Württemberg, Spardorf 1983.

Gaugler, E., Kuchinka, H., (1972), Mitarbeiterbeteiligung und Steuerrecht, Hilden 1972.

Gaugler, E., Schneider, H.J. (1977), Auswirkungen der Mitarbeiter-Kapitalbeteiligung auf Liquidität und Kapitalstruktur, in: Der Betriebswirt, 18. Jg. (1977), Nr. 5, S. 125-127.

Gebert, D., Wendler, E., Friedrich, G. (1985), Beteiligung von Arbeitnehmern an der innerbetrieblichen Vermögensbildung - Eine empirische Untersuchung des Beteiligungs-Modells der Rosenthal AG, in: Zeitschrift Führung und Organisation, 54. Jg. (1985), Nr. 4, S. 269-273.

Geiser, J. (1979), Zur Problematik der Wachstumsfinanzierung mittelständischer Industriebetriebe, Göttingen 1979.

Geiser, J. (1983), Wachstumshemmnisse mittelständischer Industriebetriebe, Göttingen 1983.

Gerke, W. (1993), Informationsasymmetrien am Markt für Beteiligungen an mittelständischen Unternehmen, in: Gebhardt, G., Gerke, W., Steiner, M. (Hrsg.): Handbuch des Finanzmanagements, München 1993, S. 619-640.

Gerke, W. (1995), Venture-Capital, in: Gerke, W., Steiner, M. (Hrsg.): Handwörterbuch des Bank- und Finanzwesens, 2., überarb. u. erw. Aufl., Stuttgart 1995, Sp. 1883-1890.

Gerpott, T.J. (1994), Fachlaufbahnen in der industriellen Forschung & Entwicklung, in: Domsch, M.E., Siemers, S.H.A. (Hrsg.): Fachlaufbahnen, Heidelberg 1994, S. 23-60.

Gerpott, T.J., Domsch, M.E. (1995), Führung in der dualen Hierarchie, in: Kieser, A. (Hrsg.): Handwörterbuch der Führung, 2., neugest. Aufl., Stuttgart 1995, Sp. 437-444.

Gerum, E. (1995), Manager- und Eigentümerführung, in: Kieser, A. (Hrsg.): Handwörterbuch der Führung, 2., neugest. Aufl., Stuttgart 1995, Sp. 1457-1468.

Gesetzesentwurf der Fraktionen der CDU/CSU und FDP eines Gesetzes für kleine Aktiengesellschaften und zur Deregulierung des Aktienrechts (zit. als Gesetzesentwurf) **(1994),** BT-Drucksache 12/6721 vom 1.2.1994, in: Seibert, U./Köster, B.-K. (1995), Die kleine AG: gesellschaftsrechtliche und steuerrechtliche Aspekte, 2. wesentl. erw. Aufl., Köln 1995, S. 133-155.

Götzinger, M., Michael, H. (1993), Kosten- und Leistungsrechnung, 6. Aufl., Heidelberg 1993.

Greiner, M. (1929), Die Aktiengesellschaft mit Beteiligung der Arbeitnehmer, Diss, Bern 1929.

Grimmer, J. (1929), Arbeitergewinnbeteiligung in der Form der Aktienbeteiligung, Diss., Freiburg 1929.

Groß, W. (1997), Informations- und Auskunftsrecht des Aktionärs, in: Die Aktiengesellschaft, 42. Jg. (1997), Nr. 3, S. 97-107.

Grünefeld, H.-G. (1981), Personalkennzahlensystem, Wiesbaden 1981.

Grunewald, B. (1994), Gesellschaftsrecht, Tübingen 1994.

Grunewald, B. (1995), Ist die Rechtsform der „Kleinen AG“ attraktiv für den Mittelstand?, in: Institut für Mittelstandsforschung der Universität Mannheim (Hrsg.): „Kleine AG“ - attraktiv für mittelständische Unternehmen?, Protokoll der 1. Fachtagung des ifm, Mannheim 1995, S. 25-31.

Günther, M. (1965), Der Einfluß von Partnerschaft und Erfolgsbeteiligung auf die Wettbewerbsfähigkeit der Betriebe, Hilden 1965.

Gürtler, J. (1996), DV-Dienstleister: Weniger stürmisches Wachstum, in: ifo-Schnelldienst, 49. Jg. (1996), Nr. 28, S. 3-5.

Guski, H.-G. (1977), Die Belegschaftsaktie, in: Schneider, H.J. (Hrsg.): Handbuch der Mitarbeiter-Kapitalbeteiligung, Köln 1977, S. 144-158.

Guski, H.-G. (1994), Das neue Vermögensbeteiligungsgesetz: Information und Anwendungshinweise für die betriebliche Praxis, in: Personal, 46. Jg. (1994), Nr. 3, S. 108-111.

Guski, H.-G., Schneider, H. J. (1977), Betriebliche Vermögensbeteiligung in der Bundesrepublik Deutschland: Eine Bestandsaufnahme, Köln 1977.

Guski, H.-G., Schneider, H. J. (1983), Betriebliche Vermögensbeteiligung in der Bundesrepublik Deutschland - Teil II: Ergebnisse, Erfahrungen und Auswirkungen in der Praxis, Köln 1983.

Guski, H.-G., Schneider, H. J. (1993-a-), Betriebliche Vermögens-Beteiligung in der Bundesrepublik Deutschland - Bestandsaufnahme 1987, in: Guski, H.-G., Schneider, H. J. (Hrsg.): Mitarbeiter-Beteiligung, MAB, Handbuch für die Praxis, Neuwied 1993, Gruppe 4100, S. 1-30.

Guski, H.-G., Schneider, H.J. (1993-b-), Betriebliche Vermögensbeteiligung in Niedersachsen - Bestandsaufnahme 1993, in: Guski, H.-G., Schneider, H. J. (Hrsg.): Mitarbeiter-Beteiligung, MAB, Handbuch für die Praxis, Neuwied 1993, Gruppe 4110, S. 1-26.

Guski, H.-G., Schneider, H.J. (1993-c-), Beteiligungsmodelle, in: Guski, H.-G., Schneider, H. J. (Hrsg.): Mitarbeiter-Beteiligung, MAB, Handbuch für die Praxis, Neuwied 1993, Gruppe 5000, S. 1-22.

Gutenberg, E. (1980), Grundlagen der Betriebswirtschaftslehre, Dritter Band: Die Finanzen, 8., erg. Aufl., Berlin 1980.

Haegert, L. (1993), Die effektiven Kapitalkosten von Mitarbeiterbeteiligungen am Unternehmen, in: Zeitschrift für betriebswirtschaftliche Forschung, 45. Jg. (1993), Nr. 12, S. 1040-1059.

Hager, K. (1971), Die betriebswirtschaftlichen Auswirkungen der Erfolgsbeteiligung, München 1971.

Hahn, D. (1985), Unternehmungsphilosophie und Führungsorganisation in Familienunternehmungen, in: Zeitschrift Führung und Organisation, 54. Jg. (1985), Nr. 1, S. 12-20.

Hamer, E. (1987), Das mitteständische Unternehmen, Stuttgart 1987.

Hamer, E. (1988), Wie Unternehmer entscheiden: Motive und Verhalten mittelständischer Firmenchefs, Landsberg/Lech 1988.

Hamer, E. (1990), Unternehmensführung, in: Pfohl, H.-C. (Hrsg.): Betriebswirtschaftslehre der Mittel- und Kleinbetriebe, 2., neubearb. Aufl., Berlin 1990, S. 43-73.

Hanel, E. (1993), Arbeitnehmer oder freier Mitarbeiter?, in: Personal, 45. Jg. (1993), Nr. 11, S. 534-535.

Hansen, H. (1996), Der deutsche Aktienmarkt - Entwicklungen, Veränderungen, Strukturen, in: Die Aktiengesellschaft, 41. Jg. (1996), Sonderheft Oktober 1996.

Hansen, H. (1997), Der Neue Markt - Handel und Betreuer, in: Die Aktiengesellschaft, AG Report, 42. Jg. (1997), Nr. 5, S. R164-R167.

Hartman, R.S. (1958), Die Partnerschaft von Kapital und Arbeit, Köln und Opladen 1958.

Hartmann, M. (1993), Informatiker zwischen Professionalisierung und Proletarisierung. Zur Standardisierung beruflichen Wissens im EDV-Bereich, in: Soziale Welt. Zeitschrift für sozialwissenschaftliche Forschung und Praxis, 44. Jg. (1993), Nr. 3, S. 392-419.

Hartmann-Wendels, T. (1987), Venture Capital aus finanzierungstheoretischer Sicht, in: Schmalenbachs Zeitschrift für betriebswirtschaftliche Forschung, 39. Jg. (1987), Nr. 1, S. 16-30.

Hefermehl, W., Bungeroth, E. (1983), in: Geßler, E., Hefermehl, W., u.a. (Hrsg.): Aktiengesetz, Kommentar, Bd. 1, §§ 1-75 AktG, 7. Lieferung 1983, München 1984.

Heilmann, H. (1993), Datenverarbeitungsbetriebe, in: Wittmann, W. u.a. (Hrsg.): Handwörterbuch der Betriebswirtschaft, 5., völlig neu gestaltete Aufl., Stuttgart 1993, Sp. 719-727.

Heimerl-Wagner, P. (1994), Integrierte Laufbahnplanung für Fach- und Führungskräfte in mittelständischen Unternehmen, in: Zeitschrift für Personalforschung, 8. Jg. (1994), Nr. 2, S. 143-157.

Held, T. (1982), Mitarbeiterbeteiligung bei deutschen Industrieaktiengesellschaften, in: Zeitschrift für Betriebswirtschaft, 52. Jg. (1982), Nr. 8, S. 735-753.

Henn, G. (1984), Die Rechte des Aktionärs, Köln 1984.

Henn, G. (1994), Handbuch des Aktienrechts, 5., völlig neubearb. Aufl., Heidelberg 1994.

Hennerkes, B.-H. (1995), Das Familienunternehmen, in: Hennerkes, B.-H. (Hrsg.): Unternehmenshandbuch Familiengesellschaften, Köln u.a. 1995, S. 1-30.

Hennerkes, B.-H., Binge, C. (1995), Die „richtige" Rechtsform des Familienunternehmens, in: Hennerkes, B.-H. (Hrsg.): Unternehmenshandbuch Familiengesellschaften, Köln u.a. 1995, S. 31-59.

Hermann, D.C. (1996), Strategisches Risikomanagement kleiner und mittlerer Unternehmen, Berlin 1996.

Hesse, W., Frese, M. (1994), Zur Arbeitssituation in der Software-Entwicklung. Resümee einer empirischen Untersuchung, in: Informatik Forschung und Entwicklung, o.Jg. (1994), Nr. 4, S. 179-191.

Hille, H.-E. (1996), Freie Mitarbeit und andere Formen freier Zusammenarbeit, 3. Aufl., Bonn 1996.

Hölters, W., Deilmann, B. (1997), Die „kleine" Aktiengesellschaft und sonstige Neuerungen der Aktienrechtsreform 1994, München 1997.

Hoffmann-Becking, M. (1995), Gesetz zur „kleinen AG" - unwesentliche Randkorrekturen oder grundlegende Reform?, in: ZIP Zeitschrift für Wirtschaftsrecht, 16. Jg. (1995), Nr. 1, S. 1-10.

Hofmann, H., Schmidt, A.M. (1988), Ansätze zur Bewältigung der Frühfluktuation, in: Personal, 40. Jg. (1988), Nr. 2, S. 66-70.

Holzheimer, D. (1982), Gestaltungsformen der Mitarbeiterbeteiligung, in: Die Bank, 22. Jg. (1982), S. 16-24.

Hoppenheit, C. (1993), Controlling in Softwareunternehmen, Wiesbaden 1993.

Hornschild, K. (1997), Innovationsorientierte kleine und mittlere Unternehmen: Ihre Bedeutung für die Volkswirtschaft und Ansätze für eine adäquate Förderpolitik, in: Ridinger, R. (Hrsg.): Gesamtwirtschaftliche Funktionen des Mittelstands, Berlin 1997, S. 73-89.

Hübler, O. (1995), Produktivitätssteigerung durch Mitarbeiterbeteiligung in Partnerschaftsunternehmen?, in: Bolte, K. M., Buttler, F. u.a. (Hrsg.): Mitteilungen aus der Arbeitsmarkt- und Berufsforschung, 28. Jg. (1995), Nr. 2, S. 214-223.

Hueck, G. (1991), Gesellschaftsrecht, 19. Aufl., München 1991.

Hüffer, U. (1995), Aktiengesetz, Kommentar, 2., neubearb. Aufl., München 1995.

Hunsdiek, D., May-Strobl, E. (1986), Entwicklungslinien und Entwicklungsrisiken neugegründeter Unternehmen. Schriften zur Mittelstandsforschung Nr. 9 NF, Stuttgart 1986.

Institut der deutschen Wirtschaft (Hrsg.) (1996), Industriestandort Deutschland - Ein graphisches Portrait, Köln 1996.

Institut für Demoskopie Allensbach (Hrsg.) (1990), Produktivkapitalbeteiligungen - Kenntnisse über die Änderungen der Förderungsbedingungen und Interessen an Produktivkapitalbeteiligungen, in: Ministerium für Arbeit, Gesundheit, Familie und Sozialordnung Baden-Württemberg (Hrsg.): Beteiligung am Produktivkapital - Eine Umfrage, Stuttgart 1990, S. 53-84.

Irle, M. (1971), Macht und Entscheidung in Organisationen: Studie gegen das Linie-Stab-Prinzip, Frankfurt/M. 1971.

Jacobs, O.H., Spengel, C. (1995), Besteuerung deutscher Kapitalgesellschaften im internationalen Vergleich, in: Die Betriebswirtschaft, 55. Jg. (1995), S. 431-451.

Jaeschke, D. (1987), Das PSI-Modell: Konturen, Erfahrungen und der Versuch einer Beurteilung, in: FitzRoy, F.R., Kraft, K. (Hrsg.): Mitarbeiter-Beteiligung und Mitbestimmung im Unternehmen, Berlin 1987, S. 239-258.

Jaeschke, D. (1991), Die Herausforderung: High Tech - Die Antwort: Das PSI-Modell, in: Schanz, G. (Hrsg.): Handbuch Anreizsysteme, Stuttgart 1991, S. 965-981.

Janberg, H. (1960), Einige Betrachtungen zur Belegschaftsaktie, in: Die Aktiengesellschaft, 5. Jg. (1960), Nr. 7. S. 175-181.

Janis, I.L. (1982), Victims of groupthink, 2. Aufl., Boston 1982.

Jensen, M.C., Meckling, W.H. (1976), Theory of the Firm: Managerial Behaviour, Agency Costs and Ownership Structure, in: Journal of Financial Economics, 3. Jg. (1976), S. 305-360.

Jeuschede, G. (1995), Gedanken zur optimalen Führung des Familienunternehmens, in: Hennerkes, B.H. (Hrsg.): Unternehmenshandbuch Familiengesellschaften: Sicherung von Unternehmen, Vermögen und Familie, Köln u.a. 1995, S. 263-283.

Jochmann, W. (1989), Analyse der Entscheidungsprozesse zur beruflichen Veränderung von Führungskräften, Diss., Bochum 1989.

Jopp, H.-D. (1994), Führungskräfte - Definition in Gesetz, Literatur und betrieblicher Praxis, in: Dahlems, R. (Hrsg.): Handbuch des Führungskräfte-Managements, München 1994, S. 1-18.

Jungblut, M. (1973), Nicht vom Lohn allein - Elf Modelle für Mitbestimmung und Gewinnbeteiligung, Hamburg 1973.

Juntermanns, H.-J. (1993), Anwendung des Fünften Vermögensbildungsgesetzes in der Praxis, in: Guski, H.-G., Schneider, H. J. (Hrsg.): Mitarbeiter-Beteiligung, MAB, Handbuch für die Praxis, Neuwied 1993, Gruppe 3200, S. 1-20.

Kairies, K., (1988), Mitarbeiter-Kapitalbeteiligung: attraktive Kapitalquelle für mittelständische Unternehmen, Spardorf 1988.

Kamp, M.E. (1959), Der Mittelstand im Schatten der Großunternehmen, in: Frankfurter Allgemeine Zeitung, o.Jg. (1959), Nr. 38 vom 14.2. 1959, S. 1.

Kaufhold, K. (1985), Die wirtschaftlichen Wirkungen der Fluktuation in der Einzelwirtschaft, Frankfurt 1985.

Kayser, G. (1990), Organisation, in: Pfohl, H.-C. (Hrsg.): Betriebswirtschaftslehre der Mittel- und Kleinbetriebe, 2., neubearb. Aufl., Berlin 1990, S. 74-95.

Kellerwessel, P. (1982), Unternehmensführung, in: Pfohl, H.-C. (Hrsg.): Betriebswirtschaftslehre der Mittel- und Kleinbetriebe, Berlin 1982, S. 136-163.

Kersting, M.O. (1997), Der Neue Markt der Deutsche Börse AG, in: Die Aktiengesellschaft, 42. Jg. (1997), Nr. 5, S. 222-228.

Kienbaum, G., Steffens, S. (1983), Die Arbeit in der Unternehmensberatung als Sprungbrett für das Management?, in: Betriebswirtschaftliche Forschung und Praxis, 35. Jg. (1983), Nr. 5, S. 413-421.

Kieser, A., Nagel, R., Krüger, K.H., Hippler, G. (1985), Die Einführung neuer Mitarbeiter in Unternehmen, Frankfurt 1985.

Kilian, H. (1978), Betriebliche Kapitalbeteiligungsmodelle, Wiesbaden 1978.

Kindler, P. (1994), Die Aktiengesellschaft für den Mittelstand, in: Neue Juristische Wochenzeitschrift, 47. Jg. (1994), Nr. 47, S. 3041-3048.

Klaus, H. (1993), Konzept zur Einführung einer Mitarbeiter-Beteiligung, in: Guski, H.-G./Schneider, H. J. (Hrsg.): Mitarbeiter-Beteiligung, MAB, Handbuch für die Praxis, Neuwied 1993, Gruppe 3505, S. 1-13.

Klötzl, G. (1988), Entwicklung und Einführung einer Mitarbeiter-Kapitalbeteiligung, in: Personal, 40. Jg. (1988), Nr. 3, S. 118-121.

Klötzl, G. (1993-a-), Anwendung des § 19a EStG in der Praxis, in: Guski, H.-G., Schneider, H.J. (Hrsg.): Mitarbeiter-Beteiligung, MAB, Handbuch für die Praxis, Neuwied 1993, Gruppe 3300, S. 1-17.

Klötzl, G. (1993-b-), Finanzwirtschaftliche Auswirkungen, in: Guski, H.-G., Schneider, H.J. (Hrsg.): Mitarbeiter-Beteiligung, MAB, Handbuch für die Praxis, Neuwied 1993, Gruppe 3430, S. 1-35.

Knebel, H. (1992), Die hierarchiearme Organisation, in: Personal, 44. Jg. (1992), Nr. 7, S. 306-309.

Knepper, K.H. (1985), Die Belegschaftsaktie in Theorie und Praxis, in: Zeitschrift für Unternehmens- und Gesellschaftsrecht, 14. Jg. (1985), Nr. 3, S. 419-443.

Koch, T. (1993), Employee Stock Ownership Plans in den Vereinigten Staaten von Amerika, München, Mering 1993.

Kraft, A. (1986), in: Zöllner, W. (Hrsg.): Kölner Kommentar zum Aktiengesetz, Bd. 1, §§ 1-75 AktG, 2., neubearb. u. erw. Aufl., Köln u.a. 1988, Stand der Bearbeitung: Januar 1986.

Kruse, D. (1993), Profit Sharing. Does it make a difference?, Kalamazoo 1993.

Krüger, W. (1993), Organisation der Unternehmung, Stuttgart u.a. 1993.

Kuchinka, H. (1977), Pauschalierung der Lohnsteuer für Mitarbeiter, in: Schneider, H.J. (Hrsg.): Handbuch der Mitarbeiter-Kapitalbeteiligung, Köln 1977, S. 287-297.

Langenberg, G. (1991), Eine „unternehmerische" Kapitalbeteiligung für Führungskräfte: Kautelarjuristische Prüfung praktizierter Kapitalbeteiligungsmodelle sowie eine Analyse der gesellschafts-, arbeits- und steuerrechtlichen Problemstellungen eines neuen Konzeptes, Frankfurt a. M, Bern, New York, Paris, 1991.

Langhein, B. (1987), Arbeitnehmerbeteiligungen an mittelständischen Unternehmen - Recht Steuer, Betriebswirtschaft, Bielefeld 1987.

Lank, A.G. (1997), Die Perspektive entscheidet. Die Herausforderungen für Familienunternehmen (1) - Eine Begriffsdefinition, in: Blick durch die Wirtschaft, 40. Jg. (1997), Nr. 115, S. 9.

Lehmann, J. (1983), Die gesetzlichen Minderheitenrechte in Aktiengesellschaften, in: Die Aktiengesellschaft, 28. Jg. (1983), Nr. 5, S. 113-119.

Leland, H.E., Pyle, D.H. (1977), Informational Asymmetries, Financial Structure and Financial Intermediation, in: Journal of Finance, 32. Jg. (1977), S. 371-387.

Lezius, M. (1977), Das Konzept der betrieblichen Partnerschaft, in: Schneider, H.J. (Hrsg.): Handbuch der Mitarbeiter-Kapitalbeteiligung, Köln 1977, S. 24-42.

Lieb, M. (1994), Arbeitsrecht, 5., völlig neubearb. u. erw. Aufl., Heidelberg 1994.

Limpens, E. (1994), Leistungsorientierte Differenzierung von Führungskräften, Köln 1994.

Long, R.J. (1978), The Effects of Employee Ownership on Organisational Identification, Employee Job Attitudes, and Organisational Performance: A Tentative Framework an Empirical Findings, in: Human Relations, 31. Jg. (1978-a-), Nr. 1, S. 29-48.

Lötzer, U. (1992), Betriebsratsarbeit in einem Softwarehaus: „Werden wir überhaupt gebraucht?“, in: Trautwein-Kalms, G. (Hrsg.): KontrastProgramm Mensch - Maschine; Arbeiten in der High Tech-Welt, Köln 1992, S. 166-171.

Lutter, M. (1985), in: Zöllner, W. (Hrsg.): Kölner Kommentar zum Aktiengesetz, Bd. 1, §§ 1-147 AktG, Köln u.a. 1985.

Lutter, M. (1988), in: Zöllner, W. (Hrsg.): Kölner Kommentar zum Aktiengesetz, Bd. 1, §§ 1-75 AktG, 2., neubearb. u. erw. Aufl., Köln u.a. 1988.

Lutter, M. (1990), Das System der Kapitalgesellschaften, in: GmbHRundschau, 81. Jg. (1990), Nr. 9, S. 377-379.

Lutter, M. (1994), Das neue „Gesetz für kleine Aktiengesellschaften und zur Deregulierung des Aktienrechts“, in: Die Aktiengesellschaft, 39. Jg. (1994), Nr. 10, S. 429-447.

Mag, W. (1977), Entscheidung und Information, München 1977.

Mann, A. (1954), Aus der Praxis der Erfolgsbeteiligung, Bonn, Frankfurt/Main 1954.

Marr, R. (1989), Überlegungen zu einem Konzept einer „differentiellen Personalwirtschaft“, in: Drumm, H.-J. (Hrsg.): Individualisierung der Personalwirtschaft, Grundlagen, Lösungsansätze und Grenzen, Bern, Stuttgart 1989, S. 37-47.

Martin, A. (1993), Personalstrukturen und betriebliche Anreizpolitik, in: Weber, W. (Hrsg.): Entgeltsysteme. Lohn, Mitarbeiterbeteiligung und Zusatzleistungen. Festschrift zum 65. Geburtstag von Eduard Gaugler, Stuttgart 1993, S. 105-129.

Marwede, E. (1983), Die Abgrenzungsproblematik mittelständischer Unternehmen - Eine Literaturanalyse, Augsburg 1983.

Maute, H.-B. (1993), Gleichbehandlung von Arbeitnehmern. Ein Beitrag zur Dogmatik und zu den Erscheinungsformen des arbeitsrechtlichen Gleichbehandlungsgrundsatzes, Frankfurt a. M., Berlin u.a. 1993.

McGregor, D. (1970), Der Mensch im Unternehmen - The Human Side of Enterprise, Düsseldorf 1970.

Menke, A., Wimmers, S., Wolter, H.-J. (1996), Wettbewerbsbedingungen auf neuen Märkten für mittelständische Unternehmen - Eine empirische Untersuchung der Märkte für ambulante Pflegeleistungen, Altautorecycling, Bio- und Gentechnologie, Software, Stuttgart 1996,

Merchel, R. (1989), Management Buy-Out und Mitarbeiterbeteiligung als Lösungsansatz für Nachfolgeprobleme, in: Die Betriebswirtschaft, 42. Jg. (1989), Nr. 1, S. 7-13.

Mertens, H.-J. (1985), in: Zöllner, W. (Hrsg.): Kölner Kommentar zum Aktiengesetz, Bd. 1, §§ 1-147 AktG, Köln u.a. 1985.

Meyer, A. (1989), Freie Berufe und Betriebswirtschaft: Probleme, Lösungsansätze, empirische Ergebnisse, Augsburg 1989.

Mez, B. (1991), Effizienz der Mitarbeiterkapitalbeteiligung, Wiesbaden 1991.

Mickley, I. (1955), Die Aktienbeteiligung der Arbeitnehmer als Form der Partnerschaft, Diss., Nürnberg 1955.

Mühling, T. (1981), Eigenkapitalbeschaffungsmöglichkeiten mittelständischer Unternehmungen in der Rechtsform der GmbH und GmbH & Co. KG unter besonderer Berücksichtigung von Besteuerung und Mitarbeiterbeteiligung, Diss., Würzburg 1981.

Mueller-Oerlinghausen, J.O. (1994), Führungs- und Finanzierungsschwellen im mittelständischen Wachstumsprozeß, Hallstadt 1994.

Nastansky, L. (1993), Softwarehäuser, in: Wittmann, W. (Hrsg.): Handwörterbuch der Betriebswirtschaft, 5. völlig neu gestaltete Aufl., Stuttgart 1993, Sp. 3850-3858.

Natermann, E., Schönecker, L. (1995), Die Finanzierung des Familienunternehmens, in: Hennerkes, B.-H. (Hrsg.): Unternehmenshandbuch Familiengesellschaften, Köln u.a. 1995, S. 133-149.

Neugebauer, U. (1986), Das Software-Unternehmen, München 1986.

Nieschlag, R., Dichtl, E., Hörschgen, H. (1997), Marketing, 18. Aufl., Berlin 1997.

Nirk, R. (1994), Gesellschaftsrecht, in: Nirk, R., Brezing, K., Bächle, H.-U. (Hrsg.): Handbuch der Aktiengesellschaft, Gesellschaftsrecht - Steuerrecht - Arbeitsrecht, Teil I, 3. Aufl. Köln 1994.

Obermüller, W., Werner, W., Winden, K. (1967), Die Hauptversammlung der Aktiengesellschaft, 3. Aufl., Düsseldorf 1967.

Oechsler, W.A. (1994), Personal und Arbeit - Eine Einführung in die Personalwirtschaft, 5. Aufl., München u.a. 1994.

Oechsler, W.A. (1996), Vom Lohnempfänger zum Vergütungsgestalter, in: Personal, 48. Jg. (1996), Nr. 3, S. 125-129.

Oelschläger, K. (1971), Das Finanzierungsverhalten in der Klein- und Mittelindustrie, Köln 1971.

o.V. (1989), Rechtsprechung, in: Wertpapier Mitteilungen, 43. Jg. (1989), Nr. 4, S. 138-144.

o.V. (1993), Gehälter im EDV-Bereich - was DV-Projektleiter verdienen sollten - in: Personal, 45. Jg. (1993), Personal Report, Mai 1993, S. 230-232.

o.V. (1996-a-), Bei den deutschen IT-Firmen wird die Aktiengesellschaft in, in: Computerwoche, 23. Jg. (1996), Nr. 16, S. 64.

o.V. (1996-b-), Börse für Kleinunternehmen, in: Blick durch die Wirtschaft, 39. Jg. (1996), Nr. 131, S. 1.

o.V. (1996-c-), Die Software-Industrie will mit neuen Arbeitsweisen noch besser vorankommen, in: Blick durch die Wirtschaft, 39. Jg. (1996), Nr. 154, S. 12.

o.V. (1996-d-), Wirtschaftsmotor Mittelstand, in: Blick durch die Wirtschaft, 39. Jg. (1996), Nr. 237, S. 1.

o.V. (1996-e-), Generationswechsel im Mittelstand, in: Blick durch die Wirtschaft, 39. Jg. (1996), Nr. 235, S. 1.

o.V. (1996-f-), Kleine AG - Oft ein Maßanzug, in: iwd, 22. Jg. (1996), Nr. 16, S. 6 f.

o.V. (1996-g-), Interview: Mitarbeiter-Beteiligung motiviert, in: iT-Marketing, o.Jg. (1996), Nr. 5, S. 63-64.

Peez, C. (1983), Die Problematik der Mitarbeiterbeteiligung durch Belegschaftsaktien, Frankfurt/Main 1983.

Perridon, L., Steiner, M. (1997), Finanzwirtschaft der Unternehmung, 9., überarb. u. erw. Aufl., München 1997.

Peterssen, K. (1968), Die Belegschaftsaktie, Berlin 1968.

Pfohl, H.-C., Kellerwessel, P. (1982), Abgrenzung der Klein- und Mittelbetriebe von Großbetrieben, in: Pfohl, H.-C. (Hrsg.): Betriebswirtschaftslehre der Mittel- und Kleinbetriebe, Berlin 1982, S. 9-34.

Pfohl, H.-C., Kellerwessel, P. (1990), Abgrenzung der Klein- und Mittelbetriebe von Großbetrieben, in: Pfohl, H.-C. (Hrsg.): Betriebswirtschaftslehre der Mittel- und Kleinbetriebe, 2., neubearb. Aufl., Berlin 1990, S. 1-23.

Planck, M. (1994), Kleine AG als Rechtsform-Alternative zur GmbH, in: GmbHRundschau, 85. Jg. (1994), Nr. 8, S. 501-505.

Portfolio Management (Hrsg.) (1988), Aktionärsstruktur und Aktienbesitz in der Bundesrepublik Deutschland, München 1988.

Post, H.-J. (1996), Zu wenige Ingenieure und zuwenig Wagniskapital - Deutschland droht in der Software-Entwicklung weiter zurückzufallen, in: Blick durch die Wirtschaft, 39. Jg. (1996), Nr. 112, S. 9.

Prager, C.M. (1983), Grundfragen der institutionalisierten Arbeitnehmer-Beteiligung: Analyse der Zielsetzungen und Auswirkungen unter vorgegebenen Rahmenbedingungen, Spardorf 1983.

Priester, H.-J. (1996), Die kleine AG - ein neuer Star unter den Rechtsformen?, in: Betriebs-Berater, 51. Jg. (1996), Nr. 7, S. 333-338.

Rappaport, A. (1994), Shareholder Value, Stuttgart 1994.

Rauscheder, W. (1996), Risikofinanzierung: Dreimal höher - Weil die Banken kneifen, entgehen deutschen Anlegern lukrative Börsenkandidaten, in: WirtschaftsWoche, 50. Jg. (1996), Nr. 4, S. 114-115.

Reber, G. (1972), Zur Möglichkeit wertfreien Verhaltens - Erkenntnistheoretische Grundfragen der Personalpolitik, in: Braun, W., Kossbiel, H., Reber, G. (Hrsg.): Grundfragen der betrieblichen Personalpolitik, Festschrift zum 65. Geburtstag von A. Marx, Wiesbaden 1972, S. 247-289.

Reber, G. (1973), Personales Verhalten im Betrieb, Stuttgart 1973.

Reber, G. (1975), Wie rational verhält sich der Mensch im Betrieb?, Wien, New York 1975.

Rechenberg, W.-G. Freiherr v. (1986), Die Hauptversammlung als oberstes Organ der Aktiengesellschaft, Heidelberg 1986.

Redlin, M. (1987), Personalfluktuation. Eine multivariate Analyse ihrer individuellen Determinanten, Diss., Hamburg 1987.

Reuter, D. (1984), in: Ständige Deputation des Deutschen Juristentages (Hrsg.): Verhandlungen des 55. Deutschen Juristentages - Welche Maßnahmen empfehlen sich, insbesondere im Gesellschafts- und Kapitalmarktrecht, um die Eigenkapitalausstattung der Unternehmen langfristig zu verbessern?, Bd. I (Gutachten), München 1984, S. B7-B122.

Richter, M. (1994), Personalführung, 3. erw. u. überarb. Aufl., Stuttgart 1994.

Ridder-Aab, C.-M. (1980), Die moderne Aktiengesellschaft im Lichte der Theorie der Eigentumsrechte, Frankfurt/Main 1980.

Riekhof, H.-C. (1984), Unternehmensverfassungen und Theorie der Verfügungsrechte, Wiesbaden 1984.

Riekhof, H.-C. (1985), Kapitalbeteiligung von Mitarbeitern, in: Zeitschrift Führung und Organisation, 54. Jg. (1985), Nr. 3, S. 194-202.

Rohr, S., Streicher, H. (1993), Freiberufler in der Datenverarbeitung, München 1993.

Rosenstiel, L. von (1992), Grundlagen der Organisationspsychologie, 3., überarb. u. erg. Aufl., Stuttgart 1992.

Roth, V., Boß, C. (1990), Wandel und Zukunft der Datenverarbeitung und ihres Berufsfeldes, in: Bolte, K. M., Buttler, F. u.a. (Hrsg.): Mitteilungen aus der Arbeitsmarkt- und Berufsforschung, 23. Jg. (1990), Nr. 2, S. 300-312.

Sabathil, P. (1977), Fluktuation von Arbeitskräften. Determinanten, Kosten und Nutzen aus betriebswirtschaftlicher Sicht, München 1977.

Sattler, A. (1995), Kapitalbeteiligungsgesellschaften, in: Gerke, W., Steiner, M. (Hrsg.): Handwörterbuch des Bank- u. Finanzwesens, 2., überarb. u. erw. Aufl., Stuttgart 1995, Sp. 1092-1098.

Sauer, R. (1993), Möglichkeiten und Grenzen externer Eigenkapitalbeschaffung mittelständischer Unternehmungen, Bergisch Gladbach 1993.

Schachtschabel, H.G. (1992), Betriebliche Partnerschaft durch Mitarbeiterbeteiligung. Untersuchungsbericht zum Offenburger Modell, Hamburg 1992.

Schäfer, C. (1992), Betriebliche Kapitalbeteiligung der Arbeitnehmer - Verbreitung, Strukturen, Wirkungen, in: Köbele, B., Schütt, B. (Hrsg.): Erfolgsbeteiligung, Köln 1992, S. 99-143.

Schanz, G. (1978), Verhalten in Wirtschaftsorganisationen. Personalwirtschaftliche und organisationstheoretische Probleme, München 1978.

Schanz, G. (1983), Unternehmensverfassungen in verfügungsrechtlicher Perspektive, in: Die Betriebswirtschaft, 43. Jg. (1983), Nr. 2, S. 259-270.

Schanz, G. (1985), Mitarbeiterbeteiligung: Grundlagen - Befunde - Modelle, München 1985.

Schanz, G., Riekhof, H.-C. (1984), Mitarbeiter-Kapitalbeteiligung in der Wirtschaft Niedersachsens, Spardorf 1984.

Schlautmann, C. (1996), Kleine AG - Börse statt Bankschalter, in: Handelsjournal, o. Jg. (1996), Nr. 5, S. 54-56.

Schmalenbach, E. (1963), Kostenrechnung und Preispolitik, 8. Aufl., Köln und Opladen 1963.

Schmidt, A. (1992-a-), Tätigkeiten und Entwicklungschancen in der Informationstechnik, in: Personal, 44. Jg. (1992), Nr. 2, S. 52-56.

Schmidt, A. (1992-b-), Fachliche und persönliche Qualifikationsanforderungen in der Informationstechnik, in: Personal, 44. Jg. (1992), Nr. 4, S. 174-177.

Schmidt, R. (1993), Das Shareholder Value-Konzept, in: Fritsch, U., Liener, G., Schmidt, R. (Hrsg.): Die deutsche Aktie - Unternehmensfinanzierung und Vermögenspolitik vor neuen Herausforderungen. Festschrift zum vierzigjährigen Bestehen des Deutschen Aktieninstituts e.V., Stuttgart 1993, S. 277-296.

Schmidt, R.H. (1981), Grundformen der Finanzierung. Eine Anwendung des neo-institutionalistischen Ansatzes, in: Kredit und Kapital, 14. Jg. (1981) S. 186-221.

Schmitt, M. (1958), Die Belegschaftsaktie, in: Der Betrieb, 11. Jg. (1958), S. 308-310.

Schmitz, R. (1989), Die optimale Eigentümerstruktur, in: Albach, H. (Hrsg.): Organisation. Mikroökonomische Theorie und ihre Anwendungen, Wiesbaden 1989, S. 133-153.

Schneider, H.-D. (1975), Kleingruppenforschung, Stuttgart 1975.

Schneider, H.J. (1973), Die partnerschaftliche Kapitalbeteiligung der Arbeitnehmer am mittelständischen Industrieunternehmen, Köln 1973.

Schneider, H.J. (1977-a-), Finanzwirtschaftliche Auswirkungen einer Kapitalbeteiligung der Mitarbeiter, in: Schneider, H.J. (Hrsg.): Handbuch der Mitarbeiter-Kapitalbeteiligung, Köln 1977, S. 300-320.

Schneider, H.J. (1977-b-), Steuerung der Kapitalentwicklung, in: Schneider, H.J. (Hrsg.): Handbuch der Mitarbeiterbeteiligung, Köln 1977, S. 378-389.

Schneider, H.J. (1987), Das Strukturprofil - eine Diskussionsgrundlage für die Auswirkungen von Modellen der Mitarbeiterbeteiligung, in: FitzRoy, F.R., Kraft, K. (Hrsg.): Mitarbeiter-Beteiligung und Mitbestimmung im Unternehmen, Berlin 1987, S. 259-268.

Schneider, H.J. (Hrsg.) (1992), Mensch und Arbeit: Taschenbuch für die Personalpraxis, 9. Aufl., Köln 1992.

Schneider, H.J. (1993-a-), Einführung in die Mitarbeiter-Beteiligung, in: Guski, H.-G., Schneider, H. J. (Hrsg.): Mitarbeiter-Beteiligung, MAB, Handbuch für die Praxis, Neuwied 1993, Gruppe 3100, S. 1-22.

Schneider, H.J. (1993-b-), Führungskräfte-Beteiligung, in: Guski, H.-G., Schneider, H. J. (Hrsg.): Mitarbeiter-Beteiligung, MAB, Handbuch für die Praxis, Neuwied 1993, Gruppe 3150, S. 1-12.

Schneider, H.J. (1996), Mitarbeiter als Mitgesellschafter - Die materielle Seite des Mitunternehmers, in: Personal, 48. Jg. (1996), Nr. 3, S. 112-116.

Schneider, H.J., Zander, E. (1990), Erfolgs- und Kapitalbeteiligung der Mitarbeiter in Klein- und Mittelbetrieben, 3., überarb. u. erw. Aufl., Freiburg i.Br. 1990.

Schneider-Gädicke, K.H. (1985), Aktiensparen als Herausforderung an eine Bankengruppe, in: Börsenzeitung (Hrsg.): 400 Jahre Frankfurter Wertpapier-Börse, Supplement, August 1985, S. 46-50.

Schröder, J. (1977), Möglichkeiten zur Finanzierung einer Kapitalbeteiligung der Mitarbeiter, in: Schneider, H.J. (Hrsg.): Handbuch der Mitarbeiter-Kapitalbeteiligung, Köln 1977, S. 90-99.

Schuler, H., Moser, K. (1992), Persönlichkeitsmerkmale und deren Erfassung, in: Gaugler, E., Weber, W. (Hrsg.): Handwörterbuch des Personalwesens, 2. Aufl., Stuttgart 1992, Sp. 1910-1921.

Schultz, R. (1987), Gewinn- und Kapitalbeteiligung der Arbeitnehmer (Vermögensbildung), München 1987.

Schultz, V. (1995), Projektkostenschätzung: Kostenermittlung in frühen Phasen von technischen Auftragsprojekten, Wiesbaden 1995.

Schwartz, T. (1991), Venture Capital - Treibstoff für die Unternehmensentwicklung, in: Institut für Mittelstandsforschung der Universität Mannheim (Hrsg.), Risikokapital für mittelständische Unternehmen, Nr. 5, Mannheim 1991, S. 41-43.

Schwetzler, B. (1989), Mitarbeiterbeteiligung und Unternehmensfinanzierung, Wiesbaden 1989.

Schwetzler, B. (1992), Die verbilligte Überlassung von Vermögensbeteiligungen an Arbeitnehmer und ihre staatliche Förderung nach § 19a EStG - Eine Analyse der finanziellen Auswirkungen in: Schmalenbachs Zeitschrift für betriebswirtschaftliche Forschung, 44. Jg. (1992), Nr. 3, S. 247-274.

Seibert, U. (1996), Die kleine Aktiengesellschaft, in: Die Aktiengesellschaft, 41. Jg. (1996), Sonderheft Oktober, S. 15-19.

Seibert, U., Köster, B.-K. (1995), Die kleine AG: gesellschaftsrechtliche und steuerrechtliche Aspekte, 2. wesentl. erw. Aufl., Köln 1995.

Seibt, D. (1972), Organisation von Software-Systemen, Wiesbaden 1972.

Seidl, F. (1966), Belegschaftsaktien, München 1966.

Semler, J. (1984), Referat, in: Ständige Deputation des Deutschen Juristentages (Hrsg.): Verhandlungen des 55. Deutschen Juristentages - Welche Maßnahmen empfehlen sich, insbesondere im Gesellschafts- und Kapitalmarktrecht, um die Eigenkapitalausstattung der Unternehmen langfristig zu verbessern?, Bd. II (Sitzungsberichte), Teil K, München 1984, S. K38-K72.

Siemers, S.H.A. (1994), Fachlaufbahnen in der EDV-Abteilung - ein konzeptioneller Beitrag zur Einführung eines Fachlaufbahnmodells, in: Domsch, M.E., Siemers, S.H.A. (Hrsg.): Fachlaufbahnen, Heidelberg 1994, S. 113-147.

Spiegelhalter, F. (1951), Gewinnbeteiligung - Illusionen und Möglichkeiten, München, Düsseldorf 1951.

Spremann, K. (1990), Investition und Finanzierung, 3. Aufl., München 1990.

Sprenger, K.-A., von Hinten, P., Steiner, J. (1982), Finanzierungssituation und Finanzierungsverhalten mittelständischer Betriebe, Göttingen 1982.

Staehle, W. (1994), Management. Eine verhaltenswissenschaftliche Perspektive, 7. Aufl., München 1994.

Starke, P. (1985), Mitarbeiterbeteiligung in mittelständischen Betrieben, München, 1986.

Statistisches Bundesamt (Hrsg.) (1994), Statistisches Jahrbuch 1994 für die Bundesrepublik Deutschland, Wiesbaden 1994.

Staudt, E., Mühlemeyer, P. (1995), Innovation und Kreativität als Führungsaufgabe, in: Kieser, A., Reber, G., Wunderer, R. (Hrsg.): Handwörterbuch der Führung, 2., neu gest. u. erg. Aufl., Stuttgart 1995, Sp. 1200-1214.

Stehle, H. (1985), Mitarbeiterbeteiligung - ein Mittel zur Leistungssteigerung und Unternehmensfinanzierung, Stuttgart 1985.

Steiner, K. (1995), Die Hauptversammlung der Aktiengesellschaft, München 1995.

Steinle, R. (1985), Die Beteiligung der Mitarbeiter am arbeitgebenden Unternehmen, Frankfurt 1985.

Steinbrink, K. (1976), Belegschaftsaktie, in: Büschgen, H. E. (Hrsg.): Handwörterbuch der Finanzwirtschaft, Stuttgart 1976, Sp. 133-139.

Steinmann, H., Müller, H., Klaus, H. (1982), Arbeitnehmer-Beteiligungsmodelle, in: Die Betriebswirtschaft, 42. Jg. (1982), S. 117-134.

Stiebitz, K. (1992), Effizienzsteigerung durch Mitarbeiterbeteiligung. Eine empirische Untersuchung deutscher Aktiengesellschaften, Diss., Lüneburg 1992.

Theis, M.M. (1995), Finanzierung mit Beteiligungsgesellschaften, in: Hennerkes, B.-H. (Hrsg.): Unternehmenshandbuch Familiengesellschaften, Köln u.a. 1995, S. 151-165.

Thürbach, R.P., Hutter, E. (1976), Zum Stand der Organisation in mittelständischen Betrieben. Eine empirische Analyse. Beiträge zur Mittelstandsforschung Nr. 11, Göttingen 1976.

Trautwein-Kalms, G. (1991), Arbeits- und Berufssituation qualifizierter Angestellter im Software-Bereich, in: Littek, W., Heisig, U., Gondek, H.-D. (Hrsg.): Dienstleistungsarbeit, Berlin 1991, S. 213-229.

Trautwein-Kalms, G. (1992), Computer-Fachleute und Strukturwandel, in: Trautwein-Kalms, G. (Hrsg.): KontrastProgramm Mensch - Maschine; Arbeiten in der High Tech-Welt, Köln 1992, S. 13-26.

Tremml, B., Karger, M. (1995), Verträge mit freien Mitarbeitern, 5. Aufl., München 1995.

Tüschen, N. (1989), Unternehmensplanung in Softwarehäusern, Bergisch Gladbach 1989.

Twiehaus, H.-J., Dostal, W. (1985), Computerberufe: Berufe und Bildung in der Datenverarbeitung, München 1985.

Ulrich, P., Hill, W. (1979), Wissenschaftstheoretische Grundlagen der Betriebswirtschaftslehre, in: Raffée H., Abel, B. (Hrsg.): Wissenschaftstheoretische Grundfragen der Wirtschaftswissenschaften, München 1979, S. 161-190.

Wächter, H., Koch, T. (1993), Erfolgsbedingungen für die Kapitalbeteiligung von Arbeitnehmern am Beispiel der „Employee Stock Ownership Plans (ESOPs)“, in: Weber, W. (Hrsg.): Entgeltsysteme. Lohn, Mitarbeiterbeteiligung und Zusatzleistungen. Festschrift zum 65. Geburtstag von Eduard Gaugler, Stuttgart 1993, S. 285-312.

Wagner, K.-R. (1993), Management Buy Out, Führungskräftebeteiligung, Arbeitnehmerbeteiligung, Neuwied 1993.

Wagner, K.-R. (1995), Renaissance der Mitarbeiterbeteiligung, in: Betriebs-Berater, 50. Jg. (1995), Nr. 25, Beilage 7, S. 1-12.

Weber, H. (1992), Die Software-Krise und ihre Macher, Berlin u.a. 1992.

Weinert, A. (1992), Motivation, in: Gaugler, E., Weber, W. (Hrsg.): Handwörterbuch des Personalwesens, 2. Aufl., Stuttgart 1992, Sp. 1429-1442.

Welge, M.K. (1992), Führungskräfte, in: Gaugler, E., Weber, W. (Hrsg.): Handwörterbuch des Personalwesens, 2. Aufl., Stuttgart 1992, Sp. 937-947.

Wielens, H. (1970), Ein modifiziertes Belegschaftsaktien-System zur Bildung von Vermögen in Arbeitnehmerhand, in: Die Aktiengesellschaft, 15. Jg. (1970), Nr. 1, S. 2-6.

Wiendieck, G. (1992), Akzeptanz, in: Frese, E. (Hrsg.): Handwörterbuch der Organisation, 3. Aufl., Stuttgart 1992, Sp. 89-98.

Wiswede, G. (1992), Gruppen und Gruppenstrukturen, in: Frese, E. (Hrsg.): Handwörterbuch der Organisation, 3. völlig neu gest. Aufl., Stuttgart 1992, Sp. 735-754.

Wittlage, H. (1996), Organisationsgestaltung mittelständischer Unternehmen, Wiesbaden 1996.

Wossidlo, P.R. (1985), Die Finanzierung mittelständischer Unternehmungen, in: Wossidlo, P.R. (Hrsg.): Die Finanzierung mittelständischer Unternehmungen in Deutschland, Berlin 1985, S. 13-63.

Wossidlo, P.R. (1990), Finanzierung, in: Pfohl, H.-Chr. (Hrsg.), Betriebswirtschaftslehre der Mittel- und Kleinbetriebe, 2., neubearb. Aufl., Berlin 1990, S. 239-287.

Wübbenhorst, K.L. (1982), Personalwesen, in: Pfohl, H.-C. (Hrsg.): Betriebswirtschaftslehre der Mittel- und Kleinbetriebe, Berlin 1982, S. 247-279.

Wunderer, R., Mittmann, J. (1995-a-), Identifikationspolitik, Stuttgart 1995.

Wunderer, R., Mittmann, J. (1995-b-), Identifikationspolitik, in: Kieser, A. (Hrsg.): Handwörterbuch der Führung, 2., neugest. Aufl., Stuttgart 1995, Sp. 1155-1166.

Young-Ae Eun-Kwon (1993), Belegschaftsaktien für Arbeitnehmer abhängiger Unternehmen, Diss., Berlin 1993.

Zander, E. (1990), Handbuch der Gehaltsfestsetzung, 5. Aufl., München 1990.

Zeitel, G. (1990), Volkswirtschaftliche Bedeutung von Klein- und Mittelbetrieben, in: Pfohl, H.-C. (Hrsg.): Betriebswirtschaftslehre der Mittel- und Kleinbetriebe, 2., neubearb. Aufl., Berlin 1990, S. 24-42.

Zeller, W. (1972), Finanzierung durch Arbeitnehmer, in: Betriebswirtschaftliche Forschung und Praxis, 24. Jg. (1972), Nr. 2, S. 81-92.

Ziegler, J. (1995), Klein, aber fein, in: Unternehmer Magazin, 43. Jg. (1995), Nr. 3, S. 12.

Zöllner, W. (1985), in: Zöllner, W. (Hrsg.): Kölner Kommentar zum Aktiengesetz, Bd. 1, §§ 1-147 AktG, Köln u.a. 1985.

Zöllner, W., Loritz, K.-G. (1992), Arbeitsrecht, 4., neubearb. Aufl., München 1992.